학자의 글쓰기
—사회과학자의 책과 논문 쓰기에 대하여—

Howard S. Becker 지음 | 이성용 옮김

학지사

학자의 글쓰기

−사회과학자의 책과 논문 쓰기에 대하여−

Howard S. Becker 지음 | 이성용 옮김

학지사

WRITING FOR SOCIAL SCIENTISTS:
How to Start and Finish Your Thesis, Book, or Article: Second Edition

by Howard S. Becker

Korean Translation Copyright ⓒ 2018 by Hakjisa Publisher, Inc.
The Korean translation rights published by arrangement with
The University of Chicago Press.

Copyright ⓒ 1986, 2008 The University of Chicago
Licensed by The University of Chicago Press, Chicago, Illinois, U.S.A.

All Rights Reserved.

본 저작물의 한국어판 저작권은
The University of Chicago Press 와의
독점계약으로 (주)학지사가 소유합니다.
저작권법에 의해 한국 내에서
보호를 받는 저작물이므로
무단 전재와 무단 복제를 금합니다.

역자 서문

창의적 실용지식의 발상과
학문 창조 패러다임으로의 전환을 가능하게 하는 '빨간 실' 글쓰기

1. 베커의 글쓰기 교훈과 그것을 받아들일 때 우리가 고려해야만 할 것

이 책의 핵심 주장은, "일단 뭐라도 쓰고, 그것을 계속해서 퇴고하라."라는 것이다. 퇴고의 중요성은 베커만 말한 것이 아니다. 한국 근대문학의 완성자로 일컬어지는 이태준은 『문장강화』에서 퇴고의 중요성을 다음과 같이 말하고 있다.[1]

> "일필휘지[는] … 결코 경의를 표할 재주도 아니려니와 또 단번에 쓰는 것으로 경의를 표할 만한 문장이 결코 나올 수도 없[다] … 소동파가 「적벽부」를 지었을 때 친구[에게] …지금 단번에 지었노라 [말했지만] … 동파가 밖으로 나간 뒤에 자리 밑에 불쑥한 데를 들춰 보니 여러 날을 두고 고치고 고치고 한 초도들이 한 삼태나 쌓였더란 말이 있거니와, 고칠수록 좋아지는 것이 문장의 진리이다."

---

[1] 이태준 저(임형택 해제) (1988). 문장강화. 창작과 비평사. 188-199쪽 참조. **문장강화**는 우리나라에서 글쓰기의 고전(古典)이라 할 수 있다.

이태준은 저술가의 생각을 "가장 효과적인 표현으로 만들기 위해 문장을 고쳐 나가는 것을 퇴고(189쪽)"라 했다. 그는 퇴고를 글의 표현기술에 국한시켰다. 반면 베커의 퇴고에는 글의 표현기술(교정)뿐 아니라 줄거리를 탄탄하게 만드는 구성 방식(개작)도 포함한다(글의 표현기술은 제4장에서, 개작 방식은 제3장에서 논의하고 있다.). 따라서 베커는 글의 구성을 먼저 마무리하고 나서 교정을 행하는 퇴고 방식을 이 책에서 추천하고 있다. 이는 매우 중요한데, 글의 본질은 표현기술이 아니라 독자에게 전달하려는 저술가의 중심 생각에 있기 때문이다. 글의 형식 혹은 표현기술은 저술가의 사고를 독자에게 보다 명료하게 전달하는 데 필요한 도구다. 줄거리 전개가 모호하거나 탄탄하지 않은 미문의 글―특히 학술적인 글―은 실제로 저술가의 근본 생각이 무엇인지 궁금해하는 독자의 머리를 어지럽게 만든다. 그리고 베커는 글의 구성과 교정 작업이 단 한 번에 완성되는 것이 아니라 계속적인 반복 작업으로 마무리되는 것이라는 사실을 강조한다.

역자는 문장의 표현기술에 대한 퇴고를 '빨간 펜'으로, 글의 줄거리 구성에 대한 퇴고를 '빨간 실'로 명명한다. 그 이유는 '빨간'은 고치라는 의미를, '펜'은 문장의 표현방식에서 잘못된 점을 지적해 주는 도구의 의미를, '실'은 무언가―문장뿐 아니라 단락 혹은 글 쪼가리들―를 옷감처럼 꿰매어 어떤 특정 모습―글의 주제 혹은 저술가의 중심생각―을 드러내는 데 유용한 도구의 의미를 풍기기 때문이다. 요컨대, 빨간 펜은 글의 표현기술(교정)에, 빨간 실은 글의 줄거리 구성(개작)에 보다 치중하는 퇴고 방식이다.

'빨간 실'은 우리에게는 다소 낯설지만 미국뿐 아니라 독일에서도 강조되고 있다. 독일의 글쓰기 교육에서 'Rotefaden(빨간 실)'은 "빨간 실로 이어서 옷감을 만들듯, 문장들도 빨간 실처럼 연결해 글을 매끄럽게 전개해야 하고, 논조도 일관성이 있어야 한다."라는 것을 의미한다.

독일 유학생 이현지는 독일에서 한국전쟁에 관한 보고서를 작성하며 얻은

경험을 다음과 같이 말하고 있다.[2]

 "한국은 역사 지식을 암기하게 한다면 독일은 역사 자료를 분석해 자기 생각을 글로 쓰게 합니다. 한국전쟁 때 배포한 전단 등을 조사해서 발표하게 할 정도입니다. 살아 있는 공부라고 할 수 있죠. … 한국전쟁을 어느 정도 알고 있었으나, 글쓰기 숙제를 하려고 해외 사이트도 검색해 보고, 각국에서 다양한 시각으로 발간한 책을 보면서 더 많이 배웠죠. … 한 사건을 이렇게 달리 해석할 수 있겠구나 하는 생각이 들었습니다."

 인용문에서 보듯이, '빨간 실' 글쓰기는 '죽은' 지식을 '살아 있는' 지식으로 만들어 준다. 실생활에서 사용되지 않고 단지 남아 있는 (암기)지식이나 자료들은 죽은 지식(정보)이다. 빈면, 빨간 실 글쓰기에서는 그것들이 저술가의 주장을 뒷받침하는 데 사용되기 때문에 살아 있는 지식으로 바뀐다. 빨간 실 글쓰기는 '앎'의 지식을 '행함'의 실용지식으로 바꾸어 준다.

 역자에게 실용지식은 '삶의 부가가치를 올려 주는 지식'을 말한다. 삶의 부가가치에는 물질적 측면뿐 아니라 정신적 측면도 포함된다.[3] 예컨대, 우리의 삶에 깨달음을 주는 인문사회과학 지식(예, 문학과 철학)은 매우 중요한 실용지식이다. 왜냐하면 우리는 그 깨달음을 통해 우리 삶의 전반적인 행위를 바꿀 수 있기 때문이다. 그러나 깨달음이나 생각하기를 배제한 상태에서 단순 암기하여 얻은 박학다식의 인문사회과학 지식은 아무런 실용성을 발휘하지 못하는 '죽은 지식(파편적인 앎의 지식)'이나 다름없다.

---

2) 독서신문. 2017년 6월 8일. [독일 글쓰기 교육 특집(41)] "창의성 키우려면 자기만의 시간 필요한데 한국 학생들 너무 바쁘다". 독일 괴팅겐 대학교 석사과정 이현지 씨의 독일 교육 경험담 인터뷰.

3) 이성용·유홍준. 2001. 지식사회에서의 사회학. **한국사회** 4. 275쪽.

비록 퇴고의 정의에서 차이가 있지만, 이태준과 베커는 모두 글이 단 한 번에 작성되는 것이 아니라 수없이 반복되는 퇴고의 산물이라는 사실을 우리에게 일깨워 주었다. 이는 우리가 글쓰기의 두려움을 극복하는 데 귀중한 정보를 제공한다. 글은 저술가의 타고난 재능의 산물이 아니라 끊임없는 노력의 산물이다. 글재주가 없다고 생각하는 사람도 끊임없는 퇴고를 하다 보면 좋은 글을 생산할 수 있다. 실용지식의 측면에서 볼 때, 저술가의 끊임없는 퇴고는 '의사소통이 가능한 글을 통해 독자에게 무언가를 주고자 하는 끊임없는 노력'을 말한다. 이런 작업은 저술가를 당장은 성가시게 만들지만 궁극적으로는 큰 보람을 준다.

베커의 또 다른 중요한 교훈은 '학자의 글쓰기는 그(그녀)가 속한 학계의 사회적 산물'이라는 것이다. 만일 학계가 난해한 전문용어와 미사어구들로 장식된 글만을 선호하고 강요한다면, 학자들은 그런 방식의 '나쁜' 글을 쓸 것이고 그들의 제자들도 따라 할 것이다. 만일 위험을 무릅쓰고 일부 용감한 학자들이 학계의 나쁜 관행에서 벗어난 글을 선도적으로 쓴다면, 그 행위에 동조하는 사람들이 분명히 나타날 것이고 그 수는 점차 증가할 것이다. 그러면 학계의 글쓰기는 저절로 바뀌게 된다.

이러한 베커의 교훈을 우리 학계에 적용할 때 반드시 고려해야만 하는 것이 있다. 그것은 우리 학계와 미국 학계 간의 주된 차이들이다(역주의 상당수는 이에 관한 것이다). 미국은 자신의 제조 학문을 수출하는 곳이고 우리나라는 그 학문의 수입국이다.

제조 학문의 수출국에서 신제품을 계속 출하하려면, 신제품에 대한 독창적 아이디어는 중시될 수밖에 없다. 제조 학문의 학계에서는 글의 독창성을 저해하는 제도는 존재하기 어렵다. 따라서 글의 독창성을 저해하는 사회적 제도는 우려할 필요가 없다. 이런 까닭에, 베커는 실용성—신제품의 독창적인 아이디어가 지닌 가치—을 떨어뜨리는 학구적인 글쓰기 강요를 학계의 주된 문제점이라 생각했고, 일반 독자들도 저술가의 핵심 견해를 이해하게끔 글을 명료하게 작성하는 방식을 통해, 예컨대 반복되는 퇴고를 통해, 글의 실용성을 향상시킬 것을 강조했을 것이다.

수입국과 수출국은 제품(학문)의 생산을 위해 우려해야만 하는 것이 다르다. 학문의 수입국에서 수출국으로 전환하고자 한다면, 이러한 우려의 차이는 매우 중요하다. 제품의 수출업자는 상품의 제조를, 제품의 수입업자는 상품의 판매를 위한 홍보를 중시한다. 그것은 수출업자와 수입업자의 생존전략이 상이하기 때문이다. 그런데 이러한 개인적 차원의 생존전략 중 하나가 사회적(국가의) 생존전략으로 승화된다면, 두 업자 중 하나는 소멸되거나 사멸할 수밖에 없다. 수입업자의 생존전략이 국가의 학문정책이 될 경우, 신제품의 필수 요소인 독창성은 무시되고 수입 상품의 브랜드가 중시될 것이다. 이런 연유로, 나쁜 글을 바꾸려는 용감한 행위의 방식은 수입업자의 학계와 수출업자의 학계에서 상이할 수밖에 없다.

어쨌든 학문의 수출국이건 수입국이건 변할 수 없는 것은, 저술가의 중심생각을 독자들에게 전달하는 것이 글의 본질이라는 사실이다. 저술가의 중심생각이 주(主)이고, 표현기술은 부(部)다. 형식은 언제나 내용을 위해 존재하고, 형식이 내용을 대치할 수는 없다. 저술가의 중심생각(主)이 명료하게 드러나지 않으면 표현기술이나 형식은 무용지물이다. 그래서 주와 부가 뒤바뀐 학문의 수입국인 우리 학계에서 '빨간 실' 글쓰기가 갖는 의의(意義)—어째서 그것이 우리 학계에서 나쁜 글을 쫓아내는 용감한 행위가 되는지—를 역자 서문에서 언급하고자 한다.

이 책의 초판 번역서 출판 후 수많은 댓글이 올라왔다. 그 댓글들은 주로 '빨간 펜' 퇴고의 중요성만을 이야기했지, '빨간 실' 글쓰기에 대한 언급은 거의 전무했다. 이 책을 번역했던 역자의 주된 의도는 독자들에게 거의 전달되지 않았던 것이다. 이는 역자의 잘못이다. 그래서 2판 번역에서는 글의 구조를 바꾼다는 의미가 있는 '퇴고'를 '개작'으로 번역했고, '빨간 펜'과 '빨간 실' 퇴고의 차이를 역자 서문에서 보다 길게 이야기해야겠다는 생각이 들었다. '빨간 실' 글쓰기에 대한 언급의 부재는 자연스럽게, 베커의 글쓰기가 저술가의 창의적인 사고를 발전·전개시키는 글쓰기 방식이라는 매우 중요한 사실을 독자에게 일깨워 주지 못했음을 알려 준다. 그래서 빨간 실 글쓰기가 창의성을 발휘하게 한다는 사실도 이 글에 첨가할 필요성을 느꼈다.

역자가 이 책을 번역하는 과정에서 가장 큰 충격을 받은 곳은 글의 창의성에 관한 내용이 담긴 제8장이다. 이 장에서 베커는 어떻게 자신의 독창적인 이론을 생성했는지를 자서전적으로 기술하고 있다. 이러한 베커의 고급 정보를 바탕으로 하여, 역자도 이 책 초판의 역자 후기에서 '베커와 마찬가지로, 우리도 서구 이론을 도구로 삼아 한국의 사회이론을 생성할 수 있다(즉, 한국 학문 창조 패러다임의 실현)'는 핵심주장을 전개하였다.[4] 그런데 독자의 눈들은 나의 핵심 주장보다 우리 학문 창조 패러다임의 실현을 저해하는 우리 학계의 학문적 부도덕성을 지적하고자 사용했던 사례들에 집중되었다. 그 사례들은 서구 이론을 도구로 삼아 우리의 사회이론을 창출하려면 서구 이론에 대한 정확한 이해가 필요한데, 우리의 학문적 글(특히, 대학교재)은 수입한 서구 이론을 우리 현실에서 도구로 사용할 수 없게끔 설명하고 있다는 사실을 보여 주기 위한 것이었다. "그 당시 학계에서 10년 이상 장기간 조사방법론 교재 시장을 독과점하여 왔던 3종의 교재 모두가 그 학문의 기본 전제라고 할 수 있는 '확률표집의 정의'조차 제대로 설명하지 못하고 있었다." 이 발견은 우리 대학교육에 근본

---

4) 역자는, 이 책의 초판 역자 후기를 저술한 이후에도, 패러다임의 전환을 통해 수입(서구) 이론을 도구로 삼아 우리 이론을 생성하는 방법론을 논의했었다[이성용(2015). 이론과 현실의 주객전도 바로잡기: 한국(비)서구) 사회과학의 탈식민지화와 새로운 패러다임 형성을 위한 이론화 방법론. **사회와 이론 26권**]. 이 논문의 핵심 아이디어는 이 책의 제8장에서 얻었고, 글의 작성방식도 나름의 변형을 했지만 베커의 교훈에 근거했다.

적인 문제가 무엇인지, 왜 대학개혁이 절실한지, 그리고 대학개혁이 어떤 방향으로 나아가야 하는지를 결정적으로 보여 주는 경험적 증거라 할 수 있다. 왜냐하면 조사방법론만큼 여러 학과에서 필수과목으로 간주되고 또 각종 고시에서 필수나 선택과목이 선정되는 학제적 학문이 없기 때문이다. 그런데 사례들에 국한된 독자의 관심은 그 글의 주된 내용을 단지 3종 교재의 저자들에 대한 개인적 비난으로 축소·왜곡함으로써(그 책을 교재로 선정하고 그 내용을 주입식 암기교육으로 수업한 조사방법론 전공자들의 학문적 부도덕성은 면제된다), '한국 사회과학이론의 형성과 실용지식을 향한 대학교육개혁의 필요성'에 관한 나의 핵심주장은 은폐되고 말았다. 20여 년 전의 이 경험은 나에게 핵심주장이 사례들에 의해 파묻혀질 수 있다는 베커의 경고를 재삼 상기시켰고, '빨간 실' 글쓰기가 창의성을 발휘하게 할 뿐 아니라 한국의 학문 창조 패러다임의 첫걸음도 된다는 나의 핵심주장을 이전과 다른 방식으로 전개할 필요성을 심각하게 고민하게 만들었다.

2. 오랜 전통의 '빨간 펜' 글쓰기는 창의적인 실용지식이 아니라 박학다식의 지식을 지향하는 교육문화에 적합하다.

하버드 대학교에서 글쓰기 프로그램을 20년 동안 지휘해 온 낸시 소머스 교수는 다음과 같이 말했다.[5] "글을 써 봐야 스스로 '질문'을 찾을 수 있고, 정해진 답이 아닌 '새로운 답'을 찾아낼 수 있다." … "시험만 잘 보는 학생은 '정해진 답'을 찾는 데 급급하지만 글을 잘 써야 '새로운 문제'를 찾아낼 수 있다." 우

---

[5] 조선일보. 2017년 6월 5일. "매일 10분이라도 글 써야 생각을 하게 돼".

리는 글쓰기를 통해 문제 제기 능력을 개발하고 또 문제해결 능력에 필요한 창의성을 키울 수 있다. 그래서 그녀가 말한 바와 같이 대학 지식인은 글쓰기를 통해 완성된다. 뒤집어 말하면, 창의성을 발휘하게 하는 글쓰기 교육을 하지 않는 대학은 미래 사회에 필요한 창의적 지식인을 배출할 수 없다는 것이다.

불행하게도, 우리나라 대학생의 글쓰기 수준은 좋은 것 같지 않다. 2017년 서울대학교 기초교육원이 자연과학대학 신입생 253명을 대상으로 한 '글쓰기 능력 평가'에 의하면, 그들 중 98명(39%)이 글쓰기 능력이 부족했고, 65명(25%)은 정규과목 수강이 어려울 정도의 글쓰기 실력을 보였다. 그래서 서울대학교는 글쓰기 부진 학생들을 대상으로 글쓰기 지도를 행했다. 신문 기사는 많은 학생이 '거시기하다'와 같은 구어체와 통신문체로 보고서를 작성했다는 사실,[6] 그리고 1:1 지도에서 교수가 '이 부분은 왜 이렇게 표현했지'를 질문했고 학생의 글에 나오는 미숙한 표현을 지적했다는 사실[7]을 보도했다. 신문 기사는 서울대학교(그리고 우리나라 대부분 대학)의 글쓰기 첨삭지도 방식이 글의 전반적 논리적 구성을 강조하는 '빨간 실'이 아니라 글의 표현방식에 치중하는 '빨간 펜'이라는 사실을 알려 준다.

참으로 우리나라에서 '빨간 펜' 퇴고는 오랜 전통을 유지하고 있다. 예컨대, 이태준의 『문장강화』는 1940년에 출간되었다. 그리고 이는 미래에도 유지될 것 같다. 서울대학교에서 2018년부터 (빨간 펜) 글쓰기 교육을 신입생 전체로 확대할 계획이라고 밝혔기 때문이다.

'빨간 펜' 글쓰기의 오랜 전통은 분명 우리나라의 학문적 글에서 전통적으로 요구해 왔던 지식의 유형과 밀접한 관계를 가질 것이다. 피터 드러커에 의하면,

---

6) 매일경제. 2017년 5월 23일. "빨간펜식 글쓰기 지도 받는 서울대생들".

7) 중앙일보. 2017년 8월 4일. "서울대 수재들의 '나머지 공부' … 글쓰기 멘토링 실험 이유는".

지식은 크게 두 가지 유형으로 구분된다. 하나는 '앎'의 수준에 머무르는 박학다식의 지식이고, 다른 하나는 '행함'으로 이어지는 실용지식이다. '빨간 펜'은 저술가의 많은 '앎'을 하나하나 세련되게 표현해 주는 글쓰기이므로, 박학다식 지식에 적합하다. 반면, '빨간 실'은 현실에서 필요한 '앎'들만 꿰어 제공하는 글쓰기이므로 실용지식에 적합하다. 그리고 이는 '죽은 상태에 있는 앎'들을 꿰어 '살아 있는 앎'으로 바꾸어 현실에서 사용할 수 있도록 만들어 준다.

우리나라 대학과 학계에서 실용성보다 박학다식을 지식의 기준으로 삼고 이를 교육해 왔다는 사실은 대학생의 시험 답안지(그리고 보고서)를 통해 엿볼 수 있다. 학생들은 글의 질보다 양으로 승부하는데, 많이 쓸수록 높은 점수를 받는다고 생각하기 때문이다. 학생들의 이러한 생각은 실제로 매우 타당성이 있으며, 역자가 대학을 다녔던 1970년부터 지금까지도 지속되고 있다. 여기서 문제는 대학에서 거의 유일하게 글쓰기 방식을 배우는 시험 답안지와 보고서 작성방식은 졸업 후 학문적 글쓰기에도 자연스럽게 이어진다는 것이다.

약 30년 전 유학 시절, 역자는 한국 학생과 미국 학생은 시험 답안지의 작성방식이 근본적으로 다르다는 말을 어떤 한국 유학생으로부터 들었던 적이 있다. 즉, 한국 학생의 전형적인 답안지는 '어느 하나는 맞겠지' 하고 공부(암기)한 것을 모조리 쏟아 내는 융단폭격 유형이고, 미국 학생의 것은 공격 지점을 정확히 파악하여 최소한의 진술들로 효율적 타격을 가하는 미사일 유형이라는 것이다.

융단폭격 답안은 자신이 아는 구슬을 최대한 많이 던져 놓는 박학다식의 글쓰기 방식과 다름이 없다. 반면, 미사일 답안은 시험 문제에 관련된다고 생각되는 구슬들을 추려 자기 나름대로 꿰어 놓은 글쓰기 방식에서 만들어진다. 예를 들어, 시험 문제가 '마르크스의 소외이론에 근거하여 현대자동차 파업을 논의하라.'라고 가정하자. 많은 한국 유학생은 자신들이 아는 마르크스 이론과 현대자동차 파업에 관한 이야기를 모두(혹은 가능한 한 최대로) 기술함으로써 답안지를 작성한다. 자신이 얼마나 많이, 열심히 '죽은 앎'들을 공부했는지를 보여 준다. 반면, 대부분의 미국 학생은 마르크스의 소외이론과 현대자동차 파업 간의 관계에 관한 실용적인 진술들로 답안지를 작성한다. 마르크스의 소외이론으로 현대자동차 파업을 논의할 때 생길 수 있는 장점과 한계들을 자신의 '살아 있는 목소리'로 말하는 것이다.

학문적 근면성과 박학다식을 보여 주는 융단폭격 답안은 합격을 위한 좋은 전술은 될 수 있지만, 채점자를 너무 힘들게 만든다. 채점자가 알아서 답과 연관이 되는 구슬들을 찾아 점수를 부여해야 하기 때문이다. 또한 필요 없는 구슬이 대부분을 차지해도 출제자가 원하는 구슬이 있다면 불합격을 시킬 수도 없는 아주 곤혹스러운 답안지이기도 하다(최근 노련한 채점자들은 주제와 관련되지 않는 구슬들에 감점을 주는 채점방식을 선호한다). 반면, 미국 학생들의 답안지는 시험 문제가 요구하는 구슬들을 나름대로 추려 빨간 실로 꿰어 제출한 까닭에 합격과 불합격을 비교적 쉽게 결정할 수 있다.

융단폭격 답안의 작성은 당장의 목표인 합격에는 유용할지 몰라도, 구슬들을 꿰지 않고 던져 놓은 까닭에 (문제 해결에 필요한 구슬들을 찾아 꿰어야 하는) 실용지식으로 발전되기는 어렵다. 이러한 박학다식의 융단폭격 글쓰기에 대해, 18세기 프랑스 사제 조제프 앙투안 루생 디누아르 신부는 자신의 고전적인 책 『침묵의 기술』에서 다음과 같이 경고하고 있다. "글을 썼으니 읽긴 읽되, 거기서 깨치거나 배울 점은 아무것도 없다. 글 쓰는 사람 자신도 스스로 무슨 글을 썼는지 이해하지 못한다. 그러면서 왜 글을 쓰는가?(149쪽)"

어쨌든 간에, 많은 구슬을 던지는 박학다식의 글쓰기에서 적합한 퇴고 유형은 당연히 던져 놓은 구슬들을 아름답게 다듬는 '빨간 펜'이 될 수밖에 없다. 만일 '빨간 실' 퇴고로 구슬들을 추스른다면, 질보다 중요하게 간주되는 양—던져 놓은 구슬들의 수—이 축소된다. 글(특히, 학생들의 시험답안과 보고서)의 평가를 '질'이 아니라 '양'으로 결정하는 박학다식의 학계와 교육방식에서 '빨간 실'은 결코 현명한 선택이 될 수 없다. 그러므로 만일 우리 학계가 교육해야 하는 지식의 유형을 박학다식에서 실용지식으로 전환하지 않는다면, 그리고 우리 사회가 학계에 실용지식의 교육에 대한 압박을 가하지 않는다면, 오랜 전통의 빨간 펜 글쓰기는 결코 빨간 실 글쓰기로 바뀔 것 같지 않다.

2-1. 융단폭격 답안과 빨간 펜 글쓰기의 결과는? 그리고 우리 학자들의 전문성은?

이렇게 20~30년 전 융단폭격의 답안지(보고서)와 '빨간 펜' 글쓰기로 학위를 받았던 학생들은 현재 우리 사회와 학계에서 중추적인 역할을 하고 있다. 그리고 그들의 글쓰기와 공부 방식도 오늘날 학생에게로 계승되고 있다. 과연 우리 학생들이 그들을 본보기로 삼아야 할지를 냉철하게 판단하기 위해, 우리는 그들의 글에 대한 전문성 혹은 독창성(학문적 소신)을 심사숙고해 살펴볼 필요가 있다.

학자의 전문성은 자신의 전문 분야에서 자신만의 목소리를 낼 수 있는 지적 역량을 의미한다. 심리학의 아버지라고 불리는 미국의 실용주의 철학자 윌리엄 제임스(William James)에 의하면, "독창적인 아이디어를 가진 사람만이 박사학위를 받을 자격이 있다."[8]

박사학위 논문을 작성하려면, '빨간 실' 글쓰기 능력은 자신의 학문적 소신을 논증하기 위해 기본적으로 갖추고 있어야 한다. 대부분의 학자는 박사학위 취득을 통해 자신의 전공 분야에서 나름의 목소리를 내도 되는 자격을 학계(사회)에서 허가받는다. 취득 후에는, 자신의 학문 역량을 계속 키움으로써 한층 더 분명한 자신의 목소리(학문적 소신)를 내고자 노력한다. 전문성이 강화될수록 자신의 목소리는 더욱 분명해진다. 게다가 최고 학자의 글들은 저자의 학문적 소신을 통

---

[8] Boodin & John Elof (1943). The Personalist: William James As I Knew Him. p. 13.

해 자기 분야의 대다수가 인식하지 못했던 것을 깨우쳐 주는 경우가 많다.

문재인 정권에서도 이전 정권들과 마찬가지로, 교수 출신 장관들이 표절문제로 청문회에서 몹시 곤욕을 치렀다. 국민들은 그들의 행태를 보고 학자들과 학계에 많은 실망을 했을 것이다. 어쨌든 그들은 학계나 언론 혹은 무엇을 통해서든 간에 자신의 분야에서 전문성을 크게 인정받은 사람들이기 때문이다. 그들도 청문회에서 자신의 전문성을 매우 자랑스럽게 외쳤고, 표절이라 지적된 글쓰기 방식은 그 당시의 학계 관행이었다는 주장을 했다. 그리고 청문회를 보고, 일부 교수는 표절에서 자유로운 교수가 얼마나 되겠느냐고 한탄도 했다.

이유야 어떻든 간에, 전문성을 크게 인정받은 교수 출신 장관후보자의 학문적 글에 문제가 있다는 것은 우리 학계의 학문적 글쓰기에 문제가 있었다는 사실을 함축한다. 정치교수들의 글뿐 아니라 우리나라 저명학자의 학문적인 글도 '기본도 갖추지 않은 상태에서 작성된 글'이라는 신랄한 비판을 받은 적이 있다.[9]

베커가 말한 바와 같이, 글쓰기는 사회적 산물이고 또 학생은 선생님(교수)의 글을 본보기로 삼아 거의 그대로 모방할 가능성이 높다. 만약 그 선생님이 저명인사이거나 학계의 권위자라면, 학생들은 더욱 그러할 것이다. 이러한 우려와 경고를 감안하면, 글쓰기 교육을 모든 학생에게 확대하기 전에 그들을 지도할 교수들의 글쓰기 수준을 검토할 필요가 있다. 교수들은 과연 자신의 학문적 소신(독창성)을 논리적으로 전개한 글을 썼는지 냉철하게 분석·점검해야 한다. 또는 교수가 먼저 좋은 글을 쓰고 그 경험에 근거해 학생들에게 글쓰기 교육을 해야 한다. 나쁜 글을 써 왔던 교수가 학생들에게 좋은 글을 쓰게끔 글쓰기 지도를 한다는 것은 정말로 어불성설(語不成說)이다. 혹자는 이러한 나의 비판에 대해 대표성이 없는 것이라 반박할 수 있다. 그러나 최소한 그들의 글이

---

9) 김경만(2015). 글로벌 지식장과 상징폭력: 한국 사회과학에 대한 비판적 성찰, 19-46쪽, 그리고 이 책의 초판 사회과학자의 글쓰기에 있는 역자 후기 '한국사회과학자의 존재 이유', 282-299쪽을 참조.

학계에서 예외적이거나 평균 이하의 글이 아니라고 말하기는 어렵다.

오늘날 우리 사회에서 학자의 전문성을 의심케 하는 것은 글쓰기(표절)만이 아니다. 과거 전문 지식을 사리사욕의 도구로 사용했던 '옥시'와 '원전 마피아' 교수들로 인해 학자의 전문성에 대한 국민의 의심은 한층 더 높아졌다. 만약 그렇지 않았다면, 정부가 고도의 전문 지식을 요구하는 탈원전 정책을 수많은 원전 관련 전문가의 반대를 무릅쓰고 비전문가인 시민들의 공론조사 결과에 의존하여 결정할 수 없었을 것이다.

현재 우리나라는 북한의 핵무기 개발로 상당한 위협을 받고 있지만, 다행히도 상용 대형 원자로와 소형 원자로, 연구용 원자로를 모두 수출할 정도로 높은 원자력 기술을 보유하고 있다. 지금의 탈원전 정책은 우리도 핵무기를 개발하여 북한의 핵무기에 대항할 수 있는 기반을 무너뜨릴 위험이 있고, 그동안 원전강국의 건설에 묵묵히 참여해 왔던 대부분의 원전기술자의 정체성과 자부심을 짓밟고 있다. 이는 원자력 학계가 국민에게 원자력 기술에 대한 신뢰를 상실한 대가일 수 있다. 만일 그렇다면, 학문이 아니라 다른 것(이를테면, 정관계 로비를 통한 연구 프로젝트 자금의 수령)으로 원자력 학계를 지배해 왔던 지도층 사이비 원전학자들이 이러한 위기 상황을 초래한 일등 공신일 것이다. 그들은 수입상이거나 학문의 기초가 부재한 얄팍한 지식의 학자일 가능성이 높다. 그들은 탈원전 정책의 반대 입장을 많은 사람이 우려하는 원전의 안전에 관한 공학적 개선방안—원전 제조업자의 견해—이 아니라 그로 인한 경제적 손실—수입상의 견해—로 표명할 것이다. 제조업자는 국민이 제기하는 원전 안전문제를 우리나라의 원전 발전을 위한 하나의 문제 제기로 생각하여, 그에 대한 개선책을 내놓을 능력이 있다. 반면, 수입상은 이러한 능력이 없음은 물론, 그런 생각조차 못 할 것이다.

이렇듯 저명한 학자들의 글쓰기 행태와 일부 학자의 부도덕적 행위는 개인적 차원이 아니라 학계 차원에서 전문 지식(학문)의 위기를 초래하고 있다. 이제는 이러한 문제들에 대한 해결책을 학계 차원에서 제시해야 하는 단계에 왔다. 역자는 그 해결책의 하나로 '빨간 실' 글쓰기를 제안한다. 그 주된 이유는 '빨간 실' 글쓰기는 문제 제기를 통해 창의성을 발휘하게 만들고, 이 창의성은 새로운 창의적인 제품을 만든 학자(수입상이 아닌 제조업자)에게 학문적 소신을 만들어 주며, 학문적 소신은 학자가 돈과 권력의 압박에 굴복하지 않게 만드는 학자의 정체성 그 자체이기 때문이다.

3. '빨간 실' 글쓰기는 창의성을 발휘하게 한다. 그것을 언감생심으로 만드는 학계의 두 가지 저해기제는 암기식 교육체제와 학문 수입업자의 학계 문화다

비유적으로 말해, 빨간 실 글쓰기는 다음과 같은 방식으로 창의성을 발휘할 수 있다. 빨간 실 글쓰기는 우리의 핵심 사고가 드러나는 방식으로 구슬들을 꿰어야 하므로, 실에 꿰어야 할 구슬들—필요한 구슬, 첨가해야 하는 구슬, 제거해도 무방할 구슬—이 무엇인지 그리고 그 구슬들을 어떻게 빨간 실로 꿰어야 하는지를 배울 수 있다. 계속 반복해서 고쳐야 되는 빨간 실 글쓰기의 특징은 '끊임없는 생각하기'를 요구한다. 제거 혹은 첨가할 구슬들 그리고 중심사고가 드러나도록 각종 구슬들을 실로 꿰는 방식 등은 결과물이 산출될 때까지 끊임없이 변한다. 이 과정에는 수많은 실패가 있는데, 빨간 실의 글은 이러한 실패를 나름으로 극복한 결과물이다.

이러한 배움과 훈련과정을 통해, 우리는 기존 지식에 대해 문제 제기를 할 수 있는 역량을 갖추게 된다. [이는 '창의적인 대학 지식인이 (빨간 실) 글쓰기를 통해 완성된다'는 낸시 소머스의 말이 왜 타당한지를 알려 준다.] 기존 지식에서 제거하거나 보완해야 할 내용(구슬)들을 발견할 수 있고, 그 내용들을 논리적으로 연결한 빨간 실에서 논리적 모순을 발견할 수도 있다. 문제 제기를 통해 기존 지식을 바꿈으로써 새로운 지식이 탄생한다. 이와 같이 학문적(과학적) 지식은 불변의 진리가 아니라 잠정적 지식이다.[10] 생성된 창의적 지식은 또 다른 문제 제기를 통해 새로운 창의적 지식으로 또다시 탄생한다. 학문은 이런 과정을 통해 발전한다. 이런 사실을 모르는 수입상 학자들은 유행이 지난 구슬(앎)들을 단지 죽은 지식으로 간주하고, 자신이 수입한 최신 구슬들의 습득을 학생에게 강요할 것이다. 그들은 이전 구슬과 최신 구슬들을 생성해 낸 뿌리, 즉 기본(학문)과 문제 제기의 중요성을 모른다. 이런 연유로, 그들은 곧 죽은 지식이 될 자신의 수입 구슬을 영원한 정답으로 간주하곤 한다. 베커는 이 책의 제8장에서 기존의 유(有, 혹은 한물 간 죽은 지식)에서 새로운 유(有)를 만들어 내는 창의성을 어떻게 생성시킬 수 있는지에 관한 매우 유용한 비밀 정보를 제공하고 있다. 그것은 어떻게 베커가 기존의 이론들을 도구로 삼아 자신의 창의적 이론인 '낙인 이론'을 생성했는지에 관한 논의다.

'앎(베커의 비밀 정보)'이 '행함'으로 반드시 옮겨지는 것은 아니다. 베커가 말한 바와 같이, 글쓰기는 그 학계의 사회적 산물이다. 따라서 '앎'이 '행함'으로 옮겨지려면, 그것의 저해 요소를 파악하고 제거할 필요가 있다. 우리 사회에서 창의성을 발휘하게 하는 '빨간 실' 글쓰기를 저해하는 두 가지 기제가 있다. 하나는 정답의 암기교육을 강제하는 학교교육 체제이고, 다른 하나는 수입 학문을 우상화함으로써 자신의 목소리를 내는 글쓰기를 억압하고 우리 고유의 상품 제조를 저해하는 학계 문화다. 이 두 기제는 창의성을 저해하는 데 있어 밀접한 관계를 가진다. (이 두 요소는 베커가 언급하지 않았지만 우리 사회에서는 매우 중요하다. 그래서 역자는 이 두 요소가 우리나라의 글쓰기에 미치는 영향을 역자 서문뿐 아니라 역주에서도 언급했다.)

---

10) 이성용(2003). **여론 조사에서 사회 조사로**. 책세상. 64쪽.

3-1. 암기 교육체제는 '문제 제기 자체'를 언감생심으로 만들어 '생각 없는' 인간을 양산한다.

독창성 혹은 창의성은 무(無)에서 유(有)가 아니라 유에서 유가 생성된 것이다. 찰스 다윈의 적자생존의 원칙(즉, 진화론)은 맬서스의 인구론에서 영감을 얻어 탄생했고,[11] 아인슈타인의 상대성이론은 스코틀랜드 전기물리학자 맥스웰(James Clerk Maxwell)의 전자기 방정식에서 영감을 받아 생성되었다. 그런데도 어떤 사람들은 독창성이 무에서 유가 생성된 것이라 끝내 주장하기도 한다. 실용지식의 측면에서 볼 때, 무에서 유를 생성한 창의적 산물은 그것의 가치를 인정받기 어렵다. 유사하게, '빨간 실' 글쓰기가 창의력을 발휘하게 한다는 나의 주장을 이 책의 역자 서문이 아닌 다른 곳에서 펼친다면, 독자들이 그 주장에 관해 갖는 관심과 신뢰는 크게 줄어들 것이다. 실용적 가치를 인정받을 수 있는 창의적 지식은 기존의 죽은 지식(有)에서 생성된 새로운 지식(有)이다. 창의적 지식의 생성 과정은 기존 지식에 있는 한계나 문제점들을 들춰내는 것으로부터 출발하기 때문에, 문제 제기의 능력은 절대적이다. 문제 제기가 없으면 창의적 지식이 발현될 수 없고, 그러면 학문의 발전이 없어 위기 상황이 온다.

이혜정의 저서 『서울대에서는 누가 A+를 받는가』는 우리나라의 암기교육 실태를 적나라하게 보여 주고 있다. 서울대학교 최우등생 중 약 90%가 '강의 시간에 교수의 말을 한마디도 놓치지 않고 최대한 다 받아 적으려고 노력했고' 또 '시험답안 작성에서 교수와 자신이 다른 견해를 가질 때는 자신의 의견을 포기'한다고 응답했다. 정답의 암기식 교육은 교수의 강의 내용이나 기존 지식과 상이한 것을 생각하는 것 자체를 저해하고 있다. 기존 지식이 불변의 진리라면, 이에 대한 문제 제기는 생각할 필요조차 없다. 서울대학교(학계)는

---

[11] 이성용(2016). 맬서스이론과 그 파급효과—T, R. 맬서스 탄생 250주년, **지식의 지평(20호)**. http://www.jipyeong.or.kr/index.php?ho=20.

정답의 암기교육을 통해 창의성 발휘에 절대 필요한 비판적 사고, 즉 문제 제기 자체를 언감생심으로 만들고 있는 듯하다.

암기식 교육의 최정예 요원인 서울대학교 최우등생은 우리 사회의 지도층 인사로 성장할 가능성이 매우 높다. 우리나라에서 행정·사법 고시를 포함한 각종 공무원시험 그리고 박사학위를 포함한 각종 자격시험은 단지 '앎'의 지식을 요구할 뿐 문제해결 능력을 뜻하는 '행함'의 실용지식을 요구하지 않는다. 이런 시험에는 암기가 최고의 합격 전략이다. 불행히도 암기식 공부는 문제 제기와 문제해결 능력을 절대적으로 요구하는 창의적 인재를 양산할 수 없다. 오히려 생각 없는 인간들만 생산할 수 있는 듯하다. 오히려 한나 아렌트(Hannah Arendt)가 '악의 평범성'이란 명제하에서 언급했던 나치의 반인류적 범죄를 저지른 아이히만과 같은 무사유의 인간을 배출할 위험성마저 있다. 아이히만은 절대 악인이 아니라 단 하나의 정답을 깊이 내면화하고 그것을 충실하게 이행했던 평범한 모범생이었다.

정답 암기의 귀재들이 사회에 나가면, 자연스럽게 자신에게 정답(문제해결의 열쇠)을 제공해 줄 사람을 찾을 것이다. 왜냐하면 그들은 스스로 문제를 해결했던 경험도, 그런 역량을 키운 적도, 배운 적도 없기 때문이다. 정답 제공자가 교수에서 상관으로 바뀐다. 이러한 암기 귀재들의 인생 경로와 그들의 문화로 인해, 아마 상명하복의 회의 문화와 상관(대통령)의 지시사항을 하나도 빠뜨리지 않고 받아쓰기 바쁜 수첩 지도층 인사(장관)들이 생겨났을 것이다. 그리고 그들은 모든 분야의 사람에게 생각 없이 자신의 명령(정답)을 무조건적으로 수행할 것을 강력히 요구할 것이다. 이런 세계에서 정답에 문제 제기를 하는 것은 사회적 죽음을 자초하는 행위와 다름없다. 서울대학교(그리고 학계)의 정답 암기교육은 학교와 고위 관료사회뿐만 아니라 우리 사회 전체에 걸쳐 '문제 제기와 문제해결 능력이 부재하고 생각 없는' 사람들을 양산하여 '대한민국의 로봇화'에 큰 기여를 하는 것처럼 보인다. 로봇화는 자연스럽게 자신의 삶에서 해결능력을 상실한 까닭에 다른 것—정부나 돈—에게 의존할 수밖에 없는 '헬조선'으로 인도할 것이다. 게다가 그들의 정답(로봇조종 지침)은 돈과 힘의 논리에 의존하기 때문에 점점 더 시대에 역행하는 것처럼 보인다. 세계화와 고령화로 인해 시대적 상황이 급변하고 있음에도, 우리 사회의 정답은 오히려 이러한 미래 사회의 문제해결에 필요한 실용지식이 아니라 미래와 상반된 과거 사회에서 성공했던 사람들의 죽은 지식(즉, 돈과 힘의 논리)으로 회귀하고 있기 때문이다.

최근 많은 사람이 상명하복과 위계질서를 중시하는 회의 문화를 수평적인 토론형 회의 방식으로 바꿈으로써 서로 합의할 수 있는 창의적인 의견을 도출해야 한다고 주장한다. 역자에게 이러한 주장은 현실을 도외시한 책상머리 발상에 지나지 않는 것처럼 보인다. 그 이유는 그 주장이 수평적 회의 방식에서 가장 기본이 되는 것을 간과하고 있기 때문이다. 우리 대부분은 상대방이 수긍하게끔 자신의 주장을 설득하는 방식과 상대방의 의견(기존의 有)을 받아들여 수정된 자신의 의견(새로운 有)을 제시하는 방식을 학교나 사회조직에서 배우거나 훈련받은 적이 거의 없다. 그 방식은 문제 제기에 기초하기 때문에, 정답의 암기식 교육체제에서는 불가한 것이다. 불변의 정답은 그것에 대한 어떤 의문도, 그와 다른 어떤 의견도 허용하지 않는다. 정답 암기교육은 창의적 지식 생산의 초입부터 철벽과 같은 저해물이 되어, '문제 제기 자체'를 언감생심으로 만든다.

학창 시절 정답 암기식 교육은 창의성과 문제해결 능력을 요구하는 성인 생활에도 영향을 미친다. 최근 OECD의 자료에 의하면 우리나라 성인들의 문제해결 능력은 최하위권이었다. 이것으로 보았을 때, 우리나라는 생각 없는 인간

---

12) 중앙일보. 2017년 7월 13일, "문제해결 능력이 없는 우리나라 성인들".

을 가장 많이 생산하고 있는 나라 중 하나다. 이 분야의 한 전문가[12]는 그 원인을 학창 시절의 암기식 교육이 아니라 문제해결 역량에 필요한 전문 지식을 정기적으로 습득하려는 개인적 노력이 부족한 탓이라 주장한다. 하지만 이 주장은 자기 개발의 본질을 망각하고 있다. 우리는 먼저 자신의 문제가 무엇인지를 심사숙고할 필요가 있다. 무엇이 문제인지를 알아야 그것을 해결할 수 있는 방식—어떤 방식으로 자기 개발을 해야 할지—을 찾을 수 있다. '문제 제기'에 대한 인식이 없다면, 아무런 목적 의식이 없는 상태에서 자신의 자기 개발과는 무관한 전문 지식을 공부할 가능성이 높다. 이러한 공부 방식은 또 다른 유형의 '죽은 지식' 융단폭격 답안으로 인도한다.

이처럼 '문제 제기'를 저해하는 우리나라의 암기식 교육체제는 오늘날 창조지식사회에서 중시되는 문제해결 능력과 자기 개발 능력의 연마를 저해하고 있다. 만약 정답 암기식 교육이 아니라 이해의 교육(혹은 생각하기의 '빨간 실' 교육)을 받았으면, 학생들은 문제 제기를 통해 어떤 방식으로 자기 개발과 문제해결 능력을 키울 수 있는지를 스스로 깨우쳤을 것이다.

3-2. 빨간 실 글쓰기는 '이식 학문 패러다임'에서 '학문 창조 패러다임'으로 전환하는 첫걸음이다.

어째서 '생각 없는' 인간을 양산하는 정답 암기식 교육이 우리 사회에서 오랜 기간 지배적인 교육체제가 될 수 있었을까? 역자의 생각에, 그 주된 이유는 아마 우리 학계의 주도권을 학문의 제조업자가 아닌 수입업자들이 장악했기 때문이라고 생각한다. 수입업자는 특성상 제품의 제조과정에 무지하여 수출 제조업자가 한 말을 그대로 되풀이하거나 아니면 과대 포장하여 말하기 때문에, 학문의 수입업자도 학문의 제조과정에 대한 '이해식 교육'이 아니라 '주입식 암기' 교육을 지향할 수밖에 없다. 수입업자가 그동안 우리 학계의 주도권을 잡아왔다는 사실, 그리고 이제는 제조업자의 학계로 전환되어야만 하는 필요성은 2017년 서울대학교 성낙인 총장의 신년사에서 잘 나타난다.

> "해외로부터 지식을 전수받아 이를 바탕으로 교육과 연구를 수행하는 '이식 학문 패러다임'에서 벗어나 독자적인 학문 생태계를 구축하고 새로운 연구 어젠다와 개념 및 이론을 생산하는 '학문 창조 패러다임'으로 전환해야 합니다."

불행히도 최소한 역자에게, 이런 당위성 주장은 이전부터 심심하면 이따금 해 왔던 말을 단지 되풀이한 것에 불과하다. 왜냐하면 이런 당위성('앎') 주장이 '행함', 우리 학문의 제조방식에 대한 연구로 이어지는 경우가 거의 없었기 때문이다. 더구나 수입업자가 주도권을 잡은 우리 학계의 현실적 측면에서 볼 때, 제조방식의 연구는 있다 하더라도 출판되기 어렵고 또 출판되더라도 학계의 주변부로 내몰리거나 심지어 기득권자들의 이해와 기득권 유지를 훼방하려는 불온문서로 인식될 가능성마저 있다. 불온문서는 과장이 아니다.[13] 죽은 혹은 앎의 지식과 달리, 행함의 지식은 행위자의 행위에 적용되는 실용지식이다. 사회적 실천을 요구하는 행함의 지식은 그동안 기득권을 유지해 왔던 지배층의 이해를 위협하기 마련이다. 따라서 성낙인 총장의 당위성 주장은 사회적 실천으로 옮겨지지 않는다면, 학문의 위기를 호도(糊塗)함으로써 국민을 기만하는 궤변에 불과할 것이다.

'이식 학문 패러다임'에서 '학문 창조 패러다임'으로의 전환, 즉 패러다임의 전환은 토마스 쿤이 말한 과학(학문)혁명을 의미한다. 학문혁명은 여태까지 우리 학계를 지배해 왔던 수입 학문의 교수들에게 자신의 세계관을 제조 학문의 세계

---

13) 이 책의 초판이 발간되었을 때, 일부 교수들은 만일 초판에서 '역자 후기'를 빼고 출판하면 교재로 채택하겠다고 출판사에 유혹의 손길을 보내기도 했다.

관으로 전환하고 그 전환된 세계관에서 연구하고 강의해야만 하는 교육혁명을 동반한다. 교육혁명은 그들에게 상당한 피해를 줄 수밖에 없다. 이런 까닭에 그들은 그동안 누려 왔던 기득권을 유지하고자 수입 학문의 세계관에서 교육혁명을 주도하려 할 것이다. 그러나 세계관을 바꾸지 않는 교육혁명은 무의미하다.

수입업자와 제조업자는 제품의 문제를 보는 세계관(관점)이 다르다. 제품의 문제는 수입업자에게는 판매 부진이지만, 제조업자에게는 제품의 하자다. 유사하게, 학문의 위기도 수입상 학자에게는 그 학문의 수요자 감소이지만 제조 학자에는 실용성 문제다. 위기의 책임 소재도 다르다. 수입 학문의 학자들은 그 책임의 소재를 하자가 있는 제품의 생산자나 그 제품을 제대로 사용하지 못한 소비자의 탓으로 돌리지만, 제조 학문의 학자들은 책임 전가를 할 곳이 없어 스스로 책임을 지고 위기의 문제를 해결해야만 한다. (어쩌면 이런 연유로, 수입 학문 암기 귀재의 지도층 인사들이 책임 전가에 능한지도 모르겠다.)

제품 하자 혹은 제품에 대한 문제 제기에 대해 수입상(정답 암기) 학자들의 가장 흔한 반박은 아마 '그럼 대안이 무엇이냐'는 응답일 것이다. 혹은 '상황에 맞게끔 조금만 뭐 고쳐 쓰면 되지 않느냐'고 에둘러 얼버무릴 것이다. 이러한 응답들은 무책임한 수입업자의 특성을 극명하게 보여 준다. 대안은 또 하나의 '완제품(수입품)' 혹은 정답을 말한다. 따라서 '대안이 무엇이냐'는 응답은 대안을 제시하지 못하면 자신의 수입품을 사용할 수밖에 없다는 사실을 강요하는 바와 다름없다. 두 번째 응답도 근본적인 해결책이 아니라 임시방편의 해결책에 불과하다. 이들의 사고에는 '문제 제기'라는 개념 자체가 존재하지 않는다.

불행히도 우리 학계는 수입상의 세계관에 근거하여 학문의 위기를 자신의 탓이 아니라 남의 탓으로 전가해 왔던 것처럼 보인다. 그들은 학문 창조 패러다임을 사람들(그들의 세계관)이 바뀌지 않아도 공장만 건설하면 저절로 전환되는 것으로 착각하는 듯하다. 서울대학교는 글쓰기와 기초 학문의 위기를 투자로 해결하려 한다. 투자의 해결방식은 돈만 있으면 모든 것을 살 수 있다는 수입업자의 세계관에서 나온 것이다. 하지만 제조('행함')의 주체는 돈이 아니라 사람이다. 수십 년을 오퍼상에 종사해 왔던 사람의 말만 듣고 공장 투자를 할 사람은 거의 없을 것이다. 서울대학교의 투자유치가 정당하려면, 글쓰기와 학문의 생산에 있어 근본 문제― '제품의 하자'를 발생하게 한―가 무엇이고, 그것을 어떻게 개선하겠다는 구체적인 개혁안을 제출하고, 그리고 그 개혁안의 타당성과 실현 가능성을 국민으로부터 점검받아야 할 것이다. 바로 이것이 '문제제기와 그것을 통한 문제해결 방식'을 지향하는 제조업자의 개혁안이다.

제조업 패러다임의 전환은 대학(학계)뿐 아니라 사회 전반에서 요구된다. 서울대학교 이정동 교수는 그의 저서 『축적의 길』에서 오늘날 우리나라 산업의 위기를 초래하고 미래의 기술 도약마저 위험하게 만드는 것이 바로 남이 그려준 그림을 그대로 옮기는 실행 프레임이라는 사실을 밝히고 있다. 우리나라가 기술 선진국으로 도약하려면 이제까지 우리를 실행에 옮기게 했던 밑그림을 그리는 개념 설계 프레임으로 전환해야 한다고 주장한다.

그는 이러한 전환이 쿤(Kuhn)이 언급한 '세계관'이 아니라 고수들의 축적된 '개념 설계 역량'을 통해 이루어진다고 주장한다.[14] 개념 설계는 '존재하지 않던 그 무언가를 그려 내는 것, 백지 위에 그려진 밑그림'이다. 개념 설계 역량은 '왜를 아는 것(know-why)'으로, '개념 설계(밑그림)를 얻기 위한 수없는 시행착오의 경험이 개인에게 체화된 것'을 말한다. 개념 설계 역량은 형식지가 아니라 암묵지이다. 형식지(explicit knowledge)는 성문화된 것으로, 이를테면 숫자나 단어들로 표시되어 남들과 의사소통이 되고 공유가 가능한 지식을 말한다. 반면, 암묵지(tacit knowledge)는 개인의 전문화된 혹은 관행화된 체험에 숨어

---

14) 쿤에게 패러다임은 후학들이 따라 해야 할 '본보기(examplar)'와 '세계관(world view)'이라는 두 가지의 의미가 있다. 쿤에 의하면, 과학혁명은 지식의 축적이 아니라 패러다임의 전환에 의해 이루어진다. 기술혁명과 패러다임의 전환에 대한 이정동과 쿤의 상이한 견해는 하나의 논쟁으로 발전될 수 있다.

있는 지식으로, 극도로 개인적이며 공식화되기도 힘들고 또 다른 사람들과 교환하거나 공유되기 어려운 지식이다.15) 따라서 그는 개념 설계 역량을 축적한 고수들을 키움으로써 패러다임의 전환을 이끌어야 한다고 주장한다.

매우 흥미로운 주장이다. 그러나 그의 주장이 실용지식이 되려면 해결해야만 하는 두 가지 관건이 있다. 첫 번째 관건은 최초의 개념 설계(밑그림)를 어떻게 만들어 내느냐에 있다. 최초의 개념 설계를 얻지 못하면, '왜(Why)를 알지 못해 개념 설계의 역량을 키울 수 없다. 게다가 만일 개념 설계가 단지 무수한 시행착오의 경험에서 생겨난 결과물이라면, 그것은 운(運)의 산물에 불과하다. 아무리 노력해도 운이 없으면 얻을 수 없다.

첫 번째 관건은 만약 창의성이 무에서 유가 아니라 유에서 유가 생성된다는 사실을 인식하면 간단하게 해결된다. 우리의 최초 개념 설계(밑그림)는 백지 상태가 아니라 타인의 밑그림을 이용하여 생성될 수 있다. 이때 필요한 문제 제기는 타인의 개념 설계를 우리의 현장에 적용했을 때 발생했던 문제점과 그에 대한 경험으로부터 생성될 수 있다. 우리의 현장 경험에 근거한 문제 제기는 기존(아마 서구)의 개념 설계에서 제거하거나 첨가해야 할 구슬들 그리고 그것의 논리적 연계를 고민하게 만들고, 이러한 고민을 통해 우리만의 창의적인 개념 설계를 형성할 수 있다. 게다가 기존의 개념 설계들은 우리가 새로이 만들지 않아도 되는 수많은 구슬과 구슬들의 연계방식에 대한 귀중한 정보를 알려 준다. 이렇게 우리는 매우 효율적으로 우리만의 개념 설계를 창조한다. 이리하여 첫 번째 관문, '최초의 우리만의 개념 설계를 생성' 문제는 간단하게 해결된다.

두 번째 관건은 극단적으로 비효율적인 축적의 방식이다. 이정동 교수에게 축적의 길은 개념 설계 역량을 키우는 고수들을 양성하는 것이다. 고수들의 지

---

15) 이성용, 유홍준(2001). 지식사회에서의 사회학, **한국사회**, 4: 273-312.
이쿠치로, 다케우치(1998). **지식창조기업**, 장은영 옮김. 세종서적.

식은 스스로 생성하여 축적한 개념 설계 역량이기 때문에, 많은 시간과 대가가 요구될 뿐 아니라 개인적 차원에 국한된다. 이러한 축적의 길은 너무나 큰 희생을 요구할 뿐만 아니라, 그 성공도 불과 몇몇 기업에게만 혜택을 주는 매우 비효율적이다. 21세기 지식 창조에서 가장 중요한 축적의 길은 암묵지를 형식지로 전환하는 과정이다. 이 과정에서 개인(고수)의 암묵지는 다른 사람들과 공유되기 때문에, 지식의 축적(개념 설계 역량)은 개인적 차원이 아니라 사회적 차원에서 형성된다.[16]

'빨간 실' 글쓰기는 고수의 개념 설계 역량을 사회적 차원에서 공유하고 축적하는 문제를 해결해 준다. 이는 독자에게 구체적인 도움을 주기 위한 쌍방 소통적 글쓰기를 지향하기 때문에, 저술가와 독자 간의 지식 공유는 자연히 이루어지게 된다. 우리만의 개념 설계 역량은 개인적 차원이 아니라 사회적 차원에서 축적되고 향상된다.

이상과 같이, '빨간 실' 글쓰기는 저술가에게 문제 제기를 통해 창의성을 발휘하게 함으로써 수입 학문 패러다임을 제조 학문 패러다임으로 전환시키는 토대가 될 뿐 아니라, 그 토대 위에서 우리의 개념 설계(문제 제기) 역량을 축적·향상시킬 수 있다. 이런 까닭에, 수입업자의 학계에서 위험을 감수하고 학문적 소신을 밝히는 일부 용감한 학자의 '빨간 실' 글쓰기 행위가 현재의 한국학계에서 절실히 요구될 수밖에 없다.

'빨간 실' 글쓰기는 우리 사회에서 가장 큰 골칫거리인 대학 입시와 사교육 문제의 해결에도 큰 기여를 할 수 있다. 문제 제기를 통한 창의성 개발을 중시하는 빨간 실 글쓰기는 다음과 같은 방식으로 학생들의 자기 개발에 기여할 수 있다. 학생은 자신에 대해 문제 제기를 행함으로써, 자신이 개발해야 할 구슬과 포

---

[16] 이성용, 유홍준(2001); 이쿠치로, 다케우치(1998).

기해야 할 구슬들이 무엇인지를 고민하게 만들 것이다. 이러한 고민을 통해 자신에게 적합한 구슬들을 빨간 실로 꿴 자신만의 최초 초안이나 밑그림(인생설계도)을 생성할 수 있다. 학생들은 최초 밑그림을 통해 대학에서 무엇을 공부하여 자신만의 생존 무기(즉, 실용지식)를 만들 수 있는지를 생각할 수 있고 공부하는 과정에서 '빨간 실' 밑그림의 퇴고를 계속할 수 있을 것이다. 그렇게 되면, 대학 졸업생의 경쟁력은 대학입시 성적이 아니라 대학에서 공부한 내용과 질로 결정될 수 있다. 패자부활전이 가능하다. 고등학교 때 일류 대학의 진학은 실패하더라도, 대학에서 열심히 공부하면 사회에서 경쟁력 있는 자신만의 무기를 만들 수 있기 때문이다.

제조 학문(실용지식)의 창발을 지향하는 대학 교육은 졸업 후 학생들의 자립 능력을 키워 주는 것을 그 일차적 목표로 삼는다. 만약 우리 대학과 학계에 '빨간 실' 글쓰기가 정착되어 실용지식의 필연성이 보편화되면, 가장 큰 피해자들은 아마 학생들의 대학입시 성적으로 자신의 학문적 우월성을 과시하고 인정받았던 일류 대학의 수입 학문 교수, 대학입시 체제의 유지와 통제로 기득권을 유지해 왔던 교육부 관료, 그리고 사교육 시장의 종사자들이 될 것이다. 그러나 이들의 희생으로 정착된 '빨간 실' 글쓰기는 우리 국민에게 사교육과 대학입시 지옥에서의 탈피는 물론, 학문혁명을 통해 우리의 삶을 스스로 설계할 수 있는 역량(우리만의 학문)을 갖게 함으로써 로봇화와 헬조선에서도 벗어날 수 있다는 희망을 줄 수 있다. 결론적으로, '빨간 실'의 글쓰기는 우리에게 미래의 희망찬 삶을 인도할 교육(대학) 개혁의 첫걸음이 될 것이다.[17]

---

17) 보다 자세한 '빨간 실 글쓰기 관점의 대학개혁'에 대해서는 20쪽 주 11에서 언급한 이성용(2016) 글의 단원 "3. 합의: 한국(비서구)사회이론의 창출과 박근혜정부의 대학개혁"을 참조.

4. 고마움

역자는 이 책의 번역 과정에서 많은 사람에게 도움을 받았다. 이 책의 번역은 1996년 가을학기 고려대학교 대학원 사회통계학 수업에서 출발했다. 그 당시 제1장은 오사라, 제2장은 곽인호, 제3장은 김지영, 제4장은 고대진, 제5장은 김기숙, 제6장은 한선, 제7장은 이인용, 제8장은 박지혜, 제9장과 제10장은 민호식이 각각 번역했다. 그 후 역자와 이철우 박사는 학생들의 번역을 토대로 여러 차례 재번역 작업을 했고, 그 결과물을 1999년 『사회과학자의 글쓰기』라는 서명으로 일신사 출판사에서 발간했다. 그 당시 일신사의 윤백규 사장과 편집인 한여경 선생은 이 책의 교정에 많은 도움을 주었다.

원서 2판에서도 여러 사람으로부터 도움을 받았다. 김봉석 박사와 강남대학교 학생 남민정은 독자의 입장에서 역자가 탈고한 2판 원고에 무리한 번역이 없는지를 점검해 주었다. 김봉석 박사는 역자 서문과 역주의 작성에도 도움을 주었다. 내 옆방의 영문학자 윤희환 교수는 역자 서문과 역주에 관한 나의 질문과 토론에 성의껏 자신의 의견을 말해 주었다. 그리고 서강대학교 철학 전공 김영진 선생도 역자 서문에 귀중한 의견을 제공해 주었다. 비록 이철우 박사는 개인적 사정으로 2판 번역에서 빠졌지만, 그의 흔적은 이 책 곳곳에 남아 있다. 그리고 이 책을 보다 좋은 책으로 만드는 데 많은 도움을 준 학지사 편집부에 감사를 드린다.

2018년 2월 경기도 용인에서
이성용

2판 서문

 나는 1980년 초에 이 책의 1판을 썼다. 일은 매우 순조롭게 진행되었다. 나는 몇 년 동안 대학원에서 글쓰기를 강의했는데, 그 경험을 통해 생각하고 말할 수 있는 많은 이야기를 갖게 되었다. 그 이야기들은 일반적으로 특정 논점을 지니는데, 그 논점은 왜 우리가 글쓰기에서 문제를 갖게 되는가에 대한 작은 교훈 혹은 그것이 그리 큰 문제가 아니라고 인식하게 만드는 사고방식에 관한 것이다. 이에 대한 논의는 이 책의 제1장이 학술지에 출판된 후 일어났고, 나는 그것을 시작으로 하여 이 책의 나머지 부분을 작성할 수 있었다.
 이 책이 도움이 되었다는 독자들의 잇따른 편지는 전혀 예상하지 못했다. 단순한 도움만 되는 것이 아닐뿐더러, 이 책이 자신의 삶을 바꾸어 놓았다고 나에게 말한 사람도 여러 명이나 되었다. 이 책이 사람들이 글쓰기 실패로 받는 고통을 진지하게 반영하는 것일 뿐, 처방책이라는 증거는 미약한데도 말이다. 많은 사람이 글쓰기에 심각한 문제가 있는 자신의 친구에게 이 책을 선물하였다고 말했다. 우리가 학생으로서, 선생으로서, 연구자로서 글을 써야 하는 학계 환경에서 우리의 운명이 적합한 수준의 산문을 생산할 수 있는 역량에 달려 있다는 사실을 감안하면 별로 놀라운 일이 아니다. 그러한 글쓰기를 할 수 없을 때 우리의 자신감은 땅에 떨어지고, 이는 다음번 글쓰기 작업을 더욱 어렵게 만든다. 해결 방식을 알지 못하면 그 난제에서 해방될 수 없다. 이 책은 이러한 딜레마들을 새로운 방식으로 조사했는데, 그렇기 때문에 사람들에게 희망을 주었고, 또한 최소한 저편에서 고통의 소용돌이에 있는 일부 사람들에게 도움도 제공했을 것이다.

나는 나의 전공 분야인 사회학과 관련이 먼 분야의 사람들에게는 고마움을 표할 준비가 안 되어 있었다. 이 책에서 분석한 상당 부분은 두말할 필요 없이 사회학적인 것으로, 사회 조직에 뿌리를 둔 글쓰기 문제점과 그 해결책에 대한 발견이다. 독자들이 '학문적'이라고 불평하는, 읽을 수 없는 난해한 산문을 생산하게 하는 데에는 많은 구체적인 문제가 있다. 내가 보기에 그 문제는 특히 진술에서 요구되는 증거가 없을 때 인과적 진술을 회피하고자 하는 사회학적 근심으로부터 생성된 것처럼 보인다(이 문제는 제1장에서 이야기할 것이다.). 다른 많은 분야—예술 역사학, 커뮤니케이션, 문학 등 열거하면 놀랄 정도로 많다—도 유사한 어려움을 가진다. 나는 이들 분야를 생각하지 않았지만, 이 책은 그 문제들에도 적합한 것처럼 보인다.

1판을 출판한 이래로 많은 것이 변했다. 그러나 이 책의 일부는 그 변화, 그리고 그 변화가 저술가인 우리의 상황에 영향을 미치는 방식에 관한 어떤 것을 말하는 데 훌륭한 아이디어처럼 보인다. 특히 주된 변화는 컴퓨터와 관련하여 일어난 것이다. 컴퓨터 방식은 내가 이 책의 저술을 시작했을 때는 최첨단이었지만, 오늘날에는 보편화되었다. 나는 이러한 변동을 낙관적인 것으로 제9장에 첨가하였다. 제10장에서는 대학교의 조직과 학계 생활에 대해 덜 낙관적인 것으로 이야기하였다. 이러한 첨가물을 통해 나는 이 책이 여전히 여러분의 관심사에 관련 있는 것으로 간주되기를 희망한다.

2007년 샌프란시스코에서
하워드 베커

1판 서문

수년 전부터 나는 노스웨스턴대학교(Northwestern University) 대학원 사회학과에서 글쓰기 세미나 과목을 가르치기 시작했다. 제1장에서 설명했듯이, 그 수업은 나에게 개인 지도와 같았고, 학생들에게는 처방책을 발견하게 하여 우리모두에게 이득이 되는 듯하였다. 그 수업은 매우 흥미로운 경험이었고, 그와 같은 수업의 필요성이 매우 분명해짐에 따라 나는 그 수업을 기술하는 논문(이 책의 제1장)을 작성했다. 나는 그 논문을 여러 사람(대개는 그 수업을 수강했던 학생들과 동료들)에게 보냈다. 그들뿐만 아니라 다른 사람들도 그 논문을 읽고 나서 첨부하면 좋을 다른 화제를 제안해 왔고, 나는 그 논문을 계속해서 발전시켰다.

나는 동료들로부터(특히 사회학을 공부하는) 도움이 된다는 반응들은 기대했으나, 전국에서 내가 알지 못했던 수많은 사람이 자신의 친구로부터 그 논문을 얻어 읽고 편지를 보낼 것이라고는 생각하지 못했다. 몇몇 편지는 매우 감동적이었다.

편지를 보낸 사람들은 글쓰기에서 커다란 곤경에 빠져 있었는데, 논문을 읽음으로써 다시 시도할 자신감을 얻게 되었다고 말했다. 때로는 자신을 알지 못하는 사람이 어떻게 그 정도로 자세히 자신의 두려움과 공포를 기술했는가에 대해 의아해했다. 나는 그 논문을 좋아하지만 그렇게 훌륭한 글은 아니라는 것을 안다. 사실상 거기에 있는 대부분 구체적인 충고들은 영어 작문 수업과 책에서 일상적으로 말하는 것들이다. 나는 나의 독자들이 그 논문을 아주 적절하고 유용한 것으로 여겼다고 추측한다. 이유는 그 논문이 개인의 고유한 문제는 분석하지 않았지만, '환경에서의 개인적 문제'와 '사회구조의 공적 쟁점들'을 구분한 라이트 밀스(C. Wright Mills, 1959: 8-11)의 의견에 기반을 두어, 학문 세계에서 형성되어 있는 공통적인 어려움을 분석했기 때문이다. 논문은 사회학적 글쓰기에 관한 문제들만 다룬 것이지만(어쨌든, 나의 직업은 사회학자이기 때문에), 편지들은 놀랍게도 예술 역사학(art history)이나 컴퓨터 과학과 같이 다양한 학과의 사람들에게서 왔다.

비록 그토록 다양한 사람들이 나의 글쓰기 견해를 유용하게 생각할지라도, 나는 그들의 구체적인 어려움에 대해 박식하게 말할 정도로 그들의 분야를 잘 알지는 못한다. 그러므로 나는 사회에 관한(특히 사회학의) 글쓰기로 문제를 특정화하였고, 다른 분야의 독자들에게는 그들 스스로 변형해 응용할 수 있는 여지를 남겨 두었다. 그러한 변형은 비교적 쉬운데, 왜냐하면 매우 많은 사회학 고전이 현대 지식사회에서 폭넓게 읽히고 있기 때문이다. 미국사회학회(American Sociological Association)의 회원보다 훨씬 많은 수의 독자가 뒤르켐(Durkheim), 베버(Weber) 그리고 마르크스(Marx)의 책을 읽는다.

글쓰기에 관한 훌륭한 책들은 이미 많이 출간되어 있다(예, Strunk & White, 1959; Gowers, 1954; Zinsser, 1980; Williams, 1981). 나는 글쓰기 수업을 강의하면서 그 책들의 일부를 읽었지만, 그때까지 '작문 이론(composition theory)'이라는 특정 연구 분과가 존재한다는 사실을 몰랐다. 그로 인해, 나는 그 분과의 학자들이 이미 만들어 문헌에서 토의했던 아이디어와 방식들을 창출해야 했다.

그 후에는 나의 무지를 고치려고 노력했고, 도처에서 그것을 독자에게 장황한 서술들로 언급했다. 작문 책들은 글쓰기(특히 학문적 글쓰기)에서 일상적으로 저지르기 쉬운 오류들에 대해 훌륭한 조언을 하고 있다. 그 책들은 수동태 구문, 장황한 말, 작은 수의 영어 단어로도 얼마든지 잘 표현할 수 있는 외국어 풍의 긴 단어 사용 그리고 그 밖의 일상적인 오류에 대해 경고하고 있다. 그 책들은 오류를 어떻게 발견하고 고칠 수 있는가에 대해 더욱 구체적인 조언을 해 준다. 다른 작가들(예, Shaughnessy, 1977; Elbow, 1981; Schultz, 1982)은 이러한 문제들에 관해 이야기하고 있지만—사실상 이러한 문제들을 언급하지 않고는 글쓰기를 논의한다는 것 자체가 불가능하다—더 나아가 글쓰기 자체가 왜 그와 같은 문제가 되는가를 분석하였다. 그들은 다른 사람이 자신의 글을 읽을 때 발생하는 마비될 것 같은 두려움을 어떻게 극복하는가를 이야기하고 있다. 학부생에게 글쓰기를 수년 동안 강의한 그들의 경험은 각자의 충고에서 특색 있게 드러났고, 그들이 결과물보다는 글쓰기의 과정에 훨씬 더 주의를 기울이는 데에서도 나타났다. 글쓰기의 과정을 분석하고 최고의 글쓰기 연구가 내린 결론은 글쓰기가 생각하기의 한 형태라는 것이다(예, Flower, 1979; Flower & Hayes, 1981). 만약 그것이 사실이라면, 종종 글을 쓰는 사람들에게 주어지는 충고인 "먼저 당신의 생각을 명료하게 하라. 그리고 나서야 당신의 생각을 명확하게 진술하도록 노력하라."는 틀린 것이다. 나 자신의 관행과 강의는 그 최고의 연구 결과에 의해 어느 정도 지지를 받는다.

전통적으로 작문 교재들은 학부생을 기준으로 하여 저술된다(왜냐하면 그것은 두말할 나위 없이, 학부생들이 폭넓은 시장을 형성하고 있으며, 이러한 교재들을 가장 필요로 하기 때문이다.). 물론 그 교재들은 사업가, 공무원 그리고 학계에 있는 사람들에게도 도움을 준다고 일반적으로 이야기된다. 그 말은 맞다. 그러나 대학원생들이나 나와 작업한 학자들(사회학과와 다른 분야)의 영어 수준은 모두 학부 1학년 수준에 머물러 있었다. 아마 그들은 현대 작문 이론을 알고 새로운 방법을 사용하는 사람들로부터 강의를 받았을 터인데, 그러한 강의의 내용은 그들에게 도움이 되지 않았다.

능동태 구문과 단문을 사용하라는 것, 대명사와 선행사가 확실히 일치하게 하라는 것, 그리고 그 밖에도 여러 가지 유용한 것을 수업 시간에 들었을 테지만,

그들은 그러한 조언에 따르지 않았다. 자신의 산문을 보다 명료하게 작성하는 데 도움을 줄 수 있는 작문 책을 참조하지 않았고, 참조했다고 하더라도 유용한 조언들은 아마 간과했을 것이다. 심지어 그들은 자신의 동료가 정기간행물에서 말하는 입바른 소리조차 무시한다[Selvin & Wilson(1984)의 논문과 Merton(1969)의 풍자적 시문을 보라.]. 작문 책이 도움이 되려면, 그들이 특정 방식으로 글을 쓰지 않는 상황에서 왜 특정 방식으로 글을 써야 하는가를 설명해야 한다. 그것은 그들이 잘못해 왔던 것은 무엇인가와 그 잘못을 어떻게 고칠 수 있는가를 보여줄 뿐만 아니라, 그들의 글쓰기를 학부생의 상황과 매우 다른 상황으로 진척시켜 준다.

학부생과 그보다 나이든 사람들이 갖는 글쓰기 문제점은 동일하지 않다. 학부생은, "만약 채점을 매길 필요가 없다면 읽지 않을"(Shaughnessy, 1977: 86) 한 명의 독자를 위해, 잘 알지도 못하고 관심도 없는 주제에 대해, 전혀 쓰고 싶지도 않은 짧은 에세이를 몇 주 만에 작성한다. 그들은 그러한 보고서 작성이 자기 삶에 그다지 도움이 되지 않는다는 사실을 안다. 반면 사회학자와 다른 분야의 학자는 자신들이 많이 아는 주제에 대해 글을 쓰고, 또한 글쓰기에 훨씬 더 신중을 기해야 한다. 그들은 거의 비슷한 관심사를 가지는 사람들을 대상으로 글을 쓰는데, 직업적인 상황이 강요하는 경우를 제외하고는 정해진 마감 날짜가 없다. 그들은 동료와 선배 학자가 자신의 글을 어떻게 평가하느냐에 따라 미래에 전문가로서의 성공 여부가 달려 있다는 사실을 안다. 학부생은 자기에게 요구된 글쓰기에 거리를 둘 수 있지만, 학자는(초심자든지 전문가든지 관계없이) 그럴 수 없다. 학자는 학계에 들어감으로써 글 쓰는 일을 스스로 떠맡았으므로 진지하게 수행해야만 한다. 그러므로 그들은 글쓰기를 학부생 때보다 더 두려워하게 되었고[파멜라 리차즈(Pamela Richards)가 제6장에서 이러한 두려움을 서술한다], 그러한 두려움은 더 해결하기 힘든 기술적 문제들을 낳았다.

이 책의 제목과는 다르게, 나는 대학원생이 이용할 영어 작문 교재를 새로이 집필하지는 않는다. 나는 최고의 영어 작문 교재들과 경쟁할 수 있는 교재를 만들 수 없다. 그러한 교재의 저자들은 나보다 훨씬 더 문법, 구문 그리고 다른 매우 중요한 화제들에 대해 잘 알고 있기 때문이다. 그래서 나는 교재를 만들 시도조차 하지 않았다. 영어 작문에서의 문제들은 일부분만 간략하게 설명하였는데, 그 주된 이유는 대체로 사회학 및 관련 학문 분야의 대학원생과 젊은 학자들이 자신의 영역 밖에서 충고를 찾으려 하지 않거니와 그러한 충고에 귀를 기울이지 않을 것이란 사실을 너무나 자신 있게 말할 수 있기 때문이다. 그들은 틀림없이 그럴 것이다. 그러나 만약 사회에 관한 글쓰기가 사회학자들이 문법과 구문을 진지하게 연구할 때에만 향상될 수 있다면, 글쓰기는 영영 향상되지 않을 것이다. 게다가 문체와 단어 선정의 문제는 언제나 실질적인 내용과 관련된다.

내가 후반부에 이야기하겠지만, 사회학의 나쁜 글쓰기는 사회학의 이론적 문제와 분리될 수 없다. 마지막으로, 사람들의 글쓰기 방식은 그들이 글을 쓰는 사회적 상황에서 구체화된다. 그래서 우리는 사회 조직이 학술적 글쓰기의 전형적인 문제점들(문체, 조직화 및 기타 등)을 어떻게 창출하는가를 살펴볼 필요가 있다(이 말은 이 책의 접근 방식을 요약한다). 내가 저술할 역량이 없는 대학원용의 영어 작문 교재를 쓰는 대신에, 나는 다른 저자들이 사회학적이라고 말하고 있는 기술적인 문제들에 접근하여, 사회에 관한 글쓰기의 특유한 문제점들을 분석하려고 노력하겠다. 나는 글쓰기를 학문적(특히 사회학적)으로 특정하여 다루고, 학문적 작업의 맥락에서 글쓰기의 문제점들을 정립하겠다. [스턴버그(Sternberg)의 책 『박사학위 논문을 완성하여 통과시키는 방법(How to Complete and Survival a Doctoral Dissertation)』의 대부분은 실제적인 글쓰기보다는 과정—예를 들어, 논문 지도교수의 선택—의 정치성에 관심을 두고 있다.]

뻔뻔하게도, 나는 개인적·자서전적으로 글을 썼다. 다른 사람들도(그중 한 명은 Peter Elbow), 아마 나와 동일한 이유로 그러한 글을 썼을 것이다. 학생은 글쓰기를 실제의 인물이 행하는 실제 행동으로 상상하는 데 어려움을 가진다. 쇼네시(Shaughnessy, 1977: 79)가 말한 바와 같이, "초보 작가는 작가들이 어떻게 행동하는가를 알지 못한다." 학생은 책을 어떤 사람이 작업한 결과물로 생각하지 않는다. 자신의 지도교수와 매우 친한 대학원생조차 특정인이 실제로 글쓰기하는 것은 좀처럼 보지 못하며, 작업 중인 초고와 출판 준비가 약간 덜 된 글들을 거의 보지 못한다. 그들에게 글쓰기는 신비로운 것이다. 나는 이러한 신비로움이 없어지기를 바라며, 학생들에게 그들이 읽은 작품이 자신과 동일한 어려움을 가진 사람이 만든 것이라는 사실을 보여 주고자 한다. 나의 산문은 좋은 예가 되지는 못한다. 그러나 나의 산문을 만드는 과정에 포함된 것이 무엇인지를 알고 있으므로, 내가 산문을 그러한 방식으로 쓰는 이유와 문제점 그리고 해결책을 어떻게 선택했는가를 토론할 수 있다. 나 이외의 사람들의 작품으로는 그렇게 할 수 없다. 30년이 넘게 사회학 저술들을 써 왔기 때문에, 많은 학생과 젊은 전문인이 나의 글을 읽었을 것이다. 이 책의 원고를 읽은 논평자들도 나를 당혹하게 하고 어려움을 주었던 부분이 동일한 방식으로 자신의 작품에서도 마찬가지로 괴롭혔다는 사실을 아는 것이 유용했다고 진술했다. 이러한 이유로, 나는 작가로서의 나의 경험에 관한 장을 작성했다.

제1장은 원래 아주 약간 다른 형태로 『계간 사회학(The Sociological Quarterly)』 24호(Autumn, 1983: 575-588)에 출판되었는데, 중서부 사회학회(Midwest Sociological Society)의 허가로 이 책에 다시 실었다.

나를 도와준 모든 사람, 특히 (내가 가르친 수업의 수강생들과 더불어) 캐스린 핀 아델슨(Kathryn Pyne Addelson), 제임스 베넷(James Bennett), 제임스 클락(James Clark), 단 딕슨(Dan Dixon), 블랑쉬 기어(Blanche Geer), 로버트 A. 군들라(Robert A. Gundlach), 크리스토퍼 젠크스(Christopher Jencks), 마이클 조이스(Michael Joyce), 쉴라 레빈(Sheila Levine), 레오 릿왁(Leo Litwak), 미첼 맥콜(Michal McCall), 도날드 맥클로스키(Donald McCloskey), 로버트 K. 머튼(Robert K. Merton), 하비 모로치

(Harvey Molotch), 알린 마이어(Arline Meyer), 마이클 셔드슨(Michael Schudson), 길베르토 벨호(Gilberto Velho), 존 왈튼(John Walton), 조셉 M. 윌리엄스(Joseph M. Williams)에게 감사한다. 또한 나에게 '제2장 권위를 세워 주는 페르소나'를 진척시켜 준 편지를 썼고, 그 편지에서 많은 인용을 허락한 로잔나 해르츠(Rosanna Herz)에게 특히 감사한다. 위험에 관해 글을 썼던 파멜라 리차즈의 편지는 너무 완벽하여, 그 편지를 그녀의 이름으로 이 책에 실을 수 있는가를 물어보았다. 나는 그녀의 동의에 기쁘다. 내가 썼더라면 그녀의 반만큼도 쓰지 못했을 것이다.

차례

역자 서문	5
2판 서문	31
1판 서문	33
제1장 대학원생을 위한 글쓰기	43
제2장 권위를 세워 주는 페르소나	75
제3장 단 하나의 올바른 방법	97
제4장 귀로 교정하기	129
제5장 전문가처럼 글을 쓴다는 것은	157
제6장 위험	179
제7장 일을 그만 끝내자	197
제8장 문헌에 대한 공포	215
제9장 컴퓨터로 글쓰기	235
제10장 마치는 글	263
참고문헌	279
찾아보기	288

제 1 장

대학원생을 위한 글쓰기

회고록과 두 가지 이론

 나는 대학원에서 글쓰기 세미나를 가르친 적이 있다. 거의 완전 '똥배짱'으로 개설한 과목이었다. 사실상 어떤 과목을 가르친다는 것은 담당 강사가 그 과목에 대해 무언가를 알고 있다는 사실을 의미한다. 약 30년 동안 사회학자로서 전문적인 글을 써 온 경험이 그 수업의 토대가 되었다. 여러 선생님과 동료 학자도 나의 산문을 비평해 주었고, 글을 향상시키는 데 필요한 많은 교훈도 제공해 주었다. 한편, 사회학자가 글을 매우 못 쓴다는 사실은 모든 사람이 알고 있다. 그런 까닭에 문체가 나쁜 글을 보면 '사회학'이냐고 묻는 농담까지 생겨났다. 사회학자는 코미디언이 춤을 추면서 알아들을 수 없는 인디언 말을 지껄여 관객을 웃기는 것과 같은 방식으로 글을 쓴다는 것이다[예를 들면, Cowley(1956)의 공격과 Merton(1972)의 응답을 보라.]. 내가 나의 동료들과 함께하는 잘못에서 벗어나려면 경험과 교훈만으론 충분하지 않다.

이러한 상황에서, 학생과 동료 사회학자들이 글을 쓰는 과정에서 발생하는 만성적인 문제에 관해 이야기할 기회가 주어졌다. 그리고 지금 그 수업에 대해 말하고자 한다.

첫 번째 수업 시간에 출석한 사람들을 보고 나는 깜짝 놀랐다. 10~12명의 대학원생들이 정식 수강 신청을 했을 뿐만 아니라, 2명의 박사 후 연수생과 몇 명의 젊은 동료 교수도 수업에 참가 신청을 했다.[1] 이런 식의 수업은 그 후 몇 년간 계속되었다. 글쓰기에 대한 그들의 노심초사는 공포의 수준에 도달해 있었고, 재교육의 필요성도 절실히 느끼고 있었던 것이다.

나의 '똥배짱'은 내가 잘 알지도 못하는 과목을 가르치는 수준을 초월했다. 심지어 수업 준비조차 하지 않았다. 왜냐하면 (작문 교사가 아닌 사회학자로서) 어떻게 수업을 진행해야 할지 알지 못했기 때문이다. 이렇게 무엇을 해야 할지도 모르는 상태로 첫 수업에 들어갔다. 수업 내용을 어설프게 몇 마디 설명하는 도중에 갑자기 떠오르는 생각이 있었다. 『저자와 함께한 파리 리뷰 인터뷰(Paris Review Interviews with Writers)』라는 잡지를 수년 동안 구독했는데, 인터뷰

---

[1] (역주) 최소한 역자의 경험에 따르면, 미국에서 교수가 지적 역량을 키우기 위해 다른 교수의 수업을 듣는 일은 흔하다. 심지어 교수가 지도 학생의 박사학위 논문을 지도하기 위해 그 학생과 함께 다른 교수의 수업에 참여하는 경우도 있다. 그런데 흥미로운 것은, 담당 과목 교수가 자신의 수업을 수강하는 교수에게도 수업을 듣는 대가로 무언가를 요구하는 사례들을 종종 볼 수 있다는 점이다. 나의 유학 시절, 한 교수는 동료 교수에게 자신의 수업에 참여하는 대가로 다른 수강생과 마찬가지로 그 과목의 특정 주제에 대해 수업 시간에 발표해 달라고 요청한 적이 있다. 이렇게 동료 교수가 다른 교수의 수업을 수강한다는 자체는 동료 교수의 전공 실력을 인정하는 것과 다름없다. 교수가 자신의 지적 역량을 키우기 위해 다른 교수의 수업에 참여하는 일이 보편적인 대학 풍토에서는, 실력이 없거나 강의 준비를 철저히 하지 않는 교수는 강단에서 자연스럽게 퇴출당할 수밖에 없다.

에 응한 저자들이 스스럼없이 자신들의 작업 습관에 대해 밝히는 것에 나는 약간 병적인 흥미를 갖고 있었다. 그래서 나는 한 명의 대학원생과 오랜 동료 교수가 앉아 있는 왼쪽을 향해 "루이제(Louise), 당신은 어떻게 글을 씁니까?" 하고 물었다. 덧붙여, 그녀에게 어떻게 학구적인 논문을 준비하는가와 같은 우아한 대답에는 관심이 없다고 말했다. 나의 관심은 그녀가 타자로 글을 작성하는지 필기구로 글을 쓰는지, 어떤 특정한 종류의 종이만을 사용하는지 혹은 하루 중 어느 특정한 시간에만 글을 쓰는지와 같은 자질구레하고 잡다한 것이라고 말했다. 참으로 나는 그녀가 무슨 대답을 할지 몰랐다.

  예감은 적중했다. 그녀는 다소간 무의식적으로 이제까지 해 왔던 일상적인 일과들을 장시간에 걸쳐 조목조목 이야기했다. 그녀는 자기가 한 말에 대해 당황해하지 않았다. 하지만 다른 사람들은 그녀가 녹색 깃털 펜을 사용하여 선이 있는 리갈 규격의 노란색 연습장에만 글을 쓰고, 글을 쓰기 전에 집 청소를 해야만 하고(이는 대부분 여성이 글을 쓰기 전 공통으로 하는 예비 조건이고, 남성의 예비 조건은 약 20개의 연필을 날카롭게 깎는 것으로 드러났다), 일정한 시간에만 글을 쓴다는 이야기를 들으면서 약간 어색해했다.

  나는 이야기를 계속 진행하기 위해 다음번 희생양에게 차례를 넘겼다. 마지못해하면서, 그도 자신의 특유한 버릇들을 털어놓았다. 세 번째 희생양은, 미안하지만 자신은 좀 건너뛰어 달라고 간청했다. 나는 허용하지 않았고, 그는 건너뛰기를 간청할 만큼 아주 재미있는 버릇을 갖고 있었다. 이렇게 수업에 참여한 모든 사람이 자신의 이야기를 했다. 그리고 나서 우리가 이야기한 것들은 각자가 매우 부끄러워하는 점이고, 20명이나 되는 다른 사람 앞에서 이야기하고 싶지 않은 것이라는 사실을 알게 되었다. 잔인하게도 나는 나 자신을 포함한 모든 사람에게 그런 버릇을 이야기하게 했다.

  이런 방식의 수업은 우리를 매우 긴장시켰지만, 수많은 농담이 오가게 했고, 상당한 흥미를 유발했으며, 결국에는 놀라울 정도로 매우 편안한 분위기를 조성했다. 수업 참가자들은 모두 긴장이 풀어졌다. 그렇게 된 이유로서 나는 그들이 가장 두려워하는(정말로 거의 미칠 지경인) 것이 존재하긴 하지만 두려움의 수준에는 별반 차이가 없다는 사실을 알았기 때문이라고 지적했다. 그것은 공통적인 병이었다. 사람들이 자신이 감추어 왔던 혐오스러운 육체적 증상이 '누구에게나 있는' 것이라는 사실을 발견했을 때 안도감을 느끼는 것과 같이, 다른 사람들도 미치광이 같은 글쓰기 버릇을 갖고 있다는 사실을 아는 것은 확실하게 기분 좋은 일이었다.

나의 해석은 계속 진행되었다. 어떤 관점에서 보면 수업 참가자들은 노이로제 증상들을 말하고 있었다. 하지만 사회학적 관점에서 보면 그런 증상들은 마술적인 의식이었다. 말리노프스키(Malinowski, 1948: 25-36)[2]에 따르면, 사람들은 일의 결과를 통제할 수 있는 합리적인 수단이 없다고 생각할 때, 그 결과에 영향을 주기 위해 마술적인 의식을 행한다. 그는 그런 현상을 트로브리안드(Trobriand) 군도의 주민들 사이에서 관찰된 것을 통해 묘사하고 있다.

> 카누를 만들 때, 마술은 재료, 기술 그리고 안정성과 수리역학 원칙에 대한 경험적 지식들과 밀접히 관련되어 작용한다. 그러나 마술과 경험적 지식들은 서로에 의해 오염되지 않는다.
>
> 예를 들어, 원주민은 현외부재(outrigger)[3] 선체를 이어 맨 밧줄이 길면 길수록 안정성은 커지지만, 반대로 장력에 대한 저항은 작아진다는 사실을 완벽하게 이해하고 있었다. 원주민은 이어 맨 밧줄의 길이를 전통적 길이로 해야만 하는 이유를 명확하게 설명할 수 있었다. 전통적 길이는 통나무배 길이에 비례하여

---

[2] (역주) 여기서 인용된 책인 *Magic, Science and Religion and Other Essays*는 국내에 번역되지 않았지만, 말리노프스키의 두 명저 **서태평양의 항해자들**(*Argonauts of the Weterм Pacific*)과 **산호섬의 경작지와 주술**(*Coral Gardens and Their Magic*)은 현재 번역 출간되어 있다.

[3] (역주) 현외부재(舷外浮材)란 뱃전에 묶거나 전복을 방지하는 장치를 말한다. 즉, 카누의 뱃전 밖에 나온 안전용 부재(部材)다.

측정한 것이다. 또한 그들은 초보적이지만 역학의 용어들을 이용하여 돌발적인 강풍을 만났을 때 어떻게 행동해야 하며, 왜 현외부재가 항상 바람이 불어오는 쪽에 있어야 하는지, 왜 어떤 카누는 바람을 거슬러 올라갈 수 있고 다른 종류는 그렇지 못한지를 설명할 수 있었다. 사실상 원주민은 항해 원칙의 전반적인 체계를 갖고 있었다. 그것은 다양하고 풍부한 전문 지식으로 구체화되어 있었고, 전통적으로 물려받았을지라도 현대 항해학과 같이 합리적이고 일관성 있는 것이었다.

그러나 원주민이 항해에 적용할 수 있는 체계적인 지식을 가지고 있음에도, 그들의 운명은 여전히 강력하고 예측할 수 없는 조류, 몬순 기간의 갑작스러운 강풍, 그리고 알려지지 않은 암초에 의해 좌지우지되었다. 여기서 마술이 생겨났는데, 건조 중인 카누에 마술이 집행되었고, 최초의 항해와 원정 기간에 수행되었으며, 실제로 위험한 순간에도 마술에 의존했다(Malinowski, 1948: 30-31).

트로브리안드 군도의 어부와 마찬가지로, 글쓰기의 위험을 합리적인 방식으로 처리할 수 없는 사회학자들 또한 마술의 힘을 이용한다. 마술의 힘은 결과에 실제로 아무런 영향을 미치지 않더라도 불안감은 쫓아 준다.

그래서 수강생들에게 질문했다. 이렇게 모든 의식과 주문에 의존해야만 할 정도로 합리적으로 통제할 수 없는 두려움은 도대체 무엇인가? 나는 정신분석학자는 아니지만, 수강생들이 이 질문에 대답하는 것을 꺼릴 것으로 생각했다. 그런데 그들은 그렇지 않았다. 오히려 수강생들은 편안히 상세하게 이야기했다. 계속해서 이어진 긴 토의를 요약하자면, 그들은 두 가지를 두려워했다. 첫 번째는 그들이 자신의 사고를 조직화하지 못할지도 모른다는 두려움이었고, 두 번째는 글쓰기가 매우 당황스러우면서도 엄청난 혼란을 야기하여 자신을 미치게 할지 모른다는 두려움이었다. 그들이 좀 더 감정적으로 말한 것은 두 번째 두려움이었다. 즉, 자신이 쓴 글이 '잘못'된 것일지도 모르고, (불특정의)

사람들이 자기를 비웃을지도 모른다는 점이었다. 그것은 의식 이상의 것을 설명하는 것으로 보였다.[4] 리갈 규격의 노란색 연습장에 글을 쓴다는 두 번째 여학생은 항상 두 번째 장의 종이부터 글을 쓰기 시작한다고 했다. 왜냐고 물었더니 만약 어떤 사람이 지나가면 첫 번째 장의 종이로 가려서 자신이 쓴 글을 볼 수 없도록 하기 위해서라고 대답했다.

다수의 생각이 손으로 쓰인 원고를 '완성작'으로 간주할 수 없다는 사실을 보증하기 때문에, 누구도 그러한 원고를 비웃을 수 없다. 변명은 이렇게 만들어 붙여진다. 바로 이런 이유로 타이프를 잘 치는 저술가조차도 흔히 시간을 많이 들여 손으로 글을 쓴다. 손으로 쓰인 원고는 아직 완성된 것이 분명히 아니므로, 완성된 것처럼 비판할 수 없다. 그러나 글을 아예 쓰지 않는다면, 우리는 사람들이 우리의 글을 보고 표현 능력에 심각한 문제가 있다고 말하는 것을 아주 확실하게 막을 수 있다. 어떤 사람도 쓰이지 않은 것을 읽을 수는 없기 때문이다.

한편, 중요한 사실이 그 수업 시간에 우연히 발견되었다. 첫날 수강생들은 모두 자신들이 아주 부끄러워하는 것을 예외 없이 말했지만, 중도에 하차한 사람은 아무도 없었다. (이러한 결과는 '신 캘리포니아 요법'이라고 일컬어지는 것과 유사하다. 이 요법은 사람에게 자신의 심리적·육체적 문제점을 대중 앞에서 공개하도록 하여, 그러한 문제점이 나의 수업에서와 마찬가지로, 커다란 문제가 되지 않는다는 사실을 발견하게 하는 방식이다.) 나를 놀라게 한 사실은 이 수업에 참여한 사람들이 서로를 잘 알지만, 서로의 작업 습관에 대해서는 전혀 아는 바가 없으며, 사실상 서로의 글을 거의 읽어 본 적이 없었다는 것이다. 이 사실을 알고 나서 나는 무언가의 조치를 취하기로 결심했다.

---

4) (역주) 학자에게 글쓰기는 '어려운 것'이기보다 오히려 '두려운 것'이다. 그것은 글이 글쓴이의 타고난 자질보다 동료들의 사회적 반응으로 평가되기 때문이다. 베커는 이 책에서 그 두려움을 극복하는 방안을 자신의 경험에 근거해서 제시하고 있다.

나는 원래 수업 시간에 글쓰기 대신에 원고 교정(editing)과 퇴고(rewriting)[5]를 강조할 것이라고 수강 신청자들에게 공고했었다. 그래서 수업 시간에 교정과 퇴고 연습을 할 원고의 제출을 수강 신청의 전제 조건으로 내세웠다. 하지만 그러한 원고와 씨름하기 전에, 나는 수강자들에게 퇴고와 교정이 의미하는 바가 무엇인지를 보여 주기로 했다. 그래서 한 동료 여교수가 작업 중인 논문의 두 번째 미완성 초안을 빌려주었다. 나는 두 번째 수업에서 그녀의 3~4쪽 분량의 '방법론 부분'을 수강자들에게 나누어 주었고, 우리는 함께 그것을 세 시간 동안 퇴고 작업을 했다.

사회학자들은 두 개의 단어로도 충분한 것을 20여 개나 되는 단어들을 사용해서 표현하는 습관을 갖고 있다. 그래서 우리는 불필요한 단어를 삭제하는 데 그날 오후 대부분의 시간을 보냈다. 나는 개인 지도할 때 자주 써먹었던 수법을 사용했다. 연필로 단어나 절을 가르키면서 "여기에 이 말이 필요해? 필요 없으면 빼 버리지."라고 말했다. 그러면서도 우리가 글을 변형하는 데 있어 저자의 사고가 내포하는 매우 사소한 뉘앙스조차도 상실해서는 안 된다고 주장했다. [여기서 나는 라이트 밀스(C. W. Right Mills)가 탈코트 파슨스(T. Parsons)의 논의들을 '변형'하는 데 사용했던 그의 유명한 규칙들을 따르고 있었다(Mills, 1959: 27-31).] 아무도 필요성을 제

---

5) (역주) 'rewriting'은 문맥에 따라 퇴고 혹은 개작으로 번역하였다. 개작은 글의 논리적 전개를 매끄럽게 만들기 위해 글의 구조를 바꾸어 글을 다시 작성하는 작업을 의미하며, 퇴고는 글을 전반적으로 다듬는 작업을 의미한다. 따라서 개작은 퇴고의 일부분이라 할 수 있다. 퇴고와 개작을 구분하여 번역한 이유는, 대부분의 독자들이 퇴고를 단지 글을 다듬는 것으로 해석할 뿐 (베커가 이 책에서 강조하는 퇴고의 또 다른 의미인) 개작의 의미를 간과하기 때문이다. 'editing'은 편집 혹은 교정으로 번역하였다. 띄어쓰기, 맞춤법, 윤문 등을 의미할 때는 교정으로 번역하였다. 개작과 교정을 집 건축과 관련시켜 비유하자면, 개작은 집의 설계를 전반적으로 고치는 것—안방과 건넌방의 위치를 바꾸고, 거실 구조를 넓히거나 좁히는 것과 같은—이고, 교정은 집의 안과 밖을 장식하는 것이라 할 수 있다. 집의 안과 밖을 아무리 멋지게 꾸몄다 할지라도 집 설계가 잘못되어 무너질 위험이 있다면, 그 집에 살고자 하는 사람은 거의 없을 것이다. 차라리 집 안 장식은 투박하더라도 집 구조가 안정적인 집에 살고자 할 것이다. 이와 유사하게, 맞춤법과 띄어쓰기 그리고 윤문이 매우 잘되었다고 할지라도 그 글의 논리적 전개가 혼란스럽다면 독자에게 아무런 의미도 전달하지 못할 가능성이 높다. 그런데도, 우리의 글쓰기 교육은 교정에 초점을 맞출 뿐 글 내용 전반을 논리적으로 재점검하는 작업인 개작은 소홀히 하는 경향이 있다. 베커는 이 책(특히 제3장)에서 전문적인 사회과학자의 글쓰기는 교정보다 개작에 더 관심을 둘 필요가 있다는 사실 그리고 개작이 어느 정도 마무리된 후에야 교정을 볼 필요가 있다는 사실을 말하고 있다.

기하지 않는 단어나 구는 삭제되었다. 수동태 구문을 능동태 구문으로 바꾸었고, 문장들을 합쳤으며, 긴 문장은 분리했다. 이 모든 것은 대학 1학년 작문 시간에 이미 배웠던 것들이다. 세 시간 만에 우리는 어떤 뉘앙스도 그리고 어떤 핵심적인 세부 사항도 상실하지 않은 채 4쪽의 글을 4분의 3쪽으로 줄였다.

순식간에 하나의 긴 문장을 길이가 4분의 1이 될 때까지 단어와 구들을 삭제했다. 그 긴 문장은 저자가 논문에서 그때까지 이야기한 것을 최대한 함축한 것이었다. 마침내 나는 (장난스럽게) 모든 것을 다 지워 버리고 대신 "그래서 어쨌다는 거야?"로 대체하는 것이 어떠냐고 제안했다. 하지만 그 황당한 제안은 한 수업 참가자에 의해 일축되었다. "선생님은 그것을 없앨 수 있겠지만, 우리는 그렇게 할 수 없습니다." 그래서 우리는 논조에 관해 이야기했고, 만약 그런 종류의 논조를 대신할 적절한 대안이 없다면 그 문장을 삭제할 수 없다고 결론지었다. 이런 결론은 그 경우에 타당한 것이었다.

우리가 대수술한 원고를 기부한 나의 동료 여교수에게 학생들은 매우 미안한 마음을 느꼈다. 학생들은 그녀가 자존심이 몹시 상했을 것이고, 창피해서 죽을 지경이 될지도 모르는 그 자리에 그녀가 없는 것이 무척 다행이라고 생각했다. 학생들이 느끼는 이러한 감정은 글을 전문적으로 쓰지 않는 사람들의 감정에 근거한 것이다. 많은 글을 쓰는 전문 저술가는 우리가 방금 했던 것과 같은 퇴고 작업을 일상적으로 하고 있다는 사실을 학생들은 알지 못했다. 나는 학생들이 이러한 퇴고 작업이 이례적인 것이 아니고, 스스로 수없이 퇴고를 반복해야만 한다는 사실을 믿기를 바랐다. 그래서 나는 출판하기 전에 원고를 8~10번 정도 퇴고하는 습관을 지니고 있다는 사실을 그들에게 (솔직하게) 이야기했다. 나중에 다시 설명하겠지만, 학생들이 '훌륭한 저술가' (그들의 선생님과 같은 사람)들은 단번에 완벽한 글을 쓴다는 생각을 하고 있었기 때문에, 이러한 나의 말은 그들에게 충격적이었다.

이런 훈련은 여러 가지 결과를 가져왔다. 학생들은 거의 기진맥진하였는데,

그 이유는 한 장의 글을 쓰는 데 그렇게 많은 시간을 투자하거나 그렇게 자세히 검토한 적도 없었고, 누구도 그러한 작업에 그렇게 많은 시간을 투자할 수 있으리라(could)고 상상도 못 했기 때문이다. 학생들은 교정에 표준이 될 만한 수많은 문구를 발견했고 실험해 보았다. 그러나 가장 중요한 결과는 학생들이 거의 기진맥진해 있던 오후 수업 시간 끝나갈 무렵에 발생했다. 한 학생이 (훌륭한 학생은 남들도 생각하고 있는 것을 말하지만, 말한 것보다 더 많은 것을 알고 있다) "선생님, 만약 선생님 말씀대로라면, 글쓰기는 누구라도 할 수 있는 것처럼 보이는데요."라고 말하는 것이었다. 나는 "자네가 바로 맞추었네."라고 반응했다.

우리는 이에 관해 이야기하였다. 사회학적인 것은 우리가 말하는 내용인가 아니면 내용을 말하는 형식인가? 명심하라. 우리는 사회학적 전문 용어는 전혀 바꾸지 않았다. 그러한 용어는 거의 전혀 문제가 되지 않는다. 우리는 군더더기, 장식적인 글, 잘난 체하는 뮤구와 같은 것을 원뜻에 손상이 가지 않는 한도 내에서 쉬운 말들로 바꾸었다. 저술가는 자기가 진정으로 의미하는 바를 희생시켜서라도 학구적인 냄새를 풍김으로써 글에 무게를 싣고자 한다고 우리는 판단했다.

그 지루한 오후에 또 다른 것도 발견했다. 불필요한 군더더기 말로 표현된 긴 문장 가운데 어떤 것은 고칠 수가 없었는데, 왜냐하면 그 문장이 근본적으로 의미하는 바가 분명하지 않았기 때문이다. 그러한 표현에는 대체 표기를 하였다. 대체 표기는 저술가가 좀 더 쉬운 말로 바꾸어 표현해야 하는데 그 순간에는 쉬운 말이 떠오르지 않는 곳에 표시하는 표기다. 궁극적으로 대체 표기가 표시된 곳은 나중에 완성된 표현으로 바꾸어야만 한다. 그렇지 않으면 반쪽짜리 문장으로 남기 때문이다. 저술가가 단지 나쁜 글쓰기 습관을 지녔기 때문에 의미 없는 구절이나 문장을 사용하는 것은 아니다. 대체 표기된 문구를 어쩔 수 없이 사용하게끔 만드는 상황들이 있다.

저술가는 두 가지 종류의 문제점을 은폐하기 위해서 의미 없는 표현을 일상적으로 사용한다. 이 두 가지 종류의 문제점 모두 사회학 이론의 심각한 딜레마들을 반영한다.[6] 하나는 행위 주체(agency)와 관계가 있다. 당신의 문장에서 진술한 일들을 행한 사람은 도대체 누구인가? 사회학자는 흔히 이러한 질문에 모호하게 대답하는 말투를 선호하는 경향이 있는데, 그 이유는 많은 사회학 이론이 누가 무엇을 하고 있는가를 사회학자들에게 말해 주지 않기 때문이다. 많은 사회학 이론에서, 일(things)은 그 일을 하는 사람이 누구인가를 밝히지 않은 상태에서 '단지' 발생한다. '거대한 사회적 힘'이나 '불변하는 사회적 과정' 같은 용어를 사용하는 문장에서 주어(主語)를 찾기란 힘들다. 일을 행한 사람이 누구인가에 대한 언급을 회피함으로써 사회학 저술에는 두 가지 특징적인 결점이 나타난다. 그것은 수동태 구문과 추상명사를 습관적으로 사용하는 것이다.

예를 들어, 만약 "일탈자로 낙인찍혔다."라고 말한다면, 당신은 누가 그를 일탈자로 낙인찍었는가에 대해서는 언급하지 않은 것이다. 이것은 이론적 잘못 때문이지, 단지 나쁜 글쓰기 습관 때문만은 아니다. 일탈에 관한 낙인 이론의 주된 관점(Becker, 1963 참조)은 그를 일탈자로 낙인찍는 사람은 누구인가, 낙인찍을 수 있는 권력을 가진 자는 누구인가, 그리고 낙인을 찍고자 하는 합리적 근거들을 자세히 설명하는 것이다. 만약 그런 행위자에 대한 설명을 생략한다면, 그 이론은 형식상으로나 내용상으로나 모두 잘못 기술한 것이다. 그러나 이러한 것은 사회학자의 일반적인 말투다. 사회가 이것 또는 저것을 한다고 하거나, 문화가 사람들이 어떤 일을 하게 만든다고 진술할 때, 사회학자는 이와 비슷한 이론적 오류를 범한다. 그리고 사회학자는 언제나 이런 방식으로 글을 쓴다.

인과 진술을 마지못해 하거나 제대로 할 능력이 없다는 사실 또한 사회학자에

---

6) (역주) 우리나라의 경우는 이 두 가지보다 더 중요한 문제점이 있다. 우리의 사회과학은 수입 학문이다. 만일 저술가가 수입 학문의 정수(즉, 기본 가정이나 전제)를 완벽하게 이해하지 못한다면, 그 내용을 명료하게 전달할 수가 없다. 이런 까닭에, 우리나라의 많은 사회과학 글이 대체 표기를 남발하는 산문들로 구성될 가능성이 높다[김경만(2015). **글로벌 지식장과 상징폭력** 중 1, 2장, 그리고 이 책의 초판에 실렸던 이성용(1999)의 역자 후기 참조].

게 좋은 글을 쓸 수 없게끔 만든다. 데이비드 흄(David Hume)은 『인간오성론(Essay Concerning Human Understanding)』에서 우리가 인과적 연계를 주장할 때 매우 조심해야 한다고 진술하였다. 흄과 같이 회의적인 사회학자들은 거의 없었으며, 존 스튜어트 밀(J. S. Mill)이나 빈 학파(Vienna Circle) 등의 노력에도 불구하고, 사회학자들은 'A가 B의 원인이다.'라고 주장할 때 매우 심각한 학문적 위험을 감수해야 했다. 사회학자들은 요인들이 어떻게 상관되어 변하는지를 많은 방식으로 기술하고 있다. 하지만 대부분의 그런 기술은 우리가 말하고자 하는 것을 암시하는 수준에서 공허하게 표현할 뿐, 감히 진술하지는 못한다. 우리는 "A가 B의 원인이다."라고 말하는 것을 두려워하기 때문에, "그것들은 상관되어 변화하는 경향이 있다."거나 "그것들은 상호 관련된 것처럼 보인다."라고 진술한다.[7]

이렇게 일을 하는 까닭에, 우리는 글을 쓸 때 하는 의식을 다시 떠올리게 한다. 우리가 이런 방식으로 글을 쓰는 이유는 만일 다른 방식으로 글을 쓴다면 다른 사람들이 우리의 명백한 오류를 잡아내어 조롱할지도 모른다는 두려움 때문이다. 비판에 대해 방어할 수 없는 대담한 진술보다는 무난한 진술이 더 나을 것이다. 만약 "A는 B에 따라 변한다."는 것이 당신이 정말로 하고 싶은 진술이라면 그렇게 말하는 것은 혐오할 만한 것이 아니다. "나는 A가 B의 원인이라 생각하며 나의 자료는 그것들이 관련되어 변한다는 것을 보여 줌으로써 그러한 생각을 뒷받침하고 있다."라고 말하는 것도 확실히 이치에 맞는다. 이를 기억하라. 그러나 많은 사람은 그런 표현들을 단지 책임지고 싶지 않은 보다 강력한 주장을 암시하는 데 사용한다. 그들은 원인이 과학적 관심의 대상이기 때문에 원인을 발견하고자 하지만, 그에 대한 철학적 책임은 지고자 하지 않는다.

모든 영어 작문 교사와 작문 교재는 수동태 문장, 추상명사, 그리고 내가 언

---

[7] (역주) 양적 방법론에 기초한 인과성을 비판한 베커의 이야기는 역자가 번역한 베커의 책 **학계의 술책-연구자의 기초 생각 다지기**(Tricks of the trade) 중, 특히 2장에서 자세히 엿볼 수 있다.

급한 기타 결점들을 비판한다. 나는 그러한 기준들을 창안하지 않았다. 사실 나도 작문 시간에 그것을 배웠다. 비록 그러한 기준들이 특정 학파의 사상과는 관계되지 않지만, 명료성과 직설법에 대한 나의 선호도는 실제 상황에서의 실제 행위자에게 초점을 맞추는 사회학의 상징적 상호작용론 전통에 근거한다고 생각한다. 나의 브라질 친구 길베르토 벨호(Gilberto Velho)는 그러한 기준은 소박한 말하기를 강하게 선호하는 영국계 미국인의 민족중심주의적인 기준일 뿐이지, 화려하고 간접적인 형식을 선호하는 일부 유럽 사회에서는 정당성을 가지지 못하는 기준이라고 주장한다. 그러나 나는 그의 주장에 동의하지 않는데, 왜냐하면 다른 언어권에서도 일부의 최고 저술가는 직설적인 문체를 사용하기 때문이다.

마찬가지로 마이클 셔드슨(Michael Schudson)은 구조(예, 자본주의 생산관계)가 사회현상을 야기한다고 믿는 사람은 어떻게 글을 써야 하는지를 질문했다. 그런 이론가는 인간 행위자의 수동성을 지적하기 위해 수동태 구문을 써도 되는가? 이 질문에는 두 가지 대답이 요구된다. 간단한 대답은 주요 사회학 이론들 가운데 인간 행위 주체를 설명하는 이론이 거의 없다는 것이다. 더 중요한 것은 수동태 구문이 심지어 행위 주체를 숨기고 체제와 구조의 탓으로 돌린다는 점이다.[8] 체제가 일탈자를 낙인찍는다고 가정해 보자. "일탈자로 낙인찍혔다."라고 말하는 것 역시 행위 주체를 감춘다.

---

[8] (역주) 사회학만이 행위 주체를 숨기는 것은 아니다. 경제학은 '수요와 공급의 원칙' 혹은 '보이지 않는 손'이라는 자유시장경제 원칙을 강조함으로써, 경제적 약자에게 피해를 줄 수 있는 강자(이를테면, 오피스텔과 다세대 입주자의 월세를 상승시킬 수 있는 다가구 투기자)의 행위를 숨기곤 한다. 그들의 입장에서 보면, 투기꾼(숨겨진 행위주체자)은 부동산 시장을 왜곡하는 부도덕한 사람이 아니라 오히려 오피스텔 수요의 증가 흐름을 먼저 읽고 모험적인 투자를 감행한 기업인일 뿐이다. 그러나 경제학의 아버지 애덤스미스는 타인에 대한 배려가 없는(그리하여 경제적 약자에게 피해를 주는) 사적 이윤 추구는 반대하였는데, 왜냐하면 독점과 경제적 집중이 자유시장의 본질을 왜곡하기 때문이다. 애덤 스미스가 상도덕을 이윤 추구보다 중시하였다는 사실은 그의 묘비명-"**도덕감성론**의 저자, 여기 잠들다"-에 잘 나타나 있다. 유사하게 글쓰기도 글의 상품성보다 글의 도덕성을 중시할 때 글의 본질을 찾고 발전도 할 수 있을 것이다.

수업 시간에 내 동료의 논문에서 삭제한 것은 대부분 내가 수업 목적상 [상아탑적인 "그리스어 풍의 3음절 이상의 과장된 표현(Booth, 1979: 277)"에 대한 웨인 부스의 비판과 마찬가지로] '허튼소리나 다름없는 수식어(bullshit qualifications)'라고 명명한 것들이다. 허튼소리나 다름없는 수식어란 만약 어떤 사람이 이의를 제기한다면 논점을 포기할 수 있도록 만반의 준비를 한 모호한 문구들이다. "A는 B와 관련되는 경향이 있다." "어떤 조건하에서 A는 B와 관련될 가능성이 높다." 그리고 이와 비슷한 비겁한 수식어들이 여기에 포함된다. 진짜 수식어는 '어떤 특정한 상황을 제외하고는' A는 B와 관련된다고 말하는 것이다. 예를 들어, "나는 문이 닫힌 때를 제외하고는 항상 세이프웨이라는 슈퍼마켓에서 장을 본다." 또는 "소득과 교육의 정비례 관계는 흑인보다 백인에게서 더 강하게 나타난다."와 같은 것이다. 그러나 사회학자와 마찬가지로, 학생 역시 덜 구체적인 수식어를 습관적으로 사용한다. 그들은 관계가 존재한다고 말하기를 원하지만, 누군가가 곧 예외를 발견할 수 있다는 사실을 안다. 추상적이고 의례적인 수식어는 학생에게 만능의 도피 수단을 제공한다. 공격을 받으면, 그들은 그것이 항상 참이라고 말한 적은 없다고 진술할 수 있다. 당신의 진술을 혼란스럽게 만드는 허튼소리나 다름없는 수식어는 철학적·방법론적 전통[9] — 일반화(generalizations)는 부정적 증거의 발견을 통해 더욱 향상됨으로써 그 보편적 형태가 강화된다는 입장 — 을 무시하는 것이다.

수업 시간에 수강생들에게 왜 그런 방식으로 글을 쓰느냐고 묻고 나서야, 그들이 대부분 습관을 고등학교에서 습득하고 대학에서 강화했다는 사실을 알았다. 그들이 글쓰기를 배운 것은 기말 보고서를 쓰면서였다. [학부생들의 글쓰기

---

9) (역주) 이는 칼 포퍼(Karl Popper)의 반증 가능성을 말하는 것이다. 양적 방법론에서 중시하는 논리실증주의는 '참(true)'을 밝히는 검증 가능성의 원리에 초점을 맞추는 반면, 칼 포퍼의 반증 가능성은 '거짓(false)'을 밝히는 데 관심을 가진다. 후자에서 반증을 견뎌 낸 과학적 지식은 잠정적으로 참이 된다.

상황에 대해서는 쇼네시(Shaughnessy, 1977)의 논의를 보라.] 학부생은 읽거나 연구해야 할 것이 무엇이든 간에, 보고서에 쓸 내용을 머릿속에서 구상하여 기말보고서를 작성한다. 그러나 대개는 보고서를 제출하기 전날 밤에 개요를 잡고는 단 한 번에 보고서를 마무리한다. 일필휘지로 글을 쓰는데, 이때 글은 좋을 수도 나쁠 수도 있다. 학부생은 흔히 같은 시기에 마감하는 여러 보고서를 한꺼번에 작성해야 하므로 퇴고할 시간이 없다. 대부분의 학부생이 이런 방식으로 작업한다.10) 반면, 어떤 학부생은 교정을 걸어 다니면서도 머릿속에서 논문에 관해 계속 생각하고, 과제가 마감될 때까지 보고서를 수정·보완하여 매우 짜임새 있는 형식에 맞추어 칭찬할 만한 아주 정교한 보고서를 제출한다. 선생님은 이 모든 사실을 안다. 만약 모른다면, 학부생의 전형적인 결과물을 염두에 두고 학부생의 전형적인 방식에 의해 생산된 보고서보다 더 일관성이 있고 아주 세련된 보고서는 기대하지 않을 것이다.

  습관적으로 이렇게 작업하는 학부생은 자기가 쓴 초고에 대해 이치에 맞는 걱정을 한다. 그들은 자기가 쓴 글이 좀 더 좋아질 수 있다는 사실은 알지만, 그렇게 되지는 않는다. 그들이 무엇을 기록하든지 간에 그것은 보고서다. 이런

---

10) (역주) 우리나라의 학부생도 마찬가지다. 대개 기말에 마감하는 보고서를 작성하는 데 길어야 일주일, 하루 내지 이틀, 심하면 몇 시간 만에 하나의 보고서를 후다닥 해치워 버린다. 게다가 그 보고서의 양은 대개 10쪽을 넘기고, 심하면 20쪽을 넘는다. 10~20쪽 분량의 보고서는 남의 것을 복사하지 않고는 일주일 내에 작성이 거의 불가능하다. 그래서 일부 교수들은 인터넷 클릭 복사를 방지하기 위해 자필로 쓴 보고서를 제출할 것을 요구하기도 한다. 이는 시대에 역행하는 것처럼 보인다. 어쨌든 10~20쪽 정도의 보고서를 컴퓨터건 자필이건 며칠 내에 작성하여 제출하도록 하는 우리의 교육 방식은 남의 글을 표절하는 행위를 학생들에게 관행화 혹은 습관화하게 하여, 표절에 대한 죄의식을 희석할 위험의 소지가 있다. 게다가 수강생이 많은 수업에서 거의 모든 학생이 10~20쪽 분량의 보고서를 제출한다면, 담당 교수도 그 과제들을 꼼꼼히 읽을 시간적 여유가 없다(많은 경우 제출 여부만 확인한다). 이런 사실을 학생들은 잘 안다. 이것 또한 학생들에게 보고서 작성에서 표절의 합리화와 효율성을 제공할 수 있다. 이러한 유형의 보고서 제출 요구는 차라리 하지 않는 편이 나을 것이다. 그러면 우리 학생들에게 표절이라는 범죄를 무의식적 혹은 습관적으로 행하는 비도덕적 인간으로 만드는 교육만은 최소한 행하지 않을 수 있기 때문이다. 미국 캘리포니아 주의 한 대학교의 미국인 교수는 미국에 유학 온 한국 학생들이 학교를 그만두어야 하는 가장 큰 이유가 표절 때문이라고 말하면서, 한국 학생들은 표절에 대한 죄의식조차 없다고 불만을 토로하기도 하였다.

식으로 보고서를 작성하는 것이 교수와 학부생 사이에서 공공연한 비밀이 되어 있는 이상, 보고서가 더 나아지지 않는다고 해서 학부생들이 당황해하는 일은 거의 없을 것이다.

그러나 대학원에 가면, 글을 쓰게 하고 평가하는 사회조직이 변한다. 담당 교수는 당신의 보고서가 좋은지 나쁜지에 대해 동료 교수나 다른 학생들에게 이야기한다. 운이 좋으면, 당신의 보고서는 박사학위 자격시험을 대치하는 논문 또는 박사학위 논문으로 발전되어 여러 교수에게 읽힌다.

대학원생은 또한 학부 때보다 긴 보고서를 작성해야 한다. 기말 보고서를 단 한 번에 작성하는 데 숙달된 학생은 머릿속으로 긴 보고서를 쉽사리 쓸 수가 없다. 학생이 글쓰기에 대한 자신감을 잃어버리기 시작하는 시기가 바로 이때다.[11] 그들은 어떤 보고서도 단 한 번에 쓸 수 없으며, 만약 쓰더라도 조롱과 비난을 받지 않을 것이라고 확신할 수 없다. 그래서 그들은 글을 쓰지 못한다.

결국에는 이야기하게 되었지만, 나는 첫 학기 내내 학생들에게 이런 모든 것을 이야기하지는 않았다. 그 대신에 학생들이 보고서를 단 한 번에 쓰는 방식을 포기하도록 유도하는 과제를 내 주었다. 그러한 과제를 통해서 학생들은 덜 고통스러우면서 효율적으로 학문적 보상을 받을 수 있는 대안을 발견할 수 있었다. 나의 여러 차례 강의에서 소수의 모험적인 학생들이 나를 신뢰하고 이런 실험을 앞장서서 수행했다. 무섭지 않다는 나에 대한 평판은 교수에 대한

---

[11] (역주) 이 이야기는 자기 생각을 1~2쪽 분량의 보고서에 논리적으로 쓸 수 있는 역량을 가진 미국 학생들에 관한 것이다. 불행하게도, 주입식·암기식 교육을 받은 우리나라 학생들 대부분은 자기 생각을 논리적으로 전개하는 창의적인 글쓰기에 익숙하지 않다. 이혜정의 저서 서울대에서는 누가 A+를 받는가에서 보듯이, 우리나라에는 시험이나 보고서(과제)에 자기 생각을 서술한 학생은 낮은 점수를 받을 가능성이 높다. 요컨대, 우리 학생들은 미국 학생들에 비해 자기 생각을 1~2쪽짜리 보고서에 논리적으로 작성하는 역량이 훨씬 미약하다고 할 수 있다. 게다가 대학의 논술고사를 위해 글쓰기 교육을 받았던 학생들조차도 대부분 제2장에서 언급하는 페르소나에 의존하고 내용보다 껍데기(장식적인 문제)를 높이 평가하는 글쓰기 교육을 학교가 아니라 대학입시 학원에서 받았다.

학생들의 전통적인 두려움을 약화시켰고, 나의 다른 수업을 수강했던 학생들은 나의 엉뚱함을 신뢰했다. 권위주의적인 교수들이 나의 수업 방식을 사용했다면, 많은 문제점이 있었을 것이다.

나는 학생들에게 최초의 초고는 그다지 중요하지 않다고 말했다. 그것은 언제든지 고쳐 쓸 수 있기 때문이다. 원고의 한 부분에 적어 놓은 것을 끝까지 고쳐 쓰지 말아야 하는 것은 아니므로, 적어 놓은 것에 대해 그렇게 많이 걱정할 필요가 없다. 정말로 중요한 것은 최종판이다. 학생들은 초고가 어떻게 변할 수 있는가에 대한 힌트를 얻었고, 나는 그들에게 더 많은 것을 보여 주기로 약속했다.

수업 시간에 교정하고 그에 관해 설명해 주는 수업 방식은 수강생들을 진지하게 만들었다. 나는 그들에게 다음 시간에는 수강 신청의 전제 조건으로 요구했던(그러나 그때까지 걷지는 않았던) 보고서들을 가져오라고 했다. (몇몇 학생들은 이에 대해 주저했다. 내가 이 수업을 맡았던 두 번째 해에, 한 여학생은 가지고 있는 보고서가 없어 보고서를 가져올 수 없다고 말했다. 나는 화를 내면서, "너처럼 학교를 오래 다닌 학생은 수많은 보고서를 제출해야 했다. 그러니 그중의 하나를 가져오라."라고 말했다. 그때야 진짜 이유가 나왔다. "저는 가져올 만큼 좋은 보고서가 없어요.") 이후 보고서를 모아서 철저히 섞어 놓은 다음, 누구도 자신의 것을 가져가지 않는 것을 확인하면서 학생들에게 나누어 주었다. 그러고는 학생들에게 그것을 철저히 교정하라고 하였고, 그다음 주에 보고서를 원 제출자에게 돌려주도록 했다. 학생들은 앉아서 심각하게 교정된 원고를 자세히 살펴본 후, 이구동성으로 "많다."고 말했다. 여기저기에 빨간 잉크 투성이였다.

나는 학생들에게 다른 학생의 보고서를 교정하는 것이 재미있었느냐고 물어보았다. 그들은 열을 내면서 장황하게 이야기를 늘어놓았다. 교정해야 할 것이 얼마나 많은지에 대해 그리고 사람들이 바보 같은 실수를 얼마나 많이 하는지에 대해 놀랐다는 것이다. 한 시간 정도 불평을 들은 후, 이번에는 교정되어

돌려받은 자기 보고서가 마음에 드느냐고 물었다. 학생들은 또다시 열을 내면서 이야기하였다. 자신의 보고서를 읽은 사람은 인정사정도 없고, 자신의 의도를 제대로 파악하지도 못했으며, 자기가 전혀 의도하지 않았던 방향으로 원문을 바꾸어 버렸다고 불평했다. 눈치 빠른 학생들은 곧 자기 자신에 관해 이야기하고 있다는 것을 알아챘고, 모두 숙연해졌다. 나는 학생들이 반드시 생각해 보아야 할 교훈이 바로 이것이라고 이야기했다. 그들은 자신의 동료를 호의적인 편집자로 가정해야만 하며, 그 호의적인 편집자가 자신이 의미하는 바를 잘못 이해하지 않도록 글을 써야만 한다고 이야기했다. 교수와 편집자들도 자신의 글을 수없이 퇴고해야 한다는 사실을 알려 주었다. 따라서 학생들 또한 퇴고하는 일에 익숙해져서, 이와 같은 경험 때문에 감정이 상하지 않는 것이 좋을 것이라는 말도 덧붙였다. 대신에 우리는 읽은 사람이 잘못 이해하지 않도록 명료하게 글을 쓰려고 노력하며, 하기 싫지만 수정도 해야만 한다.

그러고 나서 나는 학생들에게 아무리 내용이 조악하고 정리가 안 된 것일지라도 거친 초고를 작성함으로써 실제로 작업을 시작할 수 있으며, 그러한 작업을 통해 좋은 작품을 만들 수 있다고 말했다. 이 말을 증명해 보기 위해, 한 여학생에게 머릿속에서 떠오르는 생각들을 대충 옮겨 적은 어설픈 초고를 만들도록 했다. 나는 학생들에게 이러한 초고조차 자신이 말하고자 하는 바를 발견하는 데 도움이 될 수 있다고 설명했다. [당시 이와 비슷한 논의가 작문 이론 분야에서 발달하고 있었는지 몰랐다. 예를 들어, 린다 플라워(Linda Flower, 1979: 36)는 '저자가 준거로 삼는 산문'을 분석하고 기술하였는데, 이는 '저자가 설익은 공식화 안에 스스로 갇히기 전에, 폭넓은 정보와 다양한 대안적 관계들을 자유롭게 산출하도록 하는' 것이다.] 이런 위험한 과정을 시도할 학생을 찾는 데는 약간의 노력이 필요했다. 나는 그 여학생의 어설픈 초고를 복사해서 학생들에게 나누어 주었다.

그 여학생은 자신의 초고를 다른 학생들에게 보여 주지 말아 달라고 애원조로 부탁했으며, 남들이 자신의 초고를 보면 곤경에 빠지게 될까 봐 두려워했다. 그런데 놀랍게도, 그녀가 쓴 글은 학급 동료를 깜짝 놀라게 하였다. 학생들은 그녀의 초고가 비록 혼란스럽고 서툰 것이지만, 발전시키면 매우 흥미로울 아이디어가 스며 있음을 알아차렸다. 그들은 진심으로 그녀의 용기를 칭찬했다. (다음 해에도 다른 용감한 학생이 동료 학생들에게 똑같은 영향을 주었다.)

　어설픈 초고는 저술가가 말하고자 하는 것이 분명하지 않은 경우에 우회적으로 자신의 주제에 접근할 방법을 알려 주며[Flower & Hayes(1981)에서 기술된 저술가들의 경험에서와 같이], 같은 사고도 여러 개의 다른 방식으로 쓸 수 있다는 사실을 보여 준다. 여러 수정본을 비교해 보면,[12] 머릿속에서 맴도는 생각들을 살펴보고 그 생각들을 좀 더 명료한 형태로 나타내기가 쉽다. 우리는 그런 방식으로 서너 가지 아이디어들이 작동하고 있는 것을 발견했고, 그 아이디어들 간의 연관성을 느끼거나 감지할 수 있었다. 그와 같은 초고를 토대로 작업하는 방식은 초고에 메모하고, 거기에 함축된 의미를 살펴보며, 또 다른 초고를 위한 개요를 잡는 것이라는 데에 모두가 동의했다. 이렇듯 방금 새로이 배운 기술들을 이용하면 쉽게 해결할 수 있는데, 도대체 무엇 때문에 지난주에 군더더기 말들과 그 밖의 결점을 제거하려고 그토록 열심히 노력했는가? 그러한 결점들에 대한 쓸데없는 걱정으로 말미암아 작업 속도는 둔화되고, 필요한 실마리를 제공해 주는 방식으로 글을 쓸 수 없게 된다. 교정은 글을 쓰면서 하는 것보다 글을 쓴 후에 하는 것이 더 바람직하다. 학생들은 글쓰기가 단 한 번에 흥망이 결정되는 투기가 아니라는 사실을 깨닫기 시작했다. 글쓰기에는 단계들이 있으며, 단계마다 적합한 기준들이 따로 있다. [플라워와 다른 사람들도 이에 관해 이야기했지만, 아마 스스로 경험하는 과정에서 그것을 깨닫는 것이 더 나을 것이다.] 후기 단계의 원고에서 필요한 기준은 명료함과 정교함이다. 그러나 초기

---

12) (역주) 완성본 혹은 최종본은 여러 차례의 퇴고를 거친 끝에 나온다. 따라서 퇴고할 때마다 계속해서 수정본이 생긴다. 베커의 말은 이렇게 생긴 여러 판의 수정본을 비교해 보라는 것이다.

단계 원고는 논문에 대한 아이디어를 얻는 데 의미를 두기 때문에, 후기 단계에서 필요한 명료함과 정교함은 전적으로 불필요한 것들이다. 이러한 결론에 도달하자 학생들은 플라워의 견해를 받아들이게 되었으며, 글을 쓰는 과정에서 너무 일찍 작문 규칙에 대해 걱정하게 되면, 자기가 실제로 말하고자 하는 것을 쓸 수 없게 된다는 사실을 이해하기 시작했다. [이는 Rose(1983)가 언어의 인지심리학에서 만든 논점이다.]

나는 과장하고 싶지 않지만, 학생들은 목발을 버리지 않고 춤을 추기 시작했다. 그러나 거기에 자기를 곤경에서 구출해 줄 방법이 있다는 것을 알게 되었다. 바로 이것이 내가 바라던 바였다. 가능한 것이 무엇인지를 알면, 그것을 시도할 수 있다. 물론 단지 아는 것만으로는 충분하지 않다. 학생들은 이러한 방식을 이용해야 하며, 자신의 일상적인 글쓰기 방식의 일부분으로 포함해야 한다. 그러면 아마 새로운 방식이 우리가 앞에서 논의했던 마술적인 요소들 일부를 대치하게 될 것이다.

우리는 수업 시간에 다른 많은 것을 했다. 사회과학의 수사법에 대한 거스필드(Gusfield)의 글과 오웰(Orwell)의 『정치와 영어(Politics and the English Language)』(1954)를 읽으면서 수사법에 대해 토의했다. 놀랍게도 사회학자 거스필드가 작가 오웰보다 더 많은 영향력을 갖고 있었다. 거스필드는 학생들의 전공 분야 저술가(즉, 사회학자)들이 '과학적'이라는 신호를 보내기 위해 문체라는 장치를 어떻게 조작하는지 보여 주었다. 특히 그는 수동태 구문이 어떤 방식으로 연구자가 배후를 숨길 수 있는 비인격적인 존재의 허울을 만들어 내는지에 주목하였다. 우리는 설득을 의도하는 수사법 형태의 과학적 글쓰기에 관해 이야기했다. 그것은 과학적 공동체는 괜찮다고 간주하지만, 비논리적인 것이다. 학생과 그들 선배의 믿음을 실망시킬지라도, 나는 과학적 글쓰기의 수사법 속성에 대해 다음과 같이 주장했다. 어떤 유형의 글쓰기는 비논리적인 설득을 시도하는 반면, 다른 유형의 글쓰기는 단지 사실들만을 제시하고 그것들이 스스로 말하게끔 하는 것이다.[13] [사회과학자와 수사학 연구가들은 이러한 논점에 대해 상당한 양의 글을 썼다. 특히 바저만(Barzeman, 1981)과 라투르와 바스티드(Latour & Bastide, 1983), 그리고 거기에 있는 인용문헌들을 보라.]

 내가 좋아했던 그 학생이 여기서 또다시 나에게 도움을 주었다. 우리가 장시간에 걸쳐 과학의 수사법에 대해 토의한 후, 그는 "선생님, 저는 선생님께서 우리가 무엇을 해야 하는지 알려 주기를 꺼리시는 것을 알고 있습니다. 하지만 이야기해 주실 건가요, 아닌가요?"라고 물었다. "무엇을 이야기하란 말인가?" "수사법을 사용하지 않고 글을 쓰는 방법 말입니다." 전처럼 모두 내가 비밀을 밝히기를 기대하고 있었다. 단지 웅성거리는 소리를 듣는 것만으로도 그들이 얼마나 불안에 떨고 있는지를 확인할 수 있었다. 그들은 수사법을 이용하지 않고는 글을 쓸 수 없었고, 그래서 문체의 문제를 피해 갈 수 없었다.

 나는 글쓰기 수업을 가르치는 몇 년 동안 글쓰기 이론을 발달시켰다. 그 이론은 사람들이 글을 쓰는 과정과 글을 쓰면서 가졌던 어려움이 발생하는 과정을 묘사하는 것이다. [더 자세한 것은 나의 책 『예술세계(Art Worlds)』(Backer, 1982a)를 보라. 비록 나의 글쓰기 이론은 작문 이론에서 지배적인 인지심리학과는 매우 다른 사회심리학으로부터 발달한 것이지만, 그 개념들은 플라워와 헤이스(Hayes), 그리고 그들의 동료들의 것과 유사하다.] 어떤 작품의 최종 형태는 그 작품을 만들어 내는 데 관여한 사람들이 행한 모든 선택들의 결과다. 글을 쓸 때, 우리는 다음과 같은 선택들을 끊임없이 해야 한다. 언제 어떤 생각을 전개할 것인가, 그 생각을 표현하기 위해 어떤 단어를 어떤 순서로 사용할 것인가, 글의 의미를 더 명확하게 만들기 위해 무슨 예를 들 것인가 등이다. 당연히 실제로 글을 쓰는 과정은 구체적인 아이디어들을

---

13) (역주) 신문기사의 작성에도 두 가지 형태가 있다. 하나는 특정 사실과 더불어 그에 대한 해석도 제공하는 형태의 기사이고, 다른 하나는 해석을 제공하지 않고 있는 사실 자체만 제시함으로써 독자 스스로가 해석하게끔 하는 형태의 기사다.

받아들이고 발전시키는 긴 과정을 수반하지만, 그에 앞서 추상적인 감명들 (impression)을 받아들이고 분류하는 과정이 먼저 일어난다. 각각의 선택에 따라 그 결과는 달라진다.

만약 이것이 타당한 분석이라면, 책상에 앉아야만 맑은 정신 상태에서 글을 구성하고 조금이라도 무언가에 대해 대해 쓸 수 있다고 생각하는 것은 우리 자신을 기만하는 것이다. 우리의 초기 선택—어떤 방식으로 글을 쓸 것인가, 생각을 발전시키기 위해 어떤 예를 들 것인가, 어떤 방식으로 자료를 수집하고 비축할 것인가, 어떤 소설을 읽거나 텔레비전 프로그램을 볼 것인가에 관한 선택들—은 그 밖의 다른 선택의 여지를 배제한다. 작품상의 문제 그리고 우리가 발견하거나 생각한 것이 무엇인지에 답변할 때마다, 우리가 선택한 단어들은 다음 번—아마 노트나 개요를 작성할 때—에 그것을 기술하는 방식에 영향을 미친다.

대부분의 학생은 아주 인습적인 견해를 갖고 있었는데, 그 견해는 명료하게 사고할수록 명료하게 글을 쓸 수 있다는 격언에서 비롯된 것이다. 학생들은 단어 하나를 쓰기도 전에 모든 것을 다 준비하고 작업해야 한다고 생각했는데, 그래서 우선적으로 자신의 모든 느낌, 생각, 자료들을 모으고, 이론과 사실에 대한 모든 중요한 문제를 명백하게 결정해야 했다. 학생들은 그렇게 하지 않으면 잘못된 글을 쓸 수 있다고 생각했다. 학생들은 의례적인 믿음을 갖고 행동하는데, 책상 위에 필요한 모든 책과 자료를 차곡차곡 쌓아 완벽한 준비를 하기 전에는 글을 시작하지 않았다. 게다가 그들은 대부분의 이러한 문제들에서 자유로운 선택권을 가진다고 생각했다. 그러한 생각은 "나는 이론적 부문에서 뒤르켐의 이론을 이용할 생각입니다."와 같이 말하게 한다. 이는 마치 뒤르켐 (베버 또는 마르크스)이 오래전에 제시했던 이론적 쟁점들이 자기 작업방식으로는 아직 해결되지 못했다는 것처럼 들린다. (다른 분야의 학자들은 뒤르켐을 대신할 만한 대학자들의 이름들을 잘 알 것이다.)

글을 쓰기 위해 자리에 앉았을 때는 이미 많은 선택을 한 상태이지만, 아마 그 선택들이 무엇을 의미하는지는 모를 것이라고 하는 나의 이론은 반대 의견을 불러일으켰다. 나의 이론에 따르면, 초기 단계의 혼란스러운 초고에 어느 정도 혼동이 초래되는 것은 당연하다. 그러나 그 혼란스러운 초고를 부끄러워할 필요는 없다. 오히려 그것은 당신의 초기 선택이 무엇이었고, 글을 시작하기 전에 이미 가졌던 사고, 이론적 견해 그리고 결론이 무엇이었는지를 보여 준다. 퇴고를 수없이 해야 한다는 사실을 알게 되면, 당신은 초고의 엉성함과 일관성 결여에 관해 굳이 걱정할 필요가 없다는 것을 깨닫게 될 것이다. 초고는 발견을 위한 것이지 발표를 위한 것이 아니다[이 구분은 밀스(Mills, 1959: 222)-라이헨바흐(Reichenbach)를 따라서-가 한 것이다.].

초기 단계에 엉성한 초고를 작성해 두면, 나중에 그 단계에서 당신의 글을 형상화했던 초기의 모든 결정을 볼 수 있다. 만약 뒤르켐의 이론이 당신의 사고를 형상화했다면, 마르크스의 이론은 '사용'할 수 없다. 자신이 수집한 자료로는 추론할 수 없는 것 혹은 자신의 자료 수집 방법에서 허용될 수 없는 것[14]에 관해서도 글을 쓸 수 없다. 당신은 자신이 갖고 있는 것과 갖고 있지 않은 것, 이미 행한 것과 알고 있는 것 그리고 앞으로 해야 할 일들이 무엇인지를 안다. 유일하게 남은 작업은—비록 방금 글을 쓰기 시작했지만—이러한 모든 것을 더욱 명료하게 만드는 것이다. 엉성한 초고는 한층 명료하게 만들 필요가 있는 것이 무엇인지를 식별할 수 있게 해 준다. 글을 퇴고하고 교정하는 기술이 당신의 작업을 도와줄 것이다.

물론 이러한 작업이 쉽다는 것은 아니다. 교정과 퇴고 과정에서 내려진 선택들 역시 그 결과물을 형상화한다. 당신은 자신이 원하는 어떤 것은 더 이상 할 수 없지만, 남아 있는 선택들은 매우 많다. 이러한 언어, 구조 및 논조에 대한

---

14) (역주) 예를 들어, 설문조사와 같은 양적 자료 수집 방법에서 얻은 자료들로 인과적 추론이 아니라 인과적 과정을 말하는 것은 문제가 있으며, 한 좁은 지역에서 행한 민속지학 연구를 통해 얻은 정보로 그 나라의 현상을 일반화하는 것도 마찬가지로 문제가 있다. 이러한 중대한 논리적 문제점이 발견되면, 글이 전면 개작되어야 할 필요성을 알려 준다.

문제들은 종종 저술가를 커다란 곤경에 빠뜨리는데, 그 이유는 그 문제들이 처음의 의도와는 다른 뜻을 함축하기 때문이다. 만약 마르크스의 사상을 논하기 위해 뒤르켐의 이론을 이용하거나 혹은 민속지학(ethnographic) 연구를 논하기 위해 조사방법론의 용어를 이용한다면, 당신은 아마도 엇갈린 목적을 위해 일하고 있는 자신을 발견할 수 있을 것이다. 이러한 혼동은 우리가 세미나 시간에 원고를 다듬는 연습을 하면서 발견했던 이론적 어려움을 야기했다.

만약 당신이 연구 초기부터—예를 들어, 모든 자료를 모으기 전부터—글을 쓰기 시작했다면, 조만간에 자기 생각을 정리하기 시작할 수 있다. 자료 없이 초고를 쓰면, 자신이 논의하고자 하는 것이 더 명료해지며, 그래서 앞으로 수집해야 할 자료들이 무엇인지도 명확하게 알 수 있다. 즉, 글쓰기를 통해서 연구 설계 방법을 구체화할 수 있다. 바로 이것이 먼저 연구를 하고 나서 '연구 결과를 쓰라.'는 좀 더 일반적인 생각과는 구별되는 것이다. 이러한 생각은 플라워와 헤이스(Flower & Hayes, 1981)의 아이디어를 확장한 것이다. 그들은 초기 단계의 글쓰기가 저자에게 후기 단계에서 해야 할 일들을 알려 준다고 생각했다.

글을 명료하게 쓰는 것은 독자에 대한 배려를 포함한다. 글이 좀 더 명료하게 쓰이기를 바라는 사람은 누구인가? 당신이 쓴 글을 읽을 사람은 누구인가? 저술가가 모호하거나 난해하게 쓴 것을 발견하거나 잘못 이해하지 않게 하기 위해, 독자가 반드시 알아야 할 것은 무엇인가? 당신은 독자가 누구인가에 따라 각기 상이한 방식—프로젝트에서 같이 일하는 사람을 위한 방식, 같은 학과지만 전공이 다른 사람을 위한 방식, 학과는 다르지만 공통된 주제에 관심이 있는 전문인을 위한 방식, 그리고 '지적인 대중'을 위한 방식—으로 글을 써야 한다.

어떻게 하면 독자가 이해할 수 있는 글을 쓸 수 있을까? 당신은 자신의 글을 읽으리라고 예상되는 독자층 가운데 표본을 뽑아 초기 초고를 나눠 주고 그들의 생각을 물어볼 수 있다. 이것은 세미나 수업의 학생들을 당황하고 곤혹스럽게 만들었다. 왜냐하면 사람들에게 초기 초고를 보여 준다는 것은 비웃음과 수

치심을 각오해야 하는 일이기 때문이다. 그래서 이 처방책은 간단하지만, 실행에 옮겨지지 않을 수도 있다. 사람들에게 초기 초고를 보여 주어도 해가 되지 않는다는 사실을 깨달은 경우에만(그래서 나는 세미나의 구성원들이 수업 시간에 이것을 경험하기를 희망했다), 타인에게 다소 덜 완성된 자신의 글을 보여 줄 수 있다. 당연히 모든 사람이 초기 초고에 대한 훌륭한 독자는 아니다. 학생들은 서로의 원고를 다듬는 과정에서 그 사실을 깨달았다. 초기 초고를 그저 초기의 것으로 취급하는 데는 문제가 있다고 생각하는 학생들은 완성된 작품에 적합한 기준에 맞추어 그것을 비판해야 한다고 주장했다. 어떤 학생들은 다른 학생들보다 더 좋은 교정 판단 능력을 갖추고 있다. 우리는 작업 단계에 맞추어 적합한 반응을 보이고 신뢰할 수 있는 사람들로 글쓰기 동아리를 만들 필요가 있다.

그리고 글쓰기 이론과 더불어, 사회조직이 전문가적 활동인 글쓰기에 어떻게 관련되는가를 밝히는 사회조직 이론 또한 필요하다. 대부분의 사람은 완벽히 사적인 상태에서 글을 쓰기 때문에, 독자는 그 결과물을 저술가 혼자만의 힘으로 만들어진 작품으로 간주하고, 전문적 평판을 나타내는 대차대조표의 점수가 더해지는 대변 혹은 점수가 깎이는 차변에 기재한다. 내가 부기 용어를 사용하는 이유는 많은 사람이 글쓰기를 이런 방식으로 비밀스럽게 생각하기 때문이다.

왜 저술가는 그렇게 사적인 상태에서 작업하는가? 앞서 말한 바와 같이, 대부분 저술가는 고등학교 또는 대학교에서 혼동과 비웃음받을 결과를 방지하기 위해 고안해 낸 모든 의식을 완벽히 갖춘 글쓰기 습관을 습득한다. 그러한 글쓰기 습관은 고등학교나 학부에서 글을 쓰는 상황에서나 적합한 것이다. 그 당시 학생의 상황은 학점을 딸 수 있는 짧은 보고서를 적당히 빨리 쓰는 데 보상이 주어지는 것이지, 퇴고와 개정 작업의 기술로 평가받는 것은 아니었다. [우디 앨런(Woody Allen)은 "인생의 80%는 일을 완성하여 제때에 그것을 사용하는 것이다."라고 했다.] 똑똑한 학생들은(똑똑할수록 더 빨리 배운다) 쓸모없는 기술 때문에 괴로워하지 않는다. 유일하게 중요한 것은 단 한 번에 쓴 첫 번째 초고다.

대학원에서 학생들은 짧은 보고서를 신속하게 쓰는 기술이 별로 도움이 되지 않는다는 사실을 발견하게 된다. 처음 몇 년 동안, 과에 따라 다를 수도 있겠지만, 학생들은 학부 시절에 썼던 방식과 같은 방식으로 보고서를 쓸 것이다. 그러나 궁극적으로는 좀 더 복잡한 자료에 근거하여 좀 더 난해한 논의들로 구성된 긴 보고서를 써야만 한다. 머릿속에서 그러한 긴 논문을 생각하여 첫 번째 시도에서 올바른 것을 얻는 사람은 거의 없다. ['올바른 것을 얻다(Getting it right)'라는 것은 논지를 매우 명확히 하여, 논문의 후반부에서 논증할 것을 논문의 시작부터 주장할 수 있는 것을 의미한다.] 하지만 학생들은 순진하게도 위대한 저술가들은 일상적으로 그렇게 한다고 생각한다. 그래서 허둥대고, '잘못된 글을 쓸까 봐' 두려워하며, 제시간에 보고서를 끝내지도 못한다. 마지막 순간이 임박해서 글을 씀으로써, 흥미로운 아이디어들이 들어는 있으나 피상적인 논리와 피호한 주장을 펴는 보고서를 산출한다. 이 산출물은 단지 흥미로운 초기의 초고들에 불과하지만, 학생들은 이것이 최종 결과물로 취급되기를 바란다.

어떤 젊은 사회학자들은 (그리고 많은 다른 분야의 젊은 학자들도) 학위 취득 후 그러한 스타일의 작업 방식으로는 배겨 날 수 없는 상황에 처하게 된다. 학문 규율에는 학창 시절과 같이 엄격하게 정해진 마감 시간이 없다. 단순한 의미의 '제시간'은 존재하지 않는다. 물론 직업상의 '제시간'은 존재한다. 만일 학과나 학교에서 규정한 시간 내에 요구된 숫자만큼 논문을 발표하지 못했다면, 승진하지 못하거나, 연봉이 깎이거나, 심지어는 다른 직업을 구해야 할 처지에 놓일 수도 있다. 그러나 이러한 논문 생산 시간표는 상당히 유동성이 있고, 행정상 바뀔 가능성도 있어, 학자는 강의 준비나 대학의 업무 등과 같은 긴박한 관심사항들이 더 우선적인 처리 사항이라고 잘못 판단하기 쉽다. 그리고 젊은 학자는 어느덧 시간은 흘러갔고, 학부 시절에 썼던 글의 수보다 훨씬 더 적은 수의 할당된 논문도 쓰지 못했다는 사실을 발견한다. 그들이 그렇게 될 수밖에

없는 이유 중 하나는 조직이 압박을 가하지 않기 때문이다.[15]

논문을 제출해야 하는 시간이 정해져 있지도 않고 논문에 점수를 매기는 유일한 심판자도 없으므로, 학자는 자신에게 적합한 계획표를 세워서 그에 따라 작업을 진행해야 한다. 무형의 평가 조직 단체인 '전문가 공동체'나 최소한 학술지 편집을 맡은 그 공동체의 대표자에게 결과물을 제출하고, 학회에 발표할 논문을 작성하며, 출판사에 편집 의견을 제출해야 한다. 제출된 결과물을 가지고, 편집 위원들은 분야 내의 다양한 의견과 관행들을 구체적으로 표명한다. 이런 다양성은 장기적인 측면에서 볼 때, 단순히 저술가가 잘못된 견해나 문체를 가졌기 때문에 그의 글이 출판되지 않을 가능성을 배제한다. 수많은 조직이 수많은 학술지를 발간하기 때문에, 모든 견해는 제각기 적합한 장소를 찾을 수 있다. 그러나 학술지 편집인들은 여전히 제출된 논문들에 대해 '게재 불가' 혹은 '수정 후 보완(또는 재심사)'과 같은 논문심사 평가들을 여전히 내리는데, 그 이유는 저자 자신이 말하고자 하는 문제를 불명확하게 또는 잘못 진술하였기 때문이다.

결과적으로 전문적 글쓰기는 '사적인(privatized)' 작업이 된다. 어떤 동료 집단도 특정 저자와 같은 문제로 고민하지 않는다. 또한 어떤 집단도 같은 날에 같은 보고서를 제출해야 하는 일이 없으며, 모든 사람은 각자가 준비되었을 때 제출할 서로 다른 논문을 가지고 있다. 그래서 사회학 저술가들은 자신들이 공

---

15) (역주) 교수들은 자신의 연구 업적으로 매년 평가를 받는 성과급 연봉제보다 신분이 보장되는 정년보장 호봉제를 선호한다. 그리고 연봉제의 단점과 호봉제의 장점에 대해 주로 이야기한다. 제도보다 중요한 것은 사람이다. 분명, '정년보장'은 학자들에게 신분보장을 통해 오랜 기간 걸리는 훌륭한 연구를 수행하게끔 하며, 그 결과물을 통해 사회에 큰 기여를 할 수 있다. 하지만 학계의 도덕적 해이라는 엄청난 반대급부도 초래할 수 있다. 자신의 학문이 부재한 사이비 학자들의 정년보장은 단지 그들과 그들의 가족에게만 천국의 삶을 제도적으로 보장해줄 뿐이다. 그들은 연구와 글에 대한 도덕적 책무가 면제된 상태에서, 은퇴 전에는 안락한 삶과 높은 임금을 그리고 은퇴 후에는 높은 연금을 보장받는다. 이렇게 제도화된 막대한 혜택에는 그들의 동료와 학생들 그리고 연금을 제공해야 하는 후(後) 세대들의 막대한 피해가 따르기 마련이다. 교수의 신분보장은 오직 자신의 학문이 있고 그것을 발전시키고자 하는 제조업 학자들에게 제공되어야 할 것이다. (p. 208쪽, 주 7 참조).

유한 문제를 힘을 합쳐 해결하려고 시도하는 문화를 발달시키지 않는다. 그 결과, 서로의 사정을 모르는 상황이 야기된다. 모든 사람은 자신을 제외한 모든 사람이 글을 완성하여 제시간에 제출할 수 있다고 생각하며, 스스로 자신의 어려움을 지속한다. 이것이 아마 사회학자들과 다른 학자들이 고립된 상태에서 글을 쓰는 한 이유 중 하나일 것이다.

어쨌든 그들의 저술은 광범위한 퇴고와 교정 작업을 요구한다. 중요시되는 유일한 판은 최종판이기 때문에, 올바른 결과물을 얻게 될 때까지 작업을 계속하는 것이 합당하다. 여기서 올바르다는 것은 주어진 시간 내에 완성해 내는 올바름(학부생 모형)이 아니라, 저술가가 최선을 다했다고 생각되는 올바름을 의미한다. (당연히 후자도 어떤 현실적인 제한을 받기 쉬운데, 그래서 언젠가는 끝내야 한다. 하지만 몇몇 대작들은 준비 기간이 20년 이상 걸렸다는 사실과 어떤 학자는 오랜 기간에 걸쳐 완성된 작품에 더 높은 평가 점수를 준다는 사실을 기억하라.) 그러나 많은 저술가는 퇴고하는 방식을 모르며, 매번 생산된 판마다 각기 저술가 자신을 평가한다고 생각한다. (때로는 맞다. 모든 작품이 평가 대상이 될 수 있긴 하지만, 단지 운이 좋은 경우에만 좋은 평가를 받을 것이다.) 그래서 저술가는 아예 글을 쓰지 않거나 혹은 아주 고통스럽게 글을 쓰는데, 그 이유는 누가 보기 전에 완벽한 형태로 논문을 완성하려고 하기 때문이다.

이러한 유형에 예외가 되는 흥미로운 경우는 집단 프로젝트에서 발생한다. 집단 프로젝트 작업이 진행되면, 종종 참가자들은 정해진 날까지 서로에게 보여 줄 기록을 산출해야만 한다. 성공적인 프로젝트에 참가한 사람들은 준비 단계에서부터 서로의 작업을 보고 배움으로써, 처음부터 완벽한 초고를 만들어야 한다는 부담감에서 해방된다.

좀 더 보편적으로, 저술가는 자신의 작품을 올바르게 평가해 줄 수 있는 동료와 동아리를 형성하여 고립의 문제를 해결할 수 있다. 동아리의 동료들은 예비 단계의 것은 예비 단계의 것으로 취급함으로써 아주 엉성한 초고의 혼란스러운 사고들을 분류하는 데 도움을 준다. 또한 후기 단계의 판에서는 모호한 단어들을 매끄럽게 만들어 주고, 도움이 될 만한 참고 문헌이나 매우 난해한 수수께끼를 풀 수 있는 열쇠를 제공해 주는 비교 방법을 제시해 주기도 한다. 이러한 동아리에는 당신의 대학원 동기, 지도 교수 또는 같은 관심을 공유하고 있는 사람들이 포함될 수 있다. 동아리 내의 관계는 통상적으로 상호 보완적이다. 저술가와 논평자 사이의 신뢰가 돈독해지면, 논평자 또한 역으로 저술가에게 자신의 원고를 읽어 달라고 부탁할 수 있다. 이런 종류의 고무적인 관계는 상호 간의 호의가 지속되지 않을 때 사라진다.

어떤 사람은 부적합한 방식으로 글을 읽는다. 그들은 작은 것―단지 다른 단어로 대치하면 쉽게 해결할 수 있는 사소한 문제―에 집착하여, 그 밖의 것을 생각하거나 조언해 주지 못한다. 보통 유능하다고 널리 알려진 편집자는 문제의 핵심을 파악하고 도움이 되는 제언을 해 준다. 전자의 사람은 피하고 후자의 사람을 찾아라.

이상의 내용은 내가 지금까지 논의해 왔던 글쓰기 문제와 전문가 상황들에 관한 기본 이론에 따라한 유용한 조언이라 할 수 있다. 세미나 집단은 언제나 도움이 될 만한 조언에 관심을 가졌고, 나의 경험을 이야기하도록 유혹했다. 비록 이런 유혹에 못 이겨 내가 이야기한 것은 대부분 학생의 잘못된 모방에 관한 것이지만, 그중 몇 가지는 언급해 볼 만한 가치가 있다.

전문가 경험이 적은 젊은 학자들은 논문이 게재 불가를 맞거나 광범위한 수정을 요구하는 수정 후 재심사 판정을 받았을 때, 이러한 비평에 어떻게 대응해야 할지를 몰라 걱정한다. 그러면서 종종 학창 시절의 대화를 재연한다. "단지 그들이 이렇게 저렇게 고쳐야 한다고 말했다는 이유만으로 그렇게 해야만 하나요?" 그리고 때로는 자신의 위대한 작품이 속물에게 혹평받은 예술인 양 이야기하기도 한다. 젊은 학자들은 학부생이 변덕스럽고, 진짜 기준도 없으며, 단지 즉흥적으로 결정한다고 생각하는데, 그러한 태도를 보이고 있는 사람은 학부생이 아니라 바로 '그들 자신'임을 인식해야 한다고 생각한다. 만약 논문 심사자들의 기준이 모호하여 그들의 비평을 합리적으로 받아들일 수 없다면, 그들이 원하는 대로 고쳐서 다시 제출할 것이 아니라, 오히려 평가 기록을 자세히 검토함으로써 보완해야 할 사항이 무엇인지를 찾아내야 할 것이다[베커, 기어와 휴즈(Becker, Geer, & Hughes, 1968: 80-92)의 분석을 보라]. 이따금 저술가들은 비평자의 모순된 충고에서 이와 같은 증거를 발견하곤 한다. 예를 들어, 어떤 논평자는 저술가에게 특정 부문을 빼라고 말하지만, 다른 논평자는 그것을 확충시키라고 요구한다.

  이 시점에서 나의 실용적인 비밀 정보를 밝히자면, 논평자는 투시력을 가진 사람이 아니라는 사실이다. 그러므로 산문 표현이 모호하고 혼란스러울 때 논평자는 저술가가 진정으로 의도하는 것을 즉각적으로 알아차릴 수가 없어서 때로는 모순되는 자기 나름대로 해석을 한다. 가장 흔히 발생하는 문제는 저자가 서문에서 본 논문은 문제 X에 대해 다룬다고 진술하고 나서는 문제 Y에 대해서 논리 정연하게 분석하기 시작하는 것이다. 이러한 문제는 초고 특유의 실수로서 퇴고 과정을 통해 해결할 수 있다. 혼동 사항을 지적하는 데 있어, 어떤 논평자는 논문이 다루는 것은 X라는 사실을 분명하게 보여 주기 위해 분석 또는 연구 자체를 다시 수행할 것을 제안할 수 있다. 약간 더 실리적인 논평자는 논문이 Y에 관한 것이라고 말하는 서문을 다시 쓰라고 비평할 수 있다. 하지만 두 가지 비평 모두 같은 혼동에서 야기되는 반응이다. 저술가에게 진정으로 필요한 것은 두 논평자 중 한 명의 의견을 따르는 것이 아니라, 더 이상의 불평이 발생하지 않도록 혼동의 요소들을 제거하는 것이다.

  세미나의 구성원들이 걱정했던 또 다른 문제는 공동 저작이었는데, 그에 대한 본보기가 수업 시간에 발생하였다. 내가 계획했던 모든 것을 다하고 이제 남은 수업 시간에 무엇을 할까 고민하던 학기 말에, 우리가 모두 알고 있는 한 화제—사회학 글쓰기의 문제점—에 대해 글을 함께 써 보자고 제의했다. 우리는 말놀이 게임(parlor game)을 변형하여 논문의 다음 문장을 차례로 계속해서 이어 적는 게임을 하면서 논문의 본체에 문장을 첨가했다. 어떤 사람은 앞사람이 제시한 문장과 연관된 문장을 적으려고 노력했고, 어떤 사람은 앞사람의 문장을 무시하고 아예 다시 시작했으며, 다른 이는 번뜩이는 의견도 제시했다. 몇 사람이 학생들이 만든 문장을 받아 적었고, 요청에 따라 받아 적은 것을 읽어 주었다.

　게임이 끝났을 때, 18개의 문장이 만들어졌다. 모든 불합리한 추론과 경구에도 불구하고 최초의 초고를 평가하고 사용하는 우리의 방식에서 보면, 그것은 놀랍게도 나쁜 첫 번째 초고는 결코 아니었다. 사실 나는 아주 흥미로워서 그것을 확충하여 출판하자고 제안했다. 학생들은 이 제안에 곧바로 한 가지 질문을 제기했다. "어디에서 출판할 건데요?" 우리는 이런 화제에 관심이 있을 만한 학술지들에 대해 토의하여, 마침내 『미국사회학자(The American Sociologist)』로 결정했다. 이 학술지는 미국사회학회가 출판을 배제했던 전문가의 문제들을 헌신적으로 다루었다. 내가 커피를 가져오기 위해 잠시 교실을 나갔다가 들어왔을 때, 좋았던 분위기가 썰렁해져 있었다. 내가 없는 동안, 수강생들은 자신들이 차지할 밥그릇을 놓고 싸우고 있었다고 고백했다. 만약 어떤 사람이 다른 사람보다 더 많이 작업했다면, 최종본에는 누구의 이름이 올라가는가, 그리고 어떤 순서로 올리는가?

　나는 이런 비이성적인 행동을 보고 화가 났다. 많은 사람이 바로 이런 문제를 가지고 싸운다. 나는 이에 대해 해결책을 제시해 보았다. 즉, 논문을 쓰는 데 조금이라도 기여했다고 생각되는 사람 모두에게 혜택을 주는 것이다. 그러나 수강생들은 정년을 보장받은 정교수는 그런 생각들을 할 여유가 있을지 몰라도, 젊은 사람들은 그렇지 않다고 지적했다. 그 말이 맞는지 틀리는지는 잘 모르겠지만, 나의 제안이 이러한 상황에 부적합한 것은 아니었다.

　이야기를 계속하는 과정에서 우리는 단지 4~5명의 학생만이 참으로 그 논문에 관심이 있다는 것을 알았다. 세미나 수업은 봄학기에 있었는데, 학생들은 여름학기에 논문을 작업하는 데 동의했다. 그런데 학교라는 사회조직이 다시 이를 방해했다. 대학원 수업은 4학기나 2학기로 짜여 있고, 학기 후에는 수업이 없다. 그리고 프로젝트를 진행하기 위해서는 방학 동안 학생들의 생계를 보조해 줄 상당한 돈이 필요했다. 이러한 사회적 여건들로 말미암아, 세미나가 끝난 후 공동 작업을 하기로 했던 수강생들과 만나서 작업을 수행하지 못했다. 그들은 그 논문을 쓰지 못했다.

여러 가지 측면에서 볼 때, 이 장은 그 논문이며 지난 몇 년 동안 그 수업의 참여자들과 다른 많은 사람에 의해 완성된 것이다. 공동 작업을 지지하는 조직이 일시적일 때, 그 작업이 완성될 수 있으려면(그리고 보통은 그러하지 않다), 작업 참가자 중 한 명이 그 작업을 개인 프로젝트로 떠맡아야만 한다. 바로 이것이 문제인 것이다.

• **후기**

나는 이것이 '개인' 프로젝트라고 언급하지 말았어야 했다. 왜냐하면 당연히 개인 프로젝트가 아니기 때문이다. 내가 가르친 것을 실습했고, 이 장(한 편의 논문의 형태를 갖춘 원고로)을 수많은 사람에게 보냈으며, 그들은 나에게 도움이 되는 제언을 해 주었고, 나는 그러한 제언 대부분을 수용했다. 따라서 서문에서 이름을 밝힌 사람들뿐만 아니라, 세 번의 수업에 참여했던 모든 학생이 이 논문의 공동 작업자에 포함된다.

Writing for Social Scientists
How to Start and finish Your Thesis, Book or Article(2nd ed.)

제 2 장
권위를 세워 주는 페르소나

　로잔나 헤르츠(Rosanna Hertz)는 내가 박사과정을 지도했던 학생이었다. 현재는 동료 교수가 되었다. 나는 로잔나가 박사과정에 있을 때, 그녀의 박사학위 논문 한 장(chapter)을 교정해 준 적이 있다. 어느 날 로잔나는 교수실로 찾아와 내가 교정해 준 부분에 대해 나와 이야기하고 싶다고 말했다. 로잔나는 자신의 글이 이전보다 훨씬 간결해져서 전반적으로 많이 향상되었다고 말했지만, 그 말투는 상당한 불만을 숨기고 있는 듯했다. 그녀는 내가 어떤 원칙에 따라서 교정했는지를 전혀 이해하지 못하겠다고 말했다. 그리고 자신과 함께 원고를 검토하면서 그 원칙을 설명해 주기를 부탁했다. 이에 대해 나는 어떤 원칙에 근거하여 교정했는지는 잘 모르겠지만, 다만 귀로 교정했다고 말했다(나는 제4장에서 이 표현에 관해 설명할 것이다. 귀로 교정한다는 것이 전혀 아무런 규칙도 존재하지 않는다는 것을 의미하는 것은 아니다.). 어쨌든 최선을 다해 도와주기로 했다. 나도 내가 정말로 일반 원칙에 따라 교정하였는지가 궁금했고, 만약 그렇다면 로잔나에게 설명해 주는 과정에서 그것을 알 수 있으리라고 생각했다.

며칠 후 로잔나는 자신의 학위논문 중 한 장(chapter)을 가져왔다. 나는 그녀의 어떤 사고도 빠트리지 않은 상태에서 많은 단어를 삭제하며 광범위하게 퇴고하였다. 그 장은 풍부한 자료를 사용하고, 창의적 분석을 하고, 잘 조직화되어 있는 매우 좋은 작품이었지만, 너무 장황하고 현학적인 글로 작성되어 있었다. 그래서 나는 군더더기 말과 현학적인 미사여구들을 상당히 많이 제거했는데, 그것은 그녀가 간신히 꾹 참을 수 있는 수준이었다. 우리는 한 번에 한 쪽씩 검토했는데, 그녀는 수정이 가해질 때마다 나에게 질문했다. 나는 사회학 전문용어들은 전혀 고치지 않았다. 그녀가 '통일된 입장'이라고 썼던 것을 '동의'라고 고쳤는데, 그것은 후자가 더 간단했기 때문이다. 또한 '~의 문제에 직면했다'를 '~에 관해 말했다'로 바꾸어 덜 현학적인 문구로 만들었다. 더 긴 예는 다음과 같다. 로잔나는 "이 장에서는 돈, 특히 독립적인 수입이 가계의 영역에 관련된 부부관계에 미치는 영향을 조사할 것이다."라고 썼는데, 나는 이것을 앞과 비슷한 이유에서 "이 장은 독립적인 수입이 부부의 집안 살림 방식을 변화시키는 사실을 보여 줄 것이다."로 바꾸었다. 나는 ('~하는 경향이 있다.' 와 같은) 의미 없는 수식어를 제거했고, 긴 구들이 반복되는 문장은 축약했다. 또 그녀가 같은 이야기를 약간 다른 방식으로 연속적으로 말할 때는 덜 효과적인 문장을 빼 버렸다. 그러면서 내가 무엇을 하는 중이며, 왜 그렇게 하는지를 설명해 주었다.

나의 이러한 임시방편적 설명에 대해 로잔나는 고개를 끄덕였지만, 우리는 어떤 일반 원칙도 발견하지 못하고 있었다. 나는 그녀에게 내가 손대지 않은 쪽도 계속해서 작업해 보자고 말했다. 몇 줄을 더 작업한 뒤, 그녀가 연구하고 있는 사람들은 어떤 것에 대해 "꼭 걱정하지 않아도 되는 여유가 있었다."라고 말한 문장에 이르렀다. 나는 그녀에게 그것을 어떻게 바꿀 수 있는지 물어보았다. 그녀는 그 문장을 보고 또 본 끝에 그 표현을 향상할 수 있는 어떤 방법도 찾을 수 없다고 말했다. 마침내 나는 그 사람들이 어떤 것들에 대해 "걱정할 필요가 없다."라고 간단하게 말할 수 있지 않느냐고 반문했다.

그녀는 턱을 괴고 심각하게 고민했다. 그리고 이제는 자기 뜻을 밝힐 때라고 판단했다. "음, 그래요. 그것이 더 간단하고, 확실히 명료하지만……." 말줄임표가 보여 주듯이 그녀는 자기 생각을 명확하게 표현하지 못한 채 다시 생각에 잠겼다. 길고도 짧은 침묵이 흐른 뒤, 내가 "그런데 왜?"라고 묻자, 그녀는 "음, 처음 방식이 더 고상해요."라고 대답했다.

나는 직감적으로 '더 고상하다.'라는 단어가 중요하다는 것을 알았다. 그리고는 로잔나에게 '더 고상하다.'라는 말이 정확히 무엇을 의미하는지에 관해 다섯 쪽 분량의 글을 써 준다면 내가 베푼 호의를 모두 갚는 것이 될 것이라고 말했다. 그녀는 당황해하면서(이제 내가 동료애와 교수의 권위를 이용하여 부당한 이득을 취했음이 분명해졌다), 그러겠다고 말했다. 로잔나는 두 달 동안이나 그 글을 쓰지 못하고 있었는데, 나는 그것에 대해 뭐라 말할 수가 없었다. 나중에 그녀는 고백하기를, 그 작업은 그녀가 글을 썼던 경험 중에서 가장 힘든 것이었다고 했다. 그 이유는 진실을 말해야 한다는 사실을 깨달았기 때문이다.

나는 그녀의 편지를 길게 인용하려 한다. 그러나 이러한 인용이 단지 한 저술가의 특성과 언어에 국한된 문제를 보여 주기 위한 것은 아니다. '더 고상하다.'는 말은 중요한 단서를 정확하게 제공하였는데, 그것은 로잔나가 많은 학생과 학문 분야의 전문가들이 느끼고는 있었지만 비겁하게도 기꺼이 인정하려 들지 않았던 것을 소리 높여 말했기 때문이다. 그들은 그녀가 최종적으로 썼던 글을 넌지시 빈정거렸는데, 그러한 빈정거림을 통해 나는 로잔나와 같은 태도가 널리 퍼져 있음을 확신할 수 있었다.

내가 받은 편지는 4쪽이었다. 나는 그것을 전부 그리고 순서대로 인용하지는 않을 것이다. 왜냐하면 로잔나의 편지는 그녀의 생각을 개인적으로 쓴 것이고, 순서는 중요하지 않기 때문이다. 그녀는 다음과 같은 말로 편지를 시작했다.

> 어디에선가, 아마도 대학에서 명석한 사람들은 거창한 단어들을 사용한다는 사실을 알게 되었다. 그 거창한 단어들은 나에게 깊은 감명을 주었다. 나는 어느 철학 교수에게서 두 과목을 수강했던 기억이 난다. 그 교수는 수업 시간에 내가 의미를 잘 모르는 단어들을 많이 사용했었는데, 그 때문에 그가 상당히 유식할 것이라고 생각했고, 수강 신청을 했다. 나는 그 수업 시간에 노트 정리를 거의 하지 못했다.[1] 교수가 사용한 낯선 단어들을 받아 적으면서 수업 시간을 보냈고, 집에 가서 그 단어들을 조사해 보았다. 그의 강의를 이해할 수 없다는 단순한 이유만으로 그는 매우 유식하게 보였다. 어떤 사람들이 글을 쓰는 방식—더 난해하게 쓸수록—은 그들을 더 지적으로 보이게 한다.

그녀가 대학에서 이런 식의 생각을 하게 된 것은 결코 우연이 아니다. 앞의 인용문은 고도로 계층화된 조직 내에 있는 한 종속자의 시각을 보여 주고 있다. 단과대학과 종합대학은 공통된 관심 사항을 자유롭고 사심 없이 토론하는 지식인의 공동체인 척하지만, 사실은 전혀 그렇지 않다. 교수는 더 많이 알고, 그것을 증명할 학위를 가지고 있으며, 학생에게 시험을 치르게 하고 보고서를 채점한다. 상상할 수 있는 모든 부문에서 학생은 바닥에 서 있는 반면, 교수는

---

[1] (역주) **서울대에서는 누가 A+를 받는가**에서 이혜정은 높은 학점을 받는 우리나라의 대학생들은 수업 시간에 심지어 교수의 농담까지 그대로 받아 적어 노트를 만든다고 한다. 그러나 미국 대학생들은 교수의 말을 그대로 받아 적지 않고 강의 내용을 이해하여 자기의 말로 노트를 만드는 경향이 있다. 그런 까닭에 강의 내용을 이해하지 못하면 노트 정리를 할 수가 없다.

상석에 앉아 있다. 그러한 불평등에 분개하는 학생도 있지만, 지식인이 되고자 하는 똑똑한 학생은 그것을 마음속 깊숙이 받아들인다. 그리고 로잔나처럼 자신을 가르치는 교수는 더 많은 것을 알고 있으며, 반드시 모방해야 할 인물이라고 생각하기 때문에, 자기가 하는 일이 의미가 있느냐 없느냐는 상관하지 않는다. 위계의 원칙은 학생이 틀리고 교수가 맞는다는 것을 학생에게 확신시킨다. 학생은 똑같은 특권을 저술가에게도 부여한다.

> 내가 어떤 글을 읽고 그것이 의미하는 바를 곧바로 이해하지 못했을 때, 언제나 나의 탓으로 돌림으로써 저술가에게 유리하게 해석한다. 즉, 저술가는 똑똑한 사람이고, 내가 저술가의 생각을 이해하지 못하는 것은 내가 저술가만큼 똑똑하지 않기 때문이라고 간주한다. 황제가 입을 옷이 없거나, 저술가가 말하고자 하는 내용을 혼동하여 명료한 글로 표현하지 못한다고는 상상조차 하지 않는다. 내가 무지해서 글을 이해하지 못하거나 내가 이해할 수 없는 심오한 뜻이 저술가의 글 속에 있기 때문이라고 늘 생각한다. …예를 들어, 만약 『미국사회학 학술지(American Journal of Sociology: AJS)』[2)]의 논문을 접하면, 그것은 훌륭하고 중요한 논문이라고 간주한다. 그 잡지는 이미 자격을 검증받은 것이기 때문에 내가 논문을 이해하지 못한다면, 그것은 나의 문제라고 생각한다.

그녀는 다른 사람들도 언급한 다른 많은 점을 지적했다. [예를 들어, 베커(1956a)와 카퍼(Carper, 1956b)에서 논의한 것처럼, 사회학자는 그것을 전문직 세계로 사회화되는 과정에서 발생하는 일반적인 문제 중의 한 예로 인식할 것이다.] 학자가 되고자 공부

---

2) (역주) 이 학술지는 사회학 관련 학술지들 가운데 1~2위를 다투는 최고 학술지다. 우리나라의 사회학자들 가운데 이 학술지에 글을 실은 학자들은 극소수이며, 또 미국의 사회학자들조차 이 학술지에 글이 출판되면 명문 대학에 취업하는 것은 물론 정년을 보장받는 데 상당한 도움이 된다.

하는 학생은 아직 자신이 진정한 지식인이 아니라는 것—이는 마치 의대생이 자신은 아직 진정한 의사가 아니라는 것을 아는 것과 같다—하지만 교수가 되는 과정에 있다는 것을 알릴 수 있는 표시를 열심히 찾는다. 난해한 용어와 진부하고 현학적인 문장 배열은 전문 지식인과 일반인을 명확하게 구분해 준다.[3] 이것은 직업적인 발레리나가 발가락으로 서 있을 수 있는 능력으로 일반 무용가와 자신을 구분 짓는 것과 비슷하다. 학자처럼 글을 쓰는 것을 배움으로써 학생은 엘리트 집단에 한 발짝 다가선다.

> 나는 개인적으로 학구적인 글이 따분하다는 것을 알고, 소설책을 읽으면서 시간을 보내는 것을 더 좋아한다. 하지만 전통적인 엘리트주의는 모든 대학원생이 사회화되는 과정의 한 부분이다. 나에게 학구적인 글이란 영어로 쓰인 글이 아니라 오직 전문직 집단 구성원들만이 해독할 수 있는 암호로 쓴 글을 의미한다. …나는 이것이 엘리

---

[3] (역주) 사회가 요구하는 지식이 박학(博學) 혹은 실용(實用)인지에 따라 선호되는 글쓰기는 달라질 것이다. 박학 혹은 잡학(雜學)은 넓고 얕은 지식을 함축한다. 이것은 다양한 지적 대화에는 유용할지 몰라도, 실생활에서는 그다지 쓸모가 없는 지식이다. 박학이 지식인의 준거틀인 사회에서 선호되는 글쓰기는 지식인이 일반인보다 우월하다는 사실을 나타내는 것이 된다. 자신의 박학을 과시하는 난해한 용어들과 온갖 미사여구들로 장식된 현학적인 글쓰기가 위력을 발휘하는 것은 당연한 이치다. 그러므로 후학들이 본받아야 할 모범의 글쓰기는 '넓지만 얕은 잡다한 지식', 즉 '최대한 많은 오색찬란한 구슬'을 전시하는 것이 된다.

한편, 실용지식은 우리가 현실에서 당면한 문제를 해결하는 데 도움을 줄 수 있는 지식을 말한다. 실용지식은 문제해결을 위한 도구인 까닭에, 그 사용을 위해 명료하면서 논리적인 글쓰기가 강제된다. 따라서 실용지식의 글쓰기는 '좁지만 깊은 전문지식', 즉 '사용에 필요한 구슬들만 꿴 빨간 실'을 요구한다. 일반인들이 원하는 글쓰기임은 분명하지만, 그들의 요구에 부합하는 글쓰기를 하려면 지식인은 너무나 피곤하다. 실용지식의 사회에서 글의 질은 독자들의 시선을 확 끄는 구슬—부분—들이 아니라 그것들을 연계한 논리체제—전체—로 평가받는다.

오늘날 우리 사회에서 절실한 지식은 전자가 아니라 후자이다. 그렇다면 글쓰기 방식은 물론 교육방식도 바뀌어야 한다. 암기교육은 박학에 유용할 수 있지만 실용지식에는 아니다. 실용지식은 문제해결에 필요한 구슬들을 찾아 빨간 실로 꿰매 주는 교육, 즉 좁지만 깊은 지식을 사용할 수 있게 만드는 이해교육이 필요하다. 불행히도, 박학을 지식의 준거로 삼아 교육을 받아 온 우리나라의 학생들은 흔히 '좁지만 깊은 지식'의 이해강의를 한 마디로 말해도 알아들을 것을 쓸데없이 빙 돌려 말하는 강의로 생각하곤 한다. 심지어 그런 학생들과 유사한 생각을 가진 교수들도 있다. 역자는 마이클 샌델의 **정의란 무엇인가** 강의를 학부 1학년의 철학개론만 들어도 다 아는 간단한 내용을 복잡다단하게 이야기하는 것으로 평가했던 교수를 본 적이 있다. 교육이데올로기가 바뀌지 않으면, 창의성을 요구하는 실용지식의 교육과 글쓰기는 요원한 것처럼 보인다.

트주의가 집단을 구분하는 방법이라고 생각한다. …여기서 가정된 관념은 교육받지 않은 사람이 이해하기 어려운 방식으로 글이 쓰여야 된다는 것이다. 이것이 학문적 글쓰기다. 그리고 학자가 되려면, 이런 방식의 글쓰기를 모방할 필요가 있다.

(여기서 이 점을 알리는 것이 좋을 것 같다. 로잔나는 지금 내가 인용하고 있는 글을 쓰면서, 그때까지 간과하고 있던 나의 견해를 마음속 깊이 받아들였다. 내가 그 이유를 물었을 때, 그녀는 문체가 유식함이나 아이디어의 복잡성과 관계있다고는 더 이상 생각하지 않기 때문이라고 말했다.)

그녀는 자신을 사로잡았던 '고상한' 글쓰기의 몇 가지 예를 제시하면서, 왜 그러한 표현에 이끌리게 되었는지에 대해 설명했다.

나는 '그가 거기에 산다.'라고 쓰는 것 대신에, '그는 그곳에 거주한다.'라고 쓰는 것을 선호한다. '부부가 여윳돈을 쓴다'(또는 '남은 돈' 또는 '쓸 수 있는 돈')라고 말하지 않고, 나는 '잉여 소득'이란 말을 사용한다. 그것이 더 지적으로 보인다. 여기 내가 좋아하는 표현들이 있다. '~의 유효성에 입각한다'는 '~ 때문에 존재한다(또는 ~에 의존한다)'라고 말하는 것보다 고상하다. 이렇게 하는 것이 좀 더 경외심을 일으킨다. 여기 또 다른 예가 있다. '집안일'이라고 말할 수도 있지만, 내가 선택한 단어는 '제3의 노동'이다. 글에서 그 말을 처음 사용할 때, 그에 대해 부연 설명을 한다. 그러고 나서 글의 구석구석에서 '제3의 노동'이란 단어를 자유롭게 사용하는데, 그렇게 하면 멋있어 보인다. 여기서 지적할 점은 내가 똑똑해 보일 수 있는 문체를 찾고 있다는 것이다.

이러한 고상한 말투는 그것을 대신할 수 있는 간단한 말투와 결코 의미가 다르지 않다. 고상한 말투는 의례적일 뿐이지, 다른 의미로 사용되는 것은 아니다. 똑똑하게 보이기 위해 고상한 방식으로 글을 쓰는 것은 어느 특정 유형의 사람과 같아 보이거나, 심지어는 그러한 사람이 되기 위해 글을 쓰는 것을 의미한다. 사회학자와 다른 학자들도 그러한 글쓰기를 한다. 그런 유형의 사람이 되는 것이야말로, 다른 사람들에게 자신의 말이 설득력 있는 사회과학적 주장임을 인정하도록 설득하는 길이라 생각하기 때문이다. 라이트 밀스(C. Wright Mills)는 다음과 같이 말했다.

> 내 생각에, (학문적 글이) 평이하면서 명료하게 쓰이지 않는 것은 보통 주제의 복잡성과는 거의 또는 전혀 관계가 없고, 사고의 심오함과도 전혀 무관하다. 그것은 학자가 자신의 지위를 걱정하는 것과 거의 전적으로 관계가 있다. 대부분의 경우, 사회학자의 습관적인 문체는 사회학자가 다른 학자에 비해 거의 지위를 갖고 있지 않을 때 나타난다. 지위에 대한 욕망은 학자가 왜 그렇게 쉽게 난해한 글을 선호하게 되는지를 설명하는 한 이유다. …학구적 문체를 극복하기 위해서는 가장 먼저 학구적인 티 내기를 극복해야 한다(Mills, 1959: 218-219).

지식인 또는 학자라는 직업은 지혜와 지식의 측면에서 동료와 타인에게 똑똑해 보이고 싶게끔 만든다. 그러나 똑똑한 것만으로 국한되지 않는다. 그들은 또한 자신이 세상의 모든 것에 대해 박식하고, 세련되면서도 소박하며, 전문적인 사람으로 보이길 원하므로, 글의 세세한 부분들에서 이러한 것들을 많이 암시하고자 한다. 그런 사람으로 간주함으로써 자신의 말이 신뢰받을 수 있기를 희망한다. 사람들이 '고상한' 글쓰기 또는 그와 비슷한 유형의 글쓰기에 대해서 생각하거나 말할 때 의미하는 바를, **페르소나**(persona)[4]라는 관념(내가 이처럼 고상

---

4) (역주) 페르소나는 고대 그리스의 연극에서 배우들이 쓰던 가면을 뜻하는 라틴어에서 유래한 전문 학술 용어이며, 정신분석학자인 융(K. G. Jung)이 사용해서 널리 알려졌다. 융에 따르면, 페르소나는 개인의 사회적 역할에 따라 변화하는 외적 인격 또는 외면적으로 타인에게 보이기를 원하는 자기 모습이다. 개인은 페르소나에 의해 자신의 역할을 드러낼 수 있으며, 그럼으로써 주변 세계와 상호 관계를 맺을 수 있다.

한 용어를 사용하는 것을 용서하기 바란다)을 통해 탐구할 수 있다(Cambell, 1975). 작가는 특유의 문체를 사용하여 자신의 페르소나를 과시해 보이지만, 나는 문체에 대해 장황하게 논하지 않을 것이다. 스트렁크와 화이트(Strunk & White, 1959) 그리고 윌리엄스(Williams, 1981)는 문체를 분석하고, 저술가에게 문체의 요소들을 어떻게 효율적으로 이용하는지를 보여 주었는데, 독자는 거기서 주제를 찾아야만 한다. [이 원고를 먼저 읽은 독자들을 위해 문체의 문제점들을 지적하는 유용한 지침서로서 번스타인(Bernstein, 1965), 폴레(Follet, 1966), 파울러(Fowler, 1965), 쇼(Shaw, 1975)를 추가한다.] 나는 저술가가 독자에게 자신의 주장을 수용하도록 만들기 위해 페르소나를 어떻게 이용하는지를 강조하고자 한다.

마치 영국식 발음이 듣는 사람에게 말하는 사람의 신분을 말해 주는 것처럼, 학자의 글도 독자에게 어떤 유형의 사람이 글을 썼는가를 말해 준다. 많은 사회학자와 다른 학자들—학생과 교수 모두—은 고상한 방식으로 말하고 쓰는 '고상한' 사람이 되고 싶어 한다. 그들은 고상한 산문을 씀으로써 고상한 사람이 되고자 하거나, 최소한 고상한 존재의 모습을 창출하려고 노력한다.

그러면 신진 학자나 심지어 중진 학자에게 고상한 사람이란 무엇을 의미할까? 이러한 환상의 내용에 대한 나의 추측은 틀릴 수도 있다. 사실, 고상함에 대한 환상들은 상당히 다양하다는 것이 분명하므로 어떤 특성을 부여하든지 간에 모든 종류의 환상을 올바로 평가할 수는 없을 것이다. 나는 고상한 사람을 다음과 같이 상상해 본다. 젊은 전문직의 사람에게 있어 고상한 사람은 팔꿈치에 가죽 천을 댄 트위드 재킷을 입고, 파이프 담배를 물고, 최고급의 카페에 앉아 레드와인을 마시면서 『타임 리터러리 서플먼트(Time Literary Supplement)』나 『뉴욕 리뷰 오브 북(New York Review of Books)』의 최근 주요 기사에 대해 비슷한 부류의 사람들과 토론하는 사람이다. 여러분이 명심할 것은 내 말이 이러한 환상을 가진 사람이 진실로 그처럼 되기를 원한다는 사실을 의미하지는 않는다는 점이다. 이런 생각에 동의하는 멋진 여성도 그런 사람에게 완전히 빠져들지는 않을 것이다. 그러나 그들은 그런 사람처럼 말하고 싶어 한다. 아마도 고상한 멋을 느끼게 해 주는 것은 그 사람이 아니라 그 사람의 이미지일 것이다.

신진 학자나 박사과정 학생이 고상한 사람이 되고 싶어 하든 그렇지 않든 간에, 그럴 가능성은 모든 사람이 어떤 사람처럼 글을 쓰며, 글의 특성에 영향을 주고, 자신을 대변해 줄 페르소나를 채택할 것이라는 사실을 우리에게 일깨워 준다. 언어분석 전문가는 그 사실을 알고 있지만, 학문적인 글쓰기에서 그것이 함축하는 바는 좀처럼 조사하지 않는다. 학자들은 학문적 글쓰기를 빛나게 해 주고, 학문적 논의의 모양새를 만들어 주며 다양한 분야의 청중에게 어느 정도 설득력이 있는 글을 만들어 주는 몇몇 고전 페르소나를 선호하는 경향이 있다. 그러한 페르소나는 학자, 연구자 그리고 지식인의 세계 속에서 살고 있다. 이들의 세계에서 그러한 인물 중의 하나가 되는 것은 유용하거나 기분이 좋은 일이다.

학구적인 지식인 세계는 일반인 세계와 모호하고 불편한 관계를 맺고 있으며, 많은 학자는 일반인과 자신의 관계를 걱정한다. 과연 우리는 우리에게 부여됐다고 느끼고 종종 실제로 소유하는 특권을 정당화할 수 있을 만큼 일반인과 다른가? 겉으로 보기에는 의자에서 빈둥거리는 것처럼 보일지라도, 우리가 어떤 것에 대해서 열심히 생각하는 중이라고 주장할 때, 다른 사람들은 우리가 생각하도록 내버려 두어야 하는가? 우리는 왜 '단지 생각하기 위해' 몇 달 동안 방학 그리고 몇 년에 한 번씩 안식년을 가져야만 하는가? 또한 특히, 일반인은 우리가 생각하는 것에 주목해야만 하는가? 왜? 우리가 글을 쓸 때 채택된 페르소나는 독자에게 우리가 누구인지, 왜 우리를 믿어야만 하는지를 말해 주는데, 바로 그것이 다른 모든 질문에 대답해 준다.

저술가들이 채택한 어떤 페르소나—일반적인 인간의 유형—는 지식인과 일반인 사이의 관계에 대한 문제를 직접 다룬다. 많은 페르소나는 우리와 일반인들 사이의 차이점—중요한 영역에서 저술가의 우수함—을 강조한다. 그러한 차이점은 우리의 삶을 정당화하고, 모든 사람이 왜 우리를 신뢰해야 하는가를 보여 준다. 우리가 고상한 모습으로 나타났을 때, 우리는 그런 자신의 모습을 보고 싶어 하며, 다른 사람이 우리를 세상에 대해 많이 아는 세련되고 똑똑한 사람으로 보게 한다. (지식인이 되는 것은 상류 계급으로 상승 이동하는 데 충분한 도움이 된다. 이러한 이동 과정에서 '고상함'의 의미를 무시하는 것은 어리석은 일이다.) 만약 고상한 방식으로 글을 쓴다면, 우리가 보통 사람보다 일반적으로 더 똑똑하고, 더 예민한 감수성을 지니고 있으며, 일반인이 이해하지 못하는 것을 알고 있다는 사실을 보여 주는 것이다. 그래서 우리를 믿어야만 한다는 것이다.

이러한 페르소나는 우리가 환상적인 언어, 소소한 단어 대신 거창한 단어, 쉬운 단어 대신 난해한 단어, 그리고 로잔나가 눈에 띄게 하려고 사용했지만 의미상 차이는 거의 없는 공들인 문장을 사용하도록 만든다. 우리의 언어는 우리가 구체화하고 싶어 하는 우아함을 위해 분투한다.[5]

다른 부류의 저술가들은 자신의 난해한 전문 지식을 강조하는 페르소나를 채택한다. 그들은 박식한 사람으로 보이는 것을 좋아하며, 보통 사람이 다음 주 신문에서나 읽을 수 있는 '숨은 정보'를 알고 있는 사람이 되고 싶어 한다. 일반인의 관심사(노동관계, 국내 정치 또는 뉴스에서 관심의 대상이 되는 어떤 국가)를 다루는 대부분의 특수 전문가는 사람들의 관심이 자신만이 알고 있는 관심 영역에

---

5) (역주) 글의 내용 혹은 논리적 전개보다 화려하고 현혹적인 문체를 중시하는 미문주의(美文主義)는 비단 사회학에만 국한되지 않는다. 문학에서도 이를 볼 수 있다. 미문주의는 저술가가 대중에게 공감을 얻고자 하는 이야기를 정확하게 포착하는 문제가 아니라 대중을 압도하는 화려한 문체가 지식인(그리고 문학) 세계에서 주목을 받을 때 더 큰 힘을 발휘할 것이다. 어쩌면, 최근 신경숙의 표절 사태는 이러한 미문주의의 산물로 볼 수 있다. 글의 내용이나 이야기보다 아름다운 현혹적인 문체에 집착하다 보면, 남의 글에서 그러한 문체를 훔치고 싶은 마음이 생기는 것은 당연하다. 신경숙은 그녀만의 수려한 문체로 대중을 압도한 작가 중의 한 명이다. 그리고 윤선도의 **어부사시사(漁父四時詞)**도 사용된 시적 감각(즉, 문체)은 높이 평가받지만, 바다에서 거친 어부의 삶에 대한 이야기는 없다. 하지만 노벨문학상을 받은 케냐의 작가 응구기 와 시옹오(Ngugi Wa Thiongo)는, 비록 문체가 중요한 것은 틀림없지만, 반식민 투쟁 과정에서의 아프리카 사람들 삶의 이야기로 담은 **한 톨의 밀알**(A Grain of Wheat)로 세계적인 작가의 반열에 올랐다. 이런 점에서 문체는 삶에 대한 내용 혹은 이야기를 정확하게 포착하여 독자에게 전달하는 도구에 불과하다. 미문주의로 인한 더욱 큰 문제점은, 이 책 전반에서 지적하는 바와 같이 저술가가 문체에 치중하다 보면 내용(혹은 이야기)의 구성 혹은 논리적 전개에 치명적인 결함이 발생할 수 있다는 것이다.

국한되기를 바란다. 데이비드 리스먼(David Riesman)이 '숨은 정보통'이라고 칭하는 이런 사람들은 거의 설명되지 않은 세부 사항을 풍부하게 다룸으로써 자신이 누구인지를 독자에게 알린다. 이러한 특수 전문가는 독자가 글의 내용에 대해 상당한 지식이 있거나, 최소한 배경지식을—어떤 분야의 것이든 간에—지닌 사람이라는 가정에 따라 글을 쓴다. 그들은 오직 특수 전문가만이 알아볼 수 있는 자료, 이름 및 장소에 대해 언급하지만, 설명하지는 않는다. 전문적인 지식의 공세로 독자를 압도하고, 독자는 저술가의 주장을 수용하도록 강요당하는 느낌을 받게 된다. 모든 것을 다 알고 있는 사람이 어떻게 틀릴 수 있는가? (나는 이에 대한 자세한 예는 생략했다. 그러한 예는 매우 쉽게 구할 수 있고, 분야마다 다르기 때문이다. 따라서 독자가 스스로 발견하고 분석하기를 바란다.)

제임스 클리포드(James Clifford)는 브로니슬라브 말리노프스키(Bronislaw Malinowski)가 (다소간) 고안한 고전인류학적 페르소나에 관해 기술하고 있다. 그 페르소나는 독자에게 자신의 주장이 옳다고 설득한다. 그 이유는 결과적으로 인류학자가 거기에 있었기 때문이라는 것이다. "말리노프스키는 우리에게 모닥불 옆에 쭈그리고 앉아서 트로브리안드 군도의 생활을 보고, 듣고, 의문을 가지고, 기록하고, 해석하는 새로운 '인류학자'의 영상을 보여 주었다. 이러한 새로운 권위에 의한 학구적 특징은 키리위니 섬 사람들의 [키리위니는 뉴기니아 동쪽 해안에 있는 섬(Kiriwinian)] 주거지 가운데에 세워진 민속학자 텐트의 사진들로 장식된 『서태평양의 항해자들(Argonauts of the Western Pacific)』의 첫 번째 장에 나타난다." (Clifford, 1983: 123)

클리포드는 말리노프스키가 '내가 거기에 있었던 페르소나다.'라는 것을 보여 주기 위해 사용한 몇 가지 문체 고안물들을 밝히고 있다. 즉, 66장의 사진, '필자에 의해 목격된 쿨라 이벤트(Kula Events)의 연대기적인 목차' 그리고 '나는 ~을 목격했다.'와 '북쪽에서 항해를 시작한 우리 일행은……'과 같은 진술들과 전형적인 행동을 기술하는 비인칭이 끊임없이 서로 교체되는 것 등의 고안물을 그는 '경험적 권위'에 의한 주장이라고 불렀다.

> (경험적 권위는) 이국적인 상황에 대한 느낌, 즉 특정한 지역이나 사람들의 생활에 대해 축적된 일종의 분별력과 감각에 근거한다. …경험적 권위에 대한 적절한 예는 마가렛 미드(Margaret Mead)의 주장과 말리노프스키의 강조에서 찾아볼 수 있다. 미드는 형태, 음조, 제스처, 행동 유형에 대한 고도의 감성을 통해 문화에 내재하는 원리나 에토스(ethos)를 찾을 수 있다고 주장했다. 말리노프스키의 마을 안에서의 자신의 생활에 대한 강조와 '일고의 가치가 없는' 일상적인 생활로부터 끌어낸 이해가 이에 대한 적절한 예다(Clifford, 1983: 128).

인류학적 방식으로 현지 작업을 행하는 사회학자 역시 페르소나를 과시하기 위해 비슷한 고안물을 사용한다. 페르소나는 익숙한 지식에 이존하여 자신의 권위를 주장한다. 실직한 남자와 볼링에 대한 윌리엄 푸트 화이트(William Foote Whyte, 1943: 14-25)의 기술은 모든 사회학자에게 알려진 대표적인 예다.

나는 로잔나 헤르츠의 예를 통해 고상한 글쓰기에 대한 표본을 제시했다. 권위 있는 페르소나를 투사하는 글쓰기의 실례를 제시하기란 매우 어려운 일이다. 글쓰기는 오직 독자와의 관계에서만 그러한 특성을 갖는다. 롤빵제조업체조합의 초대 회장 이름을 대면서 바그너 법령(Wagner Act)의 통과 날짜를 알리는 것이 전문성이 부족한 청중에게는 커다란 영향을 미칠지 몰라도, 노동관계 전문가에게는 영향을 주지 못한다.[6] 따라서 권위 있는 위압감이 글쓰기의 본질은 아니다. 권위적인 고안물은 오직 그 분야에 익숙하지 못한 독자에게만 작용한다. (그러나

---

6) (역주) 바그너 법령은 근로자의 단결권과 단체교섭권을 보장하기 위해 부당노동행위제도와 교섭단위제도를 신설한 법이다. 따라서 잘못된 페르소나의 인용은 저술가가 오히려 사이비 전문가라는 사실을 밝히는 증거로 사용될 수 있다.

그러한 고안물은 당신이 말하고 있는 것에 대해 알고 있다는 사실을 다른 전공자들에게 확신시켜주는 데 필요할지는 모르겠다. 언젠가 사진 역사의 전문가가 사진에 관해 쓴 나의 논문이 자신의 동료들에게 무시당할 것이라고 경고한 적이 있었다. 그 이유는 내가 Mathew Brady를 Matthew Brady로, Georgia O' Keeff를 Georgia O' Keef로 잘못 썼기 때문이다.)[7]

많은 학문적 페르소나는 일반적으로 저술가를 권위 있어 보이게 만드는데, 그것은 저술가가 말하는 바가 무엇이든 간에 페르소나가 궁극적인 판단을 내릴 자격을 부여하기 때문이다. 이러한 페르소나를 채택하는 저술가는 일반인의 평범한 실수를 고쳐 주고, 결과를 전혀 상상할 수 없는 미묘한 국제 상황에서 발생할 일을 명확하게 독자에게 말해 주고, '우리 과학자' 또는 '우리 사회학자'는 평범한 사람들이 잘못 알고 있는 것을 알고 있다고 설명해 주기를 좋아한다.

이러한 권위주의자는 명령조로 말한다. "우리는 반드시 ~을 인식해야만 한다." 또는 "우리는 ~을 무시할 수 없다."라고 말한다. 그들은 비인칭으로 말하고, 1인칭을 사용하기보다는 일을 수행하는 '어떤 사람'에 관해서 이야기한다. (어떤 문법학자들은 '어떤 사람'은 2인칭의 사람을 대신하지만, 1인칭의 사람을 대신할

---

7) (역주) 글의 본질인 내용보다 곁가지로 글을 평가하는 행태는 우리 사회에 널리 퍼져 있는 듯하다. 우리나라의 사회과학은 대개 서구에서 수입한 학문인 관계로, 서구의 전문 용어를 학과마다 달리 번역하여 사용하는 경우가 많다. 따라서 논문과 번역본 평가에서, 평가자들이 자신의 전공 영역에서 사용하는 전문 용어를 사용하지 않는 논문 혹은 번역본에 대해 그 저술가를 그 분야에 대한 기본도 모르는 사람(자신의 편이 아닌 사람)이라고 평가하는 사례들을 종종 볼 수 있다. 게다가 우리 사회의 지식인들 대부분은 이해보다 정답형 암기식 교육을 통해 자신의 역량을 인정받은 까닭에, 자신의 전공 분야에서 사용하는 전문 용어의 정확한 의미를 따지기보다는 그 용어의 고상함을 더 중시하는 경향이 있다. 한 예는 아마 '편의' 혹은 '편향'으로 번역되고 있는 통계 용어인 'bias'일 것이다. bias는 'wrong'의 개념이 있으므로 '옆으로 치우쳤다'는 의미가 내포된 신뢰도(reliability)보다 '틀렸다'는 의미를 내포한 타당성(validity)에 더 관련된다[이성용 (2003; **여론조사에서 사회조사로**. pp. 68–69쪽)을 보라]. 그래서 역자는 이를 '어긋남'으로 번역하여 사용했지만, 많은 사람이 '어긋남'은 순수 한글인 까닭에 '고상함' 혹은 '학문 전문 용어로서의 우아함'이 떨어진다고 반대했다. 조금 다른 각도의 이야기일 수도 있지만, 역자 등이 공역한 베커의 또 다른 책 **사회에 대해 말하기**(Telling about Society)에서 쓴 표현을 빌자면, 이런 경우는 특정 학계의 특정 '표준(standard)을 벗어난 '혁신(innovation)'이 그 유용성에도 불구하고 표준에 익숙해져 있는 사람들에게 외면당하거나 배척받는 상황이라고도 할 수 있다[표준화와 혁신의 문제는 특히 제5장을 볼 것].

수는 없다고 생각한다. 이들은 나와는 달리 권위주의자를 만나지 못했음이 틀림없다.) 권위주의자가 수동태를 사용하는 까닭은 자신들의 주장이 전혀 개인적인 측면에 의존하는 것이 아니며, 그 반대로 자신의 독특한 지식에 의해 현실이 그만큼 접근 가능해진다는 점을 보여 주고자 하는 것이다. 라투어와 울가(Latour & Woolgar, 1979)는 실험실 과학자들이 습관적으로 전형적인 권위적 문체를 사용함으로써, 자신들의 결과를 산출한 평범한 인간 행위의 흔적을 은폐한다는 사실을 보여 주었다. [거스필드(Gusfield, 1981)와 라투어와 바스티드(Latour & Bastid, 1983)는 이 문제를 더 탐구하고 추가적인 예를 제시했다.]

어떤 작가들은 윌 로저스(Will Rogers)의 방식—개인적으로 나는 이런 페르소나를 좋아한다—을 받아들인다. 우리는 일반인과 전혀 다를 바가 없는 극히 평범한 사람들이다. 우리는 다른 사람이 알지 못하는 것을 조금 더 알 수도 있지만, 그것은 전혀 특별한 것이 아니다. "저런! 만약 당신도 내가 본 것을 봤더라면, 나와 같은 생각을 했을 겁니다. 내가 그런 생각을 할 수 있었던 것은 단지 시간이 있었고, 또 그곳에 있어야 할 일이 있었기 때문입니다. 당신이 그러한 생각을 할 수 없다거나 하지 못한다는 것은 절대로 아닙니다. 하지만 나는 그것에 대해 말해 보겠습니다." 이와 같은 것이다. (사실상 이 책 전체는 바로 이런 페르소나에 관한 사례를 길게 늘어놓은 것이다.)

그러한 저술가는 자신이 말하는 바가 옳다는 것에 대해 독자를 설득하기 위해서 다른 사람들과 유사한 평범한 말을 사용한다. 우리는 형식에 덜 구애받는 글을 쓰며, 인칭대명사를 선호하고, 우리는 알지만 독자는 모르는 것 대신에 우리와 독자 모두 공통으로 아는 것에 호소한다.

이때의 모든 문체는 저술가가 되고자 하는 사람의 목소리다. 나는 여기서 목소리의 모든 유형을 탐구하지는 않겠지만, 그에 대한 적절한 연구는 학자와 지식인이 쓰는 주된 목소리들의 철저한 분석으로 시작해야 할 것이다. 이런 야심적인 연구는 이 책이 요구하는 범위 이상의 것이다. [많은 사회과학자가 그 작업을 이미 시작했다. 클리포드(1983)의 논문과 더불어, 그리츠(Geertz, 1983)의 인류학 논문, 맥클로스키(McCloskey, 1983)의 경제학 논문과 그의 미출간 논문을 보라.]

페르소나에 대한 분석은 페르소나가 사용하여 말하는 방식에 불합리한 무언가가 존재한다는 사실을 암시한다. 확실히, 당신은 증거나 주장의 부적합성을 위장하기 위하여 불합리한 고안물을 사용할 수 있다. 그러나 우리는 흔히 어떤 주장을 논리적이진 않지만 꽤 현명하게 수용하는데, 그 부분적인 이유는 단지 저술가가 그 분야를 명확하게 알고 있거나(롤빵제조업체의 역대 회장의 이름을 언급함으로써), 우리가 존경심을 표하는 일반적인 문화적 세련미를 지니고 있기 때문이다. 저자가 그 누구도 아닐 수는 없으므로, 모든 저자는 필연적으로 어떤 사람이 되어야 할 것이다. 그러니 독자가 존경하고 신뢰하는 사람이 되는 것이 더 나을 것이다.

유용한 페르소나의 명단은 학문 분야에 따라 다른데, 왜냐하면 페르소나가 본래 어떤 분야의 유명한 스승이나 인물이었기 때문이다. 학생은 자신의 스승을 찬양하면서 스승의 개인적인 매너리즘(mannerism)[8]뿐만 아니라, 스승이 글을 쓰는 방식을, 특히 그 문체가 저명한 인물을 투사할 경우에 모방한다. 많은 철학자가 겁이 많고 우유부단하여 오만한 페르소나와 루드비히 비트겐슈타인(Ludwig Wittgenstein)의 잔격정이 많은 회화체적인 산문 방식을 채택한다. 마찬가지로 민속방법론(ethnomethodology)을 전공하는 많은 사회학자도 자신들의 논문에 민속방법론의 창시자인 해럴드 가핑클(Harold Garfinkel)의 이름과 그의 수식어들을 끊임없이 열거하면서 논문을 장식한다.

스승을 모방하는 것은 글쓰기 방식을 통해 이론적이고 정치적인 충성을 보여 주는 한 가지 특정 관행이다. 학자가 어느 '학파'에 몸담을 것인가에 대해 많은 고심을 하는 것은 아주 타당해 보인다. 왜냐하면 매우 파벌화되어 있는

---

8) (역주) 매너리즘은 문학 또는 예술 따위가 독창성을 잃고 틀에 박혀 기교상의 새로움만을 추구하는 경향을 의미한다.

많은 학문 분야는 소속 구성원이 보여 주는 충성도에 따라 그 구성원에게 보답하거나 응징하기 때문이다. 그러나 규율은 좀처럼 그들의 생각만큼 엄격하고 무자비하게 적용되지 않는다. 그런데도 소심한 학자는 어떠한 위험의 여지도 남기고 싶어 하지 않는다. 당신은 특정 학파임을 뜻하는 암어(暗語, code words)를 사용함으로써 충성을 쉽게 나타내 보일 수 있다. 특정 학파임을 알리는 암어는 다른 학파의 지지자들이 사용하는 단어와는 다른데 그 부분적 이유는 특정 학파의 이론이 그 암어에 실제로 약간 다른 의미를 주기 때문이다.9) 예를 들어, 대부분의 사회학 이론들은 사람들이 일들(things)을 날마다 행함으로써 사회를 끊임없이 재형성한다는 사고에 의존하는데, 그 일들은 그것이 행해지는 방식이라는 사실을 재확인한다. 당신은 사람들이 사회가 마치 존재하는 것처럼 행동함으로써 사회를 창출한다고 말할 수 있다. 만약 마르크스주의 이론가라면, 사람들이 일상적인 관행을 통해서 사회적 관계를 재생산한다고 말할지도 모른다. 또는 당신이 상징적 상호작용론자이거나 버거(Peter L. Berger)와 루크만(Thomas Luckmann)의 추종자라면, 실재의 사회적 구성(the social construction of reality)에 대해 말할 것이다.

이러한 것들은 단지 상이한 단어들이 아니다. 그 단어들은 상이한 사고들을 표현한다. 하지만 상이한 것은 그것만이 아니다. 암어는 항상 고유한 의미의

---

9) 우리나라는 대부분의 학문이 수입 학문인 까닭에, 전문가들은 자신이 어느 전공의 소속 구성원인지를 각 전공에서 사용되는 상이한 '번역 전공 용어' 혹은 '한국식으로 변형된 암어'로 표출하는 것처럼 보인다. 이를테면 'schizophrenia'란 단어를 의학은 '조현병', 심리학과 사회학 등은 '정신분열증' 번역 용어를 사용하는 경향이 있다. 조현(操絃)병이란 단어는 이 질병이 신경전달물질의 화학적 불균형과 같은 생물학적 요인에 의해 발생하므로, 신경(즉, 絃)을 조절(操切)할 수 있는 의사가 다루어야 할 분야라는 의미를 내포한다. 반면, 정신분열증이라는 용어는 이 질병의 원인을 신경과 같은 생물학적 요인으로 국한하지 않으며 사회학적 혹은 심리학적 요인으로 확장할 수 있다. 따라서 사회심리학자나 임상심리학자들도 신경정신과 의사와 마찬가지로 이 질병의 치료에 도움을 줄 수 있다는 의미를 함축한다. 이와 같이, 상이한 번역 용어의 사용은 자신의 전공 분야에 대한 충성심뿐만 아니라 이해관계에도 관계될 수 있다. 'schizophrenia' 말고도, 'imprinting'을 의학은 '인각' 심리학은 '각인'으로, 'reticular formation'을 의학은 '망상체(網狀體)', 심리학은 '망양체(網樣體)'로 각기 상이한 번역 용어를 사용하고 있다(88쪽. 주 7 참조).

핵심을 포함하는 것은 아니지만, 우리는 어떤 다른 단어보다 암어를 사용하고 싶어 한다. 그러한 암어를 사용하면 우리가 특정 학파에 속해 있거나 혹은 그 학파에 들어가고 싶어 한다는 것을 알릴 수 있기 때문이다. 충성심을 표현하는 문체 고안물의 목적이 가장 명료하게 나타나는 때는 저술가가 그 언어가 신호를 보내는 이론과 다른 것을 진술할 때다.[10] 그때는 '나는 기능주의자' 혹은 '나는 마르크스주의자'라고 말하고 싶어 하는 저술가의 욕망이 자신이 의미하는 것을 말하고자 하는 소망을 압도한다. [스틴치콤(Arthur Stinchcombe)은 제8장에서 인용되고 논의된 그의 논문에서 이러한 사고를 정교화했다.]

존 왈튼(John Walton)은 이 장의 초기 버전을 읽으면서 그리고 나와 비슷한 세미나를 가르친 자신의 경험을 회상하면서 다음과 같이 지적했다.

> 사람들은 자신만의 이론적인 색채를 보여 줌으로써, 자기가 논쟁에서 올바른 편에 서 있다는 신호를 유식한 논평자(교수 또는 편집자)에게 보내기를 간절히 바란다. 나는 그런 글을 쓰는 대부분의 사람이 마르크스주의에 정통해 있지 않으면서 마르크스주의의 세련된 지식을 논하고 싶어 하거나, 마르크스주의자라는

---

10) (역주) 페르소나를 통한 이러한 충성심 신호는 암어와 같은 문제에만 있는 것이 아니다. 이는 내용보다 껍데기—자신의 도구가 최고의 브랜드임을 보여 주는(즉, 충성심을 통한 자신의 지위 확보)—를 중시하는 우리나라의 학계에서는 이보다 훨씬 심각한 문제를 초래할 수 있다. **지배받는 지배자**의 저자 김종영에 따르면, 성공한 미국 유학파 한국 지식인은 세계 지식 체제에서 글로벌 학계(특히 미국) 지배 집단과 로컬학계(한국) 지식 집단 사이에서 자신의 이익을 추구한다. 이들은 서구에서 수입한 최신 학문을 활용하여 우리나라의 현실을 설명하고, 그 결과를 외국의 저명한 학술지에 출판하곤 한다. 이 과정에서 우리나라의 현실은 설명될 목표가 아니라 서구 최신 학문의 우월성을 입증할 하나의 도구나 수단으로 전락한다. 그 결과, 우리나라의 현실은 단지 개혁의 대상이 되고, 우리의 삶에서 일구어 낸 우리의 자부심과 정체성은 타도의 대상이 된다. 그리고 외국 저명 학술지에 실린 그들의 논문은 이를 입증하는 귀중한 자료가 되며, 외국인에게 서구의 삶의 방식대로 우리 사회를 개혁해야만 한다는 명분을 제공할 수 있다. 이처럼, 페르소나의 문제 그리고 그를 통한 학계의 지적 식민성은 학계를 뛰어넘어 일상생활의 식민성으로 확대된다. [이성용 (2015). 이론과 현실의 주객전도 바로잡기: 한국(비서구) 사회과학의 탈식민지화와 새로운 패러다임 형성을 위한 이론화 방법론. **사회와 이론**, 26, 55-103을 보라.]

딱지를 붙여 주기를 원한다는 것을 알았다. '사회적 형성'과 같은 어휘를 적당한 곳에 집어넣는 것은 많은 위험을 수반하지 않은 상태에서 다른 지식인들에게 당신이 원하는 것을 말하는 것이다.

왈튼은 앞의 인용문에서 괄호 안에 있는 사람들을 강조했다. 우리는 추상적인 인물보다 어떤 특정한 사람에게 신호를 보내고 싶어 한다. 우리가 신호를 보내고 싶어 하는 사람이 누구인가는 우리가 작업하는 활동 무대에 따라 달라진다. 이 활동 무대는 종종 학술적 저술가들이 학생들은 말할 것도 없고, 인식하는 것보다 훨씬 더 지엽적이다. 내가 시카고 대학교에서 본 사회학자와 다른 분야의 교수들은 왈튼이 데이비스 캘리포니아 주립대학교에서 본 사람들과는 다른 우려와 비판이 적용되며, 우리는 그만큼 서로 다른 방대한 전문적 독자층을 보유하고 있다.

기억해야 할 점은 학문적 저술가들이 심지어 대학원 시절에도 학과와 정치적 위치에 많은 충성을 한다는 것이다. 이것은 또 다른 중요한 문제 문제의 근원을 설명해 준다. 글을 쓰는 방식에 대해 학생들과 논쟁했을 때―그리고 로잔나에게 고상하지 않다고 생각하는 방식으로 글을 쓰라고 제안했을 때―학생들은 고상하게 쓰는 방식이 사회학자들이 쓰는 방식이기 때문에 내가 틀렸다고 말했다. 그에 대해 학생들과 많은 시간을 토론한 후에 그들의 논지를 알 수 있었다.

그들의 논지는 바로, 전문가처럼 되는 것이다. 박사과정의 학생은 자신이 되고자 하는 유형의 전문 지식인이 될 수 있을지 또는 되기를 원하는지에 대해 걱정을 한다. 2년 차, 3년 차 또는 4년 차 대학원생은 굳건한 충성 맹세를 할 수 없다. 그들은 차선책을 생각하고 있을 것이다. 누구도 아직은 박사학위를 받지 않았다. 박사학위 취득에 실패할지도 모른다. 논문심사위원회는 그들의 논문을 퇴짜놓을 수도 있다. 어떤 일이 발생할지 누가 알 수 있는가?

이러한 불확실성은 마술적인 사고와 행동에 대한 또 다른 이유(앞 장에서 논의된 것과는 다른)를 발생시킨다. 만약 당신이 이미 사회학자가 된 것처럼 행동한다면, 모든 사람을 속여서 당신을 사회학자로 승인하도록 할 수 있고, 스스로도 진지해질 것이다. 글쓰기는 대학원생이 전문가처럼 행동할 수 있는 몇 가지 방법 중 하나다. 의대생이 진짜 의사가 일상적으로 하는 일 중 단지 몇 가지만을 할 수 있는 것처럼, 대학원생도 박사학위를 받을 때까지는 전문가가 아니다. 그때까지 그들은 조교로서 가르칠 수 있고, 다른 사람의 프로젝트에 참여할 수 있지만, 학위를 가진 사람처럼 진지하게 취급되지 않는다. 적어도 그들은 그것이 현실이라고 생각하며, 대체로 그들의 생각이 옳다. 그래서 그들은 주변에서 보는 것, 즉 전문 학술지나 책에서 사용된 문체 같은 것을 채택함으로써 자신이 길드 조합의 적합한 일원이라는 신호를 보낸다.

어떤 글쓰기가 그들에게 적합할까? 쉬운 글쓰기는 아닐 것이다. 그것은 누구나 할 수 있다. '쉬운' 양식의 표현에 대해 많은 예술 청중이 보이는 태도를 학생들도 공유하고 있다.

> 예술적 혁신가는 종종 일상생활의 행위와 물건들을 이용함으로써 지나친 형식주의, 사상의 빈곤함, 그리고 소재의 난해함을 타파하려고 노력한다. 폴 테일러(Paul Taylor)와 브렌다 웨이(Brenda Way) 등의 안무가는 고전 발레나 전통 현대무용에서의 형식적인 동작 대신 달리고 뛰고 뒹구는 동작을 보편적인 춤 동작으로 사용한다. …그러나 덜 몰입한 관객은 혁신자가 비예술적인 것과 예술적인 것을 구별하여 대치시킨 전통적인 형식적 요소들을 열심히 찾는다. 그런 관객은 달리고 뛰고 뒹구는 것을 보기 위해 발레를 보러 가지 않는다. 그런 동작은 어디서나 볼 수 있다. 그 대신 그들은 '진짜 춤'임을 나타내는, 어렵고 난해한 형식적인 동작을 하는 사람을 보러 간다. 따라서 평범한 소재를 예술적인 것으로 보는―달리고 뛰고 뒹구는 동작을 단지 그 자체로 보는 것이 아니라, 소재를 다른 언어로 표현하는 요소라고 보는―능력은 진지한 관객과 잘 사회화된 교양 있는 사람들을 구별

해 준다. 재미있는 것은 이러한 소재들이, 비록 그것이 예술적 소재가 아닐지라도 후자에게도 매우 잘 알려져 있다는 것이다(Becker, 1982a: 49-50).

학생들도 이와 비슷하다. 그들은 쉬운 영어를 알고 있지만, 어렵게 얻은 지식을 표현하는 데 쉬운 영어를 사용하는 것을 원하지 않는다. "선생님, 만약 선생님 말씀대로라면 글쓰기는 누구라도 할 수 있는 것처럼 보이는데요."라고 말한 학생을 기억하라. 만약 학위를 따기 위해 들였던 시간과 노력이 그럴만한 가치가 있으며, 삶을 변화시킬 수 있는 방향으로 자신이 변화되고 있다는 사실을 스스로 확신하고 싶어 한다면, 당신은 다른 사람들과 다르게 보이고 싶을 것이다. 이러한 것은 다음과 같은 완벽한 악순환을 설명한다. 학생들은 학술지에서 많이 쓰이는 최악의 문체를 보고 따라 하며, 그러한 문체의 남용이 평범한 사람의 말과 자신의 글을 구별시켜 준다는 사실을 배운다. 그들이 보고 배운 학술지와 비슷한 논문을 학술지에 제출하면, 편집자들은 더 좋은 글을 찾을 수 없으므로(그리고 학술지는 돈을 많이 들여서 그러한 원고를 편집할 여유가 없으므로) 그대로 출판한다. 이러한 글은 다음 세대가 나쁜 습관을 배우는 원자료가 된다.

'그들'이 당신에게 그런 방식으로 글을 쓰게 만든다는 생각은 단지 학생의 편집중이라고 생각한다. 내가 제1장을 『계간 사회학(The Sociological Quarterly)』에 실었을 때, 그 잡지의 편집자들은 같은 점을 지적하는 편지를 받았다.

오늘날 학문 분과에서 '알려지지 않은' 새로운 주장들이 베커가 옹호한 직접적이며 혼란스럽지 않은 문체를 채택할 수 있는 자격을 얻으려면, 그 전에 주목할 만한 연구와 **전통적 글쓰기**를 통해 전문직의 '존경'을 얻어야만 한다고 말한다. 어떤 잡지 편집인은 편집인의 지위를 성취하는 시점에 이르러서야 그런 문체를 이용할 수 있는 '자격'이 생겼고, 수용할 수 있었다. 하지만 편집인의 수용 능력에는 문제의 여지가 있는데, 이는 대부분의 잡지가 위탁받아 만들어지는 것이기 때문이다. 아마 위탁받은 어떤 사람은 이런 문체를 잘 수용할 수 있겠지만, 대부분은 그렇지 않다. 장황하고 우쭐대는 지루한 논문이 사회학에는 아직도 많이 널려 있다. …우리는 답답하고 경직된 규율을 포기하면서 학생과 교수들에게 '출판 아니면 사멸'의 세계에 무조건 들어가도록 조언하는 것에는 의문을 제기한다. …현재 그리고 아마 미래에, 대학원생들은 … 쓰인 것을 읽으면서 글을 쓰는 법을 '배울' 것이다. 그들은 일반적으로 지루하고 장황하고 우쭐대는 글을 발견하고, 그러한 문체를 영속시킨다. 그리고 대부분의 편집인은 그와 같이 거드름 피우는 문체를 기대한다고 생각한다(Hummel & Foster, 1984: 429-431; 베커 강조).

제 3 장

단 하나의 올바른 방법

학술 저술가는 재료를 정리하여, 독자가 논리적 사고를 이해하고 결론을 받아들일 수 있도록 아주 명료하게 논점을 표현해야 한다.[1] 그들은 필요 이상으로 이런 작업을 매우 힘들게 하는데, 그것은 오직 '단 하나의 올바른 방법(One Right Way)'만이 있다고 생각하기 때문이다. 즉, 논문을 쓸 때는 각각의 논문에 그들이

---

1) (역주) 최근 TV 프로그램인 〈어쩌다 어른〉에서 스타 인문학 강사인 최진기 선생이 인문학의 대중화 열풍을 일으키고 있다. 그는 학원 강사 경험에 근거하여, 강의 내용의 핵심을 간파하고 그 내용을 잘 요약 정리하여 대중에게 알기 쉽고 명쾌하게 전달하고 있다. 이에 대해 강단의 인문학자들은 핵심을 요약 정리하

발견해야만 하는 미리 정해진 구조가 있다고 생각한다. 한편, 어떤 학술 저술가는 작업을 쉽게 수행하는데, 그 이유는 어떤 것을 말하는 데는 수많은 효과적인 방법이 존재하고, 자신의 작업은 그중에서 하나를 선택하여 독자가 자신의 글을 이해할 수 있도록 하는 일이라는 사실을 인식하기 때문이다.

나는 학생들(학생에게만 국한되지 않는다)의 논문을 검토하고 다시 고쳐 쓰라는 제언을 할 때 많은 어려움을 느낀다. 내가 그것은 좋은 시작이며 네가 할 작업은 이것과 저것 등인데, 그것만 하면 제대로 된 좋은 논문이 될 것이라고 말할 때 학생들은 말도 못 하고 창피해하고 당황해서 몸 둘 바를 모르기 때문이다. 왜 그들은 고쳐 쓰라는 말을 글을 잘 못 썼다는 말로 오인할까? 왜 퇴고를 그렇게 싫어할까?

그것은 아마 게으름 때문일지도 모른다. 당신은 글을 고쳐 쓴다는 것이 육체적으로 너무 힘든 일(제9장에서 이를 논의한다)이라고 판단할 수 있다. 원고를 다시 타이프치거나, 잘라 오려 붙이는 일을 더는 하고 싶지 않기 때문일 것이다.

흔히 학생과 학자들은 퇴고하기를 망설인다. 그 이유는 그들이 위계적인 조직(대개는 학교)에 종속되어 있기 때문이다. 학교는 장인-도제 관계 또는 사장-종업원 관계의 특성이 있고, 이런 특성은 사람에게 퇴고를 꺼려하게 만드는 많은 이유를 제공한다. 그 가운데 상당수는 많은 공감이 간다. 교수와 교직원들은 학교의 보상 체계가 배움을 장려할 수 있기를 바란다. 그러나 그러한 체계는 대개 학부생이 공부하는 분야에 관심을 끌게 하거나 그 분야를 진짜로 잘 활용할 수

는 방식의 강의는 사유와 비판이란 인문학의 본질을 손상하고 있다고 말한다. 왜냐하면 인문학의 비판적 사고, 창의성과 사유는 명쾌함이 아니라 그 반대인 명쾌하지 않음, 모호함과 복잡함에서 나오기 때문이다. 역자의 입장에서 보면, 글은 명쾌함과 모호함 모두를 포함하고 있다. 헤겔(Hegal)의 변증법 입장에서 보면, 정(正)은 모순을 알아채지 못해 명쾌함을 보이는 단계이고, 반(反)은 그 모순이 자각되어 모호함과 복잡함을 보이는 단계. 따라서 최진기 선생의 인문학 강의가 정의 단계에 속한다면, 인문학의 명쾌함을 부정하는 인문학자의 비판은 반의 단계에 속한다고 볼 수 있다. 그러나 우리에게 필요한 것은 정(正)과 반(反)을 조화시켜 합(合)의 단계로 나아가는 것이다. 이 장은 합의 단계로 나아가는 글쓰기 방식을 이야기하고 있다. 베커는 합의 단계로 나아가는 글쓰기 방식은 정답이 아니라 최선의 방식만이 있음을 주장한다.

있도록 가르치는 것이 아니라, 오히려 학점을 취득하는 방식을 가르친다. [이 논의는 베커, 기어와 휴즈(Becker, Geer, & Hughes, 1968)의 책에서 보고한 연구에 근거를 두고 있다.] 학생은 담당 교수에게서 정보를 얻고 또 다른 학생들의 경험에 의존함으로써 좋은 학점을 받기 위해 해야 할 일이 정확하게 무엇인지를 알아내려고 애쓴다. 일단 알아내면 학생들은 필수적인 것만 공부할 뿐 그 이상은 하지 않는다.[2] 글을 개작하거나 다시 고쳐 써야 한다는 것을 배우는 학생은 거의 없다(그리고 여기서 우리는 학생과 선생으로서 우리 자신의 기억을 더듬어 볼 필요가 있다.). 반대로 정말로 똑똑한 학생이라면, 단 한 번에 논문을 작성하여 좋은 학점을 받아야 한다는 사실을 배운다. 만약 당신이 하는 작업이 별로 중요하지 않은 일이라면(그것이 단지 어떤 과목의 학점을 따기 위한 잡일이고, 학점 취득을 위한 노력만이 필요할 뿐 더 이상의 노력은 가치가 없다고 판단되면), 한 번에 적당히 끝내고 치워 버려라. 다른 곳에 시간을 할애하는 것이 더 좋을 것이다.

또한 학교는 학생에게 글쓰기를 일종의 시험으로 생각하도록 가르친다. 교수는 학생에게 문제를 나누어 주고, 학생은 그 문제에 답하려고 노력한다. 그러고 나서 다음 문제로 넘어간다. 한 문제마다 단 한 번의 시도가 있다. 문제를 점검하는 것은 어찌 된 일인지 이른바 '커닝'인데, 특히 최초의 시도 후에 다른

---

[2] (역주) 우리나라에서 학생들(특히 모범생들)이 보고서를 제출할 때 가장 중시하는 것은 아마 최고의 점수를 받을 수 있는 방식으로 보고서를 작성하는 것이다. 특히 대형 강의일 경우, 학생들은 담당 교수가 자신들의 보고서를 꼼꼼히 읽지 못할 것이라는 사실을 안다. 이들은 그 과목을 이전에 수강했던 학생들의 경험 혹은 그 교수의 다른 수업을 수강했던 경험을 통해 그러한 정보를 얻게 될 것이다. 이 중요한 정보에는 아마 높은 점수를 받을 수 있는 방식으로 보고서를 작성하는 방식도 포함되어 있을 것이다. 아마 선배들은 많은 분량(과거 원고지로 보고서를 작성했을 때, 어떤 교수들은 선풍기로 학생들의 보고서를 날려 가까이에 떨어질수록 높은 점수를 부여했다는 일화도 있다) 예쁜 표지 그리고 서론과 결론만 깔끔한(좀 깐깐한 교수는 최소한 서론과 결론은 읽는다) 보고서 작성 등을 추천할 수 있다. 그런데 얄궂게도 이러한 보고서 작성 관행은 어느 대학에서 매우 흥미로운 사건을 발생시킨 계기가 되었다. 어느 노교수는 보고서들을 받은 몇 주 후 그것들을 강의실로 다시 가져와 학생들에게 이것은 자신이 이번 학기에 읽어 평가하기에는 너무 많은 분량이라고 말하면서, 이번 시간에 자신의 보고서 내용을 한 쪽 이내로 간략하게 작성해 제출하라고 요구했다. 많은 학생이 그 요약 답안지를 제출하면서 자신의 생애에서 가장 어려운 시험이었다고 말했다고 한다.

사람의 조언으로 이익을 보는 경우는 더욱 그러하다. 그것은 더는 당신 자신의 능력에 대한 공정한 시험이 아니다. 당신은 초등학교 6학년 때 선생님이 "이거 너 혼자서 다 한 거냐?"라고 묻는 것을 들은 기억이 있을 것이다. 학생이 조언과 커닝으로 생각하는 것은 좀 더 숙련된 사람들이 정통한 논평자에게서 얻는 중요한 비평과 유사하다.[3]

조셉 윌리엄스(Joseph Williams)는 학생은 어리기 때문에 자기 중심의 세계에서 벗어날 수 있는 상상력을 사용할 만한 인생 경험이 없다고 이야기한 적이 있다. 즉, 학생은 자기가 쓴 것을 다른 방식으로도 쓸 수 있는 가능성이나 독자의 반응을 상상할 수 없다는 것이다. 이는 사실일 수도 있다. 그러나 경험의 결핍은 학생이 어리기 때문이기보다는 학교가 그들을 어린아이처럼 취급하는 데 원인이 있다고 볼 수 있다. 대학원생은 퇴고의 필요성을 확실히 올바르게 평가하고 있다. 특히 학술 모임에서 논문을 발표한다는 상상을 하면서 전혀 모르는 사람들이 논문의 논리, 증거, 표현을 공격하는 상황이 눈앞에 아른거릴 때, 퇴고의 필요성을 더욱더 절실하게 인식한다.

이와 같은 이유는 사람들이 퇴고하지 않는 이유를 설명할 뿐, 퇴고해야 한다는 생각에서 느끼는 수치감과 당혹감은 설명하지 않는다. 그러한 감정 역시 학교에서 비롯되는 것이다. 학교에서 일하는 (교수와 교직원을 포함한) 누구도 학생들에게 그들이 읽은 글(예, 교재 또는 교수의 연구 보고서)이 실제로 어떻게 완성되

---

[3] (역주) 이러한 생각은 학생이 대학에서 공부하는 목적이 학점이 아니라 자신의 삶에서 필요한 지식을 획득하기 위한 것이라는 사실을 받아들일 때 전폭적으로 수용될 가능성이 높다. 역자의 경험에 따르면, 학생들에게 특히 정답이 없고 많은 생각을 요구하는 과제를 부여할 때조차도 그들은 단지 과제를 제출하기만 하면 학점을 받는다고 생각하는 경향이 높았다. 그래서 역자는 그 과제가 실생활에서 필요한 정보와 지식을 요구하는 것이기 때문에, 대충해서 학점을 받는 것보다 최대한 노력을 해서 충실히 작성하는 것이 학생의 인생에 훨씬 이득이 될 점을 학생들에게 강조하곤 하였다. 역자의 말을 받아들인 일부 학생들은 그렇지 않은 학생들에 비해 다른 학생들, 선배 그리고 교수의 조언을 받아 훌륭한 과제를 작성할 가능성이 높았다. 하지만 학생들에게 다른 사람들의 조언을 받아 과제를 작성해도 된다는 점을 공표하지 않으면, 학생들은 다른 사람의 조언을 받아 과제를 작성하는 것을 부정행위로 인식하였다.

었는지 말해 주지 않는다. 실제로, 내가 앞서 언급한 바와 같이(라투어와 쇼네시를 인용하면서), 거의 모든 학교에서 행하는 강의와 연구의 분리로 인해 글쓰기 과정은 학생들에게 비밀스러운 것이 되었다. [이것은 과학의 역사가 길이 찬양될 성공의 결실을 본 연구 프로그램에서 발생했던 모든 오류와 실수를 감춘다는 토마스 쿤(Thomas Kuhn)의 말과 비슷한 맥락을 가진다.] 학생은 교재의 저자는 말할 것도 없고 교수가 작업하는 것조차 본 적이 없으므로, 저자와 교수가 그들의 전문적 작업을 준시험(quasi-test)으로 여기지 않고 여러 번에 걸쳐 완성한다는 사실도 알지 못한다. 학술지 편집위원들이 논문 제출자에게 수정해서 다시 제출하라고 논문을 되돌려 보내는 일이 매우 허다하다는 것과 출판사가 출판될 책의 산문적인 표현의 질을 향상하기 위해 교정 담당자를 고용한다는 사실도 알지 못한다. 학생은 수정과 교정이 모든 사람에게 필요한 작업이며, 비전문적인 무능함을 비난받는 경우에만 일어나는 비상사태가 아니라는 점을 알지 못한다.

학생은 또 다른 분명한 이유로 담당 교수와 그가 추천하는 교재의 저자를 권위자로 생각한다. 그들은 학교의 위계에서 학생보다 높은 자리에 있다. 그들은 학생에게 학점을 주고 학생의 작품이 쓸 만한가를 판단하는 상관이다. 만일 학생들이 자기가 다니고 있는 교육기관을 사기 단체라고 판단하지 않는다면, (그렇게 판단할 수 있는 유용한 증거들이 상당히 있음에도 불구하고, 놀랍게도 그렇다고 판단하는 학생은 거의 없다) 학생은 학교를 운영하는 사람들이 자기가 하는 행동을 알고 있다는 조직의 명제를 암묵적으로 수용할 것이다. 학문적 우위에 있는 사람은—학생이 아는 한— 결코 글을 퇴고하지 않을 뿐만 아니라 단 한 번에 '올바른' 글을 쓴다. 그래서 학생은 적어도 한동안, '진짜 저자들'('전문가들' 혹은 '똑똑한 사람들')은 단 한 번에 올바른 글을 쓴다고 배우고 진짜로 그것을 믿는다. 단지 멍청한 사람만이 여러 번에 걸쳐 글을 쓴다고 생각한다. 이것은 또 다른 형태의 시험 노이로제다. 즉, 처음부터 올바른 글을 쓰는 것은 우수한 능력을 보여 주는 것이라는 강박관념을 갖게 된다. 이것 또한 최악의 상태로 만개

한 위계질서다. 즉, 종속자인 학생은 학점과 교수의 논평으로 평가되며, 그러한 평가는 학교의 계층화와 사제 관계에 의해 정당화된다. 그리고 학생은 이러한 평가를 자신의 개인적 진가에 대한 최종적이고 이의를 제기할 수 없는 평가로 받아들인다. [이러한 해석에 대해 상세한 증거는 베커, 기어와 휴즈(1968: 116-128)에 제시되어 있다.]

이러한 모든 생각—퇴고를 하지 않는 것과 자신의 진가가 학교 보고서로 매겨진다는 생각—은 작업을 수행하는 데 있어 '정답'이나 '최고의 방법'이 있다는 잘못된 전제에 근거한다. 일부 독자는 내가 허깨비를 만들어 냈다고 생각할 테지만, 진지한 학생과 학자들은 '단 하나의 올바른 방법'이 존재하지 않는다는 사실을 안다. 그러나 많은 학생과 학자는 단 하나의 올바른 방법이 정말로 존재한다고 믿는다. 이는 그들이 일하고 있는 기관들이 그런 생각을 구체화해 놓았기 때문이다. 정답과 최고의 방법에 관한 생각은 위계 속에서 자신의 위치를 알게 한다. 대부분의 사람은 위계 조직에서 높은 위치에 있는 사람이 낮은 위치에 있는 사람보다 더 많이 그리고 더 잘 알 것이라고 믿는다. 하지만 그렇지 않다. 조직에 관한 연구에 따르면, 상급자는 일반적으로 어떤 부분에서는 더 많이 알지만, 그 외의 다른 많은 부분에서는 하급자보다 잘 알지 못한다. 심지어 그들이 더 잘 알고 있을 것으로 생각하는 조직의 핵심 업무조차 잘 모를 수 있다. 그러나 조직과 조직을 둘러싸고 있는 사회에 대한 관료 이론은 이러한 결과를 무시하고, 상급자가 정말로 더 많이 알고 있다고 주장한다. 따라서 상급자가 알고 있는 것이 사실상 '올바른 답'으로 정의된다.[4]

---

4) (역주) 우리의 정답 암기식 교육은 이러한 위계를 매우 잘 보여 준다. 많은 교사(특히 대입 준비 인터넷 강의에서의 명강사들)가 자신의 강의 내용을 논리적 타당성이나 적합한 경험적 증거들을 통해 이야기하기보다는, 단지 '이것은 시험에 잘 나오는 것이니까 매우 중요하니 밑줄 쫙 긋고 암기' 하라는 식의 강의를 하는 것을 종종 볼 수 있다. 이런 형태의 강의는 학생들(그리고 다른 교사들)은 모르지만, 자신은 중요한 무언가를 알고 있는 명강사(상급자)라고 말하는 것과 다름없다.

어떤 분야의 진정한 권위자들은 결코 하나의 정답만이 있는 것이 아니라, 주목과 인정을 받기 위해 경쟁하는 수많은 잠정적 답들이 존재한다는 사실을 안다. 그러나 학생들, 특히 학부생은 그런 이야기를 달가워하지 않는다. 내일이면 진리가 밝혀질 텐데 진리가 밝혀지지 않은 상태에서 무언가를 배우느라 헛고생할 필요가 있는가? 진리를 믿는 학자 또한, 자기가 진리를 발견했든지 단지 그것을 발견한 사람의 추종자든지 간에 상관없이, 그런 이야기를 좋아하지 않는다. 학문 분야의 지도자는 반드시 뭔가를 알고 있어야 한다. 그들이 알고 있는 것은 책 속에 있는 것이다. 이것이 진짜 위계다. 위계는 수업 시간에 행한 화학 실험이 '정확한' 결과를 산출하는 데 실패하고, 교사가 학생들에게 발생했어야 하는 결과와 반드시 공책에 적어야 하는 것을 강의할 때 가장 분명하게 드러난다. (그렇다. 이것은 실제로 일어나는 일이다.)5)

당신은 만약 단 하나의 정답이 존재하고, 당신이 일하는 기관을 운영하는 권위자가 그 정답을 알고 있다고 믿는다면, 그때 당신이 할 일은 그 정답을 찾아내고 필요할 때 그것을 재생산하는 일이라는 사실을 안다. 그럼으로써 당신은 월급을 받을 만한 가치가 있고, 자신도 권위자의 반열에 낄 수 있다는 사실을 보여 줄 수 있다. 이것은 학부생의 견해다. 좀 더 세련된 의견이 대학원생과 전문가들을 괴롭힌다. 당신이 쓰고 있는 것은 새로운 것이기 때문에 '단 하나의

---

5) (역주) 실험 결과보다 이론의 우수성을 강조하는 정답형 권위주의적 교육은, 유사한 형태로 우리나라 사회과학 교육에서도 나타난다. 우리나라 사회과학이론의 대부분은 서구에서 수입된 서구의 사회과학이론이다. 서구의 사회과학이론은 서구인의 역사적 경험에 근거한 까닭에, 우리의 현실을 설명할 때 많은 괴리가 발생하는 것은 당연하다. 그런데도 우리나라 대부분의 사회과학자는 근대화 혹은 서구화를 위해 서구의 이론이 말하는 대로 우리의 현실을 바꾸어야 한다고 주장하는 경우가 많다. 이때 서구 이론은 우리가 도달해야 할 목표이자 단 하나의 정답(진리)이 된다. 하지만 서구 이론에 기초해 우리의 전통 삶의 방식을 바꾼다면, 우리가 오천 년이라는 오랜 기간 동안 지켜 왔던 한국인의 정체성이 소멸될 위험이 있다. 그런 까닭에 우리의 사회과학자는 서구 이론을 도구로 삼아(이 책의 제8장에서 말하듯이) 우리 현실을 적합하게 설명할 수 있는 한국형(혹은 비서구형) 사회이론을 개발할 필요가 있다. 더욱 자세한 내용은 63쪽(제2장, 92쪽 주 10) 이성용(2015)의 글을 보라.

올바른 방법'은 존재하지 않는다. 그러나 플라톤의 이데아[6]는 어딘가 존재하고, 그것을 찾아내어 논문에 활용하는 것은 당신 자신이 하기에 달려 있다. 내 생각에, 우리 대부분은 이미 정해진 올바른 방법을 발견하여 자신의 진술을 했다는 것을 독자에게 알리고 싶어 한다. 여기서 이미 정해진 올바른 방법이란 단 하나의 올바른 방법처럼 보이는 것이다. 하지만 진지한 학자는 완벽한 형태(즉, 유일하게 가능한 단 하나의 형태는 아닐지라도, 자신이 하고자 하는 것을 행하는 어떤 형태)를 한 번의 시도가 아닌 수많은 시행착오를 반복한 후에 발견한다.

하비 몰로치(Harvey Molotch)는 이 점을 나에게 보낸 글에서 다음과 같이 밝혔다.

> 글 쓰는 사람들이 가진 한 가지 문제점은 어떤 주어진 문장, 단락 또는 논문이 반드시 올바른 것이어야 한다는 강박관념이다. '사실(facts)'의 땅에서 '정답'을 축복하는 교육 방식은 (화학 실험서나 글의 주제에 접근하는 '올바른' 방식을 포함하여) 키보드를 칠 수 없게 만든다. 문제는 하나의 에세이를 쓰는 데 너무나 많은 올바른 문장과 구조가 존재한다는 것이다. …우리는 오직 하나의 **정확한**(correct) 방법만이 있다는 생각에서 해방되어야 한다. 그렇게 하지 못하면, 현실과의 모순이 우리를

---

[6] (역주) 플라톤에게 이데아는 우리의 영혼이 본래 존재했던 세계로서 참된 실재이며, 우리가 현실세계라고 부르는 것은 그 이데아의 그림자에 불과하다. 반정초주의자 입장의 리처드 로티(Richard Rorty)는 이런 이데아를 '거울이미지'라 부른다. 즉, 이데아는 우리가 현실에서 이야기하는 보편적 진리(즉, 하나의 정답)를 비추어 줄 수 있는 거울과 같은 것이다. 플라톤의 이분법을 계승한 계몽주의 사회철학자들은 서구의 이성관이 현실세계에서 유일한 보편적 진리를 제공할 수 있다고 믿는다. 정답이 있다는 것이다. 그런데 오늘날 사회에 (서구의 이성관에 기초하여 형성된) 이론과 현실 간의 괴리는 여전히 존재하고 있고 심지어 커지는 경향이 있다. 이에 반정초주의 입장의 포스트모더니즘은 비교적 최근(적어도 20세기 초반)까지 서구의 이성관을 더 이상 하나의 보편적 진리(정답)로 인정하지 않고 진리의 다양성이나 해체를 강조한다. 그런데 흥미롭게도, 우리나라에서 자칭 포스트모더니즘 지식인들조차 그동안 서구의 이성관(계몽주의 담론)에 의해 거의 해체 수준에 이른 우리의 전통적 삶의 방식에 정당성을 부여하는 작업보다 오히려 서구의 이성관에 근거해 그 정당성을 더욱 부정하는 작업에 치중하는 경향을 종종 볼 수 있다. 포스트모더니즘의 기본 전제와 반대로, 세계관(혹은 삶의 방식)의 다양성을 부정하고 있는 것이다. 이를테면 우리의 전통적 가부장적 가족제도와 가족주의는 계몽주의 가족학자들에게는 근대화를 위해 서구의 개인주의 핵가족제도에 의해 대체되어야 할 가족 유형으로 되었고, 오늘날 포스트모더니즘 학자들에게는 다양한 가족문화 중 유일하게 인정되지 않는 가족 유형으로 간주되고 있다.

완전히 질식시킬 것이다. 왜냐하면 어떤 문장, 단락과 논문도 완벽히 올바른 것으로 (우리 자신에게) 확실히 증명될 수 없기 때문이다. 학생들은 자신의 단어들에서 나타나는 의미를 주시해 보지만, 이 단어들—첫 번째 초고의—은 당연히 '**괜찮다**' '**약간 덜 정확하다**' 그리고 '**완전히 정확하다**'라는 검사를 만족하게 할 수 없다. 첫 번째 잠정적인 초고 그리고 n번째의 잠정적인 초고라는 견해를 가지지 않기 때문에, 그들은 실패의 순간에 오직 좌절감을 맛볼 뿐이다. 그리고 잠시 후, 사람들은 첫 번째 잠정적인 사고의 단락이나 논문이 올바른 완성본의 검사 수준에 미달한다는 사실을 알고, 시작조차 하지 못하게 된다. 이러한 예는 작가가 원고지를 계속 구겨서 쓰레기통에 던져 버리는 것을 보고 알 수 있다. 이러한 실패에 대한 공포는 도저히 빠져나갈 수 없는 공포다. 왜냐하면 어떤 사람도 단 한 번에 올바른 견해를 제시해야 한다고 자기 스스로 강요하는 시험을 통과할 수 없기 때문이다. 그리고 이런 실패는 특히 (나답스럽게도) 최초의 초고를 쓰는 시점에서 분명하게 나타난다.

매우 흔히 구체적으로 나타나는 글쓰기의 어려움은 두 가지 태도에서 비롯된다. 하나는 글의 시작에 관한 것이고, 다른 하나는 '어떤 방식으로 글을 조직화하는가'에 대한 것이다. 이 두 가지 문제 가운데 어느 것도 유일한 해결책은 없다. 당신이 무엇을 하든지 간에 대립하는 가능성들 사이에서 타협안만이 있을 뿐이다. 이는 당신이 활용할 수 있는 해결책에 도달할 수 없다는 뜻이 아니라, 단지 이미 존재한다고 생각되는 단 하나의 완벽한 해결책을 찾아내는 것이 불가능하다는 것을 의미한다.

대부분의 저술가, 심지어 전문 저술가조차도 글을 시작하는 데 어려움을 겪는다. 그들은 매번 쓸 때마다 새로운 방식으로 불만족스러운 것이 발견되기 때문에 첫 문장이나 첫 단락을 가지고 골몰하면서, 수많은 종이를 찢어 버리고, 서두를 계속해서 다시 작성한다. '단 하나의 올바른 방법'이 존재한다고 믿기 때문에 늘 이런 방식으로 글쓰기를 시작한다. 글을 시작하는 올바른 방법을 찾기만 한다면, 그 밖의 모든 문제는 저절로 해결되고, 그들 앞에 숨어 있는 다른 모든 두려운 문제도 사라질 것으로 생각한다. 그들은 결국 자신을 실패할 수밖에 없는 상황으로 몰아넣는다.

시카고 지역의 교사들에 관한 나의 연구를 살펴보자. (뻔뻔스럽게도 오래된 기록인 나의 박사학위 논문을 예로 들겠다. 내가 그 논문에 관해 잘 알고 있고, 그 논문에서 구체화되었던 문제점들이 여전히 내가 제시한 해결책이 유용하다고 생각하는 학생들을 괴롭히고 있기 때문이다.) 개략적으로 이야기하자면, 그 연구는 인종, 계급, 직업 문화 및 제도적 구조를 다룬 것이다. 어떻게 시작해야 할까 고민하다가 나는 다음과 같이 서두를 써 보았다. "교사 문화는 하층 계급, 특히 흑인 학생들을 다루기 어렵다고 정의한다. 결과적으로 교사는 하층 계급의 학교를 기피하고, 상사가 허락하자마자 상층 계급의 학교로 전근을 가며, 이 때문에 하층 계급의 학교는 항상 신참이며 경험이 부족한 교사로 채워지게 된다." 1951년에 완성되어 통과된 나의 학위논문에 관해서 이야기하는 것이긴 하지만, 여전히 간결한 서문을 쓰는 데 어려움을 겪는다. (학위논문이 무엇인지도 몰랐을 때인 1951년에 내가 서문을 쓰려고 끙끙대는 모습을 상상해 보라.) 조금 전에 타이프를 친 문장을 바라보면서, 나는 다음과 같은 생각이 들 수도 있다. "잠깐, 내가 정말로 '교사 문화'에 대해 이야기하고 싶어 하는가? 결국 그것은 엄격한 인류학적 의미에서 문화를 정확히 언급하는 것이 아니지 않은가? 그러니까 교사는 한 세대에서 다음 세대로 교사 문화를 전수하지 않으며, 교사 문화는 삶의 모든 측면을 망라하는 것도 아니고, 진정한 의미에서 '삶의 설계 방식'도 아니라는 것이다. 만약 내가 교사 문화를 문화라고 칭한다면, 나는 틀림없이 곤경에 빠질 것이다. 이는 고민할 필요가 있는데, 왜냐하면 내가 의도하지 않은 어떤 것을 말할 수 있기 때문이다." 따라서 나는 타자 친 종이를 쓰레기통에 버리고, 다시 시작한다.

나는 '문화'를 '공유된 믿음'으로 대치하고, 더 큰 만족감을 느낄 수 있을지도 모른다. 그러나 그때 나는 계급에 관해 말하고 있다는 사실을 발견할 것이다. 그리고 사회학자들이 계급에 관해 말하는 무수한 방식은 각기 다른 함축적 의미를 가진다는 사실을 기억할 것이다. 내가 의미하는 바는 누구의 견해인가? 로이드 워너? 칼 마르크스? 나는 그런 표현을 사용하기에 앞서 계급에 관한 문헌을 다시 검토하기로 마음먹어야 할 것이다. 그래서 나는 타자기에 또 다른 종이를 끼워 넣는다. 그러나 이번에는 "~의 결과로 인해 교사들은 ~을 한다."고 쓴 문구가 눈에 들어온다. 이것은 상당히 직접적인 인과 진술이다. 나는 정말로 사회적 인과관계가 이런 식으로 작동한다고 생각하는가? 좀 간접적인 표현을 사용해야 하지 않을까? 요약하면, 인과관계를 말하는 모든 방식은 나에게 새로운 길을 모색하게 한다. 여기서 새로운 길이란 내가 완전히 탐구하지도 않았고, 그 길을 가면 벌어지게 될 일을 내가 제대로 이해했더라면 택하지 않았을 길을 말한다. 아주 간단한 의견조차 내가 원하지 않는 의미를 함축할 수 있고, 나는 그러한 의미를 함축하고 있다는 사실조차 모를 수 있다. [이에 흥미가 있는 독자는 나의 책(Becker, 1980)을 참조하면 내가 실제로 어떤 일을 했는지를 알 수 있다.]

바로 이것이 개요를 만들어야 하는 이유다. 개요에 근거하여 모든 수수께끼를 푸는 작업은, 아마 당신이 어디로 가는지를 보여 주고, 모든 함축된 의미를 파악하도록 도움을 주며, 모든 함정을 피할 수 있도록 해 주고, 또한 올바른 결론에 도달할 수 있게 해 줄 것이다. 당신은 '단 하나의 올바른 방법'을 발견할 것이다. 개요는 그 하나의 방법을 찾아주지 않을지라도, 글을 시작하는 데 도움을 줄 수 있다. 그러나 그렇게 되기 위해서는 반드시 개요는 쓰고자 하는 실제 논문의 분석 틀이 될 정도로 세부적이어야 한다. 이것은 같은 문제(논문 작성)가 약간 다른 형태(개요 작성)로 주어지는 것에 불과하다.

서론은 특별히 까다로운 방식으로 의도하지 않는 함축의 문제를 제기한다. 에버렛 휴즈(Everett Hughes)는 내가 대학원에 다닐 때 서론을 마지막에 쓰라고 말한 적이 있다. "서론은 글을 소개하는 것이다. 아직 쓰지 않은 것을 어떻게 소개할 수 있단 말인가? 당신은 소개할 것이 무엇인지 모른다. 소개할 것을 먼저 쓴 다음에야 소개할 수 있다." 만일 그렇게 한다면, 나는 여러 개의 다양한 서론을 쓸 수 있다는 사실을 발견하게 될 것이다. 각각의 서론은 어떤 면에서 각기 올바른 것이며, 자기 생각을 약간씩 다르게 변형시킨 것이다. 내가 말하고자 하는 것을 진술하기 위해 '단 하나의 올바른 방법'을 찾을 필요가 없다. 그 대신, 내가 말하고자 하는 것이 무엇인지를 알아야 한다. 모든 것을 말한 후에, 서론을 훨씬 더 쉽게 작성할 수 있고, 처음 글을 시작했을 때보다 내가 의미하는 바를 훨씬 더 잘 알 수 있다. 만일 논문의 본론을 끝낸 후에 서론을 쓴다면, '단 하나의 올바른 방법'에 관한 문제로부터 압박을 훨씬 덜 받을 것이다.

또한 최초의 형식화가 함축하는 것에 대한 두려움 때문에 사람들은 학문적 저술에서 흔히 보이는 무의미한 문장과 단락으로 글을 시작한다. "이 연구는 경력의 문제를 다룬다." 또는 "인종, 계급, 전문가 문화, 학회 조직 모두는 공공 교육의 문제에 영향을 미친다." 이러한 문장들은 전형적인 모호한 수법을 채택하였는데, 아무것도 언급하지 않은 상태에서 어떤 것을 지적한다. 경력의 어떤 문제라는 말인가? 그 모든 것이 어떻게 공공 교육에 영향을 미치는가? 문장이 아닌 화제로만 개요를 작성하는 사람들도 마찬가지다. 화제의 제목을 의미 있는 문장으로 바꾸는 순간, 개요가 해결했던 문제점들이 다시 나타난다.

하지만 많은 사회과학자는 모호한 글로 시작하는 것이 사실상 잘하는 일이라고 생각한다. 탐정 소설에서 실마리를 하나씩 풀어 나가는 것처럼, 사회과학자는 증거가 되는 항목을 한 번에 하나씩 보여 줌으로써 주장과 증거를 한꺼번에 요약해 주는 극적인 결론 단락을 의기양양하게 제시할 때까지 독자의 관심이 지속되기를 바란다. 사회과학자가 그렇게 하는 것은 모든 증거를 제시하기 전에 결론을 내리는 것을 금하는 과학적 신중함 때문일지도 모른다(그들은 증명할 명제를 먼저 진술하는 수학적 증명과 같은 매우 훌륭한 과학적 진술을 간과했다.). 연구자들은 흔히 이런 방식으로 조사 연구의 결과를 보고한다. 예를 들면, 계급과 인종적 편견이 직접적으로 관계되어 있음을 표를 통해 보여 준다. 그리고 그다음 표에서 그러한 관계는 교육 수준이 같은 경우에만 참이라는 사실을 보여 준다. 계속해서 연령 혹은 민족성이 그 관계에 관계되는 방식을 보여 주는 표들을 제시하는데, 이런 방식은 문제를 더욱더 복잡하게 만든다. 이처럼 항목들에 의한 분석을 장황하게 보여 준 후, 그러한 분석을 통해 정당화하고자 하는 결론이 최종적으로 나타난다.

나는 종종 코난 도일(Conan Doyle)과 같은 방식을 제안한다. 이 방식은 사회과학자들의 의기양양한 마지막 단락을 먼저 간단히 적은 것이다. 즉, 독자에게 논의가 어떤 방향으로 진행되고 모든 재료가 최종적으로 설명할 것이 무엇인가를 먼저 말해 주는 것이다. 이러한 방식은 다음과 같은 이유로 조심스러움이 요구된다. "만약 초반부에 결말을 밝혀 버린다면, 아무도 그다음 부분을 읽지 않을 것이다." 하지만 과학적인 논문이 이 말을 정당화할 만큼 충분히 스릴 넘치는 주제를 다루는 경우는 거의 없다. 만일 당신이 비밀을 노출하는 단락을 첫머리에 집어넣는다면, 논문의 각 부문이 결론에 도달하는 과정에 있어 어떤 기여를 하는가를 첫머리 단락과 결부하여 명백하게 진술할 수 있다. 그 결과 당신은 모호한 표현으로 첫 번째 단락의 기능을 비밀스럽게 하지 않아도 된다.

프루덴스 레인즈(Prudence Rains, 1971)가 했던 것처럼, 당신도 미혼모에 관한 연구 결과를 보고한다고 가정해 보자. 당신은 고전적인 모호한 방식으로 다음과 같이 서두를 꺼낼 수 있다. "본 연구는 미혼모 경험들을 조사하는데, 특히 미혼모의 경력과 도덕성에 관한 사회적 인식 그리고 사회적 행위 주체의 영향 등에 초점을 두고자 한다." 아무것도 밝히지 않는 이같은 첫머리는 독자가 쓸데없는 암호의 집합체로 인식하기 때문에, 결국 글의 후반부에서 각 실체들 사이의 진정한 관계를 확실히 보여 주는 문장으로 교체되어야 한다.

다행스럽게도 레인즈는 그렇게 하지 않았다. 그 대신 축소 모형적 서문을 사용했다. 축소 모형적 서문은 책의 나머지 부분에서 세세하게 분석할 것을 정확히 설명한다. 그녀의 글을 길게 인용해 보겠다.

미혼모가 되는 것은 불미스러운 사고와 성욕에 의한 성행위로 시작되어 임신하게 되고 사생아의 출산으로 종결되는 일련의 특정 사건들의 결과다. 많은 소녀는 혼전 성관계를 갖지 않는다. 그리고 혼전 성관계를 가진 소녀들 가운데 많은 수가 임신하지 않는다. 또한 혼전임신을 한 소녀가 미혼모가 되는 것도 아니다. 이런 의미에서 미혼모가 되는 소녀들은 공통된 경력을 갖고 있다. 미혼모의 경력은 그녀들이 신부, 낙태 지지자, 피임 준비를 잘하는 애인 또는 정숙한 여성이 되기보다는 미혼모가 되어야만 했던 일련의 단계들로 이루어져 있다.

이러한 경력에서 가장 중요한 것은 도덕적인 측면이다. 왜냐하면 성욕, 임신 그리고 모성애는 모두 여성의 책임에 대한 관념과 밀접하게 연관되는 문제들이고, 자연히 여성의 출산과도 밀접하게 관련되기 때문이다. 미혼모가 되는 것은 단순히 사적이고 실질적인 걱정거리가 아니라, 공적 설명이 요구되는 문제다. 이 문제는 과거를 돌이켜 보게 하는 질문을 제기하고, 결국에는 어떤 유형의 사람이 미혼모가 되었고 되는가에 대한 질문을 제기한다.

이런 의미에서 미혼모의 도덕적 경력은 일탈자로 간주되는 사람들의 경력과 비슷하고, 그들의 자아는 공적으로 연루된다. 그런 사람의 도덕적 경력에서 중요한 (핵심은 아닐지라도) 것은 그들의 상황으로 말미암아 접촉하게 되는 사회적 행위 주체들이다. 사회적 행위 주체와 제도들은, 재활, 감금, 도움, 처벌을 적합하게 조정하든 안 하든 간에 상관없이, 미혼모의 현재 상황, 미혼모가 되게 만든 과거의 상황, 그리고 앞으로 발생할지도 모르는 가능성에 대한 해석들을 제공하고 집행한다(Rains, 1971: 1-2).

이와 같은 서론은 저술가가 앞으로 여행할 곳의 지도를 펼쳐 보여 주기 때문에, 독자는 논의의 각 부분을 전반적인 논의 구조와 연계할 수 있다. 이러한 지도를 가진 독자는 좀처럼 혼동을 일으키거나 길을 잃지 않는다.

하지만 모호하고 무의미한 문장들도 초기 초고들을 시작하는 데 보탬이 된다. 그런 문장들은 주제를 깊이 있게 다룰 필요가 없거나 아직 그럴 단계가 아닐 때 약간의 여유를 주며, 무엇보다도 글을 시작할 수 있게 해 준다. 글이 잘못된 방향으로 진행될지도 모른다는 걱정을 할 필요 없이 글을 계속해서 써 내려갈 수 있다. 왜냐하면 진짜 작업은 아직 시작되지 않았기 때문이다. 단지 기억해야 할 사항은 글을 다 쓰고 난 후에는, 대체 표기가 되어 있는 부분으로 되돌아와서 당신이 의미하는 바를 진술하는 진짜 문장으로 대치해야 한다는 것이다.

이러한 조언을 토대로 (처음이 아닌) 다른 곳에서 글을 시작한다고 가정해 보자. 만약 첫머리에서 시작하지 않는다면, 어디서 시작해야 하는가? 처음에 무엇을 써야 하는가? 어떤 문장은 첫 문장만큼이나 나를 괴롭히지 않을까? 어쨌든 모든 문장은 본질적으로 전반적인 논의를 포함하거나, 최소한 함축해야 하지 않을까? 물론 그럴 수 있다. 그래서 어쩌란 말인가? 모든 문장이 수정되고, 다시 써야 하고, 삭제되고 그리고 모순될 수 있다는 점을 명심해라. 그러면 당신은 어떤 것이든 쓸 수 있다. 어떤 문장도 해가 되지 않는다. 왜냐하면 그 문장들이 대부분의 저술가가 두려워하는 방식으로 당신의 논의를 예시하지 않기 때문이 아니라, 만약 잘못 쓴 문장이라 할지라도 전혀 나쁜 일이 일어나지 않기 때문이다. 그리고 당신의 생각을 전혀 표현하지 못하는 완전 말도 안 되는 문장을 쓰더라도 아무런 해가 되지 않는다. 한번 시도해 보라.

실제 시도하여 일단 문장을 써 보는 것이 전혀 해가 되지 않는다는 사실을 알게 되면, 내가 늘 사람들에게 권하는 작업을 할 수 있게 된다. 개요, 메모, 자료, 책이나 그 밖의 도움이 되는 다른 것들을 내버려 두고, 머릿속에서 떠오르는 것은 무엇이든 간에 적거나 키보드를 두드리라는 것이다. 이러한 작업의 목적은 당신이 말하고 싶어 하는 것, 논문의 주제나 프로젝트에 대한 초기 작업을 통해서 얻는 결과가 무엇인지를 발견하는 것이다. [나는 여기서 '자유로운 글쓰기'라고 작문 교사들 사이에 알려진 고안물을 '창안'했는데, 이에 대해서는 엘보우의 책

(Elbow, 1981: 13-19)에 잘 기술되어 있다.]

만일 당신이 자유로운 글쓰기를 하게 된다면(파멜라 리차드는 제6장에서 그렇게 하지 못했던 이유를 이야기한다), 몇 가지 흥미로운 사실을 발견할 것이다. 즉, 자유롭게 글을 쓰라는 지침에 따라 머릿속에 떠오르는 대로 적어 내려간다면, 당신이 두려워하던 당황스러운 다양한 선택을 하지 않아도 된다는 사실을 알게 될 것이다. 무언가를 써 놓은 종이들을 보고, 대부분의 내용이 몇 개 되지 않는 주제에 대해 약간씩 다르게 표현하고 있다는 사실을 발견할 수 있다. 자신이 쓰고자 하는 것이 무엇인지를 알고, 이전에 그리고 지금 쓴 초고들을 비교해 본다면 그 차이가 얼마나 사소한가를 쉽게 파악할 수 있을 것이다. 혹은 만약 진정한 차이가 존재하고 있다면(그러한 일은 거의 없지만), 이제는 당신이 선택할 것이 무엇인지를 알 것이다.

(학위논문 주제를 결정하려다가 벽에 부딪친 학생들도 같은 방법으로 도움을 받을 수 있다. 나는 그런 학생들에게 백 개의 다른 논문 주제를 단지 한두 문장 정도로 써 보라고 한다. 그러면 학생들은 스물이나 스물다섯 개의 주제를 채 쓰기도 전에, 그들이 단지 두세 가지 생각을 하고 있음을 알게 되며, 그 생각들도 거의 항상 하나의 공통된 주제를 약간 변형하여 표현한 것이라는 사실을 알게 된다.)

이런 방식으로 글을 쓴다면, 초고를 마무리할 즈음에 이르러서는 대개 당신 마음속에 있는 것이 무엇인지를 알게 된다. 당신이 쓴 마지막 단락은 서론에 반드시 포함되어야 할 내용이 무엇인지를 말해 준다. 그러면 당신은 되돌아가서 그 내용을 적어 넣고, 새로이 발견한 시각을 바탕으로 다른 단락들을 조금씩 고치면 된다.

요약하면, 우리가 어떤 것을 쓰기까지 수많은 생각을 한다. 이미 작업한 모든 것에 투자했으며, 이런 투자를 통해 문제를 다룰 수 있는 견해와 방식을 갖추게 된다. 우리는 원한다 할지라도, 어떤 문제를 여태까지 다루어 왔던 것과 상이한 방식으로 다룰 수 없다. 우리의 글은 단어의 선택에 의해서가 아니라 이제까지 행한 분석에 의해서 말해진다.[7] 바로 이것이 우리가 글을 시작하는 방식에 큰 의미를 두지 않는 이유다. 우리는 오래전에 갈 길과 목적지를 선택했다.

깊이 생각하지 않고, 무계획적인 초고를 작성하는 것[조이 찰턴(Joy Charlton)이 한때 우아하지 않지만 정확하게 이름 붙인 '토하기식' 초고]은 또 다른 사실을 증명해 준다. 타자기 앞에 앉아 어디서부터 시작할까 생각하고 있을 때, 머릿속을 스쳐 지나가는 무수한 생각을 모두 타자칠 수는 없다. 아무도 그렇게 할 수 없다. 제1장에서 서술했듯이 이러한 혼돈의 두려움은, 학생들이 의식을 행하는 하나의 이유가 된다. 처음에는 이것이, 두 번째에는 다른 것이 머릿속에 떠오른다. 네 번째 것을 생각할 때는 이미 첫 번째 생각은 사라져 버린다. 아마 다섯 번째 생각은 처음 생각과 같을지도 모른다. 짧은 시간에 확실히 자신의 모든 레퍼토리를 경험한 것이다. 한 주제에 대해 우리는 얼마나 많은 생각을 할 수 있을까?

---

[7] (역주) 이런 주장을 한층 더 발전시키면, 글은 껍데기(특히 독자를 현혹시키는 미문)가 아니라 알맹이(논리적인 글의 창의적인 내용)에 따라 평가되어야 한다는 것이다. 2015년 한국 문학계에는 엄청난 사건이 일어났다. 한국의 대표적인 작가인 신경숙의 작품에 표절 의혹이 제기되었다. 이 표절 의혹 사건은 한국 문학계에 '문화 권력'의 문제와 더불어 '문학이란 무엇인가?'라는 근원적인 물음을 초래하였다. 베커가 말하였듯이, 문화 권력은 문학에 대한 정의를 결정한다. 하지만 후자가 바뀌면 전자도 바뀐다. 후자의 핵심 사항은 더는 문학을 '미문'과 동일시하지 말라는 비평이다. 문장을 아름답게 다듬는 일은 중요하기는 하지만 문학의 본질은 아니다. 문학에서 좋은 문체는 '아름다운 문체'가 아니라 '저자가 말하고자 하는 바를 정확하게 포착하여 독자에게 명료하게 전달해 주는 문체'일 것이다. 이러한 좋은 문체를 위해서는 '자신이 말하고자 하는 바'에 대한 깊이 있는 성찰이 일차적이다. 깊이 있는 성찰은 저자의 주된 사고를 저자의 세계관(철학)에서 논리적으로 이야기하는 것을 요구한다. 베커는 그 깊이 있는 성찰의 글쓰기를 쉽게 할 수 있는 방식을 말하고 있다. 고민하면서 좋은 영감들이 떠오를 때마다 그것을 글로 적어 두어라. 그리고 나중에 그것들을 비교함으로써 자신이 진정으로 말하고자 하는 바를 파악하라는 것이다. 이 방식은 깊은 성찰의 글쓰기를 사전에 철저한 준비를 통해 이루어내는 연역적 방식이 아니라, 끊임없이 시행착오를 반복함으로써 결론을 얻어 내는 귀납적 방식이다. 당연히 이 방식은 장기간의 성찰과 고민을 요구한다. 그러므로 학생들의 학기 말 보고서는 물론 정부 용역 보고서와 같이 단기간에 순발력을 요구하는 글에는 적절하지 않을 수 있다. 그러나 자신의 목소리를 내고자 하는 저술가에게는 많은 도움을 줄 것이다. 또 다른 중요한 혜택들도 있다. 역자의 경험에 따르면, 여러 편의 글을 동시에 작성할 수 있을 뿐 아니라 보다 중요하게는 글에 대한 스트레스도 거의 없다는 것이다. 오히려 성취감을 느끼면서 글쓰기를 즐겁게 할 수 있다.

어떤 주제에 대해 알고 있는 모든 것을 평가하고 정교화하고 연관시키려는 시도는 우리가 기억하여 작업할 수 있는 용량을 쉽게 뛰어넘을 수 있다. 간단한 문장 하나를 작성하는 시도에서조차 같은 결과를 초래할 수 있다. 왜냐하면 우리는 그 문장에 문법적·구문론적 대안들 그리고 어조, 뉘앙스, 리듬 등의 모든 가능성을 동원하여 마술을 부리려고 하기 때문이다. 이때 문장 구성은 짧은 기억력에 너무 많은 짐을 지우도록 끊임없이 위협하는 인지 활동이 된다(Flower, 1979: 36).

바로 이것이 글을 쓰기 시작할 때 자신이 쓰려고 하는 것에 대해 계속해서 준비하고 생각하기보다는 초고를 쓰는 것이 더 중요한 이유다. [조셉 윌리엄스는 일관성을 목표로 삼는 첫 번째 원고를 위해 단어 기록장(word draft)을 준비해 두라고 제안한다. 이러한 제안은 자유로운 글쓰기가 좀 더 잘 조직화된 글을 위해 절대 잘못해서는 안 되는 것들에 대한 작업 노트를 산출한다는 사실을 강조한다.] 당신은 사고에 물질적인 형상을 부여할 필요가 있다. 즉, 사고를 종이에 적어 두어야 한다. 글로 쓰인 생각은(그래서 곧바로 쓰레기통에 버려지지 않는 생각은) 없어지지도 않고, 그 형태가 바뀌지도 않으며, 나중에 떠오른 다른 생각과 비교할 수도 있다. 떠오르는 생각들을 글로 적어 나란히 나열해 놓고 비교해 보면, 당신이 얼마나 적은 수의 생각을 하고 있는지를 알 수 있다. 바로 이것이 초기의 초고를 디스켓에 보관해 두는 것이 귀찮은 일이긴 하지만 유용한 이유다. 당신은 디스켓에 보관된 초고의 내용을 쉽게 찢어 버릴 수 없다. 물론 어리석은 생각이 담긴 파일을 지워 버릴 수 있겠지만, 대부분의 사람은 디스켓에 보관된 이전의 초고를 가지고 계속 논의를 전개하고 고치는 것이 더 쉬운 일이라는 사실을 발견한다. 그렇다면 단어를 물질적 실체로 만든 일은 당신을 위험에 빠뜨리는 것이 아니다. 오히려 도움을 주는 것이다. 즉, 당신의 생각을 더욱 쉽게 분류해 준다. 또한 당신이 말하고자 하는 것을 보여 줌으로써 첫 문장을 쉽게 쓰게 해 준다.

플라워와 헤이스(Flower & Hayes, 1979)는 인지심리학의 용어를 사용하여 이미 쓰인 재료들로 계획을 수립하고 나서 다른 부분의 글쓰기를 진행하는 유사한 작업 과정을 기술했다. 그 논문은 훨씬 작은 프로젝트를 다루고 있지만(몇 달이나 몇 년에 걸쳐 쓰는 학술 논문이나 책 대신에, 몇 분 안에 쓰는 짤막한 주제), 저술가가 목표와 하위 목표의 정교한 연결망을 어떻게 창출하고, 글을 쓰는 과정에서 알게 된 것을 고려하여 자신의 상위 목표를 어떻게 조정하는지에 대한 논의는 우리의 토의와 관련된다.

어떻게 글을 시작할 것인가에 관한 것만큼이나 해결하기 어려운 문제는 당신이 말해야 하는 내용을 어떻게 조직화할 것인가 하는 문제다. (사실상, 이 두 문제의 근원은 같다.) 학생들은 종종 자신의 재료들을 어떻게 조직화해야 할지, 이것을 먼저 언급해야 할지 저것을 먼저 언급해야 할지 또는 조직화 원리로서 이 생각 혹은 저 생각을 사용해야 할지 모르겠다고 불평을 한다. 작업하는 데 있어 단 하나의 올바른 방법이 존재한다는 이론은 여기서 또다시 악영향을 미친다. 이에 대한 분석 재료로 나의 학위논문에서 다른 예를 들어 보고자 한다.

내가 보고할 것은 단순한 결과들이었다. 교사는 자신의 직업을 다수의 측면ㅡ교사와 학생, 학부모 그리고 교장과의 관계ㅡ에서 평가했다. 교사는 자신의 업무를 쉽게 해 주는 범주의 사람들을 좋아했고, 일을 어렵게 만드는 범주의 사람들은 싫어했다. 교사의 견해들에 따르면, 학교에 대한 평가는 학생들이 속해 있는 사회 계급에 따라 상당히 변했다. 교사들은 빈민가 아이들을 가르치기가 어렵다는 점을 발견하였다. 상층 계급의 학생들도 어려운 것은 마찬가지며, 똑똑하지만 교사의 연륜과 권위에 대한 존경심이 부족하다는 것도 발견했다. 대부분의 교사는 노동자 계급의 아이들을 선호했다. 이들 학생의 학업 성적은 보통이지만 유순해서 다루기 쉬웠다. 또한 노동자 계급의 부모들을 선호하였는데, 교사가 그들의 자녀를 통제하는 데 많은 도움을 주었기 때문이다. 주거 지역을 기준으로 한 학군 분리는 학생들의 사회 계급별로 학교를 구분하는 일을 손쉽게 만들었다. 대부분의 학교에서는 특정 계급이 지배적이었다.

이러한 분석은 내가 재료를 조직화하는 방식을 간단히 선택할 수 있게 해 주었다(나의 재료는 60명의 교사를 면접해서 얻은 것이다.). 나는 교사가 학생, 학부모, 교장, 동료 교사와 맺는 관계들을 차례로 분석하고, 장별로 그러한 관계가 학교의 사회 계급에 따라 어떻게 변하는가를 기술할 수 있었다. 또는 빈민가의 학교, 노동자 계급의 학교, 중간 계급의 학교 그리고 상층 계급의 학교에 관해 차례로 글을 쓰면서, 각 계급의 학교를 특성화하는 앞의 네 집단과 교사들과의 특별한 관계를 설명할 수도 있었다.

내가 어떤 선택을 했을까? 적어도 내가 써야 했던 글의 내용을 고려해 볼 때, 어떤 선택을 하느냐는 그다지 중요한 것이 아니었다. 내가 어떤 방식을 선택했든지 간에, 교사와 노동자 계급의 자녀들, 교사와 빈민가 학교의 동료 교사들, 교사와 중간 계급 학교의 교장들, 그리고 교차분석적인 관계와 계급에 의해 창출되는 학교 및 다른 모든 관계의 조합 유형에 관해 기술할 수 있었다. 그런 조합들을 분석하는 데 있어서, 최소 기술 단위(descriptive units)는 같았을 것이다. 중간 단위들을 전체와 연관시켜 주는 처음과 마지막 문장은 내가 결론을 어떻게 맺느냐에 따라 달라질 수 있다. 그러나 내가 작성했던 글 재료들은 최종적으로 조립된 방식이 어떻든 간에 사용될 것이다. 어느 방식이든 간에 나는 같은 결과물을 보고할 것이고(비록 순서가 다를지라도), 필연적으로 같은 결론에 도달할 것이다(각 방식에서 사용한 용어와 강조점은 달라질 수 있다.) 물론 사회과학이론과 사회정책이 함축하는 바에 대한 나의 진술은 달라질 것이다. 만일 나의 결과물을 다른 질문에 대답하기 위해 사용한다면, 그 대답은 다르게 보일 것이다. 하지만 그것은 학위논문을 쓰기 시작할 때 바로 내 코앞에 놓인 작업에는 전혀 영향을 주지 않을 것이다. 왜 그런 일을 걱정하는가?

나는—모든 사람과 마찬가지로—선택에 대해 걱정했다. 그 이유는 문제가 매우 중요한데도 합리적으로 해결되지 않을 수 있기 때문이다. 어떤 방식을 선택하든지 간에, 내가 아직 언급하지 않았거나 설명하지 않은 무언가에 관해 이야기하거나 이야기하고 싶어 하는 나 자신을 발견한다. 나는 빈민가 학교에 관해 이야기함으로써 글을 시작할 수 있다. 하지만 그것은 네 집단과 네 집단에 대한 교사들의 관계를 언급한 후에나 가능한 일이다. 하지만 교사와 네 집단과의 관계는 이에 관련된 이론적 쟁점들을 설명하지 않고는 다룰 수 없다. 예를 들면, 교사와 마찬가지로 서비스업 노동자도 자신의 일과를 얼마나 쉽게 혹은 어렵게 만드는가에 따라 동료 노동자를 판단한다는 사실을 설명해야 할 것이다. 이런 이론적인 설명을 한 다음에야 비로소 교사와 네 집단 간의 관계에 대한 글을 쓸 수 있을 것이다. 그러나 아직도 사회 계급, 사회 계급이 어린 학생들이 교과서를 배우고 교사의 마음에 들게 행동하는 능력에 미치는 영향, 그리고 사회 계급이 교사가 학생들에게 올바른 교육을 할 수 있도록 도와주는 학부형의 역량과 의도에 미치는 영향들을 먼저 설명을 한 다음에야, 그러한 관계에 관해 이야기할 수 있다. 이러한 식으로 하다 보면 한도 끝도 없다.

이런 이유로, 한때 나의 동료 블랑쉬 기어(Blanche Geer)는 자신의 글을 구의 표면에 쓰는 방식을 원했다. 구의 표면에 글을 쓴다 함은 어떤 것도 먼저 튀어나오지 않은 상태에서 두루뭉술하게 쓰는 것을 의미한다. 이러한 글에서는 저술가가 말하고자 하는 것을 독자가 먼저 알아서 스스로 판단하게 한다. 구의 표면에 글을 쓰는 것은 사람들이 보통 정의하는 바와 같이, 문제가 무엇인지 정확하게 파악하지 못한 상태에서 글을 쓰는 것을 의미한다. 당신이 아무리 원한다 할지라도 그리고 당신의 방식이 유일한 방법처럼 보인다 할지라도, 모든 것을 한꺼번에 말할 수는 없다. 물론 이 문제도 해결할 수 있다. 모든 사람이 결국에는 이 문제를 해결한다. 문제를 해결하는 방식의 한 예로, 교사와 다른 집단 간의 관계를 재검토하여 그것을 조사하는 또 다른 방법이 존재한다는 점을 밝히고, 머지않아 그 방법을 설명하는 것이다. 이것은 대체 표기라기보다는 약식차용증서(I.O.U)와 같은 것이다.

저술가들은 다양한 방법 가운데 단 하나만이 옳다는 생각을 하기 때문에, 글의 조직화 방식이 난관에 봉착한다. 그들은 스스로가 생각할 수 있는 여러 방식은 각기 추천할 만한 장점이 있으며, 어느 것도 완벽하지는 않다는 사실을 알지 못한다. 플라톤적인 이상향을 믿는 자들은 실용주의적인 타협을 좋아하지 않으며, 현실―예를 들어, 보고서나 학위논문을 끝내야 하는 상황―이 타협을 강요할 때에만 할 수 없이 받아들인다.

하지만 저술가의 걱정에는 '단 하나의 올바른 방법'을 알지 못하는 것보다 더 직접적인 이유가 있다. 글을 시작하면서, 저술가들은 글의 최소 단위들, 즉 최종 결론이 도출될 글쪼가리들이 무엇인지조차 알지 못한다. 또 다른 문제는 그들이 그 글쪼가리들을 조립할 수 있는 대안들도 잘 모른다는 점이다.[8] 예를 들어, 학교의 유형이나 업무 관계의 유형을 중심으로 조직화하는 논의 중 하나를 선택할 수 있다는 사실을 알지 못한다. 그들은 어떤 것이 다른 것을 초래할 수도 있으며, 어떤 아이디어는 또 다른 아이디어와 어떤 유형의 인과관계를 가질 수 있고, 어떤 아이디어는 좀 더 일반적인 다른 아이디어의 한 특정한 형태라고 막연히 생각한다. 하지만 그들의 생각은 틀릴 수 있다. 그들의 아이디어는 뒤르켐이나 베버의 저서에서 읽은 것과 모순되거나, 다른 사람의 연구 결과와 불일치하거나 혹은 자신들의 자료와도 어긋날 수 있다. 사람들은 개요를 만들어 이런 문제들을 해결하고자 한다.

---

[8] (역주) 우리는 퇴고를 앞에서 말한 바와 같이 흔히 문제를 다듬는 것으로 생각하는 경향이 있다. 그러나 여기서 말하는 퇴고는 문제를 다듬는 수준을 훨씬 뛰어넘는다. 글은 자기 생각을 논리적으로 전개하여 타인에게 전달하는 것이다. 생각의 논리적인 전개는 문제보다 생각을 전달하는 데 사용된 내용, 이를테면 전체를 구성하는 부품들―역자 서문에서 밝힌, 빨간 실로 꿰매야 할 구슬들―이 잘못 사용되는 경우에 더 큰 문제를 야기하기 쉽다. 따라서 문제를 다듬는 작업을 하기 전에 글에 사용된 부품(구슬)들이 제대로 사용된 것인지를 가장 먼저 점검할 필요가 있다. 퇴고, 즉 개작하는 과정에서 글이 논리적으로 매끄럽게 전개되기 위해서, 우리는 부품(구슬)이 사용된 장소를 옮기거나, 사용된 부품(구슬)을 변형하거나 다른 것으로 대치할 필요가 있다. 이는 마치 자동차를 만들 때, 자동차 디자인보다는 자동차 성능을 향상시키기 위해 부품을 정착 혹은 재조정한 다음 자동차 디자인을 설계하는 것과 같다. 만일 자동차 디자인에만 치중하다 보면, 부품 정착이 잘못되어 불량 자동차를 만들 가능성이 있다.

개요는 도움을 줄 수 있다. 그러나 개요를 가지고 글을 시작하면 도움을 받지 못할 수도 있다. 개요에 의존하여 시작하는 대신, 모든 것을 적어 가면서 가능한 한 빨리 아이디어를 토해 내는 방식으로 글을 쓰기 시작한다면, 첫 번째 질문에 대한 해답―당신이 작업해야만 하는 것은 바로 당신이 적어 왔던 다양한 글쪼가리들이다―을 발견할 것이다. 이런 글쪼가리들은 모든 수준의 일반적인 진술들이거나 그럴 것이 틀림없다. 어떤 글쪼가리는 구체적인 관찰 내용―교사는 더러운 아동을 싫어한다―일 것이다. 또 어떤 글쪼가리는 좀 일반적인 관찰 내용―교사는 수업 시간에 자신의 권위에 도전하는 학생을 용서하지 못한다―일 것이다. 다른 어떤 글쪼가리는 학술적인 문헌―막스 베버가 관료제를 비밀 관리 기관들의 규칙이라고 진술했다―과 관련이 있을 것이다. 또 다른 어떤 글쪼가리는 사회 조직에 관한 것일 수 있는데―빈민가의 학교에서는 교사들의 전근이 잦았다면, 중상류 계급의 학교에서는 교사들이 거의 떠나지 않기 때문에 교사진의 변화가 훨씬 적다. 그리고 나머지 어떤 글쪼가리는 경력과 개인적 경험에 관한 것이다―이유가 무엇이든지 간에, 빈민가 학교에서 수년을 보낸 교사는 더는 그곳을 떠나고 싶어 하지 않는다.

일단 글쪼가리들을 갖고 있다면, 당신은 그것들이 얼마나 본질적으로 다른지, 그것들이 어떻게 일반적인 것에서 구체적인 것까지 분포되어 있으며, 그리고 그것들이 얼마나 당신이 생각하는 연구주제와 접목되었는지 등을 알 수 있다. 이제 당신에게 남은 일은 글쪼가리들을 논리에 맞게끔 순차적으로 옮김으로써, 독자들이 합리적인 논의라고 인식할 수 있도록 글을 구성하는 작업이다. 과연 어떻게 하면 될까?

사람들은 이 문제를 다양한 방식으로 해결한다. 나는 가능한 해결책들 가운데서 하나를 선택할 때, '가장 쉬운 것부터 먼저 하라.'는 원칙을 지킨다. 가장 쉬운 부분부터 쓰고, 논문 분류와 같은 단순 허드레 작업을 먼저 하는 것이다. (이와 대조되는 접근 방법은 쉬운 일을 의심스러운 것으로 보고, 오히려 가장 어려운 것부터 시작하는 것이다. 나는 이러한 청교도주의 작업 방식은 권장하지 않는다.) 여기에 재료들을 조직화하는 방법을 발견할 수 있는 한 가지 쉬운 방법이 있다. 이 방법의 가장 큰 이점은 (그리고 이것은 쉬운 일을 먼저 하라는 원리의 당연한 결과다) 어려운 정신적 노동을 좀 더 손쉬운 육체적 노동으로 전환해 주어 일을 쉽게 만들어 주는 데 있다.

먼저, 당신이 적어 왔던 것들에 관해 요점을 정리하고 각 아이디어들을 카드로 만드는 작업으로 시작하라. 당신의 초고에 적혀 있는 어떤 아이디어도 없애 버리지 말라. 그 아이디어들은, 그 순간에는 어떻게 사용해야 할지 알 수 없을지라도 여러모로 유용하다. 잠재의식은 당신이 모르는 것을 알고 있다. 다음으로 그 카드 뭉치를 파일(pile)별로 분류하라. 함께 묶을 수 있을 것처럼 보이는 카드들은 같은 파일에 집어넣어라. "함께 묶을 수 있을 것처럼 보인다고?" 그렇다. 당분간은 그 카드들의 공통점이 무엇인지를 너무 세심하게 찾으려고 하지 말라. 당신의 직감에 따르라. 파일들을 모두 모아 놓은 다음, 각 파일 안에 있는 모든 카드의 내용을 요약하여 요약 카드로 만들고 그것을 각 파일의 앞에 놓아라. 맨 앞에 놓인 요약 카드의 내용은 각각 파일 안의 모든 카드에 적혀 있는 구체적인 내용을 일반화한 것이다. 이제 당신은 처음으로 자신이 해 놓은 작업에 대해 비평을 시작할 수 있다. 만약 당신이 파일의 모든 카드 내용을 포괄하는 진술을 생각해 낼 수 없다면, 내용이 잘 맞지 않는 카드들을 골라내고, 골라낸 카드들을 가지고 새로운 파일과 새로운 파일에 대한 요약 카드를 만들어라. 이를 다했으면 이제는 일반화한 요약 카드들을 탁자나 마룻바닥에 늘어놓거나, 벽에 핀으로 꽂아 두어라. (나는 사진 작업을 하면서 재료들을 벽에 핀으로 꽂아 두는 습관을 갖게 되었다. 사진작가들은 대개 한두 주 동안 사진들을 벽에 걸어 두고 면밀하게 검토한다.) 카드들을 특정 순서 혹은 아무 순서로나 늘어놓아라. 아마 당신은 한 생각이 다른 생각을 끌어내는 일련의 순서를 만들 수 있을 것이다. 당신은 어떤 카드를 다른 카드의 밑에 한 열로 만들어 놓을 수 있다. 이것은 좀 더 일반적인 진술과 구체적인 사례(혹은 하위 논의) 간의 관계를 물리적으로 나타내는 작업이라 할 수 있다.

곧 당신은 글의 구성에 있어 한 가지 이상의 방식이 존재하지만, 그다지 많지는 않다는 사실을 깨닫게 될 것이다. 그 방식들은 같지 않다. 왜냐하면 각 방식은 당신의 분석에서 각기 다른 부분을 강조하기 때문이다. 만일 학교 유형별로 교사들에 대한 분석으로 조직화한다면 학교의 지역사회 조직은 강조될 수 있지만, 관계들에 초점을 맞춘 분석 때문에 강조해야 할 직업상 문제점들은 상대적으로 강조점이 다소 약해질 수밖에 없다. 이러한 방식으로 아이디어들의 조직화를 실험하는 것은 흐름도에 대한 사고에서 어느 정도 정형화된다. 왈터 버클리(Walter Buckley)는 토마스 셰프(Thomas Scheff)의 정신질환에 관한 이론을 정형화하는 좋은 예를 제공했다. [그림 3-1]의 흐름도는 버클리의 논문(Buckley, 1966)에서 인용한 것이다. 당신은 이 흐름도가 어떻게 논의를 분명하게 해 주는지를 살펴보기 위해 여기에 사용된 이론을 공부할 필요는 없다.

그런데 이 모든 작업은 일상적으로 발생하는 또 다른 '사소한' 문제를 해결하는 데도 도움을 준다. 경험적 연구를 보고하는 사회과학자들은 기술 부문(descriptive section)을 항상 포함한다. 기술 부문은 연구자가 연구를 수행한 국가, 마을 및 조직에 관한 정보를 알려 준다. 기술 부문에는 어떤 것이 포함되어야만 하는가? 연구자는 기술 부문을 독자가 '장소만 차지한다'는 느낌이 들 정도로 모호하게 표현한다. 연구자는 모든 독자가 알 필요가 있다고 일상적으로 인정되는 것들, 즉 지역, 인구, 역사 및 조직에 관한 잡다한 내용으로 그 부분을 채워 넣는다. 당신의 주장이 무엇인지를 충분히 알 수 있게 기술하는 것은 당신이 좀 더 합리적인 선택을 하는 데 도움을 준다.

장소, 사람 및 조직에 관한 사실들은 독자에게 일반적인 친숙감을 주는 것 이상의 역할을 한다. 연구 보고서에 언급된 대로, 사회조직은 적합한 사람들에 의해서 그리고 적합한 장소에서만 운영된다. 따라서 기술적인 예비 재료들은

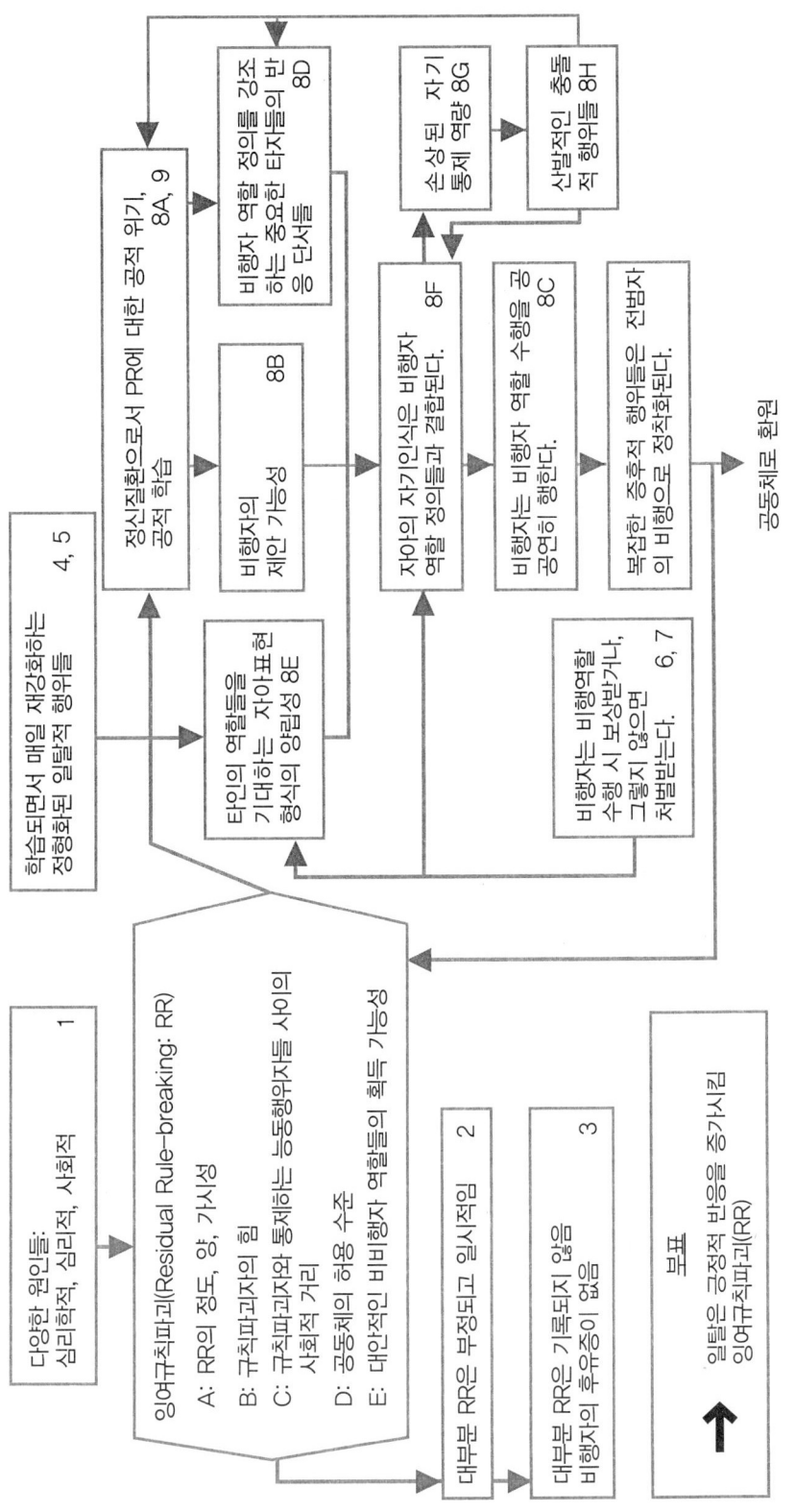

[그림 3-1] 흐름도: 사회체계 내에서 비행이 정착화

출처: Walter Buckley, "appendix: A methodological Note", in Thomas Scheff, *Being Mentally Ill* (Chicao: Aldine, 1966)

보고서의 논의가 기반을 두고 있는 몇 가지 기본적인 전제를 규정한다. 예를 들어, 만일 우리의 책(Becker, Geer, & Hughes, 1968: 15ff)이 학생들의 생활과 장래에 심오하게 영향을 미치는 학생 문화에 관해 기술한다면, 독자는 우리가 언급하고 있는 대학은 매우 커다란 명문 대학이며, 미국 중서부의 작은 도시에 있는 대학이고, 대다수의 학생이 규모가 비교적 작은 도시 지역 출신이라는 점을 미리 알릴 필요가 있다.

나는 조직화의 문제를 흥미롭게 다룰 수 있는 방법을 하나 더 발견했다. 해결 불가능한 것을 해결하려고 시도하는 대신에, 그것에 관해 이야기할 수 있다. 당신은 해결하기 어려운 것이 무엇이든지 간에 그것이 왜 문제가 되는지, 당신이 생각하는 해결 방식은 무엇인지를, 왜 덜 완벽한 해결책을 선택했는지 그리고 이 모든 것이 의미하는 바가 무엇인지 독자에게 설명할 수 있다. 이 모든 것이 의미하는 바는 흥미로울 것이다. 왜냐하면 만약 당신이 수행하고 있는 연구에서 흥미로운 딜레마를 구체화하지 않았다면, 해결 불가능한 문제가 제기되지도 않았을 것이기 때문이다. 예를 들어, 구체적인 조직 내에서 계급과 직업 구조의 문제들이 교차하는 방식에서, 교사들이 그들의 직업 관계에 대해 공유하는 관점을 언급하지 않고서는 계급에 관해 이야기할 수 없고, 계급에 관해 언급하지 않고서는 교사들이 직업 관계에 대해 가진 관점을 이야기할 수 없다. 만약 당신이 이 두 문제를 원칙적으로 분리해서 논의해야 한다고 고집한다면 곤경에 처하게 될 것이다.

그러한 문제들이 사라지기를 기대하는 대신에 그에 관해 이야기하면, 단지 글쓰기의 문제뿐만 아니라 모든 종류의 과학적 문제가 해결된다. 예를 들어, 인류학자와 사회학자는 현장 연구를 수행할 때, 자신이 원하는 것을 관찰할 수 있도록 허용해 주는 사람들과 오랜 기간에 걸쳐 관계를 맺고 유지하는 데 전형적인 어려움을 체험한다. 현장 연구를 위해 이들과 타협하고 협상하는 도중에 발생하는 장애와 방해들은 현장 연구자를 낙담시킬 수 있다. 하지만 노련한 현장 연구자는 바로 그 어려움들이 자신이 이해하고자 하는 사회조직에 대한 귀중한 단서를 제공한다는 점을 안다. 사람들이 자신들을 연구하고자 하는 이방인(즉, 연구자)에게 어떻게 반응하는가는 그들이 어떻게 생활하고 조직화되어 있는가에 관한 무언가를 말해 준다. 만약 당신이 연구하고자 하는 도시 빈민이 의심이 많아서 당신과 이야기하지 않으려고 한다면, 그것이야말로 진짜 문제다. 당신이 복지 규정을 위반한 사람들을 잡으려 하는 수사관으로 착각하여 빈민이 냉담하다는 사실을 결국에는 알게 될 수도 있다. 이런 어려움은 개인적으로는 고통스럽지만, 당신에게 알 가치가 있는 무언가를 가르쳐 줄 수 있다.

유사하게 겉으로 아무런 연관이 없어 보이는 실험자의 행위가 실험 변수들과는 독립적으로 실험 결과에 영향을 미친다는 사실을 로젠탈(Rosenthal)과 다른 사람들이 보여 주었을 때 실험 사회심리학자들은 혼란스러워했다. 그들은 혼란스러워할 필요가 없었다. 로젠탈이 보여 주었듯이(Rosenthal, 1966), 심리학자들은 실험 상황을 완벽하게 통제할 수 있다는 환상을 깨어 버리고, 그 대신 소집단의 사회적 영향력과 같은 새롭고 흥미로운 연구 분야를 개척했다. 이는 해결 불가능한 문제를 무시하기보다는 그것에 관해 이야기함으로써 얻어진 결과다.

이는 글쓰기에서도 마찬가지다. 어떤 것을 말하는 '단 하나의 올바른 방법'을 발견할 수 없을 때, 당신은 발견할 수 없었던 이유를 이야기하라. 베넷 버거(Bennett Berger, 1981)는 『반문화의 생존(The Survival of a Counterculture)』이라는 저서에서 이러한 해결책을 채택했다. 이 책은 북부 캘리포니아의 히피 부락에 관한 연구 기록이다. 그는 그 부락의 유토피아적 실험에 흥미를 느끼고 있었다. 또한 히피 문화와 히피 정신에 개인적인 친밀감을 느끼고 있었다. 그는 히피 부락의 구성원들이 자신들의 신념을 생활환경에 적응시킬 때, 이들이 공언하는 것과 행동방식 사이에서 발생하는 필연적인 괴리를 어떻게 해결하는지를 연구하고자 했다. 그는 사람들이 그 같은 괴리를 해결하기 위해 사용하는 방법을 '이데올로기적 작업'이라고 불렀고, 그런 작업을 연구하는 것을 지식의 미시

사회학이라고 생각했다. 하지만 그는 발견한 사실에 관해 글을 쓰는 데 어려움을 겪었다.

나는 내가 발견한 사회생활을 포괄할 수 있는 해석틀을 찾을 수 없었기에, 이 책의 저술을 몇 년이나 연기해야 했다. 그러한 해석틀이 없이는 내가 관찰한 것의 의미를 정말로 이해하고 있는지 확신할 수 없었다. 이해 없이는 자료를 취급할 수 있는 처지가 아니었고, 따라서 글을 쓰고자 하는 욕구는 줄어들었다. 그리고 이해가 되었을 때는, 그러한 이해로 인해 생긴 '냉소적인' 입장이 맘에 들지 않았다.

그는 자신을 매우 괴롭힌 냉소적인 자세의 문제를 기술했다. 왜냐하면 그 문제가 히피부락에서 행한 그의 연구에 영향을 주었기 때문이다.

특정 관념(idea)의 분석에서 그 관념이 자아와 집단의 기능에 이바지한다는 사실을 드러낼 때, 지식사회학은 그 관념을 논박하거나 약화하거나 훼손하는 경향이 있다. … 만일 도시종말론이라는 관념이 히피부락 구성원들에게 삶의 의욕을 제공하는 데 이바지한다면, 이 관념은 히피부락에게 차갑고 회의적인 시선을 던지는 것에 대한 충분한 이유가 될까? 만일 아동평등권에 대한 관념이 처음부터 중산층 부모가 될 여유도 없었고 그럴 의지도 없는 성인들의 이해관계와 결부된다면, 이 관념은 그런 성인들의 동기를 냉소적으로 보는 것에 대한 충분한 이유가 될까? 만일 대인관계에 '진실성'이 존재함을 인정하는 것이 긴밀한 상호작용의 맥락으로 인해 감정을 은폐할 수 없는 상황에 처한 사람들의 이해와 결부된다면, (소수민족이 문화적 다원주의를 주장하는 것이나 부자들이 세금 인하를 도모하는 것과 마찬가지로) '개방성과 정직성'을 단순히 이데올로기에 의한 이기적인 요소로 간주할 수 있는가? 혹은 집단이 믿는다고 선언한 사상과 집단 내의 일상적인 행동 사이에 모순이 팽배할 때, 집단의 임시방편적인 이데올로기

개조작업은 빈정대고 경멸하며 냉소하는 방식에 의해 가장 잘 이해될 수 있을까?

이런 질문들에 대한 나의 대답은, 최소한 연구대상이 된 사람들이 그 질문들에 응답할 경우에 한해서는 '아니다'다. 하지만 지식사회학의 주류 전통에서는 '예'라는 대답이 지배적일 것이다. 이는 부분적으로는 지식사회학을 지적인 성과물로 알리고자 하는 주된 동기가, 관념의 '진정한' 이해관계나 기능을 밝혀냄으로써 그 관념들의 '가면을 벗기거나' '탈신비화시키고자' 하는 욕구에서 비롯되기 때문이다(Berger, 1981: 168-169).

"그런 문제가 당신을 어떻게 마비시킬 수 있는가를 관찰하기는 쉽다. 내가 이 책에서 채택한 신념과 상황에 대한 접근 방식에 도달하는 데에는 오랜 시간이 걸렸다. 초기에 그런 문제를 제대로 이해하지 못했기 때문에, 나는 입에 자갈을 물린 것처럼 명료하게 말을 할 수 없었다(p. 223)." 버거는 히피부락 구성원들을 조롱하지 않고 그들이 믿고 있는 사회적 기반들을 논의하고 싶어 했다. 그는 그렇게 할 방법을 찾을 때까지, 자신의 책을 쓸 수 없었다. 나는 (그 책이 끝까지 읽어 볼 가치가 있기는 하지만) 버거의 논의를 더는 이야기하고 싶지 않다. 왜냐하면 그의 논의를 다른 문제에 대한 해결책으로 인용하고 있기 때문이다. 내가 버거의 논의를 인용한 까닭은 자신의 연구 대상을 조롱하지 않으려 했던 버거의 어려움을 말하기 위해서가 아니라, 이런저런 문제들을 다룰 수 있는 '단 하나의 올바른 방법'을 발견하지 못해 글 쓸 능력이 상실되는 좀 더 일반적인 어려움을 설명하기 위해서였다. 버거는 '단 하나의 올바른 방법'을 찾으려는 헛된 시도를 어떻게 그만두는가에 대해 언급하지는 않았지만, 그 방법을 설명한 셈이다. 해결 불가능해 보이는 문제에 대해 글을 써라. 그리고 그것을 당신의 분석 초점으로 삼아라. 버거는 자신의 저서에서 상당한 부분을 오직 그 작업에 투자했다. 그렇게 함으로써, 자신의 연구 내용과 연관된 커다란 주제—

분석 대상을 깎아내리는 지식인의 부도덕성에 관한—뿐만 아니라, 그의 저서를 쓸 방법도 찾을 수 있었다.

당신이 겪고 있는 어려움을 독자에게 털어놓으려면, 당신도 해결하기 힘든 문제가 있었으며, 항상 올바른 방법을 알고 결함 없이 문제를 해결하는 완벽한 사람이 아니라는 사실을 인정할 필요가 있다. 그런 완벽한 사람은 존재하지 않기 때문에 고백하는 일이 어렵다고는 생각하지 않는다. 그러나 일부의 사람들은 고백하고 싶어 하지 않는다. 치료 방법은 고백을 시도해 보고, 고백하는 것이 해가 되지 않는다는 사실을 스스로 증명해 보이는 것이다.

Writing for Social Scientists
How to Start and finish Your Thesis, Book or Article(2nd ed.)

제 4 장
귀로 교정하기

내가 사람들의 글을 교정하거나 혹은 교정한 것에 대해 그들과 이야기할 때, 그들은(나의 친구 로잔나와 마찬가지로) 항상 내가 무슨 원칙을 가지고 교정했는지 알고 싶어 한다. 예를 들어, 어떤 원칙으로 단어나 구를 삭제했는지 궁금해 한다. 어느 누구도 단지 규칙에만 의존해서는(규칙이 필수적이고 도움이 된다고 할지라도) 창조적인 일을 할 수 없다. 친구에게 보내는 편지나 다른 사람에게 전달하려는 간단한 쪽지와 같은, 매우 일상적이고 사소한 글조차도 창조적인 것이다. 책에서 편지를 복사하거나 49번째 감사의 글에 사용했던 단어를 그대로 베껴 50번째 감사의 글에 쓰는 것이 아니라면, 당신은 새로운 언어, 새로운 언어들의 조합, 그리고 당신이 쓰기 전에는 존재하지 않았던 새로운 어떤 것을 창조하는 것이다.[1]

문법학자와 작문 교사들은 여러 가지 규칙과 지침을 추천한다. 평서문은 마침표로 끝을 맺고, 글은 왼쪽에서 오른쪽으로 쓴다는 것과 같은 것들을 요구하는 많은 규칙, 예술에서 일관되게 지켜지는 관례와 같은 역할을 한다. 그 규칙들은 창조자와 소비자 사이에 최소한의 공감대를 형성해 줌으로써 생각을 교류할 수 있게끔 해 준다.[2] 다른 규칙들은 의사소통 과정에서 의도되지 않은 혼란과 오해들이 덜 발생하게끔 한다. 예를 들어, 대명사는 그것의 선행사와 일치해야 한다는 규칙이 있다. 또 다른 것은 규칙은 아니지만, 인습적인 어법과 정확한 의미에 대한 지침이 된다. 예를 들어, '말을 삼가는(reticent)'과 '꺼리는(reluctant)'을 구별하는 것이다. 마지막으로 어떤 지침은 순전히 취향의 문제인데, 이성적인 사람들은 대개 진보 혹은 보수의 노선에 따라 다른 지침을 선택한다. "제1장에서 나는 '허튼소리나 다름없는(bullshit)'이라는 단어를 꼭 사

---

[1] (역주) 우리는 어젯밤에 일어났던 같은 사건을 말할 때, 사람마다 강조하는 것이 다르고, 또 같은 것을 말하더라도 자신만의 방식으로 말하는 것을 볼 수 있다. 글도 마찬가지다. 바꾸어 말하면, 사람마다 자신의 문체가 있기 마련이다. 자신의 문체가 없다는 것은 자기 생각을 전달하는 방식을 알지 못하거나(그러면 말도 글쓰기도 못 한다) 혹은 자기 생각 자체가 없는 것이라 할 수 있다. 불행히도 정확한 뜻을 알지 못해 글자 하나도 바꾸지 못하고 그대로 암기하여 작성하는 우리나라 대학생의 대다수 답안지에서 그들의 문체를 발견하기는 매우 어렵다. 물론 남들의 글을 그대로 짜깁기하여 만든 교재에서도 저자의 문체를 발견하기란 불가능하다. 자신의 문체가 있는 사람은 당연히 남의 글을 그대로 베끼는 대신 자기 방식으로 그 내용을 변형하여 글쓰기를 할 것이다. 그럼으로써 자신의 문체를 발전시킬 것이고, 자신의 문체에도 자부심을 가지게 될 것이다. 이해를 도외시한 채, 시험에 나올 것들의 단순 암기를 강조하는 '밑줄 쫙 교육'은 자기 생각을 표현하는, 그리하여 자신만의 문체 개발을 중시하는 창의성 교육과는 정반대 방향으로 인도한다.

[2] (역주) 규칙은 형식이고 글은 내용이다. 예를 들어, 서론, 본론 및 결론과 같은 형식은 글의 내용을 논리적으로 전개하는 규칙이다. 그런데 학생들의 보고서들을 보면 글의 내용이 어떻게 전개되었는지는 상관없이 단지 소제목으로 서론, 본론, 결론이라 씀으로써 글의 논리적 전개를 마무리하는 경향을 종종 접하게 된다. 규칙(형식)은 저자와 독자 간의 원활한 의사소통을 만드는 데 필요한 도구임은 분명하지만, 그것만 가지고 의사소통을 원활하게 만들 수는 없다. 원활한 의사소통은 규칙 자체가 아니라, 규칙을 준수하고 있는 글의 내용에 의해 행해진다.

용해야만 했는가?"

 글을 쓰는 창조적인 작업을 할 때 이런 규칙과 지침들이 하는 역할이 무엇인가? 규칙이나 지침은 다음과 같이 작용할 것이다. 머릿속에서 떠오른 것이 무엇이든지 간에 적은 다음, 규정집을 가지고 그 결과물을 검토하고, 규칙 위반을 모두 찾아내어 규정집의 내용에 원문을 일치시키는 것이다. 우리는 퇴고할 때 그렇게 하지 않는가?

 그렇지 않다. 다소 그렇게 할 수 있을지는 몰라도, 원문을 규정집의 내용과 일치시키는 것은 그렇게 자동으로 되는 것이 아니다. 일치시키는 것 또한 창조적인 것이다. 더구나 규칙의 준수에 관한 사회학자의 연구에 따르면, 규칙은 결코 우리가 쉽게 따를 수 있도록 명확하거나 명백하지 않다. 우리는 규칙이 과연 존재하는지, 우리가 정말 규칙을 따른 것인지 또는 책에는 없지만 우리가 생각하기에 규정집에는 반드시 포함되어야 할 예외 규정들이 존재하는지를 항상 판단해야만 한다. 또한 우리가 쓴 글이 규칙을 무작정 따라 한 어리석은 행동에 의한 것이 아니라 이성적인 산물이 되게 하기 위해서는, 규칙을 해석할 필요가 있다.3) [가핀클(Garfinkel, 1967: 21-24)은 이러한 관행을 '특별한 목적을 위한 것(ad hocing)'이라고 불렀는데, 모든 인간 행위의 근본적인 특징으로 기술했다.]

 마이크 로즈(Mike Rose)는 저자의 고충에 대해 학생들에게 조언하면서 자신의 경험을 이야기했다. 그 과정에서 규칙을 두 종류로 구분했다. 이 규칙 중 하나는 개작 작업에 확실히 도움이 된다.

> 연산 방식은 적합한 문제에 적용하면 항상 특정한 답을 도출해 내는 매우 정확한 규칙이다. 예를 들어, 대부분의 수학 법칙은 연산 방식이다. 함수는 상수이

---

3) (역주) 서론, 본론, 결론의 삼단논법에 맞게끔 글의 내용을 전개하는 것은 분명 창조적인 작업이며, 저자가 글의 내용을 삼단논법이란 규칙하에서 어떻게 해석하느냐에 따라 글의 전개는 상당히 바뀔 것이다. 하지만 그 규칙이 정확하게 해석될수록, 글은 훨씬 명확하게 논리적으로 전개될 것이다.

고(예, π), 계산 절차는 기계적이고(반지름의 제곱), 결과는 완벽하게 예측할 수 있다. 그러나 일상생활의 상황은 연산 방식의 적용이 정당화될 정도로 엄밀하게 규정되어 있지 않다. 우리는 매우 자주 일반적인 발견법의 도움을 받거나 '주먹 구구식 방법'으로 맡은 일을 처리한다. 이런 방법은 문제에 접근할 때 다양한 가변성을 허용하는 지침이다. 우리는 연산 방식적인 정확성과 확실성을 토대로 일하기보다는, 암중모색의 발견법을 그 대안으로 이용한다. 예를 들어, '수학 문제가 잘 풀리지 않을 때는, 처음으로 돌아가서 해결책을 찾아라.' 또는 '자동차가 시동이 걸리지 않는다면, x, y, z를 점검하라.' 등이다. 그러나 발견법은 연산 방식적인 계산에 의해서나 가능한 정확성과 확신을 보장해 주지 않는다. 발견법은 모호한 만큼 부정확할 수도 있다. 하지만 직무나 문제들에서 수학적 정확성이 거의 존재하지 않는 세계에서, 발견법은 현실적으로 가장 타당하고 가장 실용적인 규칙이 된다(Rose, 1983: 391-392).

놀랄 필요 없이, 글쓰기 규칙을 연산 방식으로 생각하는 학생은 (내가 없는 일을 말하고 있는 것은 아니다) 곤경에 빠지지만 발견법으로 생각하는 학생은 난관에 부딪히지 않는다.

우리는 어떤 규칙을 적용하든지 간에 수학공식을 풀 듯 글쓰기나 퇴고를 할 수 없다. 그렇다면 어떻게 해야 할까? 우리는 귀로 해야 한다. 귀로 하라니, 무슨 뜻인가? 우리는 원고지를 보면서, 우리에게 '듣기 좋은' 또는 '보기 좋은' 말을 사용하여 글을 쓴다. 발견법은 어느 정도 정확한 것 같으면서도 모호한 특성을 보인다.

사회과학자가 규칙이나 지침을 생각하면서 글을 쓰는 경우는 거의 없다. 규정집을 참조하지 않을지라도 다른 것들—표준양식, 즉 어떤 말이 어떻게 보이고 들리는가에 대한 일반적인 견해 등과 같은 것—은 참조한다. 결과물이 규정집에 따라 그려지는 일반적인 형태와 크게 다르지 않다면, 사회과학자는 결과물을 그대로 존속시킨다. 달리 말하면, 예술가처럼 작업한다.

예술가는 자신의 선택에 결정적인 역할을 하거나 그것에 조금이라도 근거를 제공해 주는 일반 원칙을 말로 표현하기가 어렵다는 사실을 종종 발견한다. 그들은 흔히 '그 방식이 더 나은 것 같다' '나에게는 괜찮은데' 또는 '좋다'와 같은 비의사소통적인 진술에 의존한다.

그러한 불명확성은 연구자를 좌절시킨다. 그러나 예술업계에 종사하는 사람은 단어의 의미가 명확히 정의되지 않았음에도 불구하고 자기 분야의 지식인이 알아들을 수 있는 단어를 사용한다. 재즈 음악가는 어떤 연주가 제대로 된 '스윙(swing)'인지 아닌지를 말할 수 있고, 영화인은 어떤 장면이 제대로 된 '작품(work)'인지 아닌지를 말할 수 있다. 어떤 경우에도 가장 박식한 참여자조차 그러한 용어의 사용에 익숙하지 않은 자에게 용어가 의미하는 바를 설명해 줄 수 없다. 그러나 용어를 사용하는 모든 사람은 용어의 의미를 정확히 말할 수는 없지만, 스윙 또는 작품이 어떤가에 대해서는 의견을 같이하는 것과 같이, 용어를 이해하고 매우 신뢰한다.

이는 예술가는 일련의 규칙이나 기준에 따라 일하는 것이 아니라는 사실을 보여 준다. 오히려 그들은 다른 사람들의 반응을 상상함으로써 반응하고, 정의되지 않은 용어를 구체적인 상황에서 적용했던 사람들의 경험을 반복하여 들음으로써 그런 상상력을 발휘한다(Becker, 1982a: 199-200).

사회학자의 표준 양식에는 작문 시간에 배운 규칙이 포함되는데, 그들은 거의 자동으로 그런 규칙을 적용하도록 훈련받았다. 나는 거의 모든 수동태 구문을 유심히 살펴보는 습관이 있다. 내가 쓴 글일 경우에도 능동태로 바꿔야 할 것인지, 바꿔야 한다면 어떻게 바꿀 것인지에 대해 곧바로 생각한다. 규칙이나 발견법을 적용하는 것을 인식하지 못하며, 적용할 때와 적용하는 방법을 알기 위해 책을 참조하지 않는다. 그러나 누군가가 질문하면, 내가 하는 일이 무엇인지를 알고 관련된 원칙을 말해 줄 수 있다(로잔나에게 한 것처럼). 대부분의 사회학자가 사용하는 규칙은 불행히도 도움이 되기보다는 풀리지 않는 수학 문제처럼 장애물로 작용한다.

사회학자들이 의식적으로 공식화해 놓은 발견법은 거의 없다. 그 대신 대부분의 사회학자는 주로 틀리기 쉽고 검증되지 않은 귀의 판단에 의존한다. 주로 글을 읽음으로써 산문을 심사하는 귀를 발달시킨다. 훌륭한 작품을 읽고, 자신의 글이 그러한 작품과 닮기를 원한다. 아마도 이것이 학부생에서 대학원생으로 그리고 학문적 전문인으로 올라가면서 학문적 저술의 질이 떨어져 가는 이유일 것이다. 내가 앞서 논의한 것과 같은 이유들로 인해, 학생은 학술지를 읽고는 자신의 글도 학술지의 글과 비슷해지기를 바란다. 여기서 조악한 학문적 저술에 대한 처방책이 즉각적으로 제시된다. 당신의 전문 분야 밖의 글을 읽어 보라. 그러면 거기서 좋은 모형을 선택할 수 있을 것이다.

우리는 자신의 전공 분야에 입문할 때 획득한 표준 양식을 영원히 고수하지는 않는다. 사실 짧은 기간에도 표준 양식은 상당히 바뀐다. 독서뿐만 아니라, 친구 또는 동료의 조언 그리고 그들이 꼭 집어 말할까 봐 두려워하는 것 등을 통해서 취향을 발달시킨다. 나의 동료는 글을 쓸 때, 자신의 글이 학문 저술의 추악한 예로서 「뉴요커(New Yorker)」 칼럼의 맨 밑줄을 장식할지도 모른다는 있을 법하지 않을 가능성을 두려워했다. 그러한 공포로 인해, 그는 칼럼니스트들이 추천하는 발견법을 자신의 표준 양식으로 만들기 위해 문체에 대한 책을 공부했다.

그러나 다수의 사회학자(그리고 아마도 학문적 저술가들)는 자신의 산문에 대한 비판적 소견에 대부분 귀를 기울이지 않는다. 또한 귀를 기울인다 하더라도, 정작 주의를 기울여야 하는 사람의 말은 귀담아듣지 않는다. 사회학자는 글쓰기의 문제는 간과해도 직접적이고 명백한 문제가 되지 않기 때문에, (할 수 있고 해야 하는 것들인) 통계학, 방법론과 이론 등에 시간을 할애한다. 편집위원과 교수들은 부정확한 통계를 사용한 논문은 퇴짜를 놓지만,[4] 조악한 문체로 쓰인 글에는 그저 한탄할 뿐이다. 문체보다 내용이 학문의 발전에 더 중요하기 때문에, 교수는 형편없는 문체로 쓴 똑똑한 학생에게 낙제점을 주지 않는다. 그리고 몇몇 매우 저명한 사회학자는 이해하기 어려운 글을 쓰는 것으로 악명이 높다.[5]

남보다 흉하지 않은 글을 쓰는 데에 거의 관심을 두지 않는 사회학 분야의 모습은 내부인도 지겨울 정도니 이방인에게는 가히 충격적일 것이다. 그러나 이런 상황은 현재 그리고 미래에도 사회학 분야(그리고 아마도 많은 다른 학문적 분야)에서 지속될 것이다. 결과적으로 젊은 사회학자는 대학원에 입학할 때 갖고 있던 지식보다 더 많은 것을 공부할 타당한 이유가 없고, 아마 대학원 입학 당

---

4) (역주) 사회과학에서 '부정확한 통계'가 의미하는 바는 무엇인가? 통계, 즉 숫자는 문자와 마찬가지로 독자와 의사소통을 하기 위한 도구다. 따라서 통계 방법을 논의할 때는 그것이 최신의 신제품이라는 사실을 강조하기보다는 그 연구의 내용 혹은 이론적 맥락에서 '그 기법이 왜 가치가 있는지'를 이야기해야 한다. 사회과학방법론 전공자들은 이를 '이론과 방법론 간의 연계'라고 말한다. 예를 들어, 맹장을 정교한 최신 기법으로 수술한다고 가정하자. 의사는 그 최신 기법의 장점을 단지 수술 후 수술 자국이 잘 나타나지 않는다고 말하지는 않을 것이다. 아마도 외관상 나타나는 수술 자국보다 파손된 맹장 부분을 정확하게 파악하여 이전 기법보다 효율적으로 수술한다고 말할 것이다. 하지만 만약 의사가 맹장의 정확한 위치를 파악하지 못한 상태에서 단지 최신 신기술이라는 이유만으로 사용했다면, 수술된 부위가 맹장인지 혹은 다른 어떤 기관인지를 알 수 없다. 차라리 수술 자국이 크게 남더라도, 맹장의 위치를 정확하게 아는 의사에게 오래된 기술로 수술을 받는 편이 훨씬 나을 것이다. 최신 통계 기법과 이론 간의 관계도 이와 유사한 논리를 가진다. 따라서 독자와 평가자들은 저자가 사용한 통계 기법이 최신 기술일수록, 그 기법이 단지 그 당시의 최고 기술이라는 지식 자랑을 듬뿍 담은 통계적 문구 대신, 이론 혹은 사용된 자료의 측면에서 그 기법이 어떤 혜택을 가져다주는지를 그 통계 기법을 모르는 사람들도 이해할 수 있는 문구로 설명해 달라고 요구해야 할 것이다. 그러한 설명을 통해 독자와 편집자들은 그 최신 통계 기법이 타당한 것인지 아니면 부정확한 것인지를 판단할 수 있을 것이다.

5) (역주) '조악한 문체'라 함은 편집자와 교수가 그 글의 전반적인 내용을 알고 있다는 사실을 함축한다. 그런데 만약 그 글이 제2장에서 언급한 바와 같이 (허울 좋은 사회적 간판을 통해 자신의 거짓된 학문적 권위를 내세우고 있는) 사이비 저술가에 의해 현혹적인 화려한 문체로 작성된 것이라면, 그것은 '조악한 문체'가 아니라 (독자와 학생들이 무식해서 이해할 수 없지만 그 위대한 사이비 전문가는 이해하는) '위대한 문체'로 간주될 가능성이 높다. 불행히도, 이 책의 초판 번역서 '역자 후기'와 김경만의 저서 **글로벌 지식장과 상징폭력-한국 사회과학에 대한 비판적 성찰**이 보여 주듯이, 우리의 사회과학은 수입 학문인 까닭에 우리 학계에서 최고의 권위자로 인정받는 학자들마저 자신의 전공 분야를 잘 이해하지 못해 그 분야의 기본 전제조차 제대로 설명하지 못하는 경향을 종종 보인다. 어쩌면 우리 학계에서 '이해하기 어려운 글'은, 베커의 생각과는 달리 저자의 문체보다 저술 내용의 불확실한 이해에서 초래될 가능성이 높다.

시 가졌던 지식마저 얼마간 상실할지도 모른다. 만약 대학에서 작문 규칙, 문법적 요소와 문체 등과 같은 것을 포함하는 표준 양식을 가르치지 않았다면6), 학생은 그런 것들을 진지하게 배울 시간조차도 없었을 것이다. 따라서 사회학자가 글쓰기에 대해 조금이라도 배우고자 했다면, 귀로 교정하는 것을 배워야 했을 것이다.

내가 귀로 교정하고 글을 쓰는 것에 관해 아는 것이 거의 없다는 사실을 예기치 않게 우연히 알게 되었기 때문에, 요청받을 때마다 일반 교정 원칙을 설명해 주기가 어렵다는 것을 안다. 하지만 나는 질문한 사람의 글에서 적절한 예를 들어 그 예의 문제와 관련이 있을 법한 일반적인 생각을 제시할 수 있다. 물론 이러한 생각을 수학 공식처럼 진술할 수는 없다. 수동태 구문을 절대 사용하지 말라고 말할 수는 없지만, 어떤 수동태 구문은 중요한 사회학적 사고를 잘못 전달한다고는 말할 수 있다. 또한 길고 추상적인 단어를 사용하는 것이 항상 나쁜 것은 아니다. 그런데도 나는 수동태 구문과 길고 추상적인 단어의 사용이 바람직하지 않다고 이 장의 후반에 기술할 것이다. 때로는 수동태 문장이 유용하기는 하지만, 사회학자들에게 수동태 문장이나 길고 추상적인 단어를 사용하도록 충고할 필요는 없기 때문이다. 사회학자는 수동태 구문이나 길고 추상적인 용어들을 무의식적으로 사용한다.

다음에 계속되는 내용은 내가 어떻게 교정했는가를 예로 든 것으로, 교정할 때 행해지는 선택에 대한 논의, 선택하게 된 근거와 그러한 선택에 내포된 지

---

6) (역주) 미국 대학의 영작문 수업은 교정과 윤문보다 글의 논리적 전개(즉, 개작)에 더 초점을 두는 실용적인 글쓰기를 중시하는 경향이 있다. 역자도 유학 시절 박사학위 제안서 초고를 작성하여 '학위논문 글쓰기 방식에 조언을 제공해 주는 곳'에 도움을 요청한 적이 있다. 그곳의 글쓰기 조언자는, 나의 글에 수많은 문법 문제가 있었음에도 불구하고, 철자 수정이나 문법보다 '제안서에 있는 내용이 어떻게 하면 더 논리적으로 전개될 수 있는지'에 대해 주로 이야기했다. 사실, 바로 이 경험이 이 책의 번역을 하게 만든 계기가 되었다. 반면, 우리나라 대학의 작문수업은 글의 논리적 전개(즉, 개작)보다 맞춤법과 문법 등의 교정과 윤문에 치중하는 것처럼 보인다. 그런데 글쓴이의 주된 주장(내용)이 없는 수려한 글을 읽다 보면, 읽을 당시는 '훅' 하지만 남는 것이 없는 경우가 대부분이다.

침들을 포함한다. 이것은 내가 수업 시간에 준 처방전에 약간 살을 덧붙인 것이다. 여기에서 예로 든 것은 내가 사진에 관해 썼던 논문의 초기 단계 원고에서 나온 것으로(Becker, 1982b: 출판된 것은 여기에 인용된 판과 다르다), 뛰어난 예라고는 할 수 없다. 이런 예는 내가 썼던 글과 출판된 수많은 글에서도 발견할 수 있다.

우선, 사회집단을 그 구성원들의 사진 자화상을 통해 기술하는 전략에 대해 논의하는 단락을 살펴보자.

> 그들(사진사들)이 어떤 부분으로 인물을 상징화하든지 간에, 전략은 이론과 방법을 함축한다. 이론이 단순하더라도, 이론의 단계를 명백히 밝히는 것이 중요하며, 그래야만 이론이 어떻게 작용하는지를 알 수 있다. 이 이론은 한 인물이 살았던 삶―행복하고 불행했던 시간들―에 대한 흔적을 남긴다는 것이다. 즉, 행복한 삶을 살았던 인물은 행복한 삶을 보여 주는 얼굴을 가질 것이다. 반면, 고난 속에서 자신의 자존심을 어떻게 해서든지 유지해 온 인물은 그런 삶을 엿볼 수 있는 얼굴을 가질 것이다. …이것은 대담한 전략이다. 왜냐하면 사진의 작은 부분에 상당한 무게를 실어 주기 때문이다. 만약 이론이 효과적인 영상을 만들어낼 수 있도록 도움을 주고 영향을 끼친다면, 우리는 얼굴과 얼굴의 세세한 부분 그리고 그들 인생사의 짧은 순간들을 선택해야만 한다. 우리가 선택한 것들은 필름에 기록되고 사진으로 인화될 때, 보는 이로 하여금 그들이 관심 있어 하는 것 이외의 것을 추론해 보게 한다. 즉, 관람자는 얼굴의 주름살을 자세히 보고 그것을 통해 그들이 뙤약볕 아래서 고된 일을 하며 보내 온 삶을 추론한다.

이 문단에 대한 퇴고를 시작했을 때, 두 번째 문장의 '~이 중요하다.'라는 구는 전형적인 헛기침으로 나의 눈길을 끌었다. 만약 그것이 중요하다면, 그것에 대해 말하지 말고 단지 행하라(이것은 결코 규칙이 아니며 전형적인 지침이다.). 나는 우선, '~이 중요하며'를 '우리는 ~할 필요가 있다.'로 바꾸었다. 이렇게 함으로써 문장은 보다 능동적이면서도 좀 더 강한 느낌을 준다. 그리고 바뀐 문장은 행위자를 밝혀 준다. 행위자는 실제로 그것을 행하는 사람이다. 어떤 사람이 행한 것이 아닌 '바로 ~이다.'라는 말은 내가 싫어하는 불명확한 속성이 있다.

이 변화만으로는 만족할 수 없었다. 그 문장은 세 개의 구로 구성되어 있는데, 그 구들은 그저 줄줄이 이어져 있을 뿐이다. 만약 문장을 배열해서 문장의 구성이 탄탄해지고 서술하려는 연계성을 강화할 수 있다면, 나는 그렇게 한다. 그래서 첫 구를 잘라 내고, 그 내용을 형용사 구로 만들었다. 즉, 이론은 단순한 것이라고 말하는 대신에, 나는 두 번째 구의 '이론의 단계'를 '이 단순한 이론의 단계'로 대치했다. 몇 개의 단어가 줄어들었고, 이론의 단순성은 하나의 짧은 기술로 표현되었다. '우리는 이 단순한 이론의 단계를 명백히 해야 할 필요가 있다.' 이렇게 고치고 나서, 나는 '~할 필요가 있다.'라는 말을 다시 삭제했는데, 그 말은 '~이 중요하며'라는 말보다 더 나을 게 없었다. 퇴고된 문장을 읽어 보면 다음과 같다. '우리가 이 단순한 이론의 단계를 명백하게 밝힌다면, 이론이 어떻게 작용하는지를 알 수 있다.' 이렇게 고침으로써 15개의 단어가 13개의 단어로 줄어들었다. 줄줄이 이어진 3개의 구는 이제 더 흥미로운 조건문으로 바뀌었다.

이제 네 번째와 다섯 번째 문장을 살펴보자. 나는 '인물'을 '사람'으로 대치했다. '인물'이란 말을 사용한 주된 이유는 '어떻게 해서든지 유지해 온'이라는 말을 이용하기 위한 것으로, 이는 별로 좋은 이유가 되지 못한다. '어떻게 해서든지 유지해 온'과 같은 장황한 말은 단순한 진술을 심오하게 들리도록 한다. 사람의 행위 능력을 언급해야 할 때 심오함을 과시하고 싶은 학문적 충동이 일어난다. 사람이 어떤 일을 '할 수 있다.'고 말하는 것은 하찮아 보인다. 우리는 그들이 '~할 역량을 지니고 있다.' '~에 대한 능력' 또는 단순화를 추구하여 '~할 능력이 있다.'라고 말하는 것을 선호한다. 나는 초고에서 거의 예외 없이 그런 문체를 사용했는데, 퇴고할 때 '할 수 있다.'로 바꾸었다. 이러한 맥락에서 앞의 문장을 "고난 속에서 자신의 존엄성을 '지켜온' 사람……"으로 바꾸었다.

마지막으로, 얼굴의 주름살에 대한 문장을 살펴보자. "즉, 관람자는 얼굴의 주름살을 자세히 보고 그것을 통해 그들이 뙤약볕 아래서 고된 일을 하며 보내 온 삶을 추론한다." 나는 이 문장에서 중요한 역할을 하지 않는 몇 개의 단어를 제거했다. '즉'을 제거하고 나서 그 문장이 어떤 의미도 상실하지 않음을 확인함으로써 '즉'에는 아무런 의미도 없다는 사실을 입증했다. 같은 검사를 반복하면서, '고된 일을 하며 보내 온 삶'을 '고된 삶'으로 바꿨다. 그러나 몇 개의 단어를 추가해서 이미지를 보다 구체화하는 방법을 찾았다. '관람자는 얼굴의 주름살을 자세히 보고 그들이 뙤약볕 아래서 고된 삶을 보내며 얼굴이 그을렸을 것이라고 추론한다.' 여기에 약간의 변형을 가해서 '그들'의 모호성을 제거하면 이해가 더 쉬워진다. '얼굴의 주름들을 자세히 보면서, 관람자는 ~라고 짐작한다.'

최종판으로 출판된 것은 다음과 같다.

인물을 상징하기 위해 어떤 부분을 선정하든 간에, 사진사는 이론과 방법에 의존하는 전략을 이용한다. 이 전략은 삶의 경험이 얼굴에 기록되어 있고, 한 인물이 살았던 삶은 신체에 흔적을 남긴다는 가정을 전제로 한다.

따라서 사진사는 얼굴, 얼굴의 세세한 부분, 그리고 그들 인생사의 한순간을 선택한다. 선택된 것은 필름에 기록되고 사진으로 인화되어, 관람자가 직접 보지는 못했지만 알고 싶어 하는 부분을 추론할 수 있게 해 준다. 인물 사진은 종종 세세한 부분들을 잘 포착하기 때문에, 주의 깊게 관찰하면 그 인물의 특성과 그 인물이 사회에서 보낸 삶에 관한 복잡 미묘한 것들을 읽을 수 있다. 관람자는 얼굴의 주름을 자세히 보면서, 그 사람이 뙤약볕 아래서 노동하는 고된 삶을 살면서 그을린 것이라고 결론지을 것이다. 또한 같은 주름살을 통해 고된 일이나 연륜에 의한 지혜를 엿보거나 아니면 노쇠함과 찌든 모습을 엿보든 간에, 관람자는 그 이미지를 얼굴의 주름살에 대한 몇몇 있음직한 이론 중 하나에 관련지어 해석해야 한다.

이것이 여기서 살펴보아야 할 것을 모두 망라한 것은 아니다.
앞 논문의 한참 뒤에 나오는 두 문장에는 자주 발생하는 몇 가지 문제점이 결합해 있다. 이 두 문장에서 나는 유명 잡지에 실린 사진에서는 건물의 실내 장식과 건물 안에 있는 사람들을 어떻게 포착했는가를 예로 들었다. '로버트 프랭크의 사진 중 가장 인상적인 몇 장의 사진은 청소하고 있는 청소부 외에는 아무도 없는 퇴근 시간 후의 사무실을 찍은 것이다. 은행에 은행원들이 있을 때와 한 명의 청소부만 있을 때는 다르게 보인다.'

나는 수학 교재처럼 앞의 예를 독자가 풀어야 할 연습문제로 남겨 두려고 했다. 하지만 그로 인해 독자를 괴롭히고 싶지는 않았다. 따라서 첫 번째 구를 능동적으로 고침으로써 이에 대한 설명을 시작하겠다. '로버트 프랭크는 가장 인상적인 몇 장의 사진을 찍었다….' 나는 이 문장을 다시 배열하고 단순화하여 다음의 문장을 만들었다. '로버트 프랭크는 퇴근 시간 후의 사무실에 관한 매우 인상적인 몇 장의 사진을 찍었다.' 그리고 계속해서, 처음에는 필요하다고 생각했지만 반복에 불과했던 '청소부 외에는 아무도 없는'이라는 부분을 삭제했다. '청소부'를 수식하는 '청소하고 있는'은 왜 삭제했을까? 나는 '청소하고 있는'에 대한 생각을 좀 더 구체적인 이미지로 표현하고 싶었다. 그래서 다음과 같이 바꾸었다. '대걸레를 밀고 있는 청소부만 있는 은행은 전화기를 들고 있는 은행원들로 붐빌 때와는 다르게 보인다.' 나는 그들의 직업 명칭과 특징적 행위만을 설명하는 대신에, 은행원의 전화 통화와 청소부의 대걸레질을 대조시켰다. 퇴고한 문장에서는 또한 반복되고 있는 '있을 때'가 삭제되었다. 은행원들로 공간이 '붐빌 때'라고 말한 것은 낮 시간 업무의 분주함과 청소부만이 남아서 청소하는 저녁 시간의 고요함을 강하게 대조시킨 것이다. 그 대조는 프랭크의 사진을 주목하게 만드는 부분이다.

여기에 좀 더 간단한 실례가 있다. 나는 '전자를 행한다면(이러한 예의 구체적인 상황을 설명하는 논의는 없다), 당신은 ~를 할 수 있을 것이다.'라는 문장을 '전자는 ~를 가능하게 한다.'로 바꾼다. 또한 '옛날 집에는 방문이 딸린 방이 많이 (덜 구어체적인 '다수'라고 말할지라도, 거의 차이가 없을 것이다) 있다.'를 '옛날 집에는 방마다 각각의 문이 있다.'로 바꿨다(그리고 출판 후인 지금, 나는 '각각의' 또한 삭제했어야 했다는 것을 알았다.). 나는 '방금 설명한 방법에 의거하면'을 '방금 설명한 방법에 따르면'으로, 그리고 '사생활에 관한 개념상에 있어서 야기된 변화'를 '사생활에 관한 개념의 변화'로 바꾸었다.

우리는 글쓰기에 관한 세미나에서 친구, 동료 그리고 특히 학생들이 기부한 본보기를 이런 식으로 가다듬는 데 많은 시간을 투자했다. 학생들은 문장을 퇴고하고, 퇴고한 문장을 다시 퇴고하고, 심지어 세 번, 네 번씩이나 다시 퇴고하는 이유를 처음에는 이해하기 어려워했다. 왜 한 번에 제대로 된 문장을 쓰지 못할까? 나는 매번의 변화가 다른 변화에 대한 길을 열어 놓는다는 사실과 불필요한 단어와 구들을 삭제하면 문장의 의미를 좀 더 쉽게 이해할 수 있으며, 좀 더 간결하고 정확한 말로 표현할 수 있다는 사실을 학생들에게 알려 주고자 노력했다.

또한 학생들은 그러한 사소한 단어를 제거하는 것이 과연 결과에 영향을 미칠까에 대해 의아해했다. 학생들은 처음에 퇴고하는 훈련을 지겨워하므로, 그들이 진지해질 때까지 나는 첫 번째 수업 시간을 사정없이 오래 끈다. 좀 더 논의될 만한 것, 더 좋게 바꿀 수 있는 것이 항상 존재한다는 사실을 학생들이 알기를 바란다. 나는 모든 단어와 구두점에 대해 의문을 가질 수 있고 아마도 가질 것이며, 학생들도 이런 것을 배워야만 한다. 학생들은 글을 가다듬는 훈련을 지겹다고 생각한다. 그들은 모든 문장에 대해 문제를 제기하는 상황을 상상조차 할 수 없다. 그래서 결국 나는 학생들에게는 자기 스스로 글을 가다듬어 본 경험이 필요하다는 사실을 재확신했다. 학생들은 퇴고하는 과정이 자신들이 두려워하는 만큼 그렇게 오래 걸리지 않는다는 사실과 명백히 잘못된 부분을 신속하게 지적할 수 있고, 정말로 풀기 어려운 몇 개의 문제에 대해서만 걱정할 필요가 있다는 사실을 발견한다. 또한 줄 단위 교정은 고쳐야 할 것을 항목별로 나누기 때문에 어렵지 않다는 것을 배우게 된다. 한 항목의 본질을 이해할 때, 그 항목에 속한 문장의 문제를 해결할 방법을 찾을 수 있게 된다. (바로 이것이 규칙과 지침을 논하는 나의 방식인 듯하다.)

학생들이 쉽게 받아들이지 못하는 것은, 시간이 아무리 오래 걸릴지라도 세부적으로 교정하는 것이 과연 값어치가 있는가 하는 점이다. 학생들은 조금만 퇴고해도 글이 명료해진다는 사실과 적어도 중요한 역할을 하지 못하는 몇 개의 단어를 제거할 수 있다는 사실을 알 수 있다. 그러나 무엇이 좋다는 것인가? 나는 『예술세계(Art World)』를 탈고하고 나서야 퇴고의 좋은 점을 알았다. 그 당시 나는 『예술세계』의 원고를 완벽하게 퇴고했다고 생각했다. 그러나 천부적인 재주를 가진 원고 편집자 헬렌 타터(Helen Tartar)는 원고를 검토하면서 수백 군데 이상을 교정했는데, 내가 조금 전에 논의한 것과 같이 포괄적인 것은 거의 없었다. 나는 그녀가 교정한 글을 읽었을 때, 사진기의 파인더를 통해 모든 사물이 완벽하게 초점 안으로 들어오도록 렌즈의 마지막 1/4을 돌릴 때와 같은 느낌을 받았다. 훌륭한 교정은 그렇게 하는 것이고, 할 만한 가치가 있는 것이다. 불필요한 단어는 공간만 차지하고 비경제적이다.[7] 또한 독자의 주목을 끌기 위해 포함되어 있지도 않은 심오함과 정교함을 넌지시 암시하면서 사기를 친다. 불필요한 단어는 마치 무언가 의미가 있는 것처럼 보이기 때문에, 독자가 글을 잘못 이해할 수도 있다.

앞서 다룬 문장들은 문제의 유형과 그 문제의 해결 방법에 대한 좋은 예들이

---

[7] (역주) '귀로 교정하기'는, 현란한 전문 용어와 미사여구들로 문장을 장식하는 것이 아니라 오히려 제거함으로써, 저자가 말하는 바를 간결 요약하게 하여 독자가 이해하기 쉽도록 정확하게 전달하는 데 목적이 있다고 할 수 있다.

된다. 내가 다음에 제시하고자 하는 지침은 결코 독창적인 것이 아니다. 만약 독창적이라고 한다면, 의심해 볼 만하다. 여러 세대에 걸쳐, 영어 교사, 편집자 그리고 저자들이 지침을 발견하고 재발견했으며, 학생들에게 가르쳤고 저술가들에게 추천했다. 어떤 문서 작성 소프트웨어는 전형적인 문체상의 결함까지 찾아내고 교정해 준다. 여기에 제시된 나의 의견은 사회학자를 위한 것이지만, 다른 분야의 학자에게도 유용할 것이다.

• 능동/수동

모든 작문 교재는 가능한 한 수동태 동사를 능동태로 바꾸어 쓰라고 권한다. ("수동태 동사를 능동태로 교체할 필요성은 모든 작문 교재에서 강조한다."라고 진술하는 것보다 더 낫지 않는가?) 능동태와 수동태 사이의 문법적 차이보다 더 문제가 되는 것은, 중요한 행동을 동사에 포함시켜 당신이 말하려고 하는 줄거리 속의 중요한 인물을 그것 아래에 숨기는 단순한 행위다. 그러나 문법적 구분에 주의하면 올바른 글을 쓸 수 있다. 능동태 동사는 대부분의 경우 저자가 어떤 일을 행한 사람을 지명하도록 강요한다(혼란시키는 데 천부적인 재능이 있는 자들은 이런 요구를 빠져나갈 수 있지만). 우리는 수동태 동사가 제시하는 것처럼 일들이 단지 스스로 발생했다고 생각하지 않는다. 그 이유는 일상생활에서 사람들이 일들을 행하고 발생하도록 하기 때문이다. 행위자를 지명하는 문장은 사회생활에 대한 우리의 표현을 신뢰할 수 있게 해 준다. '범죄자는 형을 선고받는다.'는 문구는 판결을 내린 판사를 숨긴다. 이러한 수동태 문구는 범죄자의 운명이 그 사람을 구금하는 데 있어 함께 행동한 사람들에 따른 결과이기보다, 인간의 차원을 넘어선 어떤 힘의 작용에 따른 것처럼 보이게 만든다. 이는 우연이 아니다. 거의 모든 사회이론의 견해는 우리가 사회생활을 형성시키는 행동을 한다는 것이다. 칼 마르크스나 조지 허버트 미드(George Herbert Mead)의 견해 역시 같은 생각이었지만, 추종자들은 그들의 이론에 위반되는 구문을 흔히 사용한다.

● **간결한 단어**

학자는 평범해 보이는 것을 좀 색다르게 말하고 싶을 때 종종 단어나 문구를 끼워 넣는다. 그들은 자신의 주장이 틀릴 가능성이 있다는 사실을 알고 있다고 지적하고 싶어 한다. 그런 지적을 통해 겸손함을 과시할 수 있으며, 자신의 주장이 정말로 틀린 경우에는 빠져나갈 도피구도 마련할 수 있다. 때때로 학자는 자기가 하고 싶은 말을 실제로 하기 전에, 비록 그것이 당연히 주목할 만한 것일지라도, 독자가 동의하지 않을 수도 있다는 점을 정중하게 밝히고 싶어 한다. 바로 이것이 앞에서 내가 이론의 단계를 명확하게 밝히는 것이 '중요하다.'고 말한 이유다. 만약 중요하지 않다면, 굳이 힘들여 그렇게 쓸 이유가 있겠는가? 만약 중요하다면, 사전 선포 없이 중요하다는 것을 충분히 명료하게 나타낼 방법은 없을까?

학자는 또한 불필요한 단어들을 사용한다. 내가 담당했던 세미나의 학생들과 마찬가지로, 어떤 것을 평이하게 진술하면 사회과학자만이 할 수 있는 심오한 진술이 아니라 누구나 할 수 있는 진술처럼 들릴 것으로 생각하기 때문이다. 자신이 말하려는 것에 대해 특별한 중요성을 부여하기 위해, 어떤 중요한 과정이 내재되어 있음을 암시한다. 같은 연유로 나는 사진에 관한 초고에서 자신의 존엄성을 '어떻게 해서든지 유지해 온' 사람들에 대해 말했다. 이 말은 그들이 자신의 존엄성을 '지켜 온 사람들'이라는 문구와 달리, 그들이 존엄성을 유지하는 것이 무척 어려웠고 존엄성을 유지하기 위해 열심히 노력해야 했음을 암시한다. 그러나 내가 쓴 글은 사진사에 대한 것이지, 고난을 극복하는 사람에 대한 것이 아니다. '어떻게 해서든지 유지해 온'이라는 구가 암시하는 바와 같이, 사람은 자신의 존엄성을 어렵게 유지하자는 것이 사실이긴 하지만, 이 논문은 존엄성 유지에 관한 글이 아니므로 그런 구를 갖다 붙이는 것은 주의를 산만하게 하는 무의미한 일이다. 마찬가지로 '사생활에 관한 개념상에 있어서 야기된 변화'는 그 개념에서의 변화 과정을 중요하게 만든다. 만약 고딕체로 된 단어를 삭제한다면, 말하고자 하는 논점을 손상하지 않으면서, 뒤에 분석하지도 않을 변천 과정에 대한 불필요한 언급을 피할 수 있다.

때때로 우리는 그러한 헛기침 구를 삽입하는데, 그 이유는 문장의 리듬 또는 구조가 헛기침 구를 요구하는 것처럼 보이거나, 논의에서 무언가가 빠졌다는 사실을 우리 자신에게 으쓱거리고(혹은 폼 잡고) 싶어 하기 때문이다. 우리는 조건문을 만들고 싶어 한다. 그러나 직관적으로 인과관계가 존재한다고 느끼기는 하지만 그것을 밝혀내지는 못한다. 그래서 조건문 형태를 만들고 내용이 형태상 만족스러운 것처럼 보이길 바란다. 혹은 습관적으로 조건문을 만든다. 우리는 어법과 형태에 애착을 가진다. 많은 학자처럼, 나는 종종 세 개의 서술부가 포함된 문장을 쓰곤 한다. "이 책은 우리의 호기심을 자극하고, 문제에 대한 해답을 제시하며, 저자가 옳다는 것을 확신시킨다." (다음 단락의 두 번째 문장도 또 다른 좋은 예인데, 이 글을 쓰면서 무의식적으로 쓰게 된 것이다.) 내가 말할 것이 세 개이건 아니건 간에 세 개의 서술부가 포함된 형태로 글을 쓰고 나서, 나중에는 무의미한 세 번째 서술부를 제거해 버린다. 제거한다고 해가 되지는 않는다. 이것은 편집하는 과정일 뿐이다.

불필요한 단어는 문장에서 어떤 역할도 하지 않는다. 불필요한 단어는 논쟁을 진척시키지 않고, 중요한 수식어를 진술하지도 않으며, 세세한 부분들을 억지로 첨가한다. 나는 간단한 실험으로 불필요한 단어를 찾아낸다. 초고를 검토할 때, 각각의 단어나 구를 삭제하면 어떻게 되는지를 살펴봄으로써 각 단어나 구의 필요성을 점검한다. 만약 의미가 변하지 않으면, 그것을 삭제해 버린다. 삭제는 종종 내가 그 문장에서 진정으로 의미하고자 했던 바가 무엇인지를 보여 주어, 진짜 필요한 말을 집어넣을 수 있게 해 준다. 나는 초기 단계 원고에서 좀처럼 불필요한 단어를 제거하지 않는다. 퇴고할 때 검토하며, 그때 적합한 단어로 대체하거나 삭제해 버린다.

- **반복**

학자들은 글을 명료하게 쓰려고 노력하지만, 오히려 그런 노력 때문에 글은 이해할 수 없고 모호해진다. 학자는 모호한 대명사와 애매한 문구가 자신의 논점을 흐릴 수 있다는 사실을 안다. 그래서 혼란의 가능성이 존재한다고 생각되면 단어와 구들을 반복해서 사용한다. 그런 반복 사용은 독자를 혼란하게 하지는 않더라도, 대개 짜증나게 만든다. 나는 고등학교 시절에 배운 대명사가 많은 문장에서 같은 단어를 반복하지 말라와 같은 기계적인 규칙을 단순히 반복하고 있는 것은 아니다. 단어를 반복해야 할 때도 있지만, 그렇게 하지 않고도 동일한 결과를 얻을 수 있을 때는 똑같은 말을 되풀이하지 않는 것이 좋다. 내가 앞에서 언급한 문장을 기억하라. '은행에 은행원들이 있을 때와 한 명의 청소부만 있을 때는 다르게 보인다.' '있을 때'는 굳이 반복할 필요가 없으며 독자의 정신을 산란하게 만든다. 만일 이를 고려했다면, 그 예에서 보여 준 것처럼, 좀 더 간략하고 흥미 있는 문장을 썼을 것이다.

- **구조/내용**

한 문장이 전달하는 사고는 대개 논리적인 구조로 되어 있으며, 논의할 사상들 사이의 연계성을 진술하거나 함축한다. 우리는 어떤 것이 다른 어떤 것과 비슷하거나 사실상 다른 어떤 것이라고 말하고(동일성을 진술하는) 싶어 한다. ('정신병원은 완벽한 제도적 기관이다.'). 우리는 어떤 유형의 현상을 대표할 수 있는 특성을 기술하고자 한다('농촌에서 이주해 온 사람들은 그들이 정착한 도시에서 주변인이 된다.'). 우리는 어떤 것을 특정 부류의 성원과 동일시하고 싶어 한다('모네는 인상파다.'). 우리는 인과 관계나 조건 관계를 진술하고 싶어 한다('빈민가는 범죄를 유발한다.' 혹은 '만약 아동이 결손가정에서 자란다면, 그 아동은 비행청소년이 될 것이다.'). 우리는 이처럼 연계성을 진술할 수 있다. 이런 식의 진술은 우리의 논점을 명확하게 만들기에 충분하다. 하지만 우리는 논점을 구문론적으로 강화하면 훨씬 더 명료하게 만들 수 있다.

구문론(syntax)은 문장의 요소를 배열하는 방식으로, 그 요소 간의 관계를 가리킨다. 우리는 문장의 요소를 배열시켜 문장의 사고를 강화할 수 있고, 그리하여 문장의 구문은 논거를 만들거나 최소한 독자의 문장 이해를 혼란스럽게 하지는 않는다. 예를 들어, 종속적인 사고는 문장의 종속적인 위치에 놓을 수 있다. 만약 종속적인 사고를 중요한 위치에 둔다면, 독자는 종속적인 사고를 중요하게 생각할 것이다. 또한 우리가 문장 속의 모든 사고를 등위절로 한꺼번에 연결하여 문법적으로 동등하게 만든다면, 독자는 모든 사고를 똑같이 중요하다고 생각할 것이다. 이러한 현상은 세 가지 사항을 논할 것이라고 말한 뒤, 첫째, 둘째, 셋째와 같은 식으로 번호를 매기거나 단지 차례대로 쭉 나열할 때 발생한다. 사항들을 단지 쭉 나열하는 대신, 사항들이 어떻게 연결되는가를 보여 줌으로써 우리의 논점을 훨씬 강하게 부각할 수 있다.

• 구체적/추상적

일반적으로 학자들, 특히 사회학자는 너무나 많은 추상적 단어를 사용한다. 때때로 우리는 특정한 구체적 예들이 생각나지 않기 때문에 추상적 개념을 사용한다. 학자가 선호하는 추상적 단어들은 대체 표기의 역할을 한다. 추상적 단어는 본래 그 자체만으로는 아무것도 의미하는 바가 없고, 단지 구체적 사고가 필요한 부분만을 표시할 뿐이다. 이에 대한 예들로, '복잡한, 복합적인 혹은 관계'와 같은 추상 용어들을 들어보자. 우리가 두 사상 사이에 복잡한 관계가 존재한다고 말한다면, 그 말은 무엇을 의미하는가? '관계'는 거의 아무것도 의미하지 않는 막연한 개념이며, 그래서 수학과 같은 매우 추상적 학문 분과에서는 '관계'라는 개념이 아주 유용하다. 관계라는 단어는 두 사상이 어떻게 해서든 연결되어 있음을 의미한다. 그러나 대부분의 두 사상은 어떤 형태로든 관계가 있다. 수학보다 덜 추상적 학문 분야에서는 대개 어떻게에 대해 알고 싶어 한다.[8] 바로 이것이야말로 알 가치가 있는 것이다. '복잡하다'라는 단어는 우리에게 말해 주는 것이 없으면서, 단지 '나를 믿어라. 거기에는 많은 의미가 담겨 있다.'고 말할 뿐이다. 대부분의 사람이 이런 식의 기만을 용인한다. 사회생활이나 다른 학문 주제에 대한 논의에서 쓰이는 대부분의 공간적 은유는─예를 들어, 사회조직에서의 위치와 지위─구체적 특수성을 감추고 있다. 우리가 기술하고 있는 것은 유사한 사상들의 집합 일부임을 암시하는 문구들─'~의 한 집합' 또는 '~의 한 종류'─도 마찬가지다.

우리는 또한 자신의 사고가 일반적으로 적용되는 것임을 보여 주기 위해 추상 개념을 사용한다. 자신의 발견이 오로지 시카고 지역의 학교 교사나 워싱턴에 있는 정신병원에서만 해당하는 것으로 사람들이 생각하는 것을 원하지 않는다. 연구가 수행된 곳에서 발견한 것이 세계 어디서나 그리고 역사 속의 언제나 유사한 상황하에서라면 적용될 수 있다는 사실을 독자에게 이해시키고 싶어 한다. 이것이 잘못된 것은 아니다. 연구 결과의 일반성을 밝히는 것이 사회학 연구의 주된 목표다. 우리 연구 결과의 일반화에 대한 확신을 심어 주는 최고의 방법은 먼저 특정 세목에서 연구한 우리의 결과를 기술한 다음, 유사한 세목에서 우리의 연구에 속하는 부류의 것들이 무엇이고 그리고 그 부류에 속할 가능성이 있는 다른 것들이 무엇인지를 보여 주는 것이다.[9] 만일 내가 사람들이 마리화나를

---

8) 양적방법론, 특히 통계분석에서 연구자들은 두 변수 혹은 그 이상의 변수들 간의 '관계'에 초점을 맞추어 해석하고 설명한다. 반면 질적 연구에서는 변수들의 관계보다 '과정'에 관심을 가진다. 베커는 질적방법론자인 까닭에, 두 사상 간의 관계보다 과정을 강조한다(역자가 번역한 베커의 **학계의 술책** 참조).

9) 질적방법론자인 베커에게 일반화는 표본의 일반화가 아니라 과정의 일반화를 의미한다. 양적 방법론에서 일반화는 모집단에서 추출한 표본(즉, 확률표본)의 연구 결과가 전체, 즉 모집단을 다 조사했을 때 나온 결과와 일치한다(혹은 나타낸다)는 것을 의미한다. 예를 들어, 미혼남녀 1,000명의 표본에서 조사한 '결혼을 꼭 해야 한다'고 응답한 응답자의 비율 34%는 한국의 미혼남녀 전체를 조사했더라도 그와 유사한 비율(오차범위 내에서)로 나온다는 것이다. 반면, 베커의 질적 방법론에서 일반화는 특정 사례의 (마리화나) 중독은 다른 사례들의 마리화나 중독자 과정과 유사하며, 마리화나 중독 과정은 또 다른 부류의 마약 중독자에게도 적용될 수 있다는 식으로 중독자가 되는 과정의 일반화를 밝히는 것이다(**학계의 술책** 참조).

피우는 방법을 타인으로부터 어떻게 배우는지, 그리고 그것이 마약 중독 경험에 어떤 영향을 주는지를 자세하게 보여 준다면, 유사한 특수성―예를 들면, 사람이 자기의 내적인 신체적 경험을 이해하기 위해 타인으로부터 학습하는 방식―을 가진 비슷한 부류의 현상들도 계속해서 기술할 수 있다. 내가 자세하게 기술한 특정 사례는 독자에게 나의 아이디어를 보다 일반화할 수 있는 모형을 제공한다. 그 특정 사례들이 없다면, 일반화된 아이디어는 의미가 없다.

글쓰기 지침서들은 구체적인 세목들을 사용하라고 충고한다. 그렇게 하면, 글의 내용이 독자에게 더욱 생생하게 전달되어 기억에 오래 남기 때문이다. 예를 들어, 윌리엄스는 다음과 같이 말한다. "독자에 개의치 않고, 글을 특정적이면서 구체적으로 쓰면 읽을 가치가 있고 기억에 남을 만한 글을 쓸 수 있다. 장황하고 비비 꼬여 있는 구를 훨씬 간결한 구로 압축할 때, 우리는 비로소 특정한 아이디어들을 선명하게 전파할 수 있다. 내용의 범위가 좁아질수록, 아이디어는 훨씬 구체화되며, 아이디어는 구체화될수록 더 명료해지고 정확해진다." (Williams, 1981: 132-133).

하지만 추상 개념의 골격을 세우기 위해 구체적인 세목들을 사용할 때는, 그 세목과 예들을 신중하게 선택해야만 한다. 독자가 기억하는 예는 일반 논의에서 명백하게 언급되지 않은 것을 고려하게 만들 수 있고, 일반 논의에 대한 우리의 해석을 바꿀 수 있다. 낙태의 윤리적 문제를 분석한 철학자인 캐서린 파인 아델 (Kathryn Pyne Addelson)은 다음과 같이 말한다. "철학자들은 전형적으로 매우 기상천외한 예들(날아다니는 곤충과 같은 것들에 의해 임신된 가상적인 여성에 관한)을 매우 잘 꾸며낸다. 그와 같은 예들은 실직한 남편에 다섯 명의 자녀를 둔 40세의 임신한 여성에 대해 논의할 때 전혀 지지될 수 없는 결론에 이르게 만든다."

- **은유**

나는 최근에 나온 사회학 학술지들의 책장을 넘기며 훑어보고 있다. (역사학, 심리학 또는 영문학 잡지 등 어떤 분야의 학술지를 보든 간에 결과는 다르지 않을 것이다.) 거의 모든 쪽에서 진부한 은유적 표현을 발견할 수 있다. 막 읽은 책에서는 '어떤 날카로운 예리함이 결핍되어 보인다.'는 은유를 사용했으며, 또 다른 책에는 '방대한 영역을 망라한다.'는 말이 있다. 세 번째 책은 '논쟁의 내용에 의해 빈약해진 값진 논쟁'에 대해 다룬다. 사회학 분야의 동료들은 '문학의 증가되는 몸체'를 논하고, 토의될 문제의 '핵심을 관통하는' 또는 '두 마리의 토끼를 쫓다가 둘 다 놓치는' 분석에 관해 이야기하고, '우리 사회에 뿌리박혀 있는' 다른 사회의 제도적 관행의 '씨앗'을 찾는다. 이론적 접근 방식은 '개념의 구속복'을 입게 한다. 연구자는 자료를 '캐내거나' 자료의 결과를 '탐색하거나' '계속 집적거리고' '최종 결정'을 내린다. 가장 과학적인 글도 상당수의 은유적인 말을 포함하고 있다.

  나는 교정하는 과정에서 그런 은유를 대개 삭제한다. 모든 은유를 삭제하는 것은 아니다. 앞서 제시한 것들과 같은 것들만 삭제한다. 나쁜 은유와 매우 훌륭한 은유를 비교함으로써 어떤 것을 삭제해야 할지 알 수 있다. 고프먼(Goffman, 1952)은 그의 유명한 논문 「몽땅 털린 봉의 냉정을 찾아주기(On Cooling the Mark Out)」에서, 어떤 사람이 자신의 자아에 대한 정의를 유지할 수 없는 사회적 상황을 신용 사기에 비유했다. 나는 교정할 때 그런 비유는 남겨 둘 것이다.

  이 두 유형의 은유들의 차이점은 그것들이 사용될 때 나타내는 진지함과 주의력에 있다. 나는 저자가 주제를 얼마나 신중하게 선택했는가 보다는, 세세한 은유 대상을 얼마나 신중하게 선택했는가에 더 중시한다. 고프먼은 신용 사기에 대한 은유를 신중하게 선택했다. 그는 자신이 분석한 다른 상황들을 신용 사기에 비유했다. 예를 들어, 청혼을 거절당한 연인, 손님이 가득 찬 음식점에서 자리를 얻지 못한 거물 인사, 도움을 받지 않고는 일상생활을 유지할 수 없는 사람 등을 신용 사기에 하나씩 비유해서 설명했다. 특히 고프먼은 사기꾼들에게 돈을 날린 봉들이 돈을 날리고 나서야 자신의 한탕주의가 얼마나 어리석었는가를 깨닫는 것에 주목했다. 범죄인들 사이에서 전해 내려오는 말에 따르면, 사기꾼은 성난 피해자가 냉정함을 되찾고 자존심을 복원시키는 데 도움을 줌으로써 위기를 벗어날 수 있다고 한다. 그래서 사기꾼은 관례적으로 확실한 방법을 사용하여 피해자를 진정시키는 조직 구성원을 두고 있다. 고프먼은 은유를 통해 사람들이 노출되기 쉬운 식당이나 그 밖의 장소에서 이처럼 사기를 치고 사기를 당하는 역할을 발견하고 기술했다. 심지어 어떤 사람은 인생에서 사기를 당해 고통받기 쉬우므로, 우리는 좀 더 일반적인 방법으로 그런 문제를 처리하는 전문가를 찾아보라고 제안한다. 고프먼은 정신의학을 사회생활에서 겉치레가 위선이었음을 드러난 사람이 냉정해지는 데 도움을 주는 학문 분야라고 생각했다. 이런 발견은 많은 독자에게 은유의 타당성을 제시한다. 그러나 그의 은유는 그 밖의 다른 상황이 크든 작든 간에 어떤 식으로든 사기와 비슷하다는 사실을 의미함으로써 그리고 진지함으로써 그 자체의 타당성을 입증한다.

내가 초기에 사회학 학술지에서 인용했던 은유들은 그것의 파생 효과에 대해 진지하게 생각하지 않았다. 우리가 어떤 논의가 '날카로운 예리함'을 가지고 있다고 말할 때, 그 논의는 무엇에 비유되고 있으며 예리하다고 생각되는 물질은 무엇인가? 실제 생활에서 '영역을 망라하는' 사람은 누구이며, 어떻게 망라하고, 그들이 망라한 것은 무엇인가? 문학이 인간 육신과 비교될 수 있는가? '문학의 몸체'라는 말은 우리가 문학의 심장, 간, 위, 두뇌를 찾아야 한다는 의미인가? 저자는 결코 우리에게 자신의 은유를 그렇게 신중하게 생각하게 할 의도가 없다. '진부한 은유'는 그것을 쓰는 당사자나 읽는 독자의 마음속에 더는 살아 있지 않다.

의미 있는 은유는 살아남는다. 좋은 은유는 읽는 이로 하여금 글이 다루고 있는 사상의 새로운 측면을 발견하고, 그런 측면이 피상적으로 아주 달라 보이는 것들 속에서 어떻게 나타나는지를 보여 준다. 은유를 사용하는 것은 진지한 이론적 훈련이다. 이 훈련 과정에서 당신은 두 개의 색다른 경험적 현상들이 같은 일반 유형에 속하고, 일반 유형은 항상 이론을 함축한다고 주장한다. 그러나 은유는 주의력을 끌 정도로 충분히 참신한 경우에만 제구실을 한다. 만약 은유가 진부한 상투적 어구가 될 정도로 반복적으로 사용된다면, 독자는 신선한 느낌을 받을 수 없다. 실제로 독자는 저자가 은유적으로 넌지시 언급한 것을 문자 그대로 받아들인다. 'to take the wind out of someone's sails(선수를 치다)'라는 일반적인 표현을 살펴보자. 나는 수년 동안 이 말을 사용하고 읽고 들었지만, 단지 선수를 쳐서 사람의 기를 죽이는 의미로 받아들였다. 그 후 나는 항해를 배울 기회가 있었다. 요트 경주에서 경쟁자는 배 앞으로 끼어들려고 노력한다. 그것은 자신의 돛을 이용하여 상대방의 돛이 바람을 타는 것을 방해하기 위해서다. 경쟁자가 끼어들기에 성공했을 때, 조금 전까지 충만한 바람을 받으며 배를 세차게 밀던 돛은 갑자기 빈 바람으로 퍼덕거리게 된다. 이제는 배를 밀던 바람이 없으므로 물과 선체의 마찰 저항으로 배는 갑작스럽게 정지하게 된다. 그 은유가 나의 가슴에 와 닿는 이유는 항해에서 요트 경주에서의 그런 경험이 떠오르기 때문이다. 그러나 그 은유는 요트 경주 경험이 없는 사람들에게는 거의 무의미하거나 아무런 의미가 없다.

모든 진부한 은유는 한순간만 유효하다. 오래된 은유일수록, 단순한 반복으로 인해 오히려 은유가 지닌 힘을 상실하여, 원고에서 자리만 차지할 뿐, 은유를 사용하지 않은 쉬운 진술보다도 도움이 안 된다. '어떤 날카로운 예리함이 결핍되어 있다.'고 하는 것보다 책의 논의가 산만하다고 하는 것이 오히려 더 명확하게 논점을 잘 지적해 준다. 만약 저자가 운이 좋으면, 아무도 은유적 진술의 문자적 의미에 주의를 기울이지 않을 것이다. '욕조의 더러운 물과 함께 버려진 아이'라는 말을 들었을 때―그리고 나도 여전히 그런 말을 한다―얼굴을 똑바로 들기가 힘들다는 사실을 알았다. '양다리 걸치다가 모두 실패한다.'의 경우에도 마찬가지였다. 그 사람들이 양다리로 시도한 것은 무엇인가?

은유는 오히려 오용하면 글의 질을 떨어뜨린다. 현상을 잘 모르거나 이해하지 못하는 사람과 자신이 말하고자 하는 것을 잘 알지 못하는 사람은 단어의 의미를 잘못 파악하여 부정확하게 사용한다. 예를 들어, '바닥선(bottom line)'과 같은 평범한 은유는 이전의 모든 손익 계정을 계산하여 그해의 손익을 가늠하는 회계 보고서의 최종 결과를 뜻한다. 은유적으로 이 말은 어떤 일련의 계산에 대한 최종 결과를 의미할 수 있다. 예를 들어, 1980년 인구총조사에서의 미국의 총인구나 어떤 연구자가 분석한 수입과 교육의 상관관계를 언급할 때 쓸 수 있다. 그러나 사람들은 흔히 그 말을 최종 제의(final offer)의 의미로, 더는 낮출 수 없는 가격, 더는 참을 수 없는 모욕 등을 지칭할 때 사용한다. "바닥선에 도달했어! 그만두겠어!(That's the bottom line! I quit!)"와 같이 말하는 사람들은 그 단어가 재정적인 의미가 있다는 사실을 알지 못하니까 기억하지 못한다. 그런 표현을 사용하는 이유는 아마 그들이 '바닥'이라는 단어에서 느낄 수 있는 이제는 다 틀렸다는 식의 태도를 선호하기 때문이다.

우리가 그 사용을 회피할 수도 없고, 해서도 안 되는 또 다른 은유가 있다. 그 은유는 우리의 언어 속에 영구히 자리 잡은 것이다. 라코프와 존슨(Lakoff & Johnson, 1980)이 이러한 은유들을 아주 상세하게 분석하였다. 나는 그들이 방위적 은유라고 명명하는 것을 한 예로 제시한다.

> 방위적 은유들(orientational metaphors)은 대부분—위/아래, 안/밖, 앞/뒤, 아래서 위로/위에서 아래로, 깊고/얕음, 중심/주변과 같은—공간적 방위와 관련된다. 이러한 공간적 방위들은 우리가 분류 체계를 갖고 있고, 분류 체계가 우리의 실제 환경에서 작용하는 것과 같은 기능을 한다는 사실에서 기인한다. 방위적 은유는 개념에 공간적 방위를 부여한다. 예를 들어, 행복은 위(UP)로 지향한다. 행복의 개념이 위로 향한다는 사실은 "나는 오늘 기분이 좋아(UP!)"라는 영어 표현을 유도한다(Lakoff & Johnson, 1980: 14).

라코프와 존슨은 계속해서 위와 아래 및 두 방위 간의 상대성이 얼마나 우리의 대화 곳곳에 편재하여 나타나는지를 보여 준다.

> 의식은 위; 무의식은 아래로
> 건강과 생명은 위로; 질병과 죽음은 아래로
> 통제력이나 힘의 소유는 위로; 통제력이나 힘에 의한 종속은 아래로
> 많음은 위로; 적음은 아래로
> 예측할 수 있는 미래의 사건은 위로(그리고 앞으로)
> 높은 지위는 위로; 낮은 지위는 아래로
> 선행은 위로; 악행은 아래로
> 이성은 위로; 감정은 아래로

다음은 마지막 예에 대한 그들의 분석이다.

> 이성은 위로; 감정은 아래로
>
> 토의는 감정적 수준으로 떨어졌지만, 나는 이성적 수준으로 끌어올렸다. 우리는 자신의 감정을 젖혀 두고 문제에 대해 수준 높은 지적 수준을 가지는 토의를 했다. 인간은 자신의 감정을 초월할 수 없었다.
>
> 물질적 그리고 문화적 기반: 사람들은 문화적으로 자신들을 동식물과 주변 환경을 통제하는 존재로 인식한다. 그리고 인간이 동물보다 위에 있고 동물을 통제한다는 사실을 합리화하는 것은 사람의 독특한 능력이다. 통제는 위에서 가하는 것이다라는 전제는 사람은 위에 있다는 결론의 근거를 제공한다. 따라서 이성은 위라는 방위를 갖게 된다(Lakoff & Johnson, 1980: 17).

이 책은 이러한 분석과 예를 200쪽 이상에 걸쳐 서술하고 있다. 내가 말한 바와 같이, 당신은 이러한 은유를 회피할 수 없다. 그러나 그러한 은유를 알게 되면 은유의 부대적 의미를 의미심장하게 사용할 수 있다. 만약 당신이 글의 주장에 담긴 부대적 의미와 아이디어를 전달하는 표현이나 은유를 무시한다면, 독자는 당신의 주장을 신뢰하지 않을 것이다.

 이 장은 자기 자신이나 다른 사람의 글을 성공적으로 교정하는 데 필요한 표준 양식의 습득 방안에 대해서는 거의 다루지 않고 있다. 배워야 할 것은 내가 지금껏 말한 특정 사항들이 아니라 주의를 기울여 하는 깨달음이다. 필자들은 교정할 때, 마치 단어 하나하나를 신중하게 선택하기로 작정이라도 한 듯 모든 단어를 검토해야 하며, 자신들이 쓴 것에 대해 세심한 주의를 기울일 필요가 있다. 첫 번째 원고는 별로 신경 쓰지 않으면서 빨리 작성할 수 있다. 나중에 고치게 될 것을 알기 때문이다. 세심한 주의를 기울일 때 문제는 저절로 해결되기 시작한다.

Writing for Social Scientists
How to Start and finish Your Thesis, Book or Article(2nd ed.)

제 5 장
전문가처럼 글을 쓴다는 것은

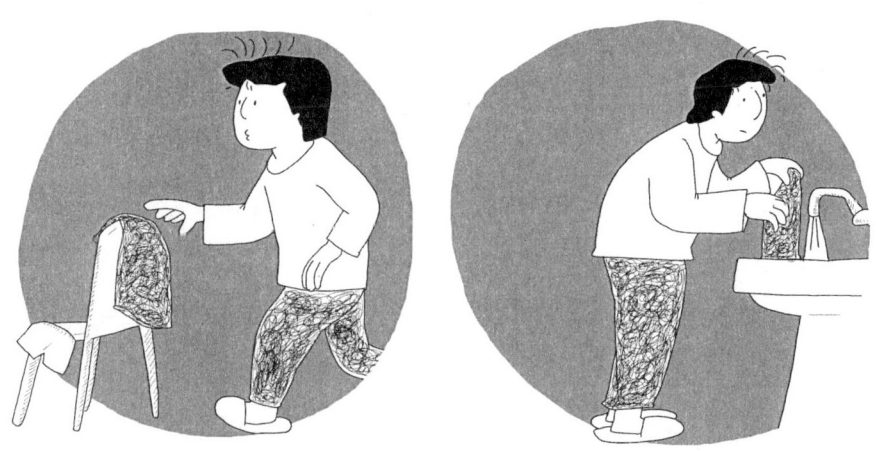

　사회학자들은 자신들의 이야기를 시작하면서, 인간의 감정을 배제한 채 과학적이라 간주되는 사고와 연구 결과들만 이야기하는 냉냉한 보고서들은 독자가 알고 싶어 하는 사실들을 숨긴다고 인정한다[하몬드(Hammond, 1964)와 호로위츠(Horowits, 1969)가 편집한 자서전적 작품들의 모음집을 보라.]. 사회학자들의 자서전은 대부분 연구를 어떻게 완성했는가와 주목받을 만한 가치가 있는 저술에 초점을 맞춘다.
　나는 이미 학문 생활의 제도들, 특히 학교가 어떻게 학문적 저술의 문제점을 발생시키는가에 대해 논의했다. 그 논의는 학자 경력의 초기 단계인, 학교 생활과 학위 취득 바로 직후에 초점을 둔 것이다. 이번 장과 다음 장에서는 사회학자로서 정착하여 성장하는 단계에서 발생하는 글쓰기의 문제에 대해 살펴보고자 한다. 제6장에서 파멜라 리차즈는 대학원 초년생에서 성숙한 전문가가 되는 중요한 과도기에 대해 논의한다. 이 뻔뻔스러운 책 속에서도 가장 뻔뻔스러운 이 장은 나의 30년 넘는 저술 생활에 대한 이야기이며, 그로부터 몇 가지 논점을 분석한다.

중요한 점은 누구도 글쓰기를 배운 적이 전혀 없지만, 그 배움은 전문가로서의 생애 내내 계속되고 학계의 다양한 경험들로부터 나온다는 사실이다.

사회학자들은 글을 집필하거나 출판하는 과정에서 난관에 부딪히지 않는 한, 글쓰기를 심각한 문제로 받아들이지 않는다. "글쓰기 스타일? 밑줄을 치고 각주를 다는 것?"이라고 반문하는 친구들과 마찬가지로, 사회학자 역시 글쓰기를 가볍게 생각하고 잊어버릴 수 있다. 사회학자들은 글쓰기 기술을 신의 선물로 취급하며, 자신들은 그 선물을 받지 못했을 뿐이라고 생각한다. 이런 태도는 학위 논문 심사위원들에게(나는 그중 한 임원이었다) "저도 제 논문의 글이 형편없다는 것은 알지만, 교수님들도 아시다시피 저는 문인이 아닙니다."라고 변명했던 학생과 유사하다. 사회학자들은 자신이 의미하는 바를 표현하는 데 어려움이 있다는 사실은 인정하지만, 그 문제는 다른 사람에게 부탁하여 해결할 수 있다고 생각한다. 문장력 없는 어떤 학생은 배우자가 영문학 전공이어서 글쓰기에 관한 어떤 문제도 해결할 수 있으므로 문제가 없다고 말했다. 또 다른 학생들은 교정비를 지급할 능력도 없으면서 교정인에게 청탁하여 해결하려 한다.

내가 명료한 글쓰기를 위해 사용했던 예민한 감각을 모든 사람이 발전시키는 것은 아니다. 나는 학문 생활에서 몇몇 사건(이유야 어쨌든 간에, 내가 대처해야 했던 매우 운 좋은 사건들이었다)을 통해 예민한 감각을 형성할 수 있었다. 영작문 수업도 이와 관련이 있다. 시카고 대학교의 학부 시절, 나는 글의 체계적인 조직화와 개작 기법에 중점을 두고 강의한 매우 실용적인 글쓰기 수업을 수강했다. 그 수업 시간에 초고는 반드시 개작해야 하는 단지 하나의 원고에 불과하다는 사실을 배웠을 것이다. 한편, 대학원 시절에는 사회학 저서와 학술지들을 읽으면서, 오늘날 학생들의 글을 교정해 주는 나의 전형적인 글쓰기 스타일을 모두 터득했다.

박사학위 취득 후, 스승보다는 학문적 동료들과의 몇 가지 경험은 학부 시절에 배웠던 지혜를 다시 상기시켜 주었다. 나는 23세였던 1951년, 시카고 대학교에서 사회학 박사학위를 취득했다. 두말할 나위도 없이, 나는 학문적 직장을 찾는 데 어려움을 겪었다. 같은 값이면(당시 연봉 4,000달러에) 나이 먹은 성인을 고용하지 누가 나 같은 어린애를 고용하겠는가? 그러나 운 좋게도 마리화나 흡연 행위를 연구하는 일자리를 구했는데, 주당 75달러를 받았다. 크리스마스 휴가 기간에 시내 전차가 자동차와 충돌하는 사고가 발생했는데, 그 자동차 안에는 시카고 대학교에서 사회과학 II를 강의하던 교수들이 타고 있었다. 사고로 인해 갑작스럽게 교수의 충원이 필요해졌고, 그 학교에서 이미 강의를 하고 있던 친구들이 나를 추천해서 그 대학교에 취직하게 되었다. 이렇게 되어 나는 마크 베니(Mark Benney)를 만나게 되었다. 마크 베니는 청년 시절 한때는 경범죄자였지만, 데이비드 리스만과 에버렛 휴즈의 도움과 격려로 사회과학을 가르치면서 생을 마감한 영국인 저널리스트였다.[1] 그는 여러 권의 책을 출판했으며, 산문적인 표현에서는 내가 감탄했던 우아함과 명료함을 보여 준 노련한 전문저술가였다. 작고 마르면서도 너무 일찍 대머리가 된 마크 베니는 다소 우회적인 방식으로 글을 썼는데, 그것은 그의 교도소 생활에서 비롯된 것으로 생각한다. 마크 베니는 자신이 말한 것에 대해 매우 조심스러웠다. 그래서 만약 그가 무언가를 진지하게 말하면, 우리는 그가 그것을 매우 중시한다는 것과 그

---

[1] (역주) 선생님의 주된 임무 중 하나는 일탈하거나 일탈 가능성이 있는 학생을 올바르게 인도하는 것일 것이다. 오늘날 우리 사회에서는 학생의 미래를 진정으로 걱정하고 올바른 길로 인도하는 선생님들이 점점 더 줄어드는 듯하다. 그런데 놀랍게도 선생님의 지위가 높지 않은 미국 사회에서는 종종 존경받는 선생님의 이야기(예를 들면, 마약이나 갱단에서 학생들을 구해 주는)들이 영화로 만들어지거나 미래에 선생님이 되고자 하는 학생들 사이에서 회자되기도 한다.

것을 진지하게 받아들여야 함을 의미한다는 것을 알 수 있었다.

 그 당시 나는 이미 학술지에 한두 편의 논문을 발표했고, 그래서 상당히 훌륭하거나 최소한 유능한 저술가라고 생각하여 자만에 빠져 있었음이 틀림없다. 나는 앞서 언급한 시카고 공립학교 교사에 관한 연구인 나의 박사학위 논문에 기초하여 논문의 초안을 작성했다. 그 논문은 교육과 사회 계급에 관한 문제를 제기하고 있었으며, 마크가 흥미 있어 할 것 같아서 마크에게 읽어 달라고 부탁했다. 논문을 읽은 후, 그는 매우 흥미로운 논문이라고 말하면서 실질 내용에 관한 몇 가지 논점들을 지적했다. 잠시 생각한 후 그는 다음과 같은 말을 덧붙였다. "물론 사회학 학술지에 게재하기 위해서는 이처럼 해괴한 스타일로 글을 써야만 할 것으로 생각합니다." 그의 비평은 '진짜 저술가'답게 매우 날카로웠다. 그래서 나는 학부 때 배운 퇴고에 관한 수업 내용을 더듬으면서 글을 다시 쓰기로 했다. 또한 원고의 탈고가 원고의 완성을 의미하지 않는다는 사실을 깨닫기 시작했다.

 몇 년 후에 짐 카퍼(Jim Carper)와 나는 여러 학과 대학원생들의 직업 정체성에 관한 연구 논문을 썼다. 우리는 그 글을 『미국사회학회지(American Journal of Sociology)』에 제출했다. 당시 『미국사회학회지』의 편집위원장은 내가 가깝게 지내며 존경하던 박사학위 논문 지도교수인 에버렛 휴즈였다. 원고는 운영 편집자인 헬렌 휴즈(에버렛의 부인이자 사회학자이면서 저널리스트)의 쪽지와 함께 되돌아 왔다. 그 쪽지를 읽고 에버렛이 나를 매우 아낀다는 것, 새벽 4시에 교정 조언을 썼다는 것, 그리고 혹평을 글자 그대로 새겨들으면 안 된다는 것을 알게 되었다. 그 조언은 확실히 나를 바꾸어 놓았다. 이 외에도 그는 전반적인 문장과 단락들이 마치 한 마디씩 끊어지는 독일어를 번역해 놓은 것 같다고 말했다. 나는 독일어를 읽을 줄 몰랐지만(박사학위 자격 외국어 시험으로 프랑스어를 선택하여 통과했음에도 그 밖의 다른 언어는 읽을 줄도 모른다), 그런 식의 글이 나쁘다는 것을 알았다. 기억에 남는 한 문장은 우리가 가장 심사숙고하여 쓴 문장들 가운데 하나를 인용하고 다음의 주석을 덧붙인 것이었다. "쓸모없다! 쓸모없다! 쓸모없다!" 마크가 이따금 했던 농담이 나를 예민하게 만들었다. 에버렛의 편지는 글 같은 글, 즉 명료하고 이해될 수 있는 글을 써 보겠다는 나의 소망을 더 강하게 만들었다.

진지한 퇴고에 대한 나의 집착은 블랑쉬 기어가 휴즈와 내가 작업하고 있던 의과 대학생에 관한 연구에 동참했을 때 절정에 달했다. 그녀는 글쓰기를 매우 진지하게 받아들였고, 우리가 작업하고 있던 초고들에서 말 한 마디 한 마디에 관해 진지한 토론을 벌임으로써 진지한 글쓰기가 무엇인지를 가르쳐 주었다. 예를 들어, 우리는 그 연구의 이론적 도구에서 중심적인 단어이자 아이디어였던 '관점'에 대해 끊임없는 훌륭한 토론을 벌였다. 논지는 '관점과 함께 쓰일 동사는 무엇인가' 하는 것이었다. 사람들은 관점을 '유지하는가' 아니면 '가지는가'? 아마 관점을 '사용'할 것이다. 주의 깊게 생각해 보면, 각 단어가 함축하는 의미는 상이하고 구분되는 것이다. 따라서 문제의 해결책은 어느 단어가 맞는지가 아니라 우리가 말하고자 하는 바가 무엇인지에 있었다. 우리는 문체에 관한 토론을 통해 문제점들을 발견했지만, 결국에 가서는 그것을 이론적으로 해결해야만 했다.[2]

내가 당시 그녀와의 토론에서, 정말로 중요한 것은 일들을 진술했던 방식이고, 그 방식에도 선택이 있다는 사실을 배웠다. 또한 그 토론에서 개작이란 일종의 낱말 맞추기 게임과 같은 재미있는 작업이며, 게임의 목적은 어떤 것을 명확하게 표현하는 효율적인 방법을 찾아내는 것임을 알려 주었다. 기어와의 대화를 통해 진지하게 글을 쓰는 자세를 완성할 수 있었다. 그녀와의 대화는 내 생애에서 가장 중요한 경험으로 남게 되었는데, 왜냐하면 우리는 수많은 책과 논문을 함께 쓰면서 끊임없이 글쓰기에 관한 대화를 나누었기 때문이다.

나와 대학원 동창인 사회학자들은 진행 중인 연구 논문의 초안을 서로 교환하여 읽어 주는 것이 습관화되어 있고, 다음 작업에 필요한 것을 서로에게 지적해

---

2) (역주) 글쓰기의 목적은 저자의 생각과 의견을 독자에게 명료하게 전달하는 데 있다. 그렇다면 문체의 문제는 글을 이론적(논리적)으로 전개하는 과정에서 해결해야 한다. 따라서 글쓰기에서 중요한 것은 미사여구나 수려한 문체가 아니라 글의 의미를 정확하게 전달하는 단어나 문구의 선택이다.

주는 데 익숙하다. 내가 이렇게 동료들과 서로의 글을 읽고 논평을 주고받는 것이 전문적인 글쓰기 발전에 영향을 미쳤다는 사실을 인식한 것은, 노스웨스턴 대학교에서 강의를 시작한 몇 년 뒤 리 위너(Lee Weiner)를 조교로 고용하고 나서였다. 위너가 일하기 시작했던 그해 여름, 나는 연구실에 없었다. 나중에 시카고 세븐(Chicago Seven)의 한 사람이 된 양심적인 혁명론자인 리 위너는 그의 업무가 아니었음에도 내가 친구들과 주고받았던 모든 논평 관련 서한을 읽었다. 그해 가을 내가 돌아왔을 때, 그는 원고들이 보관된 나의 서류함을 샅샅이 조사하여, 나의 초고에 대한 친구들의 논평과 그 논평들이 나의 다음 초고에 어떻게 반영되었는가를 연속적으로 살펴봄으로써, 정말로 얼마나 많은 것을 배웠는지 모른다고 흥분하면서 말했다.

대학원 시절의 몇 년 동안, 나는 초기 원고들에 대한 우호적인 비평들에 기반을 두어 개작을 일상화하는 매우 효율적인 글쓰기 습관을 형성했다. 그 결과 개작은 약점을 필연적으로 드러내게 하는 당황스러운 작업이 아니라, 재미있는 낱말 맞추기 게임으로 여기게 되었다. 글쓰기에 대해 생각하고, 나만의 문체를 실험하는 것, 그리고 다른 사람의 글을 서투르게나마 고치는 것도 역시 재미있다는 사실을 알게 되었다.

아마도 글쓰기를 즐거운 게임으로 생각하기 때문에, 다른 사람들이 토로하는 불안에 대해 면역성을 갖게 되었을지 모른다. 하지만 내가 글쓰기를 비교적 걱정하지 않는 데에는 역시 사회학적 뿌리가 있다. 튼튼한 조직 기반을 가진 강력한 이론적 전통 속에서 나는 성장했다. 사회학에서 시카고학파는 1920년대 로버트 파크(Robert E. Park)를 중심으로 시카고 대학교에서 발전했다(시카고 학파에 대한 자세한 설명은 Faris(1967), Carey(1975), Bulme(1984)를 보라.). 시카고학파는 일관된 견해를 가진 학파로, 제1세대인 파크의 글에 의해 구체화되기 시작했고, 제2세대의 영향력 있는 사상가와 행동가들이 계승하여 발달시켰다. 제2세대에서 가장 두드러진 사람으로는 에버렛 휴즈, 허버트 블루머(Herbert Blumer), 루이스 워스(Louis Wirth), 로버트 레드필드(Robert Redfield) 등이 있다. 시카고학파는 걸출한 명성에 어울리게끔 길이 남을 만한 많은 경험주의 연구 논문을 생산했다. 예를 들어, 「황금해변과 빈민가(The Gold Coast and the Slum)」, 「택시 댄스 홀(The Taxi Dance Hall)」, 「갱(The Gang)」, 「프랑스령 캐나다의 변천(French Canada in Transition)」 등이 그것이다. 나는 제2차 세계대전 이후 세대인 다른 200여 명의 대학원생과 함께, 파크의 다음 세대 거장들로부터 배웠으며, 이러한 논문들을 자양분으로 하여 성장했다. 우리는 시카고학파와 다른 방식으로 사회학을 할 수도 있다는 사실을 알았지만, 우리 대부분은 그런 방식에 대해 진지하게 생각하지 않았다. 이런 전통과 환경 속에서의 성장은 나에게 이론적 오만을 부여했다. 또한 알 필요가 있는 모든 일반 이론을 휴즈와 블루머로부터 다 배웠고, 그 일반 이론들을 통해 앞으로 발생할 어떤 문제들도 충분히 다룰 수 있다는 안이한 확신을 하게 되었다. 더 지적인 이론들이 존재할 수 있다는 사실을 알고 있지만, 그러한 것은 나의 심정적 결단에 영향을 주지 않았다.

당신이 근본적으로 옳다는 것을 알면, 글을 쓸 때 커다란 압박감을 덜 수 있다. 왜냐하면 사회학적 문제를 명확하게 설명하는 올바른 방식을 찾아서 문제를 해결하려고 애쓰지 않아도 되기 때문이다. 어떤 사람들은 논리적인 분석을 통해 이론적인 문제를 해결한다. 나는 경험적으로 이론적인 문제를 해결하도록 배웠다. 이 둘 중 어느 방식도 단 하나의 올바른 방식을 발견하여 문제를 풀려고 하는 것보다는 낫다.[3]

---

[3] (역주) 글쓰기의 문제는 이론적으로 해결해야 한다. 이론적인 해결방식은 글의 논리적 분석이나 경험적 분석(특히 저자의 주장과 경험적 증거 간의 연계)에 근거해야 한다. 논리적 분석의 해결방식은 60쪽의 주 12를, 경험적 분석의 해결방식은 135쪽 주 4, 213쪽 주 9를 참조할 것. 그러나 암기식 정답의 학자들은 글의 옳고 그름(이를테면, 논문의 게제 여부나 정부의 연구용역보고서의 심사)을 논리적 분석이나 경험적 분석이 아니라 자신의 주장이나 생각에의 일치 여부로 판단하는 경향이 있다. 따라서 암기식 정답의 학자들이 주도권을 행사하는 학계나 학술지에서 (그들의 정답에 위배되는) 창의적 글이 출간될 가능성은 희박할 수밖에 없다.

사회학자와 사회학 전공 관련 분과들의 수가 증가함에 따라 거의 비슷한 수준으로 사회학 단체와 학술지의 수도 증가하였다. 사회학자는 이러한 학술지를 편집하는데, 편집 일은 대개 한동안 그 일에 종사한 사람에게 영광으로 받아들여진다.[4] 대학원 교육 과정은 학생에게 학술지가 어떻게 편집되는지—편집용 논문을 어떻게 본뜨는지, 인쇄는 어떤 과정을 거치는지, 저자를 어떻게 달래서 그들의 작품을 수정하게 하는지—를 가르쳐 주지 않는다. 대부분의 학술지는 전문적인 편집인을 고용할 돈이 없다. 그래서 편집인이 된 사회학자들은 모든 일을 스스로 알아서 해야 한다. 그들은 전임자에게서 얻은 약간의 조언을 바탕으로 일하면서 편집에 대해 배우게 된다. 편집인으로서의 나의 경험은 글쓰기에 관한 관점을 크게 향상시켰고, 그 과정에서 편집에 관한 나의 취미를 부전공으로 만들어 버렸다.

몇 년 동안 비공식적으로 동료와 친구들의 글들을 서로 봐 주던 중, 나는 두 가지 중요한 편집 일을 맡게 되었다. 1961년에 나는 사회문제 연구 협의회(Society for the Study of Social Problem: SSSP)의 공식 학술지 『사회문제(Social Problems)』의 편집위원장이 되었다. SSSP는 미국사회학회가 하나의 획일적인 조직으로 변해 가는 것에 대항해서 출발한 조직이다. 나는 나의 임무가 기존의 『미국사회학평론(Amerian Sociological Review)』과 『미국사회학회지』와는 구분되는 색다른 학술지를 발간하는 것이라고 생각했다. 또한 SSSP의 회원들도 이에 동감할 것으로 생각했다. 그 학술지에 무엇을 게재해야 할지는 확신하지 못했지만, 이런저런 이유로 인해 훨씬 커다란 학술지에서 환영받지 못한 논문들을 위한 장소를 만들어야겠다고 생각했다.

---

4) (역주) 우리나라에서도 편집위원장이나 편집위원은 대개 자신의 학문 분과에서 그 역량을 인정받는 중량급 인사들로 구성된다. 특히 편집위원장은 대부분의 학회에서 회장 다음으로 중요한 위치를 차지하며, 차기 회장이 편집위원장을 맡는 경우도 많다.

논문이 퇴짜 맞는 이유는 무엇일까? 대부분의 SSSP 회원은 기존의 학술지가 상당히 계량적인 글, 구조기능주의 이론에 입각한 글, 비정치적인(그러므로 진정한 의미에서 보수적인) 글을 선호한다고 생각했다. 그래서 SSSP는 보수적이지 않고, 계량적인 것에 편향되지 않으며, 시카고학파적인 글, 나중에는 마르크스 입장의 이론을 사용한 글을 선호했다. 아무튼 그 학술지는 동부 주류에 속하지 않는 모든 유형의 논문에 개방되기를 원했다. 나는 기존 학술지들이 비계량적이고, 구조기능주의 입장이 아닌 나의 글들을 다수 출판해 주었음에도 이런 결정이 합리적이라고 생각했다.

그래서 나의 책무가 비주류의 글을 출판하는 것이라는 생각으로 편집위원장을 맡았다. 또한 (비록 아무도 이것을 나의 공식적·비공식적 책임이라고 하지 않았지만) 학술지에 실릴 글을 필요한 만큼 퇴고함으로써 사회학 저술의 개탄스러운 상태에 대해 뭔가 기여하기로 했다. 이런 마음가짐으로 글을 잘 쓰며, 훌륭한 글쓰기가 무엇인지를 알고, 그래서 내가 도움을 청할 수 있는 사람들로 편집위원회를 구성했다.

나는 초기에 몇 호의 학술지를 발간하면서 많은 것을 배웠다. 창간호를 편집할 때(이 문제들은 간략하게 언급할 것이다), 나는 모든 논문을 광범위하게 퇴고했다. 그것은 내가 전에 경험한 어떤 것보다 힘들고 교육적인 편집 경험이었다. 짧은 시간 안에 다양한 문체로 쓰인 수많은 사람의 논문을 퇴고하면서, 나는 내 자신이 마치 신문의 원고 편집인이나 된 것처럼 여겨졌다. 신속하게 원고를 검토하는 방법과 의심의 여지 없이 즉각적으로 수정해야 할 부분들을 골라내는 방법을 배웠다. (이때 배웠던 것 중에는, 내가 어떻게 터득했는지 이해할 수 없는 것도 있다. 예를 들어, 방 건너편에 있어서 활자를 읽을 수조차 없을 때 교정쇄에서 인쇄상의 오자를 잡아내는 것 등이다.) 또한 모든 글을 꼼꼼하게 필요한 만큼 퇴고할 수 없다는 사실도 배웠다. 너무 많은 시간이 소요되었고, 다른 일도 해야 했다. 아마도 저자에게 내 생각을 알리기 위해 논문의 몇 쪽만을 그렇게 퇴고했을 것이다. 그러나 그 이후엔 저자 스스로 퇴고해야 했고, 그렇지 않으면 논문은 완성되지 않았다. 최근 몇 년 동안 몇몇 큰 학술지는 원고 교정 담당자를 고용했으나, 그러한 학술지조차 교재처럼 완벽하게 교정하는 데는 상당한 비용이 소요되어 그 비용을 충당할 여력이 없다.

나는 창간호에 실릴 글들을 교정하면서 또 다른 교훈을 얻었다. 학술지는 『미국사회학회지』나 『미국사회학평론』과 같이 격월 또는 『사회문제』와 같이 계간으로 정기적인 발간을 원칙으로 삼는다. 만약 원고 마감일을 놓치면, 인쇄 날짜를 놓칠 것이며, 사람들이 잡지 발간이 늦어지는 것에 대해 불평하고, 후원 조직의 직원들은 무엇이 문제인지 알고 싶어 할 것이다. 따라서 제시간에 맞춰 발간하는 것이 무척 중요하다. 이는 조악한 글을 출판하라는 의미가 아니라, 양적 접근 방식이건 질적 연구 방식이건 간에 혹은 시카고학파이건 구조기능주의 스타일이건 간에 상관없이 좋은 글을 출판하라는 것이다. 내가 만나 이야기해 본 편집위원장들은 모두 이에 동의했다. 편집위원장이라는 직책을 맡으면서 암암리에 가졌던 편견이 무엇이었든지 간에, 편집위원장은 학술지에 실을 수 있을 만한 양질의 글을 모아서 제시간에 발간하는 것이 가장 중요한 임무라는 사실을 곧 알게 된다.5) 편집위원장의 편견 때문에 자신의 글이 게재 불가 혹은 수정 후 재심사라는 답신을 받았다는 저자의 생각은, 이러한 이유로 인해 항상 거의 틀리다.

물론 많은 편견이 '뛰어난 논문'이라는 정의하에 숨겨질 수 있다. 그러나 나

---

5) (역주) 역자도 **한국인구학**의 편집위원장을 3년간 했다. 그 경험에 비추어 볼 때, 우리나라 학술지 편집위원장의 가장 중요한 임무도 학술지를 편집할 수 있는 분량의 원고들을 모아 제시간에 발간하는 일이라 할 수 있다. 더구나 우리나라에서는 학술지를 제시간에 발간하지 못하면 한국연구재단에서 받는 학술지 지원금마저 끊길 수 있다. 그렇다고 원고 부족을 이유로 수준 미달의 원고들까지 학술지에 수록할 수는 없다. 그럴 경우에는 학술지 회원들로부터 형편없는 원고를 학술지에 실어 학술지의 질을 떨어뜨리고 심지어 학회를 망신시킨다는 비난마저 받을 수 있기 때문이다. 학회지에 수록할 원고들이 부족할 경우에는 차라리 학술지의 원고 편수를 줄이는 편이 낫다.

는 여기서 사회학적 분석자들이 훌륭한 글을 쓸 때는 모두 같은 일을 한다는 스틴치콤(Stinchcombe, 1978)의 주장을 깨닫게 되었다. 사회학적 분석가의 글은 흔히 실제와는 매우 다르게 보인다. 왜냐하면 그들은 자신이 작업한 것을 기술하기 위해 '획기적인 이론'에서 파생된 '폼을 잡는 명칭들'을 사용함으로써 작품의 중요성을 부풀리려고 노력하기 때문이다. (사회학뿐만 아니라, 사회과학과 인문학의 많은 분야에서도 이런 관행이 성행하고 있다.) 훌륭한 작품은 이론적 배경이 무엇이든지 간에 근본적으로 같은 것이기 때문에, '훌륭하다'는 것은 전문적이고 보편적인 판단이다. 이러한 판단은 연주가의 연주나 무용수의 무용에 대한 평론과 비슷하다. 연주가나 무용가는 다른 사람의 연주나 무용을 신경 써서 자세히 보지 않아도 그 작품이 훌륭하다면 곧 알아본다. 사회학자들이 편집자의 편견 때문에 퇴짜 맞았다고 생각하여 갖고 온 논문들을 보면,[6] 대부분 글의 구성이 잘못되었거나 엉망으로 작성된 글이다. (나는 이 말이 기득권자의 목소리임을 알지만, 내가 옳다는 것을 의심하는 사람들에 확신시킬 수 있는 방법이 없다. 다만 학술지의 내용은 비난자들이 생각하는 것보다 훨씬 다양하다는 것을 지적할 수 있을 뿐이다.) 만약 편견이 존재한다면 훨씬 미묘하게 작동할 것이다. 즉, 편집인이 글의 문체나 구성이 형편없는 논문이지만 특별한 노력을 기울일 가치가 있다고 판단할 때, 편집인의 편견이 존재할 수 있다. 그러나 그 밖의 경우에는 편견이 끼어들 여지가 없다. 좋은 평을 받지 못한 글을 쓴 사람이 배워야 할 교훈은 자신

---

6) (역주) 우리나라에서 학술지에 투고한 논문의 게재 여부는 대개 편집위원장이 아니라 논문 심사자의 평가에 따라 결정된다. 역자가 편집위원장을 역임한 **한국인구학**의 경우, 학술지에 대한 한국연구재단의 심사가 강화된 2011년 이후, 학술지에 투고한 논문들과 이메일로 주고받은 논문 심사자들의 평가서들, 그리고 수정 후 다시 제출한 원고들을 학회지 홈페이지에 저장하고 있다. 따라서 학술지에의 논문 게재 결정은 거의 전적으로 논문 심사자들의 평가에 달렸다고 할 수 있다. 만약 편집위원장이 자신의 권력을 남용해 임의로 학술지에 수록할 논문들을 결정하고 편찬할 경우, 그 편집위원장은 임기가 끝난 후 상당한 불이익을 받을 수 있다. 역자는 자신이 편집위원장으로 있던 학술지에 논문 투고조차 못 하고 심지어는 그 학회에서 퇴출당한 전직 편집위원장의 사례를 본 적이 있다.

의 작품이 출판될 수 없다는 사실이 아니라, 자신의 작품이 편집인들에게 출판 가치를 인정받지 못했다는 사실이다. 어떤 사람은 다른 사람들과 달리, 출판되지 않은 것을 더 좋은 작품을 쓰기 위한 전화위복의 기회로 삼는다.

나는 1962년에 알딘(Aldine) 출판사에서 시리즈물의 편집을 맡음으로써 또 하나의 색다른 편집 경험을 했다. 당시 그 출판사의 사장이자 사회과학자였던 알렉산더 모린(Alexander Morin)은 널리 알려진 시카고학파의 대표적인 글들을 모아 출판하는 것이 가치 있는 일이라고 생각했다. 이 일을 하기 위해 나는 책 분량의 원고를 다루어야 했고, 저자들을 만나 그 책에 글을 제공하도록 섭외해야 했다. 또한 책의 예상 판매 부수를 고려할 필요성을 깨달았다. 그 이유는 모린이라는 사람이 장사 수완 능력이 없는 사업가여서가 아니라 만약 흥행에 실패하게 되면 더 이상의 시리즈 간행이 계속될 수 없기 때문이다. 여기서 나는 제목의 중요성[7]과 제목에 관해 무엇인가를 언급해야 한다는 사실을 배웠다. 사람들은 사회학 이론에 대한 당신의 뛰어난 공헌에 관심이 없는데도, 당신의 저서를 읽을지 모른다. 왜냐하면 그들은 병원 수술실에서의 사망 문제나 가족 구성원, 전문의, 법원이 정신질환을 정의하는 방식에 관심이 있기 때문이다. 우리는 결국 15권의 시리즈를 발행했고, 그 시리즈는 판매자의 부정적인 추측

---

[7] (역주) 우리나라 출판사에서도 책을 출판할 때 가장 많이 신경을 쓰는 부분이 제목인 것 같다. 모름지기 책의 제목은 그 내용을 독자에게 잘 전달할 수 있는 것으로 결정되는 것이 타당하다. 하지만 최근 많은 출판사가 판매 촉진을 위해 책의 내용과는 거리가 먼 자극적이면서 선정적인 문구로 책의 이름을 결정하는 경향을 자주 볼 수 있다. 이런 경향은 저서보다 번역서에서 자주 발견된다. 아마도 가장 두드러진 사례는 'Gang Leader for a Day'를 '괴짜사회학'이라는 제목으로 출판한 경우인데, 이 책은 이후 **괴짜경제학, 괴짜심리학, 괴짜물리학**의 출간으로 이어지는 엄청난 파급력(!)을 발휘했다. 학술지 논문의 제목을 정하는 전략들이 제9장에서 논의되고 있다. 껍데기(현혹하는 명칭)가 알맹이(내용물)를 결정하는 현상은 우리나라 곳곳에서 나타나고 있다. 정부가 시장경제 원칙에 근거해 각 대학에 구조개혁을 강요하자, 전국의 많은 대학들은 기존의 학과와 강좌 명칭, 그리고 커리큘럼들을 학생들(그리고 교육부 관료들)을 현혹할 수 있는 명칭들로 급조하여 발표하였다. 그런데 껍데기는 바뀌었지만, 그 내용물은 거의 변하지 않았다. 이런 현상은 출판계와 대학에만 국한되지 않는다. 우리 주변의 아파트, 가게 명칭들도 전혀 의미를 알 수 없는 외국어들로 난무하고 있다. 프랑스 철학자 장 보르리야르의 주장대로 '이미지가 현실을 지배'하고 있다. 그러나 이는 우리가 가야 할 방향도, 바람직한 것도 아니다. 오히려 극복해야 할 사안처럼 보인다.

과는 달리 상당히 성공적이었다.

　나는 책 편집인으로서의 작업을 하면서 더 큰 차원의 편집을 경험할 수 있었다. 나의 글에서보다 다른 사람의 글에서 그들이 표현하고자 애쓰는 내적 논리를 더 쉽게 파악할 수 있게 되었다. 이는 마치 나의 글에서보다는 남의 글에서 군더더기 말, 멋 부리는 말, 그리고 그 밖의 다른 결점을 더 쉽게 발견할 수 있는 것과 같다. 나는 저자를 단지 화나게 하기보다는 글을 고치도록 유인하는 방식으로 원고를 비판하고 싶기 때문에(그렇지 않으면 시리즈를 위한 원고를 모을 수 없으므로), 문제점만을 간결하게 말하는 방법을 배워야 했다. 또한, 상업적 출판물의 생존 측면을 그들에게 설명해야 했다. 나는 변호사 앞에서 계약을 처음으로 체결한 저자들에게, 계약이 출판사에 유리하게 되어 있지만 그런 계약서의 구절들을 악용하는 출판사는 거의 없으니 걱정하지 말라고 설명도 해야 했다. (점점 더 많은 출판사가 대기업의 부속 기관으로 되어 가고 있으므로, 나의 이러한 충고는 예전과는 달리 사실이 아닐 수도 있다.)

　내가 경험했던 편집자의 편견은 매우 사소한 것이었다.[8] 다만 내가 약간 고전했던 부분은 사회학 학술지 편집자들 사이에서 일어난 중요한 변화와 관련이

---

[8] (역주) 역자가 경험했던 논문 심사자의 평가는 결코 사소한 것이 아니었다. 통계 분석의 해석은 저자의 고유 권한이라 할 수 있다. 저자가 어떤 접근 방식을 선정했느냐에 따라 그 해석은 정반대가 될 수 있다. 역자는 '저자의 해석이 자신(논문 심사자)의 생각과 상반된다고 주장하면서 그 해석이 잘못되었다는 이유로 게재 불가 판정을 내렸던 논문 심사 평가'를 받아본 적이 있다. 이는 암기식 정답형 교육이 대세인 한국 학계에서는 얼마든지 가능한 일이다. 심지어 논문의 내용보다는 참고 문헌에 자신의 글이 인용되었는지의 여부로 논문을 평가하는 사람들도 본 적이 있다. 이러할 때는 그 학술지를 피하고 다른 학술지에 논문을 투고하는 것이 상책일 것이다. 왜냐하면 그러한 행위가 그 학회의 구조적 특성에 따른 회원들의 관행일 가능성이 있기 때문이다. 그래도 그 학술지에 투고하고 싶다면, 최소한 편집위원장이 바뀔 때까지는 원고 투고를 연기하라고 권고하고 싶다. 왜냐하면 대개 편집위원장이 편집위원들을 선정하고 그 편집위원들이 논문 심사자들을 결정하기 때문이다. 편집위원장이 바뀌면 모든 것이 바뀔 수 있다. 그러나 정상적인 편집위원회라면, 저자의 고유 권한을 무시하거나 참고 문헌으로 게재 여부를 심사하는 사람들은 논문 심사자의 명단에서 제외시킬 것이다. 사실 역자의 경험에 따르면, 문제가 있는 논문 심사자들의 명단은 편집위원회 의원들에게 암암리에 전달되고 있다. 편집위원장과 편집위원들은 아마 그들의 권한으로 그런 문제의 심사자들은 제거하고 다른 심사자로 대체할 것이다.

있다. 학술지에 실린 나의 최초의 논문은 석사학위 논문을 발전시킨 것으로, 재즈음악가에 관한 것이었다. 내가 사용했던 본보기들—예를 들면, 의료인 경력에 관한 오스왈드 홀(Oswald Hall)의 논문과 위테(Whyte)의 『뒷골목 사회(Street Corner Society)』—의 관행을 따라, 나는 현장 기록과 면접 내용에서 광범위하게 인용을 했다. 그러나 음악가들은 의사들처럼(혹은 홀이 의사들의 언어 사용에 대해 보고한 것처럼) 정중하게 말하지 않았다. 그들은 '제기랄(shit)'과 '염병할(fuck)' 같은 욕설을 많이 사용했다. 과학적인 정확성을 위해 그리고 약간의 장난기를 발동하여 나는 그런 욕설을 말 그대로 인용했다. 학위논문에서는 그런 인용들이 수용되었지만, 1950년대 학술지에서는 편집인들이 그 단어의 앞자만을 ('f—'와 's—') 적고 나머지는 삭제했다. [이런 어리석은 관행은 전후에 발간된 『미국사회학회지』에서 절정을 이루었다. 당시 『미국사회학회지』에 실린 논문은 주로 미국에 관한 것이었는데, 프레드 엘킨(Fred Elkin)의 논문인 「군대 언어 (The Soldier's Language)」는 아주 긴 대시 기호로 끝이 났다.] 나의 논문에서 마침내 그같이 적나라한 단어가 쓰이도록 허용된 것이 어떤 논문이었는지는 기억하지 못한다. 아마 1963년도에 출판된 책인 『주변인(Outsiders)』에서인 것 같다. 물론 오늘날에는 그같은 상스러운 말이 사회학 출판물에서 일상적으로 나타난다.

   제1장의 글쓰기 세미나 수업에 관해 기술하면서, 내가 글을 쓸 때 행했던 일종의 의식에 관해 이야기했다. 그러나 그 의식이 구체적으로 무엇인지에 대해서는 밝히지 않았다. 그 수업을 개설한 이래, 나는 컴퓨터로 글을 쓰기 시작했다. 그래서 그 수업 시간에 수강생들에게 이야기했던 의식들을 더는 행하지 않게 되었다. 그러나 여기서 그 의식이 무엇이었는지를 밝히고자 한다. 그 당시 언급한 의식은 내가 대부분 글을 썼던 방식이었고, 그때까지만 해도 컴퓨터 작업 방식이 갖는 새로운 장점들을 충분히 인식하지 못했다(컴퓨터 작업에 관한 것은 제9장에서 말할 것이다.) 글쓰기 의식의 절차는 전반적으로 학문하는 시기의 리듬에 따라 재단되어 간다.

나는 게으르고, 일하기 싫어하며, 일에 투자하는 시간을 최소화한다. 그래서 꽤 많은 양의 글을 썼지만, 타자기 앞에서는 비교적 적은 시간을 보냈다. 나는 경청해 줄 사람들과 함께 다루고자 하는 화제를 이야기함으로써, 궁극적으로 논문이 될 글을 시작하곤 한다. 내가 강의를 시작한다는 것은 수업 시간에 앞으로 쓰려는 논문의 화제에 관해 이야기한다는 것을 의미했다. (『예술세계』는 그 책이 출판되기 8~9년 전, 내가 처음 예술사회학을 가르쳤던 강의 노트에서 시작된 것이다.)[9] 강연 요청을 받으면, 나는 사람들이 나의 '새로운 연구 관심', 즉 새로이 작업을 시작한 논문에 관해 듣고 싶어 한다고 가정하고 강연을 한다. 그러한 강연은 아직 엉성한 수준에 머무는 초고의 내용에 관한 것이다. 나는 논문의 내용을 어떤 논리로 연결할 것인지, 사람들에게 논점을 이해시킬 방식은 무엇이며, 혼동을 야기하는 방식이 무엇인지, 막다른 골목에 도달하게 하는, 즉 차라리 시작하지 않은 것이 좋았을 논의는 무엇인지 등을 배우게 된다.[10]

---

[9] (역주) 외국의 교수들은 자신의 강의에 근거해 책을 저술하는 경우가 많은 것 같다. 교수에게 강의란 가수가 힘껏 연습한 노래들 혹은 화가가 그린 그림들에 대한 '작품발표회'라고 할 수 있다. 첫 학기 후 매주 사용했던 작품발표회의 강의 노트들을 모으면 첫 번째 초고가 탄생한다. 두 번째 학기에는 첫 번째 학기에 만들었던 강의 노트들을 매주 강의 때마다 개작함으로써 두 번째 초고(강의 노트)를 만든다. 이렇게 십여 년 동안 매번의 강의 노트(초안)를 향상하다 보면 저절로 한 권의 책(교재)이 완성될 것이다. 강의 노트의 개작들을 통해 책을 만드는 방식은 특히 자신만의 학문이 담겨 있는 창의적인 책을 저술할 때 매우 유용하다. 새로운 강좌를 개설했을 때, 첫 번째 학기의 강의 노트는 매우 엉성할 것이지만 향후 매 학기 꾸준한 개작을 통해 발전시킬 수 있다. 이때 공연에서 자신의 노래에 빠지는 가수들과 마찬가지로, 교수도 자신의 강의에 빠지고 희열을 느낄 것이다. 하지만 희열의 강의는 자신의 학문을 생성하기보다는 저명한 학자의 교재를 정답으로 간주하여 그 내용을 암기할 것을 강요하는 교수들에게는 불가능한 일이다. 암기식 정답형 교육이 대세인 우리나라 대학교에서 자신의 강의에 희열을 느끼는 교수는 예외적인 사람일 것이다. 또한 역자가 자신의 강의 노트를 학생들에게 복사하라고 나누어 주는 것을 보고, 동료 교수들은 그것의 도난을 우려했다. 한 교수는 자신이 대학원을 다닐 때, 어떤 노교수가 자신이 수강하고 있는 젊은 교수의 강의를 노트로 만들어 오라고 요구했고, 다음 학기에 그 노교수가 그 강의 노트와 자신의 오랜 강의노하우를 사용해 훨씬 멋진 강의를 함으로써 그 젊은 교수를 바보로 만들었다는 이야기를 하였다. 이러한 위험에도 불구하고, 학생들에게 자신의 강의 노트를 복사하여 나누어 주면 그 위험보다 큰 혜택으로 보답될 수 있다.

[10] (역주) 이러한 유형의 강의나 강연은 다소간의 뻔뻔함을 필요로 한다. 그 뻔뻔함은 강의의 목적이 어떤 주제에 대한 논리적 설명이 아니라 창의적 사고를 위한 문제제기라고 이야기함으로써 어느 정도 합리화될 수 있을 것이다.

대화에 의존하여 글을 시작하는 방식을 시도할 무렵, 나는 대화를 통해 글을 쓰는 이유에 대한 데이비드 앤틴(David Antin)의 설명을 읽어 본 적은 없었다. 하지만, 그의 설명에 깊이 동감했다.

> …나는 장롱 속에 처박아 둔 아이디어를 가지고 타자기 앞에 앉아서 일을 착수하는 것을 절대 좋아하지 않기 때문에 … 이 말의 의미는 무엇일까? …나는 무언가가 머리에 떠오르면, 특정한 장소에 가는 버릇이 있다. …내 손에 뭔가를 들고서 …하지만 입에 아무 단어도 담지 않고서 … 내가 바라는 방식으로 특정인들과 이야기하는 특별한 기회를 찾는 것은 우리 모두에게 보람이 있다(Antin, 1976: i).

한동안 (보통 여러 달이나 그 이상) 무언가를 이야기하고 나면, 나는 불안해지곤 했다. 좀처럼 그 불안감의 정체를 알아차릴 수 없었다. 그러한 동요는 학기 중에나 여름방학에는 잘 발생하지 않는다. 수년 동안 여름방학이나 강의가 없는 기간에는 샌프란시스코에서 지내다가, 가을 학기 개강에 맞추어서 시카고로 돌아왔다. 시카고로 돌아오기 약 3주 전 어느 날, 나는 어떤 징조도 없이 갑자기 다름 아닌 모호한 불안감을 알아차리고, 책상에 붙어 앉아 아침부터 한밤중까지 타이프를 쳤다. 리갈 규격의 노란 종이에 200%의 줄 간격으로 타이핑했다. 또한 노란 종이는 공책에서 조심스럽게 한 장씩을 뜯어냈다. 종이가 조금이라도 잘못 뜯어지면 그 종이를 사용하지 않았다. 전혀 고쳐 쓰지 않으면서—그때는 아무튼 그래야 했다—타이핑만을 계속했다. 만약 논점을 세우는 데 어려움이 있거나 논의를 마무리할 방법을 찾을 수 없으면, 빗금(/)과 밑줄을 사용하여 꺾쇠 괄호를 만들었고(나는 여러 종류의 괄호를 만들 수 있는 컴퓨터 기능을 좋아한다), 그리고 "지금은 이에 대한 논의를 진척시킬 방도가 없다."와 같은 말을 써 놓았다. 그러고 나서 내가 다룰 수 있는 다른 논점으로 이동했다.

나는 종종 내가 써놓은 것을 합쳐 약 6쪽이나—줄 수를 세고, 한 줄에 들어

가는 단어의 수를 일일이 세어—2,500 단어의 분량으로 만들어 경청해 줄 사람에게 발표했다. 되도록 원고에 커다란 X자를 긋지 않으려고 노력했지만, 엄격하게 지켜지지는 않았다. 만약 더 나은 표현 방법을 발견하면, 예전의 문구를 새로운 문구로 대치했다. 또한 필요하다고 생각되면 새로운 의견을 아주 깔끔하게 삽입하였다. 예를 들어, 새로 작성한 7A쪽을 오려서 7쪽에 갖다 붙이거나, 7A쪽이 추가될 부분을 7쪽에 표시해 두었다. (출판사 직원들이 나의 산뜻한 원고에 경의를 표할 때 무척 기뻤다.) 나는 3주 동안에 10~15쪽 정도의 원고—엉성한 초고의 논문—를 세 개나 작성했다.

이런 엉성한 초고들을 가지고 캘리포니아에서 돌아와서 학기 중에 그것들을 조금씩 고치곤 했다. 종종 그 원고들을 몇 달씩 젖혀 두고, 일상생활을 지배하는 학교일(학회에 참석하고, 학생들과 동료들과 이야기하는)에 몰두한 채, 거의 생각하지 않았다. 이처럼 글을 잠시 접어 두는 것은 논문을 다시 작성하는 데 도움이 되었다. 그 이유는 학교 일을 하는 동안, 특정 논점 또는 논점을 표현하는 어떤 특정 방식을 고집했던 이유를 잊게 되어, 글을 수정하는 것이 훨씬 수월해지기 때문이다. 그래서 겨울방학 전까지 젖혀 둔 원고를 꺼내 보지 않으며, 수정 작업을 시작하지도 않았다. 나는 항상 문장을 고치면서 퇴고를 시작했다. 불필요한 단어를 제거하고, 모호한 부분을 명료하게 만들며, 전보처럼 간결한 생각을 부연시켰다. 내가 수업 시간에 언급했듯이, 이러한 퇴고 작업은 언제나 얼버무렸던 이론적 난제들을 끄집어 내기 때문에, 나는 곧 논문의 전반적인 분석을 재고해야만 했다. 또 할 수 있다면 진척시키지 못했던 부분에 새로운 견해를 적어 넣었다. 할 수 없으면 하지 않았다. 어느 경우든, 나는 대개 논문을 몇 달 혹은 수년간 방치해 두었다.

이제부터 서술할 내용은 컴퓨터로 작업하는 나의 새로운 습관에도 적용되는 것이므로, 현재 시제로 말할까 한다. 궁극적으로 나는 또 다른 초고를 만든다. 이런 종류의 작업은 언제라도 할 수 있고, 보통 3~4일 걸렸던 작업을 단지 몇 시간 만에 해치울 수도 있다. 초고를 두세 번 작성하고 유용한 조언이나 신랄한 비평을 해 줄 친구에게 보낼 만한 원고가 탄생한다. 나는 '편집자 서신'이라는 공식적 비평보다 친구들의 사적 비평을 훨씬 좋아한다.

어떤 논문은 결코 완성되지 않은 채 남지만 나는 내가 쓴 글을 버리기 싫어하며, 호평받지 못한 글일지라도 희망을 버리지 않는다. 20년 동안 서류함 속에 간직되어 온 글들도 있다. [사실, 나는 1948년 에버렛 휴즈 교수의 인종 관련 과목을 수강할 때 작성한 애비 극장(Abbey Theatre)에 대한 논문을 아직도 간직하고 있다.]

내 글을 게재 불가를 놓은 편집인의 논평이나 친구의 비평을 들을 때, 나는 나의 논점이 그들의 반대 의견을 제압할 수 있을 만큼 충분히 명료하지 않았다고 가정한다. 그래서 나는 나의 입장을 변경하지 않은 상태에서 그 반대 의견에 대응할 방도를 모색하며, 그 비평이 나의 입장을 바꾸어야 한다는 사실을 확신시켜 주지 않는 한 나의 입장을 바꾸지 않는다. 이런 수정과 재고의 과정은 사고가 마를 때까지 또는 그 글이 잡지나 책에 출판될 때까지 계속된다. 나는 때때로 작품을 끝냈다고 생각하고 나서, 곧 그렇지 않다는 것을 발견하곤 했다. 그것을 어떻게 알 수 있을까? 현재보다 더 나아질 수 있는 것을 발견했을 때, 그리고 그것의 개선 방법을 찾았을 때, 나는 원고를 한 번 더 점검해야 한다는 사실을 깨닫는다. (『예술세계』가 진짜로 완성되기 전, 나는 두 번이나 그 작품이 완성되었다고 생각했었다.)

경험이 쌓이고 더 자신만만해지자 글쓰기 문제를 스스로 해결하기 시작했다. 길고 복잡한 문장이 불만족스러워지자, 짧은 문장을 가지고 실험해 보았다. 단어 수를 얼마나 줄일 수 있을까? 매우 적은 수의 단어들로도 글을 쓸 수 있다. 나는 또한 너무 화려한 수사체를 쓰는 세 번째 사람과 쓸모없는 말을 과잉 남용하는 과장법을 쓰는 첫 번째 사람을 대신할 대역을 찾기 시작했다. 그 결과, 두 번째 사람의 법석대는 무대로 인도하며 그곳으로 접어든다. 무대에서 그는 독자에게 다음과 같이 속삭인다. "당신은 이 무대가 어떻게 끝나는지를 보실 수 있습니다."

　이런 관례는 내가 일을 끝내는 데 습관적으로 오랜 시간이 걸리듯이, 집필자의 오랜 시간적 여유를 전제로 한다. 마감 날짜에 맞춰 글을 쓸 때는 [말하자면, 만약 당신이 책의 한 장(chapter)을 쓰기로 했는데 그 마감일이 다가올 때 혹은 미국사회학회의 정기 학회에서 논문을 발표하고자 할 때], 그런 사치를 부릴 여유가 없다. 승진을 위해 동료나 행정 관료에게 보여 줄 출판된 논문이 필요하다면, 역시 그럴 여유가 없다. 후자의 문제는 내가 전문직 생활을 시작하던 초기에 필연적으로 강요받았던 작업 방식을 이용하면 해결할 수 있다. 나는 수년간 강의보다 연구에 종사하였기 때문에, 기존의 프로젝트를 끝내기 전에 항상 새로운 프로젝트를 시작해야 했다. 결과적으로 항상 여러 프로젝트의 글을 동시에 작업해야 했다. 예를 들어, 새로운 프로젝트의 최초의 초고, 좀 오래된 프로젝트에서는 이전 초고의 개작, 그리고 출판 준비를 들어간 최종 원고 마무리 등의 작업을 동시에 했다. 이런 식의 작업은 생각보다 쉽다. 항상 가장 쉬운 것부터 작업함으로써, 한 프로젝트의 작업이 꽉 막혔을 때는 하기 쉬운 다른 프로젝트의 작업으로 이동할 수 있으므로, 사실상 글쓰기 과정의 모든 단계가 훨씬 수월해진다.

　1970년에 나는 사진 기술을 배우기 시작했다. 그때 배운 기본적인 사진 실습은 나에게 글쓰기에 관한 많은 아이디어를 제공했다. 사진을 배우는 모든 학생과 마찬가지로, 나는 사진사에게 가장 중요한 것은 사진이며, 몇 장의 좋은 사진을 얻고 잘못된 사진과 잘 찍은 사진을 구별할 수 있다면, 잘못된 수천 장의 사진을 찍는 것은 결코 불명예스러운 것이 아니라는 사실을 알게 되었다. 학생들은 콘택트 시트(contact sheet)를 '읽는' 방법을 배운다. 콘택트 시트는 한 장의 인화지에 한 통의 필름에서 자른 토막들을 한꺼번에 인화한 것으로, 필름의 각 토막은 실제 크기로 인화된다. 학생은 자신이 설정한 노출도를 보고 어떤 노출도가 적합한지를 터득한다. 가장 중요한 것은 최종 결과물이며, 만약 당신이 작업 과정에서 훌륭한 것을 발견한다면, 아무도 잘못된 시도와 아이디어에 대해 비판하지 않을 것이라는 사실을 깨달았다. 또한 필름과 인화지와 시간이 낭비될 수 있다는 것을 배웠다. 이런 배움은 나의 저술에도 영향을 미쳤다. 나는 과거 어느 때보다 기꺼이 머릿속에 떠오르는 어떤 하찮은 생각이라도 적어 두게 되었다. 사진 작품을 만드는 과정과 마찬가지로, 맘에 들지 않거나 사용할 수 없는 것들은 언제든지 버릴 수 있다는 사실을 알았기 때문이다.

1970년대 언젠가, 나는 문학적 허영과 야망을 발전시키기 시작했다. 아마도 '진짜 작가'(즉, 소설가)인 한 친구가 내가 『예술세계』에 발표했던 에세이의 초고에 관해 친절한 조언을 해 주었을 때쯤이었던 것 같다. 이때부터 나는 단지 명료하게 쓰는 차원을 넘어 폭넓은 의미에서, 글을 더 잘 쓸 수 없을까 하고 고민하기 시작했다. 이전에 거의 관심을 두지 않았던 글의 조직도를 실험하기 시작했다. 글의 후반부에 탐구할 아이디어의 씨앗을 초반부에 심고, 독자에게 복잡한 논점을 떠올리게 하기 위해 나중에 사용될 예를 초반부에 소개하기 시작했다. 나는 집필을 시작하기 전에 커피를 가져다주는 늙은 하인에게 의지했다는 앤서니 트롤로프(Anthony Trollope)의 이야기와 책을 완성하는 데 하인도 그에 못지않은 일을 했다고 생각하는 트롤로프의 견해를 그의 자서전에서 인용했다. 예술가가 작품을 완성하기 위해서는 다른 사람의 도움에 의존해야 함을 보여 주기 위해 그러한 예를 사용했으며, 책의 후반부에서는 단지 독자에게 이론적 논점을 떠올리게 할 요량으로 트롤로프와 그의 하인에 대해 언급했다.

아마도 나의 강의 경험을 통해서 아이디어를 제시하는 데 있어 이야기—훌륭한 예[11]—의 중요성을 점점 더 확신하게 된 것 같다. 학생들이 나의 예술사

---

[11] (역주) 강의에서도 훌륭한 예가 있으면 학생들에게 강의 내용을 훨씬 쉽게 설명할 수 있다. 그런데 강의나 교재에서 사용할 예는 책을 저술하는 순간 갑자기 생각나는 것은 아니다. 예는 특정 내용을 설명하고 노력하는 강의 시간에 더 잘 생각이 나며, 그러한 고민을 일상생활에서 하는 과정에서 더 잘 발견된다. 생각나거나 발견될 때마다 이를 강의 노트에 첨가하고 개작하는 끊임없는 작업은 좋은 책을 저술하는 데 도움이 될 것이다.

회학 수업에서 기억에 남는 것은 슬라이드를 사용하여 아주 상세히 설명한 사이몬 로디아(Simon Rodia)와 와트 타워스(Watts Towers)의 이야기라고 말할 때는 분통이 터지곤 했다. 나는 내가 천천히 그리고 고통스럽게 발전시킨 이론을 학생들이 기억해 주기를 바랐다. 그러나 결국에는 이야기가 이론보다 더 중요하다고 결론을 내렸다. 나는 이를 어느 정도 알고 있어야만 했다. 왜냐하면 나는 항상 현장 노트에서 대표적인 사건과 인용 문구들을 추출하여 특정 순서로 배열한 다음, 그에 관해 설명함으로써 현장 보고서 작성을 시작했기 때문이다.

또한 『예술세계』를 통해 그림 사용과 그에 따른 문제점을 재발견할 수 있었다. 예술에 관한 책은 그림이 포함되어야 함은 자명한 일이다. 처음에는 다분히 장난기 섞인 방식으로 그림 삽입의 가능성을 실험해 보았다. 『미국사회학회지』는 여러 번의 수정 작업 후, 공예 매체(craft media)가 예술 세계에 흡수되는 방식을 다룬 논문인 「예술과 공예(Arts and Crafts)」를 출판하기로 결정했다. 나는 논문 중간마다 나의 분석적 논점을 예증하는 많은 예술작품을 묘사했다. 그 논문의 출판이 결정되었을 때, 나는 편집 직원에게 전화를 걸어 그 논문에 몇 개의 그림을 삽입하는 것이 훨씬 좋지 않겠느냐고 물어보았다. 『미국사회학회지』는 시카고 대학교의 작고한 사회학 교수의 초상화를 제외하고는, 어떤 그림도 실은 적이 없었다. 만약 편집 직원이 '안 된다'고 말했더라면, 나는 차별대우를 받는다고 느꼈을 것이다. 그런데 편집 직원은 출판사와 편집위원장에게 물어보겠으며, 아마도 그들이 승낙할 것이라는 자신의 생각까지 말해 주었다. 이때부터 나는 나의 논점을 부각하면서, 저렴한 가격에 저작권을 살 수 있는 그림을 찾는 일에 착수했다. 주전자의 주둥이를 똑바로 선 남근의 형상으로 조각한 로버트 아네슨(Robert Arneson)의 도자기 주전자와 에드워드 웨스턴(Edward Western)의 여자 나체 사진이 원고에 삽입되었다. 이러한 그림이 문제를 일으킬 것으로 생각했지만(웨스턴의 사진은 『플레이보이(Playboy)』에 실릴 법한 것이었다), 나의 선입관은 또 한 번 더 빗나갔다.

나는 『예술세계』를 교정하면서, 책에 그림이 포함되는 것이 좋다는 사실을 깨달았다. 캘리포니아 대학 출판부의 내 책 담당 편집인이었던 그랜트 바네스(Grant Barnes)는 훌륭한 충고를 해 주었다. 그는 "단지 그림을 식별하기 위한 제목만을 달지 마시오. 독자가 그 그림에서 포착해야만 하는 것이 무엇인지를 설명하는 문장을 최소한 하나라도 쓰시오."라고 말했다. 독자가 그림을 보고, 설명문을 읽음으로써 책의 논점을 파악할 수 있었던 것은, 내가 그의 충고를 따랐기 때문이다. 이 모든 것은 글쓰기와 책 만들기의 시각적인 측면에 대한 나의 관심을 증가시켰다. 그림과 특이한 서체를 만들어 내는 컴퓨터의 새로운 기능이 이런 관심을 충족시켜 줄 수 있기를 기대한다.

도덕성―나 자신에 관해 많이 말하는 것이 좋은 유일한 근거―을 되풀이해서 말하자면, 여러분은 세상이 당신에게 강요하는 것과 세상이 할 수 있게끔 해 주는 것으로부터 글쓰기를 배우라는 것이다. 학자들이 일하고 있는 제도들은 어떤 방향으로 그들을 밀어붙이지만, 한편으로는 많은 가능성도 개방하고 있다. 바로 이것이 여러분에게 차이를 만드는 곳이다. 대부분의 사람에 비해, 나는 아마 그 가능성을 더 많이 개방했고 그리고 그 압박에 더 많이 저항했다. 세상은 밀어붙이고 때로는 저항을 어렵게 만든다. 그러나 내 생각에 나의 이야기는, 나의 역사적 그리고 개인적인 특유성에도 불구하고 대부분 사람이 생각하는 것의 반대가 더 진실이라는 사실을 보여 준다.

제 6 장

위험

　이 장은 플로리다 대학교에서 강의를 맡은 사회학자 파멜라 리차즈(Pamela Richards)의 기고로 구성된 것으로, 약간의 소개와 설명을 덧붙이겠다. 나는 로잔나 헤르츠(Rosanna Hertz)에게 그녀가 언급했던 '고상한' 글쓰기의 의미를 글로 써 달라고 부탁한 적이 있다. 그리고 나는 그 결과에 매우 기뻤다. 그 후 사람들에게 그들이 무심코 뱉은 말의 의미를 글로 써 달라고 부탁함으로써, 내가 알 수 없었던 새로운 것을 발견할 기회를 찾고 있었다. 오래 기다릴 필요가 없었다.

　나는 파멜라 리차즈가 노스웨스턴 대학원에서 공부를 시작한 이래 쭉 알고 지냈다. 졸업하고 플로리다에서 강의하기 시작한 후에도, 그녀는 자신의 학위 논문에서 사용했던 계량적인 통계 방식으로 범죄학을 계속 연구했다. 몇 년 후, 그녀는 좀 색다른 방식으로 연구하고자, 게인스빌(Gainesville) 근처에 있는 플로리다 주립 여자 교도소에서 실질적인 현장 연구[1]를 하기로 했다. 연구는 그녀가 생각했던 것보다 쉽게 진행되었다. 교도소 직원은 그녀의 입소를 쉽게 허락했으며, 처음에 의혹을 가졌던 수감자들도 곧 그녀와 거리낌 없이 이야기하기 시작했고, 대부분의 교도소 내 활동에 접근하도록 허용해 주었다.

1년 후 그녀는 상당한 양의 현장 노트를 축적했고, 교도소 내의 생활도 많이 알게 되었다. 이제는 자신의 연구 결과를 자세하게 기록하고 정리하기 시작해야 겠다고 생각했다. 우리는 그 연구의 초기부터 현장 연구의 문제점에 대해 서신을 주고받았다. 그녀는 글을 시작하는 데 어려움을 겪고 있다고 털어놓았다. 초기의 연구 논문을 성공적으로 수행해 온 자신의 경험에 비추어, 질적 자료를 처리하는 색다른 방법이 혹시 있지 않을까 하고 생각했고, 그것을 나에게 물어 왔다.

나는 앞에서 언급했던 나의 표준 처방책을 제시했다. 즉, 연구를 모두 마쳤다고 가정하고, 자리에 앉아서 생각나는 대로 무엇이든 적어 보라고 제안했다. 단, 현장 노트나 교도소에 대한 문헌 그리고 그 밖의 것들은 참조하지 말고, 가능한 한 빨리 타이핑하라고 말했다. 글이 막혔을 때는, '글이 막혔다.'고 타이프치고, 다른 화제로 넘어가라고 제안했다. 그러고 나서 그 결과물을 읽으면 자신이 정말로 생각했던 것이 무엇인지를 알 수 있을 것이다. 이런 방법을 통해 현장 자

---

1) (역주) 질적 연구 혹은 인류학적 접근 방식을 선호하는 학자는 자신의 관심 분야에 관련된 곳에서 현장 연구를 행한다. 예를 들면, 여자 교도소뿐만 아니라 길거리의 부랑아 혹은 일본의 게이샤 생활까지도 한다. 우리나라에서도 과거에는 특정 집창촌에서 몇 달씩 기거하면서 매춘 현장을 연구했던 석사 논문 같은 시도가 있었지만[홍승표(1982). 매춘사회에 관한 일 연구—영등포역 주변의 매춘업소의 참여관찰], 이러한 도전적인 질적 연구는 오늘날에는 점점 접하기 어려운 듯하다. 그렇지만 이러한 질적 연구들은 양적 연구나 서구 이론에서의 일반화된 주장 혹은 집합 심상의 한계를 지적하는 데 크게 기여할 수 있다(역자가 번역한 **학계의 술책** 참조).

료를 분석하는 방법을 찾을 수 있다.[2] 왜냐하면 자신이 생각했던 것이 정말 옳은지, 만약 그르다면 무엇이 그른지 알기 위해 현장 자료들을 점검할 것이기 때문이다. 어떤 경우든 짧은 시간 내에 다수의 엉성한 초고들을 작성할 수 있으며, 이로써 출발점에 서게 된다.

수년 동안 나는 많은 사람에게 이런 충고를 했다. 그러나 많은 이가 충고를 받아들이지 않았다. 그들은 나와 논쟁하지 않았고, 나의 조언을 무시했다. 항상 이 점을 이해하기 힘들었는데, 나의 충고에 대한 파멜라의 답장이 그 이유를 깨닫는 데 도움이 되었다. 그녀가 내 조언을 받아들이지 않았던 것은 아니다. 그러나 생각이 깊고 분명했기 때문에, 사람들이 나의 충고를 받아들이는 데 있어 무엇이 문제가 되는지를 분명하게 밝혀 주었다.

한동안 그녀에게서 아무런 소식도 듣지 못했다. 그러던 어느 날 나의 충고를 받아들였다는 편지를 보내 왔으며, 자신이 10일 동안 썼다는 50쪽짜리 원고를 증거물로 동봉했다. 물론 그것은 나를 즐겁게 해 주었다. 그것은 나의 충고가 유효했음을 보여 주는 것이었다. 그러나 그녀의 동봉된 편지는 중요한 문제를 언급하고 있었고, 그 문제에 대해 약간은 자극적이지만 매우 훌륭하고 상세한 대답을 제시하고 있었다.

그녀는 실험적인 방식으로 초고를 써 보기 위해 숲속에 있는 오두막집을 빌렸다고 했다. "나는 그것이 매우 위험한 작업이 될지도 모른다는 사실을 감지했지만, 어쨌든 시도해 보기로 했다." 나는 이 말의 의미를 이해할 수 없었다. 그녀는 권위 있는 학술지에 논문을 여러 편 출판했고, 공동저서도 낸 적이 있

---

[2] (역주) 역자도 발표와 토론 수업을 진행할 때 실질 내용에 대한 조언을 제공하지 않는다. 왜냐하면 학생들(특히 정답형 교육에 익숙한 우리나라 학생들)은 교수가 한마디 조언하면 그것이 정답인 양 그동안 자신들의 토의하고 발전시켜 왔던 내용 모두를 저버리는 경향이 있기 때문이다. 발표와 토론은 조원들의 생각을 발표하고 점검하기 위한 것임에도 학생들은 발표와 토론 수업을 선생의 지시를 받고 지시 사항을 준수하여 발표 내용을 정하고 발표하는 데 매우 익숙해져 있다.

는 성공한 전문인이었다. 여러 학술대회에서 논문을 발표했으며, 최근 승진하여 종신직 교수로서 신분도 보장받았다. 다시 말해, 젊은 학도들을 괴롭히는 가장 두려운 인물로 부각되어 있었다. 그런데 무엇이 위험하단 말인가?

로잔나 헤르츠에게 매우 성공적이었던 '연구 방법'을 다시 사용할 기회가 왔다. 나는 파말라에게 편지를 써서, 열흘 동안 타자기 앞에 앉아 머릿속에 떠오르는 대로 글을 쓰는 것이 왜 그토록 위험한 일인지를 설명해 주는 답장을 보내 달라고 부탁했다. 최악의 경우, 답장을 쓰는 것이 시간 낭비가 될 수도 있겠지만, 전혀 아무것도 쓰지 않은 사람보다 손해를 보지는 않을 것이라고 지적했다.

또다시 한동안 소식을 듣지 못하다가, 나의 부주의한 소견이 인식하지 못했던 점을 솔직하고 인간적으로 설명해 주는 다음의 편지를 받았다. 원래는 그녀의 글을 위험의 문제를 분석하기 위한 원재료로 사용하고자 했다. 그러나 편지를 다시 읽으면서, 내가 그녀의 이야기와 분석에 덧붙일 만한 것이 없음이 명확해졌다. 그래서 내가 간단한 서문과 그 밖에 이 책의 나머지 부분에 밀접히 관련되는 내용만 쓰고, 그녀가 이 장 본문의 저자가 되어 달라고 부탁했다. 그녀는 동의했다. 이런 방식이 약간 비정상적이기는 하지만, 말할 필요가 있는 것을 얻은 가장 정직한 최상의 방법으로 보인다. 다음은 나의 질문에 답한 그녀의 편지다.

● **존경하는 베커 선생님께**

지금 막 위험이라는 문제를 생각하면서 두 잔의 커피를 마셨습니다. 저의 심려는 지난주에 꾸었던 세 가지 꿈에서 비롯되었습니다. 두 가지는 (제 생각에 많은 다른 것 중에서도) 위험에 관한 것이었고, 나머지 하나는 위험을 뚫고 나가는 것에 대한 꿈이었습니다. 실제로는 두 개만이 꿈이었고, 나머지 하나는 선생님의 편지를 받기 전에 저를 괴롭힌, 한밤중에 일어난 색다른 종류의 사건이었습니다.

첫 번째 꿈에서, 대학원 시절부터 알고 지낸 친한 친구에게 세 장 분량의 원고를 보냈습니다. 그것은 선생님께 보낸 것과 같은 원고입니다(실제로는 그 친구에게 원고를 보내지 않았습니다.). 꿈속에서 친구와 저는 샌프란시스코에서 개최된 미국사회학회에서 만났고, 친구는 제가 보낸 원고에 대해 어마어마한 분량의 논평을 가져왔습니다. 친구는 저에게 매우 화가 나 있었고, 논평은 신랄한 혹평으로 가득 차 있었습니다. 혹평은 쪽마다 계속되었습니다. "이 원고는 너의 글 중에서도 가장 형편없는 글이야. 네 수준은 그것밖에 안 되니? 너는 이 부분 때문에 정치적으로 배척당할 수 있다는 사실도 인식하지 못했어. 도대체 문제가 뭐니? 더 잘 쓸 수는 없는 거니? 온통 허튼소리뿐이야…" 이 글을 읽는 동안 친구는 가만히 앉아서 저를 노려보고 있었으며, 제 어깨를 붙잡고 이빨이 빠질 정도로 마구 흔들고 싶어 하는 것처럼 보였습니다. 당연히 저는 울기 시작했고, 눈물이 얼굴을 타고 흘러 내렸습니다. 울부짖고 통곡하며 도망가고 싶었습니다. 하지만 학술대회 중이라 동료들에게 둘러싸여 있었기 때문에, 가능한 한 좋은 얼굴을 하고 있어야 했습니다. 끔찍했습니다. 마치 제가 친구를 실망시켰기 때문에, 철저히 배신당하는 것 같았습니다. 저는 친구가 기대했던 수준에 도달하지 못했으며, 이 초고가 아무튼 제가 지적·성격적·정치적·도덕적으로 멍청이라는 것을 보여 주었다고 느꼈습니다. 그 논평을 읽고 있던 탁자에서 벗어나려고 분투했습니다. 친구는 의자에 기대어 앉아 저를 노려보고 있었습니다. 얼굴은 차가웠고 분노는 혐오로 변해 있었습니다. 학술대회에 참석한 사회학자들(모두 제가 모르는 사람들) 사이를 헤쳐 나가려고 애썼습니다. 그들을 밀치면서 "실례합니다."라고 말했지만, 아무도 미동조차 하지 않았습니다. 그들은 제가 그들 속을 헤치며 달릴 때조차 저를 쳐다보지 않았습니다. 그때 꿈에서 깨어났습니다.

다소 안정을 취한 후, 그날 밤 두 번째 꿈을 꾸었습니다. 첫 번째 꿈을 꾼 바로 직후인 것 같습니다. [저는 릴리안 헬만(Lillian Hellman)의 『미완성의 여자(An Unfinished Woman)』와 『펜티멘토(Pentimento)』를 읽고 또 읽었는데, 왜 그랬는지는 정말 모르겠습니다.] 두 번째 꿈에서, 저는 의자에 앉아서 여자 교도소에 관한 책의 내용을 구상하고 있었습니다. 어떤 장인지 어떤 화제인지는 확실하지 않지만, 아름다운 단어들이 거침없이 흘러나오고 있었습니다. 종이에 적고 있지는 않았지만, 저의 입속에서 굴러가듯이 흘러나오고 있었습니다. 모든 것이 완벽했고, 문체는 황홀했으며, 실제로 그것은 릴리안 헬만과 같은 문체, 같은 문장, 같은 감정과 표현이었습니다. 정말 멋졌습니다. 제가 하는 말을 매우 강력하고 완벽하게 조정하고 있었습니다. 그 글이 훌륭하고 우아하다는 것을 알고는, 말하면서 제스처까지 쓰기 시작했습니다. 꿈에서 깨었을 때, 서서히 그리고 편안하게 고양된 의식 속으로 빠져들었고 성취감과 자랑스러움으로 인해 매우 흡족했습니다.

그러나 그때 확고하고도 수정처럼 맑은 확신이 저를 단잠에서 깨게 만들었습니다(이번엔 꿈이 아니었습니다.). 저는 제가 사기꾼이었다는 사실을 확연하게 깨달았습니다. 저의 지식은 명백한 논쟁을 통해서 형성된 것이 아니었습니다. 저 자신의 인식에서 싹튼 것도 아닙니다. 단지 거기에 존재하고 있던 것이었습니다. 그래서 저는 그 지식에 대해 곰곰이 생각해 보기 시작했고, 지식의 이면에는 무엇이 내재하고 있는가를 살펴보려고 노력했습니다. 그리고 그것은 점점 모습을 드러내기 시작했습니다. '내가 사기꾼인 이유는, 다른 모든 이와는 상이한 방식으로 일하기 때문이다. 나는 도서관에 앉아 연구하는 일도 없다. 학술지를 처음부터 끝까지 읽지도 않는다. 더 나쁜 것은 그렇게 하고 싶은 마음도 없다는 것이다. 나는 학자가 아니다. 사회학에 대해 아는 바가 없으므로 사회학자도 아니다. 나는 거장의 사상과 사고에 흠뻑 몰두하지도 않았다. 내가 전공했다고 주장하는 분야를 포함해서 어떤 주제에 관한 문헌에 대해서도 깊이 있게 이야기할 수 없다. 더 심각한 것은, 실제로 연구를 제대로 수행하지 않고도 여자 교도소에 관한 연구를 하고 있다고 주장할 수 있을 만큼 뻔뻔하다는 것이다. 나는 내가 수행해야 할 모든 종류의 지식을 갖추지 못했으며, 연구를 정해진 방식대로 수행하지도 않는다. 더 괴로운 것은, 곧 되돌아가서 자료를 분석해서 결함을 메꾸고 확충하여, 이번엔 제대로 해야 한다는 사실을 안다는 것

이다. 하지만 그럴 마음이 없다. 나는 너무 지쳐 있다.'

한밤중에 이런 생각에 휘말리는 것은 도움이 안 됩니다. 아! 차라리 고문이었습니다. 이런 생각이 제 주위를 맴돌면서, 저를 화나게 했고 두렵게 만들었습니다. 제가 사기꾼이었다는 확신을 간단히 떨쳐 버릴 수 없었습니다. 그 주된 이유는 다른 모든 동료가 사회학을 하는 방식 그리고 해야 한다고 간주하는 방식으로 '사회학을 하지' 않는 데 있습니다(거의 2주 동안 글을 쓰지 못했으며, 이로 인해 제가 아무것도, 전혀 아무것도 하지 못하는 게으른 식객이라는 확신이 들었습니다.). 누구도 그들이 행한다고 말하는 방식으로 작업하지 않으며, 누구도 방법론적 지침을 완벽하게 지키지 않는다는 사실을 아는 것 자체는 그다지 도움이 되지 않습니다. 그 이유는 이런 심증을 실질적인 믿음으로 굳힐 수 없기 때문입니다.[3] 저는 상처받을까 두렵습니다. 만약 제가 기형의 절름발이 사회학자라는 사실이 폭로된다면, 그들도 같은 절름발이일지라도 저를 괴롭힐 것입니다.

그러면 이 모든 것이 위험과 무슨 관련이 있는지 궁금하시겠지요? 저에게는 자리에 앉아서 글을 쓴다는 것 자체가 위험을 의미합니다. 그것은 바로 저 자신을 깐깐한 조사 위원들 앞에 세우는 일이기 때문입니다. 집필에는 자기 자신에 대한 신뢰가 요구되며, 이는 또한 동료에 대한 믿음이 확보되어야 함을 의미합니다. 이 중에서 훨씬 문제가 되는 것은 후자입니다. 나에 대한 신뢰가 가능하게 해주는 것은 동료의 반응[4]이기 때문입니다. 그래서 가장 친하고 신뢰하는 친구로부터 개인적 공격을 받고 자신의 역량을 의심하게 되는 꿈을 꾼 것 같습니다.

동료를 신뢰하기란 어려운 일입니다. 단순히 조소당하는 것 이상의 위험이 있습니다. 모든 작품은 자신이 어떤 유형의 사회학자(인간)인지를 보여 주는 중

---

3) (역주) 이는 창의적인 작품을 만들 때 발생할 수 있는 두려움을 말하는 것이라 할 수 있다. 즉, 남들이 하지 않은 것을 자신이 했다는 사실 자체만으로는 창의적 작품이 진가를 발휘할 수 없다는 사실을 의미한다고 볼 수 있다.

4) (역주) 아무리 창의적인 작품이라도 남들이 인정해 주지 않으면 소용없다는 것이다.

거로써 사용될 수 있습니다. 동료들은 당신의 작품을 읽고 "세상에, 형편없군. 나는 이보다 훨씬 잘할 수 있다. 한마디로 쓸모없는 사람이네."라고 말합니다 (그리고 더 나아가 그들은 당신이 사회학자로서 행한 공적 행위를 사기라고 결론을 내립니다.). 이런 풍토는 우리가 다른 사람을 종종 공적으로 혹평함으로써 우리 자신에 대한 불안감을 떨쳐 버리려는 경쟁심[5]에 의해 조장됩니다. 동료조차 우리의 전문가 이미지의 한 부분이 될 소지가 있는 논평을 즉석에서 할 수 있다는 두려움이 우리를 끊임없이 괴롭힙니다(왜냐하면 우리 대부분이 잘 알려지지 않은 신참 사회학자이기 때문입니다.). 만약 그 논평이 비판적이거나 부정적이라면, 위험합니다. 바로 이것이 동료에게 초고를 건네 주는 것이 매우 위험한 이유입니다. 작업 중인 초안의 진정한 의미를 아는 사람은 거의 없습니다. 동료들은 첫 번째 초고를 논문 투고의 바로 직전 단계의 글이라고 가정합니다. 그러므로 작업 중인 초고를 공개할 때 벌어질 일들을 걱정하지 않을 수 없습니다. 그들은 그 초고가 겉만 그럴듯하고, 구성이 형편없는, 아주 조잡한 글이라고 판단할 수 있습니다. 동료들의 결론은? 만약 이처럼 지는 게 뻔한 놀음판에서 무사

---

[5] (역주) 우리나라 학회의 토론에서도, 토론자는 흔히 자신의 임무를 발표자의 글을 혹평하는 악역의 역할을 떠맡는 것으로 생각하는 경향이 많은 듯하다. 심지어 학회에서 발표자가 토론을 직접적으로 부탁한 지정 토론자에게마저 토론에서 사정을 봐 달라는 부탁을 하는 것도 종종 목격한다. 이러한 경향은 학생의 발표 및 토론 수업에서도 마찬가지다. 학생이 발표할 때(그리고 학생의 석사·박사 논문을 심사할 때), 교수는 발표문(심사 논문)을 혹평하기 바쁘고, 다른 학생들도 그런 교수를 본받아 그 발표문을 인정사정없이 헐뜯기 바쁘다. 발표자가 온갖 노력을 기울여 작성한 글을 발전시키는 데 필요한 지식과 정보를 토론자가 제공하는 사례들은 드물다. 그러나 학회나 수업 시간의 발표자에게 필요한 토론은 그의 발표문이 쓸모없다는 힐난이 아니라 그것에 무슨 문제점이 있으며 어떻게 하면 그것을 개선·보완·발전시킬 수 있다는 조언일 것이다. 대학과 학회 이외의 다른 곳에서 아마 발표자의 노고를 전혀 인정하지 않은 상태에서 혹평으로 일관된 토론을 한다면, 그 토론자는 분명 그가 속한 사회에서 왕따를 당할 것이다. 이런 점에서 볼 때, 토론자의 임무를 혹평으로 간주하는 학자(교수)가 진행하는 발표·토론 수업은 학생에게 도움이 아니라 해가 될 수 있다. 불행히도, 우리 대학에서 흔히 볼 수 있는 경쟁심의 유형은 '자신의 동료를 죽여야 (혹평해야) 내가 산다'는 너무나 잔인한 적자생존의 방식이다. 이러한 방식의 발표·토론 수업은 너무나 당연하게 학생들이 단지 피하고 싶은 공포의 수업이 될 수밖에 없다. 실수를 발판으로 창의성을 발휘하게 하는 창의력 수업과는 완전 동떨어진 길로 인도한다. 발표·토론 수업은 상대방에 대한 인정, 타인에 대한 배려를 우선으로 하는 수업 분위기에서만, 자신과 상대방이 합의할 수 있는 창의적 지식이 배출된다.

히 돌아오더라도, 그다지 별 볼 일 없는 사회학자가 되고 말 것입니다. 그리고 만약 이런 소문이 퍼지면 감당할 길이 없습니다.

 만약 사람들에게 초고는 단지 작업 중인 초고일 뿐이며, 의식의 흐름을 따라 생각나는 대로 옮겨 적은 단지 하나의 아이디어일 뿐이라는 것을 확신시킬 수 있다 해도, 여전히 매우 위험합니다. 그 이유는 읽는 사람이 훌륭한 어법과 잘 다듬어진 구절을 찾는 대신, 이제는 멋진 아이디어를 찾으려 할 것이기 때문입니다. 어떤 면에서 이것은 더 끔찍한 일입니다.[6] 이번에 도마 위에 오른 것은 작문 실력이 아니라, 모호한 상태로 남아 있는 자신의 아이디어이기 때문입니다. 선생님께서는 제삼자에 대해 다음과 같이 평하는 말을 몇 번이나 들어보셨나요? "그녀는 글솜씨는 없지만, 번뜩이는 아이디어를 갖고 있어!" 만약 아이디어가 빼어나다면 대학 2학년생 수준으로 글을 써도 문제될 게 없습니다. 만약 누군가에게 작업 중인 초고를 읽어 보라고 건네 준다면, 그들에게 사회학적으로 사고하는 능력에 대한 합격 여부를 판단해 달라고 부탁하는 것이 됩니다. 자신이 똑똑한지 아닌지 그리고 진정한 사회학자인지 아닌지에 대한 판단을 요청하는 것입니다. 만약 번뜩이는 통찰력도, 매혹적인 아이디어도 없다면, 그들은 어떤 결론을 내릴까요? 아마도 멍청하다고 하겠지요. 만약 그 동료가 소문을 퍼뜨린다면, 그것은 죽음과의 입맞춤입니다. 저는 멍청하다는 평을 받을

---

[6] (역주) 저자가 말하고자 하는바, 즉 아이디어가 분명할수록 글은 더 명료해질 것이다. 글이 명료하지 않다는 것은 저자의 아이디어가 아직 구체화되지 않았다는 것을 의미한다. 이러한 글을 다른 사람들에게 보여 주는 것은 다른 한편으로는 구체화되지 않은 저자의 아이디어가 남에게 도용당할 위험의 소지가 있다. 동료들 간의 신뢰가 취약한 우리 사회의 학계에서 동료의 혹평보다 더 무서운 것은 아이디어의 도용일 것이다. 동료는 물론 선배 학자가 저자 아이디어에 대해 조언을 제공하는 척하면서 실제로는 그 아이디어를 도용하여 자신의 작품인 것처럼 만든다는 사실을 역자는 종종 듣고 볼 수 있었다. 도용한 사람이 학계에서 권위가 있는 선배학자라면 더욱더 저자의 아이디어가 도용당한 사실을 공개적으로 토로하기 어렵다. 그러므로 우리 학계에서 젊은(신진) 학자들의 좋은 글이 나오기 위해서는 먼저 학계의 신뢰(특히 권위 있는 중진 이상의 학자들에 대한 신뢰)가 전제되어야 할 것이다. 우리 학계의 신뢰 회복은 어쩌면 학계에서 자신의 학문적 역량보다 다른 것으로 자신의 힘을 과시함으로써 젊은 학자의 글을 도용하는 일류 대학의 사이비 학자를 퇴출시키는 작업으로부터 시작될 수 있을 것이다[베커의 초판(1986년 판) 번역서에 있는 이성용의 역자 후기 참조].

가능성이 있는 위험에 직면할 용기가 없습니다.

   또한 이런 지적 대부분은 동료가 아닌 다른 사회학자에게 자신의 글을 보여줄 때보다 더 위험하게 보일 때가 있습니다. 자신이 아직 종신 교수직을 받지 못한 신참이라고 가정해 볼 때, 신통치 않은 학자(시나리오 1)이거나 돌머리(시나리오 2)로 알려지게 된다면, 어떤 결과가 초래될까요? 종신직 교수 위원회가 자신과 자신의 글에 부정적인 결론을 내린다면 도대체 어떻게 될까요? 연구 보조금도 끊기고, 재임용될 가능성도 없어지며, 승진도 안 되겠지요. 위험하기 짝이 없습니다. 교수의 명성은 교수의 지위와 직결되며, 우리 대부분은 "당신이 어떻게 생각하건 나는 전혀 개의치 않는다."라고 말할 힘이 없습니다.

   이런 두려움을 극복하고, 조잡하고 시시한 글이라는 평가를 받을지도 모르는 위험을 감수하기 위해서는 동료를 신뢰해야 합니다. 그러나 학계에는 신뢰감을 와해시키는 풍토가 조성되어 있습니다. 동료들은 심리적(예를 들면, 다른 누군가가 굴욕을 당할 때 우월감을 느끼는 심술궂음)으로 그리고 구조적으로 경쟁하고 있습니다. 학계가 최근 경제적 위기에 직면하면서, 신분 보장, 연구 보조금, 보상은 점점 더 제로섬[7] 게임이 되어 가고 있습니다.

   이런 연유로 동료를 신뢰하기 어려우며, 특히 가까운 사람, 전공이나 분야가 같은 동료의 경우에 더욱더 그렇습니다. 선배학자 역시 우리를 끊임없이 평가하는 사람으로 여기기 때문에 두려워하기 쉽습니다. 선배를 평가자로 가정하는 이유는 우리는 풋내기 학자 지망생 중에서 실력자와 무능력자를 가려내는 것이 선배의 의무라고 생각하기 때문입니다. 선배학자는 우리의 작품에 대해

---

7) (역주) 제로섬 게임이란 한 사람이 이익을 보면 다른 사람이 그만큼 손해를 보는 경쟁을 의미한다고 할 수 있다. 우리나라의 교수 사회에도 교수평가제도가 호봉제에서 연봉제로 바뀌면서 경쟁 체제가 도입되었다. 상도덕이 없는 시장은 보이지 않는 '손'이 아니라 '주먹'에 의해 통제된다. 마찬가지로 만일 대학 사회가 부도덕할 경우, 연봉제는 대학의 경쟁력 강화가 아니라 오히려 약자인 연봉제 교수를 강자인 호봉제 교수의 희생물로 만드는 데 일조할 수 있다(208쪽, 주 7 참조).

서로 이야기하며, 우리의 잠재능력에 대한 자신의 의견을 서로에게 말합니다. 그러니 우리의 글이 그다지 좋지 않다고 판단했을 때, 그들이 침묵하리라고 어떻게 믿을 수 있겠습니까?

신뢰의 문제가 중요한 이유는, 이런 문제로 창조적인 일을 할 때 필요한 정서적·지적인 자유를 은밀히 훼손시키기 때문입니다. 누구를 믿을 수 있겠습니까? 동료의 평가를 두려워하지 않는 자신만만한 사람은 아주 극소수라고 생각하며, 그들은 특수한 종족으로 아주 비상한 집단입니다. 흥미롭고 유용한 생각이 쪽마다 수록된 원고를 여기저기 우편으로 보내면서, 단지 앞으로 나갈 뿐입니다. 어떻게 이런 일이 가능할까요? 그들 중 일부는 이런 능력을 지닐 수 있게끔 하는 어떤 개인적인 특성이 있습니다. 그리고 나머지(대부분이겠지만) 사람들은 구조적 자유를 통해 자신들에게 "나는 사회학자들이 해야 할 것으로 '가정되는' 것을 비난하지 않으며, 내가 하고 싶은 것을 한다."라고 말할 힘을 부여받습니다. 종신직을 보장받은 현재, 저는 이런 구조적 자유를 조금 (제 생각에, 아주 매우 조금) 인지할 뿐입니다. 이것은 제가 다른 사람을 더 신뢰하게 되었다는 것이 아니라, 단지 다른 사람의 부정적 판단이 주는 충격에 신경을 덜 쓸 수 있게 되었음을 의미합니다.[8]

그러나 신뢰할 수 있는 사람은 누구입니까? 제 작품을 읽어 달라고 부탁할 수 있을 정도로 신뢰할 수 있는 사람들은 이미 제가 얼마나 부족한지를 알고 있는 사람들(함께 수학한 대학원 동기, 대학원 시절의 은사, 그때 이후 친구이자 동료로 알고 지낸 몇몇 사람)입니다. 대학원에서 저를 알았던 사람들은 저의 모든 것

---

[8] (역주) 종신직을 받는다는 것은 교수에게 이제 자신 나름의 연구를 해도 좋다는 자유를 구조적 차원에서 허가를 내리는 것과 다름없다. 교수는 종신직을 통해 타인의 부정적 평가에 신경을 덜 쓸 수 있는 구조적 신분보장 제도를 갖게 된다. 반면, 자신의 학문을 할 역량이 없는 교수에게 종신직을 제공하는 행위는, 제로섬의 원칙으로 볼 때 미래에 자기 나름의 연구를 할 수 있는 젊은 학자들의 일자리를 빼앗아 가는 것과 다름없다.(68쪽, 주 15 참조)

을 보아왔습니다. 제가 생존할 수 있는 유일한 길은 그들과 함께하는 것이라는 사실을 알고 있습니다. 그들은 내가 논문을 구상하고 집필하던 초기의 저의 노력을 쭉 지켜보았으며, 저의 모든 혼동 뒤에는 숨겨진 무언가가 있을 것이라고 믿고 격려해 주었습니다. 그래서 그들을 신뢰하고, 그들도 자연스럽게 저를 믿습니다. 우리는 초기의 유대관계 덕분에 서로를 앞뒤로 밀어주었습니다. 학계에 발을 들여놓고 나서, 몇몇 서툰 글을 발표하고, 집으로 돌아와 다시 그것을 가치 있는 것으로 만들려고 애쓰던 초기의 고통스러운 시도에 필적할 만한 것은 아무것도 없을 것입니다. 그리고 이러한 하찮고, 잠정적인 초고가 훌륭하다고 누군가가 말해 주는 것만큼 기운을 북돋워 주는 것도 없습니다. 그때 이후로 친구 사이로 발전된 동료의 수는 얼마 안 되지만 너무나 소중합니다. 이런 상호 신뢰는 우리를 애초에 갈라놓았던 구조적 장벽을 극복하기 위해 함께 투쟁하던 과정에서 싹튼 것입니다. 모든 우정과 마찬가지로, 우리의 상호 신뢰 역시 가까이 다가갔다가 한발 물러서고 다시 다가갔다가 멀리 도는 조심스러운 춤동작의 산물이었으며, 매번 다가설 때마다 작지만 더 큰 신뢰와 관심이 창출되었습니다. 안타깝게도 이런 신뢰할 만한 우정을 쌓을 수 있는 처방책을 알고 있지 않습니다. 이런 우정은 때로는 공동 연구 프로젝트를 함께 수행하는 과정에서 생길 수도 있습니다. 하지만 저의 경우는 꽤 특이한 것이었습니다.

이들은 제가 작업 중인 초안을 내밀 만큼 신뢰하는 사람들입니다. 전문가 위험은 우리가 공유한 역사[9]에 의해 최소화됩니다. 제가 작업 중인 초고를 계속

---

9) (역주) 아마 학자가 가장 바라는 바는 자신의 학문을 계승하는 제자를 양성하고, 또한 자신의 학문을 발전시키는 데 도움을 줄 동료 학자를 만나는 일일 것이다. 역자의 유학 경험에서 보면, 미국의 대학원 교육은 자신의 학문적 동료를 만드는 것을 매우 중시하는 듯하였다. 예를 들면, 수많은 논문과 책의 내용을 이해하고 숙지할 것을 요구하는 박사학위 자격 시험에서 학생들은 힘을 합쳐 함께 공부한다. 여기서 학생들은 각자가 맡은 부분에 대해 최선을 다해 요약 정리를 한다. 자격 시험 합격이라는 역경을 극복하기 위해 함께 공부했던 대학원 동료들은 학위논문은 물론 학위 취득 후 논문 작성에 서로 많은 도움을 제공할 수 있다. 서로의 장단점을 잘 알기 때문에 서로 믿고 도움을 청하기 쉽다. 그리고 교수들도 자신의 제자들을

해서 발전시키려고 할 때, 그들의 반응은 절대적이고 결정적이고 중요한 역할을 했습니다. 그들의 반응 덕분에 저 자신을 신뢰할 수 있게 되었습니다. 글쓰기에는 또 다른 커다란 위험이 내포되어 있습니다. 즉, 제가 사회학을 하기엔 역량이 부족하며 더 나아가 사회학자도 아니고, 그러므로 사회학자라고 주장할 수도 없다는 사실을 발견하는 위험이 도사리고 있었습니다. 동료가 발견하고 판단하는 위험은 나 자신이 판단하고 발견하는 위험과 매우 밀접한 관계가 있습니다. 이 둘은 너무나 밀접하게 뒤섞여 있어서 분리하기가 어렵습니다. 만약 누군가가 당신이 잘하고 있으며 사회학자라고 불릴 자격이 있다고 말해 주지 않는다면, 그 사실을 어떻게 알 수 있겠습니까? 내가 누구인지 알 수 있게 해 주는 것은 다른 사람의 반응인 것입니다.

동료의 이런 반응은 위험을 예기치 않은 방향으로 전환해 줍니다. 신뢰하는 사람이 제가 잘하고 있다고 말해 주기 때문에 자신을 처음으로 신뢰할 수 있게 됩니다(이때부터 자신의 아이디어를 적어 내려가는 위험을 감수할 수 있습니다.). 그러나 제가 실제로 어떤 연구에 착수하거나 무언가를 쓰기 전에는 아무도 저에게 잘한다고 말해 줄 수 없습니다. 그저 빈 종이만을 놓고 있을 뿐이며, 자신이 구상한 계획을 실행할 수 없고, 그러므로 그동안 사칭했던 사회학자도 아니라는 사실을 발견하게 될 위험에 직면하게 됩니다. 아직 아무것도 쓰지 못했기 때문에, 내가 누구인지를 인식하는 데 도움을 줄 수 없습니다.

신뢰하는 친구의 평가에 대해서는, 이로부터 자신감을 얻는다는 것 이외에도

학위 취득 후 자신의 학문 발달에 도움을 줄 학문적 동료들로 키워 내려는 경향이 많다. 그러나 불행히도 우리나라의 대학원 교육에서는 이렇게 하기가 쉽지 않은 것처럼 보인다. 심지어 우리나라 학생들은 함께 시험 공부를 하기로 하고 각자 맡은 부분을 요약 정리해 오라고 하면, 놀랍게도 시험에 나올 가장 중요한 부분은 빼고 요약 정리를 해 오는 경우도 있다. 이런 상황에서 서로 믿고 도움을 주고받을 수 있는 동료 의식을 기대하기란 어렵다. 게다가 학생을 자신의 학문적 후계자나 동료가 아니라 자신의 단기 이익(특히 외부의 프로젝트 완성)을 추구하기 위한 도구로 취급하는 교수들도 종종 접한다.

짚고 넘어가야 할 점이 있습니다. 우리는 단지 잘했다고만 말해 주는 사람(우리와 경쟁적인 관계도 아니고, 우리가 혼란에 빠졌을 때 비평하지 않는 사람)이 아닌 진실을 말해 주는 사람을 신뢰해야 합니다. 만약 나의 글이 형편없거나, 어리석은 생각을 포함하고 있을 때 그들이 지적해 줄 것이라고 절대적으로 믿을 수 있어야 합니다. 만약 그들이 진실을 말해 줄 거라고 믿을 수 없다면, 그들의 평가는 자신을 신뢰하는 데 도움이 되지 않을 것입니다. 자신의 아이디어가 정말로 훌륭한지 아니면 단지 멋있어 보이는 것인지 항상 궁금할 것입니다. 누군가가 나의 비위를 맞춰 주고 있다는 느낌은 단도직입적인 공격보다 더 자존심을 상하게 합니다. 확실히 우리는 모두 서로에게 호의적인 거짓말은 거의 하지 않습니다. 그러나 우리의 비평에는 솔직함이 내재해 있거나, 우리가 글을 시작할 수 있게 만들어 줍니다. 실수하는 것은 죄가 아니며, 그렇지 않으면 서로의 평가는 무용지물이 되어 버립니다.

이런 모든 위험을 어떻게 다루고 어떻게 대처해야 할까요? 때로는 글을 쓰기 시작할 때, 과거를 되돌아볼 필요가 있습니다. 저는 스스로에게, "음, 나는 전에 교도소에 관해 쓴 적은 없지만, 청소년 비행에 관해서는 글을 쓴 적이 있어. 그러니까 사람들은 여자 교도소에 대한 글은 쓸 자격이 있다고 생각할 거야."라고 말하면서, 약간의 안도감을 느낍니다. 또는 믿을 만한 친구에게 전화를 걸어 앞으로 쓸 논문에 관한 이야기를 하며 멀리 미래를 상상해 봅니다. 제가 논문에 대한 이야기를 계속하면, 친구들도 적절한 말로 격려를 해 주어 저는 좀 더 자신감을 느끼게 됩니다. 때로는 당장 글쓰기를 시작할 수 있을 만큼 자신감이 생기기도 합니다. 우리는 대부분 논문에 관해 이야기하는 것이 논문을 쓰는 것보다 덜 위험하다고 믿습니다.[10] 그렇게 믿는 부분적인 이유는 아무도

---

10) (역주) 남의 아이디어를 도용하는 행위들이 횡행하는 학계에서는 동료에게 자신의 아이디어를 말하는 것은 너무나 위험한 행위다. 특히 학계의 주된 글쓰기 유형이 빨간 실로 구슬들을 꿰는 글쓰기가 아니라 오색찬란한 구슬들을 전시하는 글쓰기일 경우 더욱 위험하다. 그것은 도용된 나의 아이디어가 도용한 자의

우리가 말한 아이디어를 기억하지 않기 때문입니다. 그러나 이것은 우리가 언급한 것에 대해 서로가 책임을 지지 않음을 비공식적으로 동의한 바와 같습니다. 그래서 저는 아무런 위험없이 조언들을 처분하고, 보강할 것들을 수집하고, 나 자신에 대해 만족하면서, 첫 번째 위험을 감수할 것입니다. 그러나 여기에는 함정도 있습니다. 우리의 대화를 중요하지 않은 시시한 잡담 정도로 생각하기 쉽다는 점입니다. 만일 그렇게 생각한다면, 동료의 긍정적인 평가도 믿을 수 없게 됩니다. 그 이유는 그 평가가 어떤 의미심장한 아이디어가 아니라 나의 행동, 즉 나의 사회학자 외관에 반응한 것이란 결론을 내리기 때문입니다. 그런데도 만일 상대방의 진지한 말을 받아들이는 방법을 터득할 수 있다면, 사람들의 반응은 원고의 첫 단어를 쓰는 데 도움이 될 것입니다.

여러 면에서 글쓰기는 많이 하면 할수록 더 쉬워집니다. 왜냐하면 많이 쓸수록 그동안 두려워했던 만큼 글을 쓰는 일이 위험하지는 않다는 사실을 깨닫기 때문입니다. 우리는 자신을 신뢰할 수 있게끔 만들어 주는 경력을 가지게 되고, 전화를 걸어 이야기할 수 있는 많은 사람 사이에서 믿을 만한 명성을 쌓게 되며, 그리고 무엇보다도 위험을 감수하는 것이 가치 있는 일임을 스스로 증명하게 됩니다. 우리는 위험을 감내하고 해냈습니다. 자, 보십시오! 우리가 바로 자신이 그토록 주장하던 사회학자라는 증거입니다. 물론 이렇게 되는 것이 제가 말한 것처럼 쉽지 않다는 사실을 인정합니다. 글쓰기 경력은 저에게 약간의 자신감을 주었지만, 과거의 저술을 돌아볼 때는 혼란스러운 감정이 생깁니다. 그것들은 어설프고 결점투성이어서, 더 잘해야겠다고 다짐하게 됩니다. 기대치는 끊임없이 변하며 좋은 작품에 대한 정의를 계속해서 다시 내립니

글에서 주된(찬란한) 구슬이 되기 때문이다. 이런 상황에서는 비밀리에 혼자 글을 써서 출판하는 것이 좋은 전략이다. 그러나 그러한 글은 동료의 조언을 받아 자신의 아이디어를 발전시킨 글보다 수준이 훨씬 떨어질 것이다.

다.[11] 이는 내가 글을 쓰려고 자리에 앉을 때마다 제가 정말로 이 일을 해낼 수 있을지 의심한다는 것을 의미합니다. 그래서 글쓰기는 여전히 위험한 활동입니다.

그렇긴 해도 글을 쓰는 데 많은 시간을 투자하면서 배운 것은 그 위험이 감수할 만한 가치가 있다는 사실입니다. 예, 제가 엄청난 양의 어설픈 글을 쓰는 것은 사실입니다. 그렇지만 대부분의 경우, 다른 사람이 그 글을 보기 전에 제가 이미 그것은 실패작이라고 말할 수 있습니다. 때로는 적합한 글, 릴리안 헬만이 쓸 정도의 글, 제가 말하고자 하는 것을 정확하게 포착한 글을 쓰기도 합니다. 대개 이렇게 맘에 드는 문장은 단지 한두 문장뿐이지만, 만약 부지런히 작업을 계속한다면 그 수는 늘어날 것입니다. 얼마 안 되는 적은 양이지만 좋은 글이 축적되는 것 또한 저에게 위험을 감수하게 합니다. 간단한 글조차 쓸 수 없는 것처럼 느껴질 때, 때로는 지난 시절을 회고하며 이전에 썼던 글 중 좋아하는 부분을 다시 읽습니다.[12] 이는 저에게 위험의 두 가지 측면을 상기시켜 줍니다. 패배할 수도 있지만, 승리할 수도 있다는 점입니다. 오로지 패배만을 생각하면 두려워집니다. 때로 좋은 문장을 다시 읽으면, 다른 전술이 실패했을 때에도 새로 시작할 힘을 얻기도 합니다. 위험 감수의 부정적 측면 또한

---

11) (역주) 외국학자들의 경우 50~60대에 그들 생애에서 최고의 글들이 생산되는 경향이 많다. 생애 최고의 글들은 자신의 생애 동안 연구하여 축적한 지식이 녹아 나온 글이라 할 수 있다. 창의적인 글 혹은 자신만의 학문을 발전시키다 보면, 박사학위를 취득 후 자신의 학문이 여물 대로 여문 시기에 생애 최고의 글과 강의가 본격적으로 나오기 시작할 것이다. 그런데 우리나라 학자 중 상당수는 박사학위를 취득한 후 몇 년 동안 그들 생애 최고의 글 몇 편을 출판한 후 더는 그 수준의 글이 나오지 않는 경향이 있다—학위 취득 후에는 지도교수가 논문을 더는 지도해 주지 않는다. 이는 학자들이 박사학위 취득 후 연구한 지식을 축적해 자신만의 학문을 발전시키지 않아도 되는 우리나라 학계의 사회 구조적 풍토에 상당 부분 기인한 것으로 보인다.

12) (역주) 자신의 글을 써 본 사람만이 자기 글을 쓸 수 있다. 물론 처음에 쓴 글은 결점투성이일 것이다. 하지만 글을 계속 쓰다 보면 점차 향상될 것이다. 그 과정에서 어려움이 생기면 과거에 어려웠던 경험들을 돌이켜 보며 다시 용기를 얻을 수 있다. 게다가 실용적인 측면에서 중요한 것은, 과거 실패를 극복했던 경험들에 관한 기록이 현재의 어려움을 극복하는 데 결정적으로 중요한 단서를 제공하기도 한다는 점이다.

제가 두려워하는 것만큼 나쁘지 않다는 사실을 알 수 있습니다. 최악의 실패작[13]은 감출 수 있습니다. 자기 자신을 제외한 누구도 그것을 볼 염려가 없습니다. 저는 그것을 가능한 한 재빨리 갖다 버릴 것입니다. 다른 사람에게 보여 주는 것은 뭔가 장점이 있어 보이는 것입니다. 다시 말하면, 저는 글쓰기에 내포된 위험과 제가 쓴 글을 다른 사람에게 보여 주는 데 있어서 어느 정도 통제권을 가집니다. 다른 누군가에 의해 철저하게 좌우되지도 않으며, 심지어는 완벽함에 대한 저 자신의 불가능한 요구에도 지배받지 않습니다. 저는 그런 것들은 멀리 던져 버립니다.

바로 이것이 위험의 복합성이며, 이중적인 특성입니다. 이로 말미암아 친구로부터 공격받는 꿈과 릴리안 헬만처럼 멋진 글을 쓰는 꿈을 하룻밤에 동시에 꾸었던 것입니다. 글을 쓰면 더 쓸수록, 글을 썼다고 해서 무조건 완성작이 아니면 쓰레기가 되는 것이 아님을 깨닫게 되었습니다. 만약 실제로 어떤 글을 쓴다면, 약간은 성공하고 약간은 실패하겠지요. 오랫동안 저는 단 한 번에 쓴 글이 완성작 혹은 쓰레기가 되는 부담감에 시달리며 작업해 왔습니다. 쓰인 글은 귀중한 문학적 진주가 아니면 완전한 쓰레기여야 했습니다. 그러나 알고 보니 그렇지 않았습니다. 그것은 단지 한 뭉치의 원고일 뿐이며, 대체로 논쟁거리로 분류됩니다. 그 원고에는 쓸 만한 부분도 있고 그렇지 않은 부분도 있습니다.

나는 이 분석에 아무것도 덧붙이지 않겠다. 파멜라 리차즈는 젊은 학자의 세

---

[13] (역주) 최악의 실패작은 아마 초기 단계의 초고들일 것이다. 이 초고들의 문제점들은 이미 개선되어 후기 단계의 원고가 되었기에 별로 창피할 것이 없다. 그래도 창피하다면 그 초고가 담긴 파일을 쓰레기통에 버리면 된다. 이러한 습관이 누적되면, 학술대회에서 결점이 많은 글을 발표해도 그다지 문제가 되지 않는다. 사실 역자는 초고 단계의 초고들을 학술대회에서 발표하곤 했다. 역자를 아는 학자들은 그 발표문이 완성본이 아니라는 사실을 알고, 또 그것을 어떻게 발전시킬지를 눈여겨보기도 한다. 초기 단계의 아이디어 원고를 발표문으로 삼곤 한다는 사실이 낙인 찍히면, 별로 창피함을 느끼지 않아도 된다.

계에서 보는 선배 학자의 특성과 동료 조직을 상세히 탐구했다. 그리고 그러한 것이 기꺼이 전문 지식인의 길을 걸으려는 사람들에게 어떤 영향을 미치는지를 생생하게 보여 주었다. 이 책에서 두 인물[14]의 이야기는 개인에게 고유한 것은 무엇인가와 전문 지식인의 상황과 과정에서 특유한 것은 무엇인가에 대한 감을 잡게 해 준다. 이러한 느낌은 다른 학문 분야에서는 얼마나 전형적일지는 모르겠다. 다만, 그러한 느낌들이 대부분의 학자와 지식인을 괴롭힐 것으로 생각한다.

---

14) (역주) 제2장의 로잔나 헤르츠와 이 장의 파멜라 리차즈.

제 7 장
일을 그만 끝내자

　새로운 소형 컴퓨터를 만드는 기술 팀에 관한 이야기를 다룬 트레이시 키더(Tracy Kidder)의 『새로운 기계의 영혼(The Soul of a New Machine)』을 읽으면서 한 가지 유용한 표현을 배웠다. "일을 그만 끝내자!(get it out the door!)"라는 표현은 컴퓨터 산업에 종사하는 사람들이 일반적으로 신제품 개발의 마지막 단계를 가리키는 말로 사용된다. 새로운 상품을 생산해 내는 데에는 오랜 시간이 소요된다. 새 상품에 대한 아이디어를 구상하고, 그 아이디어를 바탕으로 설계도를 그려서 하드웨어를 구축하고, 동시에 하드웨어를 제어할 운영 소프트웨어와 하드웨어의 가치를 높여 주는 응용 기기 및 프로그램을 만들고, 사용자를 위한 사용 지침서를 제작하여, 이를 책이나 디스크로 만들어 포장한 후, 마지막으로 제품이 중간 상인과 사용자에게 출하되는 과정을 거친다.

컴퓨터 산업에서 작업 과정을 완료한다는 뜻으로 특별한 표현을 사용하는 이유는 무수히 많은 방해 요소가 그 과정에서 발생할 수 있기 때문이다. 많은 프로젝트가 중도에서 포기된다. 하드웨어는 예상했던 방식으로 작동하지 않는다. 공급자는 약속한 부품을 제때에 납품하지 않는다. 신제품 개발에 참여한 기술자들이 아직 발매할 단계가 아니라고 생각하기 때문에, 새로운 컴퓨터는 종종 출고되지 못한다. 기술자들의 그런 주장은 종종 옳다. 산업체에는 제품이 완성되기도 전에 출고하여, 아주 좋은 제품의 이미지와 제품과 관련된 사람의 명성과 경력을 손상시키고 부도를 냈다는 심각한 이야기[1]도 비일비재하다.

한 가지 공통된 설명에 따르면, 그런 불행은 판매 담당자와 기술자들 간의 만성적인 긴장 상태로 인해 발생한다는 것이다. 판매 담당자는 지금 당장 제품이 필요하다. 경쟁사는 신제품을 낸다. 만약 회사가 유사한 제품을 빨리 출고하지 못한

---

[1] (역주) 이러한 이야기는 제품을 만든 사람들의 장인정신이 있을 때 나온다(이 책도 장인정신이 깃든 글쓰기에 관한 것이다). 제품이 단지 제품 자체가 아닌 다른 것(특히 돈)을 위한 수단으로 취급되는 경우에는 이런 이야기는 회자되지도 않을 것이다. 불행히도 오늘날 시장경제 원칙은 이러한 돈으로 환산될 수 없는 것들(예, 장인정신, 심지어 인간의 생명도)을 점점 더 화폐화하고 있다(마이클 샌델의 저서 **돈으로 살 수 없는 것들**에서). 교수에게 제품은 자신들이 교육한 학생들의 지적 역량일 것이다. 장인정신이 있는 교수라면, 자신의 수업을 수강한 학생들이 얼마나 강의 내용을 받아들였는지 혹은 사회에서 얼마나 활용할 수 있는지로 자신의 제품(학문)에 대한 자부심을 이야기할 것이다. 장인정신이 있는 교수는 결코 학점을 판매하는 장사꾼이 되지 않을 것이며, 오히려 그런 장사꾼 사이비 교수를 증오할 것이다. 교수의 권위는 학생들에게 비치는 교수의 강압적인 힘이 아니라, 학생들이 교수의 강의에 감사하여 자발적으로 존경심을 바치는 과정에서 나온다. 장인정신의 교수들이 만든 학술지는 그들의 장인정신이 담긴 글들로 구성될 것이다. 헌데, 일부 몰지각한 교수는 편집위원장이 자신의 마음대로 글을 학술지에 실을 수 있는 것으로 생각하고, 학자의 글이라 보기에는 역겨울 정도로 창피한 글(대학원생, 심지어 학부생들이 짜깁기하여 만들어 제출한 보고서)들을 학술지에 실어 줄 것을 인맥으로 요청하며, 그런 요청을 거부하면 보복하는 추태를 부리곤 한다. 사실, 학계 구성원들이 학술지를 단지 취업, 승진, 재임용 혹은 연구 지원금을 받은 글을 싣기 위한 곳으로 간주할 경우 학술지에서 학자의 장인정신은 실종될 가능성이 매우 높다. 이런 현상은 장인정신이 부재한 사이비 교수가 학술지의 장인정신을 망가뜨리는 전형적인 형태일 것이다. 그러면 "악화가 양화를 구축한다."는 그레샴의 법칙(Gresham's law)이 우리 학계에 만연할 수밖에 없다.

다면 여태까지 차지하고 있던 시장의 지분마저 잃게 된다. 그러나 기술자들은 조금 더 시간적 여유가 주어진다면, 더 간편하면서도 더욱 멋지고 우아한 신제품을 만들어 낼 수 있다는 것이다. 기술자는 동료들이 제품의 진가를 알아보고 기발함을 칭찬해 줄 것이라는 사실을 안다. 그러나 판매 담당자는 기술자 동료들에게 깊은 인상을 주는 우아함과 완벽함에 관해서는 관심이 없다. 판매 담당자는 기술자를 허황된 꿈을 좇는 완벽주의자로서 회사를 파산시킬지도 모르는 얼간이쯤으로 여긴다. 판매 담당자에게 통용되는 기준은 기계는 소비자를 만족하게 할 만큼 잘 연구 설계되어 기능을 무난히 수행하기만 하면 '아주 충분하다'는 것이다. 양쪽 세계에 성공적으로 양다리를 걸치고 양쪽의 상이한 기준들을 통합할 수 있는 극소수의 기술자만이 "일을 그만 끝내자."라고 모든 사람에게 지시할 수 있다.

제품을 좀 더 잘 만들려는 시도와 일을 끝내려는 시도 사이에서 발생하는 긴장은 사람들이 일을 끝냈거나 출하할 생산품(예, 컴퓨터, 저녁 식사, 학기 말 보고서, 자동차, 책)을 가진 모든 곳에 존재한다. 우리는 어떤 것을 완성하여 그것을 사용하고 먹고 읽을 사람에게 보여 주고 싶어 한다. 그러나 어떤 상품도 제조자가 기획했던 상태를 완벽하게 구현해 내지는 못한다. 인간은 자신의 (그리고 다른 사람의) 나약함으로 인해 결함과 실수를 피할 수 없다. 음식에 간을 하는 것을 잊어버린다거나, 프로그램의 중요한 결함을 간과한다거나, 논리적 오류를 범한다거나, 중요한 변수를 빠뜨린다거나, 창피할 정도로 어색한 문장을 쓴다거나, 관련된 참고 문헌을 잊어버린다거나, 자료를 잘못 해석하는 따위의 실수를 한다. 어떤 유형의 생산품이든 그 생산 과정에서 보편적인 실수가 발생하기 마련이다. 그러나 만약 제품을 한 번 더 검사한다면, 그러한 실수를 잡아내고 그 문제에 대한 더 나은 해결책을 고안해 낼 수 있다고 생각한다.

일을 끝내는 것이 사람의 유일한 가치는 아니다. 수많은 분야의 중요한 작품들을 살펴보면 그 작품이 완성되었는지 안 되었는지가 거의 고려되지 않은 것이 많다. 특히 학자와 예술가는 충분한 시간만 확보된다면, 자신의 영감을 보다 이해하기 쉽고 논리적으로 표현할 수 있는 방식을 발견할 수 있다고 믿는다. 전통민속학 분야의 전문가도 그러한 태도에 찬사를 보내곤 한다. 하지만 미국의 작곡가 찰스 이브스(Charles Ives)는, 그의 작곡 경력 후반에 이르러서는 작품이 완성되었는가에 신경 쓰지 않았다. 그의 명성은 그 자신이 결코 완성작이라 여기지 않는 작품들에서 나왔다. 찰스 이브스의 입장에서 그 작품들은 미완성의 것이지만, 어떤 의미에서는 완성된 것이었다. 사실상, 연주자들이 하도 못살게 굴면서 조르는 통에 찰스가 마지못해 악보를 넘겨 주지 않았더라면, 그의 음악은 거의 연주되지 않았을지도 모른다. 심지어 그는 연주자가 자신이 갈겨쓴 곡의 난해함과 모호함을 해석하는 데 있어 매우 고통을 받을 때조차 거의 도움을 주지 않았다[펄리스(Perlis, 1974)의 설명을 보라].

학문 세계에서처럼 신상품 제조자는 자신이 마케팅 부서에 속해 있어서 상품을 빨리 발매해야만 하는 이유를 정확히 알 때조차, 흔히 제품 출하를 연기하고자 한다. 어떤 저자는 자신의 글을 다른 사람이 훔쳐 갈 때까지 책상 위에 놓아둔다. 내가 아는 어떤 출판인은 저자의 집에 가서, 그 부인의 협조하에 저자가, 특히 각주 같은 것에 아직 더 손볼 필요가 있다고 생각하는 원고를 가로챘다. 그럼에도 저자는 책이 출판되었을 때 불평하지 않았다.

저술가의 경우, 작업을 그만 끝마치는 상황은 여러 단계에 걸쳐 발생한다. 최초의 단계는 저술가가 신뢰할 수 있는 친구와 동료들에게 자신의 작품을 보이고 도움이 될 만한 조언과 제안을 부탁할 때다. 그다음 단계로 교과 담당 강사, 학위 논문 지도교수, 학술지 게재 심사자, 출판사 편집인을 거치며, 작품이 출판되면 작품을 읽을 익명의 독자에게 최종적으로 선보인다. 어떤 저술가는 학생 시절부터 학기의 정해진 시간까지 보고서를 제출하지 못해 학점 유보[2]를 받은 과목들

---

[2] (역주) 학점 유보는 수강한 학기에 받을 학점을 유보하는 제도를 말한다. 예를 들면, 봄 학기에 수업을 수강한 학생이 그 학기 기말까지 보고서를 제출하지 못해 여름방학에 완성하여 제출하거나 혹은 가을 학기에 제출하기도 한다. 학점 유보는 학생에게 보고서 제출을 연기시키는 게으름을 야기할 수 있지만, 더욱 나은 보고서를

이 많이 누적되는 일에 익숙해져 있으므로, 먼저 글의 완성을 미루는 습관이 있다. 어떤 저술가는 절망적인 고립감을 느낄 때만, 작품을 신뢰할 수 있는 친구에게 보여 주며, 아주 많은 손질을 가하여 세련된 작품을 만들고자 한다. 또 어떤 이들은 초고를 친구들에게 보여 주기는 하지만, 막상 출판하려고 하면 몇몇 대가의 글을 다시 참고해야 하고, 도표를 몇 개 더 삽입하며, 참고 문헌에 좀 더 첨가해야 할 것이 있다는 등의 그럴듯한 이유들을 대면서 머뭇거린다.

나는 일을 그만 끝내기를 좋아한다. 비록 글의 구성과 표현을 손보면서 퇴고하는 일을 즐기긴 하지만, 글을 쓸 준비가 안 됐다는 듯이 원고를 옆에 제쳐 두거나 출판에 적합한 형태로 만들어 놓는다. 이는 참을성 없고, 많은 보상을 바라며, 타인이 나의 글에 대해 어떻게 반응하는가를 몹시 궁금해하는 나의 기질 때문이다. 연주하는 것을 좋아하든 싫어하든 간에 그리고 연주가 훌륭하든 그렇지 않든 간에 매일 밤 연주를 해야 하는 대중음악가 집안에서 성장한 것이 아마 나의 이런 기질을 강화했을 것이다. 더 큰 영향을 끼친 것은, 지식인의 삶이 같은 화제에 관심 있는 사람들과의 대화라고 말한 에버렛 휴즈의 가르침이다. 우리는 대화에 귀를 기울임으로써 무언가를 배울 수 있지만, 궁극적으로 우리 자신이 대화거리를 보태야만 한다. 우리의 연구 프로젝트는 상세히 기록되어 출판됨으로써 대화의 세계로 내보내질 때까지는 완성된 것이 아니다. 이러한 견해는 사회학적 사고와 관행에 깊은 영향을 미친 존 듀이(John Dewey)와 조지 허버트 미드의 실용주의 철학에 깊은 뿌리를 두고 있다. 이 견해 역시 강한 도덕적인 의미를 함축하고 있다.

나와 함께 작업했던 학생과 동료들은 내가 글을 끝내는 데 있어 얼마나 도덕

제출할 기회를 허용하는 장점도 있다. 역자는 유학 시절 봄 학기에 '사망력(Mortality)' 수업에서 학점 유보를 한 적이 있다. 그 수업에서 담당 교수는 역자에게 보고서에 사용할 사망력 데이터를 제공했다. 그 데이터의 분석에는 고급통계 기법이 요구되었고, 그래서 역자는 다음 학기에 고급통계 수업을 수강하면서 그 데이터를 분석하여 가을 학기에 보고서를 제출했던 경험이 있다.

성을 중시하고, 엄격하고 까다로운지를 잘 알고 있다. 왜 학생들은 자신의 학위논문을 끝내지 않는가? 그들이 약속한 글은 어디에 있는가? 거의 다했다—무엇이 그렇게 오래 걸리는가? 이런 의문을 가질 때, 나는 내가 무언가를 간과하고 있다는 것을 안다. 어떤 것도 그렇게 간단하지가 않다. 그래서 나는 이야기의 나머지 부분을 기대해 본다. 거기에는 항상 무언가가 더 있다.

나는 컴퓨터 산업의 비유를 통하여, 생산품이 너무 빨리 출하되는 것이 아닌가를 물어봄으로써, 이 이야기의 다른 측면을 발견했다. 질문은 그 스스로 대답한다. 컴퓨터 사업은 기술자의 경고를 무시하면 자멸한다. 그러나 그 이상의 것이 있다. 제임스 조이스(James Joyce)는 『피네건의 경야(혹은 밤샘)(Finnegan's Wake)』를 출간하는 데 서두르지 않았다. 많은 대작은 다른 사람들의 비평에 개의치 않는 사람들이 꾸준히 재가공하는 고통의 기간 속에서 산출되었다. 극단적인 예로는 작곡가 이브스를 들 수 있는데, 그는 작품을 완성했는가에 전혀 관심을 두지 않았다. 확실히 이른 시일 내에 완성되는 대작들도 있다. 그러나 좀 더 다듬으면 훌륭한 작품에서 위대한 작품으로 바뀔 수 있다는 가능성이 사람들로 하여금 천천히 작업하게 하는 것이 틀림없다. 서서히 작업한다는 것은 진정으로 가치 있는 무언가를 산출하기 위해 현재의 보상을 희생하는 것이다. 존 롤스(John Rawls) 같은 학자는 『정의론(A Theory of Justice)』 책 한 권을 만들기 위해 20년을 투자했다.[3] 이 이야기는 저자와 같이 실용주의적 사고를 하는 사람

---

3) (역주) 최근 미국 펜실베이니아 대학교 경영대학원 와튼 스쿨의 교수인 애덤 그랜트는 일을 꾸물대고 미루는 행동이 사람을 창의적으로 만든다고 주장하였다. 독창적인 사람 중 상당수가 최고의 독창적인 아이디어를 얻을 때까지 일을 꾸물대며 미룬다는 것이다.(조선일보. 2016년 4월 7일). 고백하자면, 인구학 전공자인 역자는 20년이 넘도록 **인구학** 교재의 저술에 고전분투하고 있다(흥미롭게도, 역자의 주(主) 전공분야인 '출산' 단원의 저술이 가장 힘들다.) 왜냐하면 내가 생각하는 인구학이 무엇인지를 파악하는 데 너무나 오랜 시간-15년-이 걸렸고, 그래야 내가 유학 시절 배운 서구 인구학과 다른 색깔을 띠는 나만의 **인구학** 교재를 저술할 수 있기 때문이다. 현재는 파악한 색깔(뼈대)에 살을 입히는 작업을 하고 있다. (글은 저자의 만족이 우선이다. 저자가 만족하지 않는 글은 독자도 만족하지 않는다.) 1995년 박사학위논문의 이론적 배경 부문도 한 편의 논문으로 발전시키기 위해 20년 이상 노력하고 있다(몇 년 전 그 원고를 세

에게조차 매력적인 이미지를 제공한다.

그래서 "이제 그만 끝내자."와 "조금만 더 기다려요."의 두 문구는 모두 저술가에게 많은 충고를 해 준다. 이 문제에 대한 인습적인(그리고 유일한 현명한) 해결책은 이 둘을 비교하여 더 좋은 것을 선택하는 것이다. 그러나 그런 해결책은 그다지 도움이 되지 않는다. 손익분기점이 되는 곳은 어디인가?

이브스의 사례가 한 가지 접근 방식을 제안한다. 작곡을 전혀 완성하지 않는 그가 어떻게 작곡자가 될 수 있는가? 그는 어느 특정 유형의 작곡자—자신의 음악이 연주되지 않은 작곡가—가 됨으로써 작품을 완성하지 않았다. 완성되지 않은 음악은 연주될 수 없다. 물론 연주자는 이브스에게 했던 것처럼, 우리의 악보를 가져가서 임의로 연주를 완성할 수 있다. 그러나 이브스는 어떤 것도 완성하지 않았다. 그가 당시 음악업계의 전형적인 협회 활동에 참여하지 않기로 결심했기 때문이다. 자신의 음악이 연주되는가 안 되는가에 전혀 관심을 두지 않았기 때문에, 그는 작품을 완성할 필요가 없었다.

좀 더 일반적으로 말해, 우리는 우리의 작품과 비슷한 작품이 만들어지는 세계에서 연주하고 싶은 부분을 판단함으로써 우리의 작품을 완성할 시기를 결정할 수 있다. 이 말은 해결되지 않은 문제를 단지 다른 말—마찬가지로 이해하기 어려운—로 바꿔놓는 것은 아니다. 새로운 표현(wording)은 최소한 우리에게 다른 전술들에 대한 구조적 보상과 처벌을 고려하고 깊이 생각하게 한다.

계인구학대회에서 발표했는데, 그 분야의 여러 사람들이 그 글의 독창성을 인정해주었다). 게다가 책과 논문으로 발전시키기 위해 장기간 미완성 상태로 남겨진 글들도 여러 편이 있다. 다행히도, 이 모든 글들은 아직까지 역자의 견해와 동일한 견해를 가진 글이 아직 출판되지 않아 독창성을 유지하고 있다. 어찌되었건, 나의 모든 원고는 각기 다른 분야의 글이지만 모두 나의 생각이 담긴 것들이다. 여기서 한층 깊어진 나의 고민이 배태된다. 그렇다면, 각기 다른 분야들의 원고들에 공통적으로 내재되어 있는 나의 기본 사고-각기 상이한 원고(구슬)들을 꿰는 빨간 실는 과연 무엇일까? 이는 곧 내가 학문을 하는 기본 사유로 연결되어, 나의 학문적 삶을 정리하게끔 하는 기회를 제공해 준다. 이런 의미에서, 자신이 만족스러울 때까지 꾸물거리며 천천히 진행하는 저술 작업은, 남이 어떻게 생각하든 간에 최소한 나에게는, 자신의 학문적 삶을 정리하는 일을 환갑이 지난 나이에 수행하도록 남겨 주었다.

박사학위 논문의 진행이 진퇴양난에 빠진 대학원생이나 자신의 연구를 기록하지 못하거나 출판할 수 있도록 논문을 완성하지 못하는 동료 학자와 이야기할 때, 나는 교훈적인 이야기 대신 사회조직에 대해 말한다. 하지만 만일 내가 설교자의 위치를 확고하게 차지하지 못한다면, 우리의 이야기는 해결될 수 없는 성가시고 교훈적이기만 한 논쟁이 되고 만다. 나는 그들에게 완벽주의자가 되는 대신, 다른 사람들에게 충분히 훌륭한 사람이 되는 것으로 만족하라는 말로 조언을 시작한다. 그리고 나는 결코 대작을 쓴 적도 없고 기대도 하지 않는다고 말한다. 나와 그들을 다르게 만드는 것은 무엇인가?

그들은 이런 이야기를 싫어한다. 왜 싫어할까? 그들은 흔히 그 처방책을 인정하지도 용납하지도 않는데, 그것은 당연히 틀리고 상투적인 말과 다를 바가 없다고 생각하기 때문이다. 단지 일을 마무리 짓기 위해 일을 끝내는 것은 지조 있는 행동이 아니다. 사실 그런 행동에서는 출세 지향적인 냄새가 풍긴다. 전통주의자들은 흔히 '다작을 하는' 사람은 불순한 동기가 있다고 생각한다.

내가 방금 서술한 논의를 이해하기 위해서는, 도덕주의를 제쳐 두고 학문 세계의 사회조직과 연관된 문제들을 살펴볼 필요가 있다. 라이트 밀스(Mills, 1940)의 '동기의 어휘(the vocabulary of motives)'라는 개념이 여기서 도움이 된다. 모든 사회 또는 사회집단은 일하는 데 있어 타당하고 용인될 만한 이유들을 갖고 있다. 즉, 우리는 직업을 가지는 이유로 '돈이 필요하기 때문에' '사람들과 일하는 것이 좋아서' '그런 종류의 일에 흥미가 있어서' 또는 '출세를 위한 기회가 제공되기 때문에' 등을 제시한다. 이런 대답들은 모두 현대 미국 사회에서 일해야 하는 이유를 이해할 수 있게 해 준다. 우리는 이런 이유로 일을 하지 않을 수 있고 또는 그런 이유로 일하는 사람을 용납하지 않을 수도 있다. 하지만 우리는 그런 사람도 사악하거나 미치지 않았다는 사실을 이해한다. 다른 사회에서는 사람들이 외삼촌 또는 신이 일을 시켰기 때문에 일을 한다고 설명할지도 모른다. 어떤 친구는 새로운 직업을 찾으려는 나의 결정을 이해한다고 했는데, 그 이유가 내가 백양궁좌 탄생별의 운명이라는 것이다. 그러나 우리는 신이 시켰기 때문에 그 일을 했다고 진술하는 사람을 조심할 필요가 있다.

우리는 단지 다른 사람에게 이야기하기 위해 우리 사회에서 용인될 수 있는 설명 목록을 사용하지는 않는다. 또한 우리는 일을 하는 이유를 자문하고, 우리 사회의 설명 목록에서 합리적인 설명을 찾는다. 만약 그런 설명을 찾지 못한다면, 우리는 마음먹은 일을 하지 않거나, 우리의 정신 상태를 의심할 것이다. 아무런 이유 없이 일하는 사람이 어디에 있는가?

학계에 널리 퍼져 있는 동기의 어휘는 학자의 빈번한 출판을 다양한 방식으로(아첨하지 않은 상태로) 설명한다. 사람들은 '출세를 위해' '유명해지기 위해' '승진하기 위해' 그리고 가장 슬프게는 '종신 교수직을 얻기 위해' 글을 쓴다고 말한다. 이런 이유들은 저자들이 차선책을 받아들이고, 단지 일을 끝내고 보상받기에 '충분한' 작품을 수용한다는 사실을 함축한다.[4]

'적당한 시간' 내에 일을 끝내는 학자는 이 분석들이 일을 마치지 못한 것에 대한 이기적인 변명임을 발견한다. 그들은 '과학에 공헌하기 위해' '학문적 대화에 참여하기 위해' 또는 '재미있어서' 글을 쓴다고 설명한다. 나도 이런 식으로 이야기한다. 이런 이유들은 지나치게 낙천적이었던 폴리애나(Pollyanna)의 말처럼 들려서, 약간은 신뢰하기 어렵다(글을 쓰면서 고생해 본 적이 있는 사람은 글쓰기가 재미있다는 발상은 아주 비상식적이라는 것을 안다.). 그런데도 그런 이유로 글을 쓰는 저술가들도 있다. 만약 학술적 활동을 규모가 큰 게임으로 생각한다면, 글을 쓰는 것, 대화를 나누는 것, 또는 공헌하는 것 모두가 컴퓨터 게

---

[4] (역주) 최고의 걸작품을 내겠다는 욕심에 매달리지 말고 차선의 작품을 출품하는 데 만족하라는 것이다. 이러한 충고는 장인정신이 매우 투철한 학자들에게 합당한 조언이라 할 수 있다. 반면, 장인정신이 부재한 학자에게는 논문 심사를 간신히 통과할 정도의 글만 쓰면 된다는 말로 들릴 것이다. 자신의 전공 분야의 학자들은 물론 그 분야에 관심이 있는 일반 독자도 읽을 생각을 별로 하지 않는 학술지는 아마 후자의 글들로 구성되었을 가능성이 높다.

임을 하는 것처럼 재미있을 수 있다.[5] 그러나 올바른 것을 얻는 데에 초점을 둔다면, 이렇게 실적을 강조하는 것은 타협의 냄새를 풍긴다. 그런 수사어구는 이기적이고 심지어는 부도덕하게 들린다.

이런 도덕적 싸움은 해 봤자 아무런 득도 없다. 글쓰기 결과를 다른 방식으로 이야기하는 것이 더 유용할 것이다. 사실 학문 생활의 조직은 양측의 동기 모두를 유발하고 보상하며, 양측의 동기들을 합리적이고 필연적인 것으로 만든다.

학문 세계는 어떻게 구성되고, 저술이나 출판은 그 안에서 어떤 역할을 하는가? 당신은 학문 세계에서 어떤 역할을 하고 싶은가? 그리고 글을 쓰고 출판하는 방식은 당신이 선택한 역할의 수행 가능성에 어떤 영향을 미칠 것인가? 훌륭한 질문에는, 놀랄 필요도 없이 확실한 답이 없다. 그 이유는 학계도 다른 사회와 마찬가지로 자신들의 사회조직을 연구하는 것을 그다지 반기지 않기 때문이다. 학자는 자신의 비밀이 누설되거나, 자신이 좋아하는 신화가 가공의 이야기였음이 폭로되는 것을 원하지 않는다. 학자는 자신의 경험담을 이야기하기를 좋아하고, 그 경험담으로부터 학생이 왜 그런 식으로 행동하는지, 경력을 쌓는 전략은 무엇인지(나는 이 책에서 둘 다 이야기했다), 특히 대학의 행정 업무는 겉으로 혼란스럽게 보이지만 얼마나 '합리적'인지에 대해 거창한 결론을 도출해 내기를 좋아한다. 학생, 경력 또는 대학교에 대한 체계적인 조사는 학자의 자부심을 무너뜨릴 것이 분명하므로 어떤 사람은 그런 조사를 할 가치도 없으며, 협조할 필요도 없다고 생각한다.

그러므로 어떤 연구도 이런 질문에 해결책을 제시하지 않는다. 그러나 우리는 몇 가지를 시작해 볼 수 있다. 내가 말한 것들은 거의 논쟁의 여지가 없을 것이다. 사회가 어떻게 움직이는가에 대한 다른 지식들과 마찬가지로, 사람들

---

[5] (역주) 무언가를 얻는다는 점에서는 흥미로울 수 있지만, 그것을 얻는 과정은 고통의 연속이다. 어떤 점에서 보면, 공부(책을 열심히 읽는 일)는 달콤한 열매를 따먹는 즐거운 일이지만 글의 저술은 그 열매를 만들어 내는 고통스러운 일이라 할 수 있다.

은 실제로 앞서 제시한 질문들을 쭉 알고 있었지만, 그 함축과 추론에 대해서는 좀처럼 생각하려 하지 않았다. 사회학자의 일은 그런 일을 하는 것6)이라고 큰소리로 밝히고 모든 사람이 그에 대해 진지하게 생각하도록 만드는 것이다.

학문 세계는 '일을 그만 끝마치기' 대 '충분한 시간을 갖고 일하기'라는 상반되는 태도에서 비치는 뿌리 깊은 양면성을 구체화하고 있다. 실용적인 측면에서, 학문 세계는 에버렛 휴즈(1971: 52-64)가 '운영 중인 사업(going concerns)'이라고 부른 것이며 일의 완성을 지향한다. 덜 실용적으로 학문 세계는 실천과 지식의 발달을 추구하는 긴 역사를 갖고 있으며, 그 역사는 수년 또는 수세기에 걸쳐 형성된 것이다. 실용적인 방식으로 학문 세계는 현재 사업 중이며 운영 중인 사업에서 당면한 모든 문제를 다루어야 한다. 학문 세계는 (비록 학생들의 입시와 학문적 명망 그리고 돈에 대한 경쟁이 어느 정도 유사하다 할지라도) 시장의 지분을 유지하기 위해 새로운 컴퓨터를 생산해서는 안 될 수도 있다. 그러나 학문 세계는 공식 협회를 탄생시키고 지지한다. 그 협회는 매년 학회를 개최하고 학회지를 발간해야 하므로, 회원들은 논문을 발표하거나 출판할 논문을 써야 한다. 학문 세계는 대학교에서 강의하고 연구할 교수를 충원하는 노동자 협회를 구성해야 한다. 학문 세계는 대학교에서 강의할 교재를 생산한다. 회원들은 신문기자와 인터뷰하면서 이혼, 범죄, 핵무기, 자연재해 또는 논의할 수 있을 만큼 충분히 알고 있다고 생각하는 모든 분야에 대해 자신들의 정당한 능력을 증명하려고 한다.

대부분의 이런 활동은 누군가에게 어떤 글을 써서 그 글을 출판하라고 요구

---

6) (역주) 사회구성주의(social constructionism) 입장을 취하는 과학지식사회학(sociology of scientific know-ledge)은 지식 생산의 기저에 깔린 사회적 과정에 주목한다. 사회구성주의는 사회적 실재는 사람들 간의 사회적 상호작용을 통해 만들어진다는(구성된다는) 입장을 취하며 각 행위자가 자신의 도덕적 판단에 따라 참이라 생각하는 것은 무엇인지를 중시한다. 이러한 관점에 따르면, 과학적 지식은 보편적 타당성을 가진 지식이 아니라 그 분야에서 일을 하는 과학자들의 상호작용과 도덕적 판단의 산물이라는 것이다.

한다. 학문 분야의 조직은 어떤 특정 인물에게 이러한 일을 하라고 요구하지 않는다. 만약 내가 그 주제에 대해 가장 권위 있는 책을 쓰지 못 한다면, 당신이 그것을 해야 할 것이다. 그리고 만약 당신이 못 한다면, 다른 누군가가 해야 할 것이다. 만약 우리 모두가 그런 책을 쓰지 못한다면, 우리는 고통받을 수 있지만 학문 분야는 그렇지 않을 것이다. 우리는 승진하지 못할 것이다. 그러나 만약 책을 쓸 소재가 존재한다면, 누군가가 결국에는 책을 쓸 것이고, 우리가 초급 수준의 과목을 계속 가르치는 동안 그들은 승진할 것이다.[7]

그런데도 앞에서 언급한 활동들은 우리의 학문적 저술이 세상에 알려질 수 있는 통로를 열어 준다. 교수들은 소속 학계가 정한 마감 기한과 규칙에 자신들을 적응시킨다. 그들은 실용적으로 타협한다. 예를 들어, 자신의 논문을 출판하고 싶은 학술지에 기고하기 위해 너무 길거나 짧은 형식으로 글을 쓰지는 않을 것이다. 좋은 컴퓨터를 출하함으로써 명성을 얻을 수 있는 기술자처럼, 학자는 필요한 것을 제시간에 정해진 형식에 맞춰 완성함으로써 명성을 얻을 수 있다. 이러한 접근 방식에서 보면, 학생들이 해야 할 일을 『미국사회학평론(American Sociological

---

[7] (역주) 이는 자신의 노력이 정당한 대가를 받는 공정한 경쟁 체제하에 있는 학자들 이야기다. 만일 학계의 현실(도덕성)이 경쟁 체제를 악용하는 비도덕적 방식으로 구조화된다면, 전혀 다른 이야기가 탄생할 수 있다. 역자는 동료 교수로부터 한 비정규직 교수의 슬픈 이야기를 들은 적이 있다. 오랜 방황 끝에 그는 서울의 어느 대학교에서 연구교수로 자리를 잡았다. 계약 조건에는 엄청난 착취가 담겨 있었지만, 선택의 여지가 없었다. 계약 조건은 연봉 5,000만 원에 2년 계약이었고, 매년 학술연구재단 등재 학술지에 5편의 논문을 실어야 한다는 것이다. 2년이면 10편의 논문을 출판해야 한다. 더 끔찍한 조항은 만일 재계약을 원한다면 그 10편의 논문에다 SSCI 논문 한 편까지 출판해야 한다는 것이다. 그를 채용했던 이유는 그 대학교에서 정년을 보장받고 높은 임금을 받는 호봉제 교수들이 글을 쓰지 않아 그들의 몫까지 글을 대신 써 줄 학자가 필요했다는 것이다. 정년 보장 교수의 안락한 삶을 위해 비정규직 학자들의 피와 땀이 요구되었다. 그 학자는 온갖 노력 끝에 1년에 5편의 논문을 출판했지만, 여기서 1년을 더 했다가는 과로사할 위험마저 있어 결국 다른 대학교에 강의교수로 이직하였다고 한다. 이직한 대학의 연봉은 3,000만 원으로 먼저 있던 곳보다 줄었지만, 그 대학은 다른 대학교에 비해 많은 논문 지원비를 지원하고 있으니까 강의하면서 논문을 쓰면 5,000만 원 정도의 수입이 있을 것으로 생각하였다. 그러나 불행히도 강의 교수는 논문 지원비 대상이 아니었다. 2000년대 들어 교육부가 대학 평가에서 교수의 학문 업적을 중요한 지표로 간주하자, 많은 대학교에서 교수들에게 논문 출판을 위한 연구비를 지원하였다. 연구비 지원은 확실히 교수들의 논문 수를 증가시켰다. 하지만 그와 동시에, 자신이 대학교에서 연구비를 받으면 그 돈의 반을 줄 테니 자신의 이름을 올려 달라는 브로커 교수들 또한 많이 탄생시켰다.

Review)』에 실린 글을 그대로 모방하는 것이라고 가르친 교수의 설명에서 보듯이, 글쓰기 문제는 매우 쉽게 해결될 수 있다. 만약 당신이 주요 학술지를 본보기(exemplars)—토마스 쿤(Thomas Kuhn)이 사용했던 의미의 하나로—로 사용한다면, 그 형식에 완전히 익숙해질 때까지만 어려움을 겪을 것이다. 그 후부터는, 글쓰기를 분명 타이핑과 같이 별로 힘을 들이지 않고도 할 수 있게 된다.

학문 세계는 장기적인 발전을 지향한다. 이것은 학문 세계의 또 다른 측면이다. 이런 풍조에서 학문 세계는 하나 이상의 같은 것을 필요로 하지 않는다. 학문 세계는 새로운 사고를 필요로 한다. 그러나 낡은 틀에서는 색다른 사고가 학문 세계에서 싹트기 어렵다. 고프먼은 학술지의 원고 매수로는 거의 '말도 안 되는' 양(60쪽이나 되어 책으로 발간하기에는 약간 적고 학술지 논문의 원고로는 너무 많은)의 논문을 학술지 편집인이 학술지에 게재토록 할 정도로 아주 고집스럽고도 훌륭한 작가였다. 대부분의 사람은 그와 같은 놀라운 독창적인 작품을 창출하지 못할 뿐만 아니라 돈키호테 모험을 성공적으로 수행할 만큼 충분히 배짱도 없다. 그러나 자신이 쓴 것을 완성하기 위해 '끊임없이 노력하는' 사람들은, 되는 대로 내팽개쳐 두는 나 같은 사람과는 달리 무분별하지도 않고, 게으르지도 않으며, 자만심에 빠져 있지도 않다. 그들은 단지 장기 발전을 지향할 뿐이다. 그리고 중서부 사회학회(Midwest Sociolgical Sosiety)의 분과에서 발표할 원고의 마감일을 맞추는 것은 매우 사소한 일이라 생각하며 거의 신경도 쓰지 않는다. 이는 어리석은 행위가 아니다.

학문의 전반적인 측면에서 볼 때, 이런 현상은 의심할 여지 없이 바람직하다. 어떤 사람은 이런 일을 하고 다른 사람은 저런 일을 하는 한, 학문 세계는 우리가 기대하는 다양한 활동들—강의하고, 학술지를 출판하고, 새로운 사고를 창조하는—을 모두 완성한다. 직업 정신이 투철한 학자의 활동을 통해 학문 세계는 이득을 얻지만, 그 개인은 고통스러울 수 있다. 만약 당신이 20년에 걸쳐 저술한 책이 중요한 지적 저작물이 아니라고 판명된다면, 우리는 확실히 고통스러울 것이다. 그러나 만약 많은 사람이 노력한다면, 학문 세계는 많은 이득을 볼 것이다. 그런 선택을 할 때, 우리는 위험한 게임에서 커다란 도박을 하는 것이며 그리고 이를 반드시 알아야만 한다.

충분히 해명하고 정확성이 검증되어야 하는 몇 가지 가정들이 이런 분석 밑에 깔렸다. 예를 들어, 사람들은 시간을 많이 투자한 작품이 적은 시간을 투자한 작품보다 필연적으로 더 낫다고 가정한다. 결국 한 화제에 대해 일 년 동안 심사숙고하면 훨씬 훌륭한 아이디어와 심오한 지식을 창출해야 하지 않는가? 더 많은 시간을 투자하면, 글을 다듬어서 우리의 개선된 사고를 보다 정확하고 우아하게 표현할 수 있지 않을까? 물론 그런 작업은 도움이 될 것이다! 투자한 시간이 많으면 많을수록 보상은 커질 것이다.

또한 신속히 작업해서 작품을 세상 밖으로 내보내기를 주저하는 저술가들 역시 대작은 오랜 시간이 걸리지만, 삼류 잡지의 글은 빠른 시간 내에 완성된다고 생각한다. 싸구려 잡지의 글과 대조되는 대작을 쓰고 싶지 않은 저술가가 어디에 있겠는가? 그러나 싸구려 잡지의 글과 대작의 우위를 가리는 것은 미심쩍은 비교다. 우리는 위대한 대작을 쓰려고 노력해야 하는가? 아니면 반드시 언급할 필요가 있는 것을 명료하게 납득시킬 수 있는 방식으로 진술하는 좋은 산문을 목표로 삼는 것이 더 나은가? 과학은 뛰어난 산문 표현을 필요로 하는가? 학술지의 보편적인 문체로 쓰인 글이 대작이 될 가능성은 있는가? 작품에 대한 지나친 열망은 현상을 자세히 보지 못하게 만든다. 게다가 빅토리아 시대의 위대한 소설가들인 디킨스(Dickens), 새커리(Thackeray), 엘리어트(Eliot), 트롤로프(Trollope) 등은 전반부의 연재물이 팔리지 않으면 후반부를 쓸 수 없는 삼류 잡지에 글을 투고하는 상황에서 대작을 썼다(Sutherland, 1976).

실제로 투자된 시간과 작품의 질을 동등시하는 것은 경험적으로 잘못한 일이다. 미술 선생님은 학생들에게 맨 처음에 떠오르는 좋은 생각이 혼동 속에 묻히지 못하게 하려고 그림에 계속해서 덧칠하지 않도록 한다. 독자가 글이 전달하고자 하는 사고보다 글을 더 매끄럽게 다듬는 노력에 더 반응을 보인다고 생각하는 한, 저자는 형용사 또는 단어 배열 등에 법석을 떨면서 죽을 때까지 걱정만 할 수밖에 없다. 더 많이 일한다고 해서 더 좋은 작품이 나오는 것은 아니다. 오히려 작품에 대해 더 많이 생각하면 할수록, 우리는 불필요한 생각과 부적합한 수식어를 더욱더 많이 끼워 넣을 수 있다. 그리고 (비잔틴 장식 속에 저자의 생각이 묻힐 때까지) 필요 없는 연관성까지 만들게 된다. "더 많이 일할수록 좋다."는 "더 적게 일할수록 더 좋다."와 마찬가지로 사실이 아니다. 글쓰기가 글을 다듬고 생각하는 작업을 필요로 한다는 것은 맞다. 그러나 얼마나 많이 필요로 하는가? 이에 대한 대답은 고정된 태도에서가 아닌 실용적인 태도에서 찾아야만 한다.

글쓰기와 관련하여 청교도적인 냄새가 물씬 풍기는 하나의 가정은 우리가 글을 쓸 때 열심히 노력해야만 하고, 장시간에 걸쳐서 그렇게 해야 한다는 것이다. 실제로는 글을 쓰지 않을 때조차 책상 앞에 앉아서 글을 쓰려고 노력해야만 한다. 글을 쓸 수 없다면 고통을 받아라. 이런 **캘뱅주의**는 아무것도 하지 않을지라도 일을 하는 것처럼 보여야 하고, 일해야 할 때는 어떤 것도 즐겨서는 안 된다고 주장했던 초등학교 시절 선생님의 훈계에서 비롯되었을 것이다. 캘뱅주의에 철저히 길들여진 저술가는 자신이 말하는 방식이니 글 쓰는 방식을 향상할 방법에 대해 생각하고 있는 동안 허리가 아프도록 아주 성실하게 불편한 의자에 앉아서 허공을 말똥말똥 쳐다보아야만 한다. 그러나 허공을 말똥말똥 쳐다보는 것이 정말로 일하는 것처럼 보이지 않는다. 비생산적인 저술가조차 이런 행동은 쓸데없는 짓이라는 것을 결국은 알게 될 것이다.[8]

---

8) (역주) 우리나라 학생은 칼뱅주의적 교육에 매우 익숙한 듯하다. 예를 들면, 4시간 자면 합격하고 5시간 자면 떨어진다는 '4당5락'이라는 말에서 보듯이, 많은 학생이 공부 시간만을 중시할 뿐 그 시간의 질에는 관심이 미약하다. 회사도 마찬가지인 것 같다. 몇 시간 동안 일을 했는지가 중요하지 그 시간에 얼마나 일을 했는지를 중시하는 것 같지 않다. 암기식 교육에는 칼뱅주의 교육 방식이 효율적일지 모르지만, 지식의 활용을 중시하는 창의성 교육에서는 교육 혹은 일의 질이 더 중시된다. 자신이 얼마나 많이 아는지가 아니라 얼마나 확실히 아는지가 더 중요하게 된다는 것이다. 확실히 알고 이해해야 그 지식을 현장(현실)에서 활용할 수 있다. 지식의 활용이 중시되면, 폭넓은 얕은 지식보다 확실하게 이해한 깊은 지식이 당연히 요구될 것이다. 21세기 지식정보사회는 암기한 지식이 아니라 현실에서 활용하여 삶의 부가가치를 올릴 수 있는 소화된 지식을 요구한다.

글쓰기의 문제를 고전적으로 묘사할 때, 빈 원고지를 놓고 수심이 가득한 얼굴로 책상 앞에 앉아 있는 측은한 저술가의 이야기가 자주 나온다. 그는 모든 단어가 부적절하게 보인다. 단어의 선택이 잘못된 것처럼 보일 뿐만 아니라 위험하게까지도 보인다. 제6장에서 파멜라 리차즈는 학문 세계로부터 산출되는 동료, 선배 그리고 자기 자신의 잠재적인 위험한 반응에 대한 공포를 탐구했다. (나는 논문의 첫 쪽이 완벽해 보일 때까지 잠옷을 벗지 않는 사람을 알고 있다. 그는 종종 올바른 첫 문장을 얻으려고 시도하다가 수백 장의 종이를 버렸는데, 저녁 식사 시간까지도 여전히 잠옷을 입고 있는 자기 자신을 발견하고는 마침내 그 습관을 포기해야만 했다.)

탐구해 볼 만한 가치가 있는 또 다른 유형의 걱정은 제1장에서 언급했다. 그것은 아직도 나를 괴롭힌다. 학자는 자기가 쓰고자 하는 주제에는 고려해야 하는 수많은 것, 많은 요소 간의 다양한 연계들, 이치에 맞는 순서로 엮어놓기가 거의 불가능한 것처럼 보이는 모든 것이 포함되어야 한다는 사실을 안다. 그러나 독자가 이해할 수 있게끔 아이디어를 매우 논리적인 이치로 배열하는 일은 우리 학자의 몫이다. 우리는 이 문제를 두 가지 차원에서 다루어야만 한다. 우리는 이론 또는 담론 속에서 아이디어를 배열해야 하고, 설명하고자 하는 결과를 끌어내는 원인과 조건들을 서술해야만 한다. 이러한 작업은 논리적으로 정확하고 경험적(만약 당신이 경험적 연구에 근거한 것을 쓰고 있다면)으로 정확한 이치에서 행해져야 한다. 논리적으로 정확하다는 말은 우리가 널리 알려진 오류인 부정확한 합리화를 범하지 않았다는 사실을 의미한다[피셔(Fischer, 1970)는 이러한 오류를 범하는 역사학자들을 기술하고 있다.]. 경험적으로 정확하다는 말은 우리가 서술하는 이치가, 우리가 최대한 아는 한도 내에서는 현실 속의 실제 이치와 일치되어야만 한다는 사실을 의미한다. 마지막으로, 우리는 우리가 생각해낸 이치를 명료하게 진술하는 산문을 원한다. 우리는 독자의 이해를 방해하는 산문의 불완전함을 원하지 않는다.

이러한 두 작업은 하나로 귀결되며 분리될 수는 없다. 나는 이것을 경솔하게 말해서는 안 된다. 말이 아닌 다른 언어로 논점을 요약하고 구성하는 것도 가능할 수 있다. 수학과 그래프는 정확한 진술을 가능하게 하는 두 가지 대안이다. 어떤 사람은 이 둘 중 하나를 사용하여 이론을 산출하지만, 그 이론을 말로 바꾸어 놓을 수는 없다. 아무튼 논리적 이치에서 아이디어를 얻으려면 논리적 모순이 있는 주장들을 찾아낼 수 있는 날카로운 안목이 필요하다. 우리는 그러한 오류를 지적하는 것을 배울 수 있다. 경험적인 이치를 정확하게 서술하려는 시도는 더 힘든 노력을 요구한다.[9] 우리는 모든 것을 서술할 수 없다는 사실을 안다. 사실상, 우리가 과학과 학문을 하는 목적의 하나는 서술해야 하는 것을 다루기 쉬운 명제로 축소하는 것이다. 그러나 무엇을 빼 버려야 하는가? 그리고 남은 것은 어디에 삽입해야 하는가? 경험적 세계는 정리될 수 있지만, 어떤 화제를 맨 처음에 다룰 것인가를 지시하는 단순한 방식으로는 정리되지 않는다. 이것이 바로 사람들이 빈 원고지를 말똥말똥 쳐다보고 첫 문장을 수백 번 고쳐 쓰는 이유다. 그들은 그 모든 것을 조직화할 수 있는 단 하나의 올바른 방법이 번쩍 생각나게 하려고 신비로운 의식을 행하고 싶어 한다.

자, 그러면 아이디어를 적절하게 체계화하지 못한다면 어떻게 되겠는가? 우리는 제3장에서 이 문제에 대해 살펴보았다. 그러나 현실에 대한 어떠한 조직화도 어느 측면에서는 부정확하다는 것을 알기에, 아이디어를 전혀 체계화하

---

[9] (역주) 경험적 이치의 모순은 저자의 주장(이론)과 그것에 대한 경험적 증거가 일치하는지를 분석함으로써 발견할 수 있다. 양적연구에서 경험적 증거로 제시되는 숫자는 '통계 모형'에서 도출된다. 통계 모형은 반드시 이론에 근거해야 한다. 따라서 연구자는 어떻게 분석한 통계 모형이 자신의 주장(이론적 가설)과 연관되는지를 통계를 잘 모르는 독자들도 이해할 수 있게끔 명료하게 설명해야 한다. 그러한 설명을 통해 독자들은 통계 모형이 저자의 주장에 타당한 경험적 증거(통계)를 제시하는지를 판단할 수 있다. 이 외에도 다양한 불일치들이 있다. 대표적인 것 중 하나는 생태학적 오류이다. 이론 부문에서 변수들의 관계를 거시적 차원에서 논의하고, 방법론(통계 모형) 부문에서는 미시적 차원의 변수들 간의 관계를 분석하고 그 분석 결과를 저자의 견해를 입증하는 경험적 증거로 제시하는 것이다. 두 변수 간의 상관관계를 인과관계로 해석하는 것도 불일치의 한 사례이다. 그리고 현장연구에서 도출한 분석 결과를 마치 양적연구에서나 가능한 표본(사례)에 대한 일반화 진술로 해석하는 것도 대표적인 경험적 이치의 모순이다(135쪽 주 4, 273쪽 주 6 참조).

지 못한다면 어찌 되겠는가(이는 더 심각한 경우다)? 이것은 저자가 글을 시작할 때 근심하게 되는 가장 중요한 원인이다. 우리가 그러한 혼돈 속에서 이치를 끌어낼 수 없다면, 정말로 할 수 없다면, 어찌 되겠는가? 다른 사람들은 어떨지 잘 모르지만, 나에게 있어서 새로운 논문을 쓰기 시작하는 것은 근심에 의한 전형적인 신체적 징후들―현기증, 복통, 한기와 식은땀―을 유발한다. 세상에 진정한 이치란 없으며, 있다고 하더라도 내가 그것을 발견할 수 없을지도 모른다는 이중적 가능성은 지금 그리고 앞으로도 영원히, 거의 종교적으로 위협적일 것이다. 세계는 의미 없는 혼돈일지도 모른다. 그러나 이것은 우리를 편히 살 수 있게 만드는 철학적인 명제가 아니다. 첫 문장을 생각해 낼 수 없는 사실이 그런 가능성을 명백히 밝혀 준다.

내가 서술한 질병에 대해 치료할 만한 방법이 있을까? 그렇기도 하고 그렇지 않기도 하다. 예를 들면, 연습을 열심히 하면 일을 시작할 때 느끼는 공포를 극복할 수도 있다. 이런 분야의 전문가들의 조언은 항상 똑같다. 마음을 편안하게 하고 시도해 보아라. 두려워하는 일을 해 보고, 그것이 상상했던 것만큼 위험하지 않다는 사실을 깨닫지 않고서는 공포를 극복할 수 없다. 따라서 혼돈을 완전히, 논리적으로, 충분하게 정복할 수 없는 어떤 것에 대해 글을 쓰는 문제에 대한 해결책은 어쨌든 그것을 써 보는 것이며, 그런다고 해서 세상이 끝나는 것이 아니라는 사실을 발견하는 것이다. 우리는 우리가 쓰고 있는 것이 중요하지 않고 오랜 친구에게 보내는 편지와 별로 다른 점이 없다고 자기 자신을 속임으로써 그렇게 해 볼 수 있다. 나는 나 자신을 속이는 방법을 알고 있지만, 다른 사람들이 자신을 속이는 방법은 모른다. 따라서 여기서 나의 충고를 끝내고자 한다. 물속에 들어가지 않고서는 수영을 할 수 없다.

제 8 장

문헌에 대한 공포

 앞에서 말한 바와 같이, 학생들(그리고 일반인)은 마치 이론을 자유로이 선택할 수 있다는 듯이 "나는 뒤르켐의 이론을 사용할 것이다."와 같이 이런저런 접근 방식의 '사용'에 대해 이야기한다. 사실상 학생들은 자신의 연구에 관해 글을 쓰기 시작할 무렵, 그다지 중요해 보이지 않는 사소한 세목들까지 결정하고 있다. 바로 이것이 이론적 접근 방식의 선택을 사전에 차단한다. 학생들은 조사해야 할 문제가 무엇인지를 결정하고, 정보 수집 방법을 선정한다. 또 누구를 면접하고, 자료를 어떻게 부호화하며, 연구 기간은 얼마로 잡을 것인가 등의 사소한 기술상·절차상의 방법들을 선택해야 한다. 매일매일 이런 선택들을 해 나감으로써 학생들은 점차 한 가지 사고방식에 몰입하게 되며, 여전히 해결점이 안 보인다고 생각되는 문제에 대해 어느 정도 확고한 대답을 할 수 있게 된다.

그러나 사회학자들과 특히 학생들은 실질적인 이유로 이론을 선택할 때 노심초사한다. 그들은 자신의 주제와 관련된 '문헌'을 반드시 다루어야만 한다. 적어도 그들은 그렇게 해야 한다고 생각한다. 학자는 대학원에서 문헌을 두려워하도록 학습된다. 시카고학파의 탁월한 구성원 중의 하나였던 루이스 워스(Louis Wirth) 교수가 당시 나와 같은 대학원생이었던 어빙 고프먼(Erving Goffman)이 제기한 문헌 게임을 한 수에 제압해 버린 일이 기억난다. 그것은 바로 우리가 모두 두려워하던 일이었다. 그 당시 고프먼은 워스 교수가 조작주의(operationalism)에 관련된 영향력 있는 사상들에 충분한 관심을 기울이지 않았다고 생각했다. 그래서 고프먼은 수업 중에 그 주제에 관한 펄시 브리지먼(Percy Bridgeman)의 책을 인용하여 그에게 이의를 제기했다. 워스 교수는 웃으면서 냉소적으로 되물었다. "고프먼, 몇 번째 판을 말하는 거지?" 판마다 중요한 차이가 있었지만, 우리 중 누구도 그것을 생각하지 못했다. 그 대신 우리는 문헌을 좀 더 조심스럽게 사용해야겠다고 생각했다. 조심하지 않으면, 다른 사람들한테 우리가 당하고 만다.[1] '다른 사람들'에는 선생뿐만 아니라 동료들도

---

1) (역주) 글의 저자가 다루어야 할 주제에 대해 다양한 주장을 담은 문헌들이 있을 수 있다. 예를 들어, 'A는 B의 원인'이라고 주장하는 학자 X와 'B가 A의 원인'이라고 주장하는 학자 Y가 있다고 하자. 논문을 쓰기 위해서는 이 두 학자의 문헌들을 반드시 살펴보고 저자의 입장을 밝힐 필요가 있다. 그런데 저자가 글 일부분만 보고 그것을 참고문헌으로 인용하는 경우, A는 B의 원인이라는 주장을 지지하는 학자로 X가 아니라 Y를 인용하는 잘못을 범할 수 있다. 이것은 논문 심사자들이 가장 눈여겨보는 치명적인 오류다. 이런 오류가 발견되면 저자가 그 분야의 문헌들을 제대로 이해하지 못했다고 간주하여 '게재 불가'라는 평가를 받을 가능성이 높다. 불행인지 다행인지 모르겠지만, 논쟁이 거의 부재한 우리나라 학계에서는 학자를 잘못 인용하는 치명적 오류가 논문 심사에서 큰 문제가 될 가능성은 낮다. 오히려 우리나라 학계에서 치명적 잘못이 될 가능성이 있는 참고문헌 오류는 심사할 가능성이 높은 학자의 글을 인용하지 않았거나 그것이 참고문헌 목록에서 빠진 경우다. 글의 내용보다 자신의 논문이 인용되었는지를 먼저 보는 논문 심사자들이 많기 때문이다.(271쪽, 주 4 참조)

포함된다. 그들은 당신을 희생시킴으로써 자신이 그 문헌에 대해 얼마나 많이 알고 있는지를 보여 줄 기회를 호시탐탐 노리고 있는 사람들이다.

학생들은 어떤 문제를 논함에 있어, 자신보다 앞서 그 주제를 다루었던 모든 사람을 어떤 식으로든 언급하지 않으면 안 된다는 사실을 배운다.[2] 누구도 자신이 조심스럽게 발전시켜 온 생각이 누군가에 의해(그것도 자신이 태어나기 전에) 문자화되어 있으며, 자신이 반드시 읽어야 하는 자료도 존재하고 있는 것을 발견하고 싶어 하지 않는다. (그래서 워스 교수는 우리에게 독창성이란 잘못된 기억의 산물이라고 말했다.) 학생들은 온 세상에 그리고 모든 평자에게 누구도 전에 생각하지 못했던 아이디어를 자신이 발견했다는 사실을 보여 주고 싶어 한다.

자신의 독창성을 입증하는 가장 좋은 방법은 이미 문헌에서 탐구되어 왔던 전통적인 사고에 자신의 아이디어를 접목하는 것이다. 자신의 연구에 상당히 잘 알려진 대가를 끌어들인다. 자신이 이미 완수된 어떤 일을 되풀이하고 있는 것은 아니라는 사실을 스스로 확신하는 데 도움이 된다. 만약 당신이 베버, 뒤

---

[2] (역주) 연구자의 창의성은 글쓰기의 형태와도 밀접한 관계를 가진다. 저명한 외국 학술지의 서문(문제제기 부문)을 보면 대개 다음의 형식을 띤다. 먼저 자신과 반대되는 견해를 가진 기존 연구들의 결과들을 언급하고, 그 연구들이 내포하는 이론적·경험적 한계들을 논의한다. 이론적·경험적 문제점을 가진 연구들의 견해는 타당성을 가지지 못한다. 그런 다음 연구자는 기존 연구들이 지니는 한계들을 극복할 수 있는 자신의 방안을 제시하고, 그 방안을 통해 자신의 타당한 견해를 제시할 것이라고 이야기를 한다.
여기서 우리는 연구자의 독창적인 견해는 무(無)에서 유(有)로 이루어지는 것이 아니라 유에서 유로 이루어지는 것을 알 수 있다. 즉 기존의 것을 이전과 다른 방식으로 재해석하거나 또는 재조합함으로써 새로운 것을 만들어 낸다.
그런데 우리 학술지의 글들을 살펴보면, 저자의 견해와 일치하거나 경험적으로 지지하는 연구 결과들만을 쭉 나열하는 경향이 있다. 자신의 견해와 상이한 연구 결과들이 존재할지라도, 그러한 연구들은 아예 무시하거나 인용조차 하지 않는다. 인용을 하더라도, 대부분의 연구자들은 그러한 상이한 결과가 어떠한 이론적·방법론적 측면으로 인해 도출되었는지를 논의하기보다는 단지 자신의 견해와 상이함을 지적하고 글을 종결한다. 이러한 글쓰기 형태가 만연한 까닭에, 인문·사회과학 글쓰기는 이따금 논박(論駁)이 부재한 상태에서 자신의 주장들만 나열하는 주관적·비과학적인 글쓰기로 오인받기도 한다.
역자는 서구와 달리 우리나라에서 여성취업은 출산 행위에 부정적 영향을 미친다는 사실을 경험적 연구로 밝힌 적이 있다. 이러한 연구 결과는 학문적이 아니라 정치적으로 반박되었다. 이를테면, 나의 연구 결과에 대한 비판은 '나의 연구에 무슨 이론적·경험적 문제가 있는지'에 대한 학문적 반박보다는 '여성에게 일을 하지 말라는 것이냐' 혹은 '가부장적(여성 차별적) 주장을 어떻게 할 수 있느냐' 식의 정치적 반박이 주류를 이루었다. 정답의 학계에서 그와 다른 답을 제시하는 연구는 퇴출 대상이 될 수밖에 없다.

르켐, 마르크스, 미드 등을 '사용'한다면, 이들 해석자는 당신을 지배한다. 해석자는 다루어질 영역을 구획하고, 진짜로 논의되어야 할 문제가 무엇인지를 명확히 파악하며, 그와 관련해 누구의 어떤 연구를 고려해야 하는가를 규정하며, 그리고 일반적으로 문헌을 확실하게 다루는 방법을 제시한다. 예를 들면, "이 분야의 문헌에 대한 차임 얀켈(Chaim Yankel, 1993)의 철저한 논평을 참고하라."는 식이다. 이런 방어적인 관행은 저자의 실수를 효과적으로 감춰 주지만, 훌륭한 작품이나 흥미로운 학문을 생산하는 데는 도움이 되지 않는다. 또한 흥미롭게도 이런 일들이 창조성과 진부함을 만들어 내는 제도적 토대를 설명해 준다.

물론 글을 쓰는 사람은 관련 문헌을 적합하게 사용해야만 한다. 스틴치콤(Stinchcombe, 1982)은 중요한 문헌 사용법 여섯 가지를 지적했다. (여기서 그의 논문을 요약하는 것은 나중에 다시 기술할 올바른 문헌 사용의 좋은 예가 되기 때문이며, 또 우리의 논의에서 필요한 기존의 사고들을 꿰어 주는 부분이기 때문이다.) 비록 스틴치콤은 '고전'이란 좁은 범주에 관해 글을 쓰긴 했지만, 그의 논의는 '문헌'에 관한 우리의 문제를 전술하는 것이기도 하다.

스틴치콤이 논의한 여섯 가지 사용법 가운데 두 가지는 연구의 초기 단계에 관련된 것으로 글쓰기 문제와는 그다지 관련이 없다. 고전은 바탕 아이디어의 원천으로서 프로젝트의 초기 단계에서 매우 중요하다. 그러나 연구자는 글을 쓰기 시작하기 전까지는 자신의 바탕 아이디어를 명료하게 해 놓아야 한다. 연구자의 바탕 아이디어는 명료하든 그렇지 않든 간에, 그것은 이미 영향력을 발휘하여 작품을 최고 또는 최악으로 만들어 준다. 고전의 두 번째 기능은 '완전히 논파되지 않은 정상 과학(under-exploited normal science)'[3]으로서의 기능인

---

[3] (역주) 스틴치콤은 나무에 비유하여 고전들을 나무줄기(trunk)와 작은 가지들(twigs)로 구분하였다. 여기서 나무줄기란 일반 이론(또는 거대 이론)을 의미한다. 스틴치콤은 나무줄기에서 멀리 떨어진 작은 가지를 탐구하기보다는 나무줄기에서 가까이 있는 작은 줄기를 탐구함으로써 우리가 관심을 둔 수수께끼를 더욱 잘 풀 수 있다고 주장한다. 결과적으로, 그가 말한 완전히 논파되지 않은 정상 과학이란 거대 이론에 밀접히 연관된 연구라고 할 수 있다.

데, 다시 말해 경험적 가설, 예감, 암시의 근원으로서 기능하는 것이다. 두 번째 기능도 첫 번째 기능과 마찬가지로 글쓰기 전 단계에서 매우 중요하다. 스틴치콤은 또 고전의 조직화 기능을 언급하고 있다. 고전은 해당 분야의 사람들 사이의 결속력을 상징하는 기능을 한다는 것이다. "한 가지 명백한 사실은 우리가 모두 이미 그 고전을 읽었거나, 최소한 박사과정 종합 시험에서 그 고전에 대한 문제를 풀었다는 것이며, 이 점은 우리를 결속시켜 하나의 지적 공동체로 형성하도록 해 준다." 스틴치콤은 고전의 이와 같은 기능에 대해 우려를 표명했는데, 왜냐하면 이러한 기능은 시간이 흐르면서 잘못된 것으로 밝혀질지도 모를[휘트니 포프(Whitney Pope)가 뒤르켐의 『자살론』이 잘못되었음을 보여 준 것처럼] 작품을 우리가 예찬하도록 유도하기 때문이다. "고전 예찬의 해악은 후광효과인데, 후광효과는 어떤 책이나 논문이 특정 목적에 유용하므로 다른 모든 경우에서도 올바르고 유용할 것이라는 믿음이다."

고전의 중요한 사용법 중 다른 세 가지는 글을 써 나가는 과정에 직접적으로 관련된다. 학계의 고전 작품은 시금석과 같은 역할을 한다. 즉, "고전은 과학적 연구가 갖추어야 할 장점들을 보여 주는 구체적인 본보기이며, 하나의 완벽한 총체로서 후학들에게 올바른 작품이란 어떤 형태여야 하는가를 보여 준다." 스틴치콤이 말한 바와 같이, 바로 이 점은 토마스 쿤이 본보기(exemplar)라는 의미로 '패러다임'이란 용어를 사용했을 때 그가 의미했던 바와 같다. 스틴치콤이 지적한 장점은 아마 독자의 예상과는 다를 것이다.

> 최상급 과학은 그것이 기능하면서, 논리적이고 경험적인 기준뿐만 아니라 심미적 기준도 포함한다. 심미적 기준은 실증주의나 마르크스주의 혹은 상징적 상호작용론과 같은 사회철학 이론들이 그 정당성을 인정하지 않는 것이다. …만약 우리가 우리의 작품에서 중시하고자 하는 심미적 원칙들을 구체적으로 표명하는 뛰어난 사례들을 마음속에 간직하고, 그것들을 우리 작품에서 그대로 두어야 할

> 부분과 빼 버려야 할 부분들을 가려내는 시금석으로 사용한다면, 우리는 우리가 깨달을 수 있는 것보다 더 높은 수준에서 작업을 매우 잘해 나갈 수 있을 것이다. 왜냐하면 우리는 시금석에 깊이 새겨진 기준들을 가지고 작업하기 때문이다. 그러한 기준들은 우리가 어떤 두 작품을 비교할 때—이 작품이 짐멜의 작품만큼 훌륭한가?—공식화될 수는 없지만 인지될 수 있는 것들이다.

여기서 스틴치콤은 내가 앞에서 귀로 하는 교정을 언급할 때 의미하는 바를 서술하고 있다. 만약 스틴치콤의 말이 옳고 그러한 심미적인 기준들이 '과학적으로' 정당화될 수 없는 것이라면, 이는 저술가가 말하고자 하는 바를 쓰기 위한 단 하나의 올바른 방법을 찾고자 하는 노력이 무의미하다는 사실을 다시 한번 말해 준다. 그러나 훌륭한 작품을 모방(특히 그 작품의 조직화 또는 구성 형태)하는 것은 가능한 올바른 글쓰기 방법을 찾아내는 훌륭한 방법이라 할 수 있다.

고전은 또한 '초심자를 위한 발달 학습'의 역할을 수행한다. 고전은 초심자에게 그들이 생각했던 것보다 훨씬 더 복잡한 사상들이 얼마나 많이 존재하고 있는가를 알려 주고, 그들을 해당 분야에서 충분한 지식을 갖추었다고 할 만한 수준으로 끌어올린다. 이러한 기능은 대개 사람들이 학위 자격 시험을 공부함으로써 얻어지는 이점에 관해 이야기할 때 갖는 생각과 비슷하다. 아마도 이것은 사람들이 문헌을 비합리적으로 생각하는 방식과 매우 많은 학문적 저술을 장식하는 쓸모없고 의례적인 수많은 문헌 검토에 일조할 것이다.

이제 마지막 남은 고전 사용법은 스틴치콤이 '지적인 작은 변동'이라고 일컫는 것이다. 우리는 자신이 어느 학파에 속하는가를 보여 주기 위해(자신이 속한 학파의 유행어를 쓰는 것과 마찬가지로) 베버나 뒤르켐 혹은 얀켈 등을 인용한다. 자신이 속한 진영을 보여 주기 위해 우리는 대가의 이름을 이용해야만 한다.

학술대회 참가자의 명찰에 '이름/속한 조직/좋아하는 고전학자'를 적도록 되어 있다고 상상해 보자. 나의 명찰에는 아마도 '스틴치콤/애리조나 대학교/막스 베버'라고 적힐 것이다. 이번에 내친 김에 '스틴치콤/애리조나 대학교/폴 벤느(Paul Veyne)'라고 적었다고 가정해 보자. 폴 벤느는 요즈음 나에게 가장 많이 지적인 흥분을 불러일으키는 존재인 동시에, 막스 베버와 같은 지위를 갖게 되는 것이다. 그러나 내가 회의에서 만난 사람의 90% 이상은 폴 벤느가 누구인지를 모를 것이고, 그래서 그들은 내가 어떤 편향과 직관을 가진 진영에 충성을 표명하고 있는지 알지 못할 것이다. …그러나 명찰에 적혀 있는 고전학자의 이름은 지적 공동체를 개방하기보다 오히려 분파를 형성하는 경향이 있다. 이러한 명찰은 안내 표시라기보다는 오히려 경계선이 되는 경향이 있다.

통상적으로 행해지는 문헌 검토는 이와 같은 방식으로 저자의 충성심을 표시하는 증거로 사용된다.4) 하지만 만약 그것이 저자의 주된 목적이라면, 그는 좀 더 간략하게 말할 수 있고 강박 관념에도 덜 사로잡힐 것이다.

고전이란 '문헌'과 같은 것이 아니다. 사회학자는 고전에 대해 걱정하지만 또한 논평이나 방법론적 논의에 관한 문헌, 주제에 관한 구체적인 발견과 그러한 발견에 대한 논의를 정리한 연구 보고서 그리고 사회학자들이 책임이 있다고 느끼는 모든 것에 대해서도 걱정한다(이는 시험을 앞두고 관련된 모든 자료를 섭렵해야 한다고 생각하는 학생들과 비슷하다.).

---

4) (역주) 우리 학계에서 학파는 일부 인문학 분야를 제외하면, 특히 수입 학문인 사회과학에서는 형성되어 있지 않다. 충성심을 보일 학파가 없기 때문에 문헌 검토를 통한 충성심은 서구와 다른 양태로 나타난다. 학생들은 학위논문에서 비록 자신의 논문 내용과는 별 상관없을지라도, 지도교수의 논문을 최대한 인용하는 경향을 보이곤 한다. 학위논문은 물론 보고서도 어떻게든 담당교수의 글을 찾아 참고문헌으로 인용하곤 한다. 저자의 주장이 부재한 논문들이 대다수인 우리 학계에서 학생 혹은 저술가가 인용한 참고문헌은 인용된 학자의 주장보다는 오히려 그 학자의 명성(즉, 지위)에 대한 충성심을 나타낼 것이다(271쪽, 주 4 참조).

이러한 고전 사용법 중에서 어느 것도 문헌을 사용하는 데 있어 본질적으로 나쁜 방법은 아니지만, 그 어느 것도 연구 주제에 관련된 문헌을 어떻게 사용하는가에 대한 질문에는 해답을 주지 못한다.

과학과 인문학은 이론적 측면과 사실적 측면 모두에서 축적된 지적 산물이라 할 수 있다. 누구도 책상 앞에 앉아 글을 쓰면서 처음부터 이 모든 것을 창출해 낼 수는 없다. 우리는 선배 학자들에게 의존한다. 선배 학자의 방법, 결과물 그리고 사고들을 사용하지 않고서는 우리 자신의 작품을 만들어 낼 수 없다. 또한 만약 우리가 우리의 연구 결과와 선배 학자가 행하고 진술한 것 사이의 관계를 지적하지 않는다면, 우리의 연구 결과에 관심을 두는 사람은 거의 없을 것이다. 쿤(Kuhn, 1962)은 이러한 상호 의존성과 축적을 '정상 과학'이라고 칭했다. 많은 사회학자는 마치 이 용어가 '단지 통상적인 정상 과학'을 의미하는 것처럼 혹은 마치 우리가 모두 매번 과학 혁명을 이루어 낼 수 있는 것처럼 정상 과학을 경멸적으로 사용하는 경향이 있다. 그들의 이러한 생각은 쿤을 완전히 잘못 이해한 것이며 또한 무지의 소치다. 과학자 개개인의 힘으로는 과학 혁명을 이루어 낼 수 없다. 과학 혁명에는 매우 오랜 시간이 걸린다. 아주 많은 사람이 함께 일하면서, 자신들이 관심을 두고 있는 문제를 공식화하고 조사하는 새로운 방식, 다시 말해 과학적 작업이 지속되는 제도 속에서 하나의 지류를 발견하는 방식을 발달시킨다. 어느 한 개인의 연구 보고서가 그렇게 오랜 시간과 많은 인력이 소요된 것을 성취할 수 있으리라고 상상하는 것 자체가 잘못된 생각이다. 스타가 되고자 하는 것은 나쁠 것 없지만, 우리는 인간적으로 가능한 것이 무엇인가를 진지하게 고려해야 한다. 만약 혼자 힘으로 과학적·학문적 혁명을 일으키는 것이 주된 목적이라면, 실패할 수밖에 없다. 정상 과학은 다른 사람들이 이용할 수 있는 훌륭한 작품을 씀으로써 이해와 지식을 향상하는 데 목표를 두고 있다. 우리는 우리 자신의 연구와 글에서 이런 성과를 이루어 낼 수 있는데도, 불가능한 것을 목표로 삼음으로써 스스로 실패를 자초해서는 안 된다.

학자는 이른바 순수 예술가들처럼 다른 사람들과 격리된 채로 타인의 도움 없이 작업을 수행할 수 있다. 순수 예술가는 해당 분야의 전통적인 방법을 전혀 참고하지 않고 그림이나 조형물을 만들어 낸다. 이런 방식으로 작업하는 예술가들은 대개 매우 특이한 작품을 만들어 내지만, 그들의 작품은 또한 표준 작업 방식이 강요하는 구속으로부터 벗어난다. 조직의 구속에서 이런 자유는 때때로 순수 예술가가 기존의 예술 세계로부터 존경받는 작품을 생산하게 하며, 심지어는 예술 세계의 전통을 새로이 형성할 수 있는 작품을 만들어 낼 수 있게 한다. 순수 예술가가 보여 주는 구속과 기회의 변증법은 박사학위 논문, 일반 논문, 책 등을 집필할 때 우리 모두에게 영향을 미친다. 그 변증법은 다음의 두 가지 질문을 제기한다. 우리는 어떻게 문헌을 효율적으로 사용할 수 있는가? 문헌은 어떻게 끼어들어 최고의 작품을 만드는 것을 방해하는가?

문헌을 이용하는 데 효율적인 방법이 있는가? 물론이다. 그 하나는, 학자는 자신이 말하고자 하는 바를 이미 논의된 것과 연계함으로써 반드시 새로운 무언가를 진술해야만 하며, 그 진술은 반드시 사람들이 논점을 이해할 수 있게끔 이루어져야만 한다. 학자는 아주 사소한 것일지라도 새로운 무언가를 진술해야만 한다. 비록 경험 과학이 동일한 결과를 반복 생산해 내는 아이디어에 입에 발린 칭찬을 하지만, 그런 칭찬은 빈말에 지나지 않는다. 동시에 연구가 독창적일수록, 그 연구에 관심을 가지는 사람의 수는 점점 더 적어질 것이다. 모든 사람이 관심을 갖는 것은 학자들이 수년간 연구하고 문자화한 주제들이다. 여기에는 두 가지 이유가 있다. 하나는 이런 주제들이 매우 중요하고 지속적인 일반 관심사(예를 들면, '사람들은 왜 자살을 하는가?')이기 때문이고, 다른 하나는 이런 주제들이 너무 오랫동안 연구되다 보니 쿤(1962)이 정상 과학이라고 밝힌 일종의 과학적 수수께끼를 창조해 낸 까닭이다(뒤르켐의 자살론을 탐구하는 문헌들은 그 예가 될 수 있을 것이다.). 이상적인 학문적 공헌은 독자로 하여금 "이거 매우 흥미롭군!"이라고 말하게 하는 것이다. 마이클 셔드슨(Michael Schudson)이 나에게 제안했듯이, 학생들은 바로 그런 방식으로 자신의 글을 문헌과 연계하고, 불가능해 보이지만 기존 이론의 맥락 내에서 자신의 결과를 정립하는 방법을 배워야만 한다[Davis(1971), Polya(1954)를 보라.].

앞에서 나는 스틴치콤의 논문을 이 글에서 사용한 방식이 내가 생각하는 올바른 문헌 사용 방식의 좋은 예가 된다고 언급한 바 있다. 그 말의 의미는 다음과 같다. 우리가 나무로 테이블을 만드는 목공예 작업에 참여하고 있다고 상상해 보자. 먼저 테이블을 설계하고, 나무를 잘라서 테이블의 여러 부분을 만들어야 한다. 다행히도 혼자서 모든 부분을 만들어 낼 필요는 없다. 어떤 부분들은 목재상에서도 구할 수 있는 표준 크기와 모양―예를 들면, 크기 2×4―이다. 또 어떤 부분들은―서랍 손잡이와 둥근 모양으로 만들어진 테이블 다리들처럼― 다른 사람에 의해 이미 설계되어 만들어진 것이다. 우리가 할 일은 목재상에서 구할 수 있는 것들을 분간해서 구입한 다음, 그것들을 우리가 잘라서 만든 부분들과 끼워 맞추기만 하면 되는 것이다. 이것이 바로 문헌을 사용하는 가장 좋은 방법이다. 우리는 테이블 대신, 논의를 창출하고 싶어 한다. 우리는 아마도 자신이 수집한 새로운 자료나 정보에 근거하여 논의의 일부분을 직접 만들어 왔을 것이다. 그러나 모든 부분을 만들어 낼 필요는 없다. 다른 사람들도 우리의 과제 또는 그에 관련된 과제를 연구하고 있고, 우리가 필요로 하는 몇몇 부분들도 완성해 놓았다. 우리는 그런 부분들을 적합한 자리에 끼워 넣기만 하면 된다. 목공예에서처럼 논의를 형성시킬 때에도, 다른 데서 구할 수 있는 게 분명한 부분들을 끼워 넣을 자리를 남겨 두면 된다. 즉, 만약 다른 부분은 구해서 사용할 수 있다는 사실을 알기만 한다면, 그렇게 한다. 바로 이것이 문헌에 대해 알고 있는 것이 좋은 한 가지 이유다. 문헌을 알고 있으면 구할 수 있는 부분이 어떤 것인지를 알 수 있고, 이미 존재하는 것을 새롭게 만드느라 시간 낭비를 하지 않아도 된다.

여기 그 예가 있다. 일탈이론[나중에 『주변인(Outsiders)』(1963)으로 출판됨]을 연구하고 있을 때, 나는 다른 사람이 누군가를 '일탈자'라 낙인찍을 때, 그러한 정체성 작업(identification)이 흔히 그 사람이 일탈자로 낙인찍히는 데 가장 중요한 요인이 된다고 주장하고 싶었다. 나는 그러한 정체성 작업이 어떻게 발생했는가를 설명하는 이론을 만들 수 있었지만, 그렇게 해야 할 필요가 없었다.5) 에버렛 휴즈(Hughes, 1971: 141-150)가 이미 지위가 '부수적인 지위 특성들'이라는 후광효과를 형성시키는 방식을 기술하는 이론을 개발했다. 예를 들어, 우리는 미국인 천주교 신부가 '아일랜드계, 건강한 체격, 어렵더라도 악의 앞에서 신성모독을 삼가는 훌륭한 인품, 신이 요구하는 일이라면 다른 사람을 한 대 칠 수도 있는 사람'이기를 기대한다. 또 다른 좀 더 진지한 예로, 의술을 행하기 위해서는 주 정부가 발급한 의사 면허증만 있으면 된다는 사실을 알지만, 우리는 일반적으로 의사는 개신교를 믿는 나이 든 백인 남자일 것으로 기대한다. 휴즈는 특히 인종과 전문적 지위가 어떻게 교차하는가에 흥미를 갖고, 논의를 전개하면서 다음과 같은 사실을 관찰했다.

> 미국의 관습이나 법에서 정의되는 바와 같이, 흑인을 흑인으로 분류하는 것은 지배 지위결정요인이라고 불리는 것들이다. 대부분의 결정적 상황에서, 지배 지위 결정요인은 이것과 충돌하는 다른 특징을 압도하는 경향이 있다. 그러나 전문직

---

5) (역주) 이 장의 앞부분에서 베커는 어빙 고프만과 시카고 대학에서 동일한 시기에 같이 공부했다는 사실을 언급했다. 고프만의 일상생활방법론 이론에서 '인상관리'는 매우 중요한 개념이다. 그런데 그 개념은 베커의 '주변인'과 마찬가지로 '정체성'과 매우 밀접한 관계를 가진다. 이를테면 교수가 학생들에 보이고 싶어 하는 인상은 교수의 정체성 문제와 직결된다. 고프만과 베커는 모두 시카고 대학 학파에 충성심을 보이고 있다(시카고학파의 전통을 따른다). 그들의 고전(혹은 나무줄기의 문헌)은 그들의 스승인 시카고 대학 교수들의 문헌일 것이다. 스승의 학문을 계승·발전시키고 있다. 불행히도 우리나라에서는 자신의 학문이 스승의 학문을 계승했다는 사실에 자부심을 느끼는 학자를 만나기란 매우 어렵다. 학파의 부재는 자신의 주장이 부재한 학자들에서 나온다. 수입상(자신의 이해를 극대화하려는 전략에서)은 자신이 수입한 물품의 우수성을 홍보함으로써 국내 제조품의 열악성(심지어 불가능성)을 강조하기 바쁘다. 물론 이러한 수입상의 힘은, 베커의 주장에서 엿볼 수 있듯이, 수입상 학자들이 주도권을 행사하고 그것을 당연시하는 우리나라 학계의 사회조직에서 나온다. 그런데도 우리나라에서 우리의 제품(즉, 한국의 고전)을 만들고 학파를 형성할 수 있는 사람은 바로 제조업 학자다. 이런 사실은 우리나라에서 한국사회과학이론이 절실한 근거 중 하나를 말해 준다(이성용의 2015년 글 참조).

이라는 지위 역시 강력한 특성을 가진다. 전문적인 업무 관계에서 가장 강하게 부각되며, 사람들과의 일반적인 친교 관계에서 가장 미미하게 나타난다(Hughes, 1971: 147).

지배 지위결정요인에 대한 사고는 사람들을 사회적으로 정체성을 확인하는 데 있어 우선시되는데, 휴즈의 논문에서 그것은 여담에 불과하다. 만약 내가 '에버렛 휴즈의 사회학적 사상'이라고 제목을 붙인 논문을 쓴다면, 이러한 사고에 많은 시간을 투자하지는 않을 것이다. 그러나 나의 이론을 정립하면서, 마약 중독자와 같이 불명예스러운 지위 특성이 천재, 성직자, 의사 등과 같은 명망 있는 지위들을 어떻게 손상하는가를 자세히 논의하고 싶었다. 혹자는 두 가지 지위 특성은 서로를 상쇄시켜 중화될 것으로 생각할 수 있다. 휴즈는 흑인의 지위가 어떻게 의사라는 지위를 압도했는가를 논의하고 싶어 했다. 나는 마약에 중독된 아들이나 남편이 저녁을 먹기 위해 집에 왔을 때, 그의 어머니나 아내가 귀중품을 집 안 어딘가에 깊숙이 감춘다는 사실을 통해 마약 중독자라는 지위가 어떻게 남편 혹은 아들의 지위를 압도하는가에 대해 논의하고 싶었다. 또한 도리스 레싱(Doris Lessing)의 작품『황금노트(The Golden Notebook)』의 한 등장인물이 사람들이 자신을 정신우울증 환자라고 생각하는 것에는 개의치 않지만, 사람들이 그것이 그녀의 전부라고 생각하는 것은 참을 수 없다고 말했을 때, 그 말의 의미를 논의하고 싶었다.

휴즈의 논의는 나의 연구에 정확하게 들어 맞는 것이었다. 나는 그 개념을 창출할 필요가 없었다. 휴즈가 나를 위해 그 개념을 창출했다. 그래서 나는 또 다른 불필요한 새로운 사회학적 용어를 창출해 내는 대신에, 휴즈를 인용하고 그의 논문에서 제시된 그의 생각을 한층 심화하여 폭넓게 사용했다. 이와 마찬가지로, 나는 고전의 사용에 대해 새롭게 논의할 필요가 없었다. 스틴치콤이 그것을 했고 나는 그것을 단지 인용하고 요약하기만 하면 되었다.

이런 방식으로 작업하는 것이 표절이거나 비독창적인 것인가? 표절이라거나 비독창적이라는 낙인에 대한 두려움이 우리가 기를 쓰고 새로운 개념을 만들어 내도록 몰아붙이기는 하지만, 나는 그렇지 않다고 생각한다. 만약 어떤 생각이 내가 만들고 있는 테이블에 유용하다면, 나는 그것을 사용할 것이다. 내가 만든 테이블 일부분이 조립식 부품들로 만들어져 있다 하더라도, 그것은 여전히 나의 테이블, 나의 작품이다.

사실, 나는 이런 작업 방식에 매우 익숙하다. 항상 미래의 논의에서 쓸 만하다 싶은 조립식 부품들을 수집한다. 나의 독서 대부분은 그와 같은 유용한 기본 단위들을 찾기 위한 것이다. 때로 나는 나의 논의에 대한 어떤 특정한 이론적 부분이 필요하다는 사실을 알고 있고, 그것을 어디에서 찾아야 하는지도 잘 알고 있다. (이따금 나는 대학원에서의 이론 수업에 감사하는데, 그 수업에서 나는 비방하고 싶은 심정을 어떻게 하면 좋게 말할 수 있는지에 대해 배웠다.) 시카고 공립학교 교사에 관한 박사학위 논문을 쓸 때, 게오르그 짐멜(Georg Simmel)이나 막스 베버와 같은 고전 사회학자의 저작에서 내가 필요로 하는 기본 단위들을 찾았다. 교사와 학생 사이에 논쟁이 벌어졌을 때, 논쟁의 내용이 무엇이든 간에 교사는 교장이 자기 편에 서기를 기대한다. 나는 교장에 대한 교사의 그러한 기대가 어떻게 이루어지는지 논의했는데, 그런 현상을 포괄적으로 서술하는 일반적인 서술을 상급자와 하급자의 관계에 관한 짐멜의 논문에서 발견했다. "하급자가 상급자에 대한 종속적 위치를 호의적으로 받아들이기 위해서는 그 상급자는 하급자가 지원받기를 원하는 훨씬 더 높은 권위에 종속되어 있어야 한다." (Simmel, 1950: 235) 나는 또한 학부모와 일반 대중이 학교 업무에 참견하지 않기를 바라는 교직원의 소망은 모든 유형의 조직에서 중요한 현상을 보여 주는 하나의 특정한 예라고 주장하고 싶었다. 나는 이 논의의 기본 단위를 막스 베버에게서 얻었다. "관료주의적 행정은 항상 '비밀회의'적 행정이 되는 경향이 있다. 관료주의적 행정은 비판받을 소지가 있는 행정지식과 행위를 최대한 은폐한다. …특정 행정 분야가 비밀스러워지는 경향은 그 분야의 실리적 속성에 의한 것이다. 지배 구조의 권력 이해관계가 외부로 노출되면 위험에 처하고 …우리는 비밀주의를 발견하게 된다."(Gerth & Mills, 1946: 233)

한편, 나는 얼마 후 다음의 기본 단위를 발견하고 나서야 그것이 나에게 필요하며, 그것 없이는 아무것도 이룰 수 없다는 사실을 알게 되었다. 이 기본 단위는 널리 알려진 고전은 아니지만 아주 훌륭한 작품에서 도출되었다. 윌러드 월러(Willard Waller)는 다음과 같은 말을 통해, 나와 내 글을 읽는 독자가 왜 학교에서 훈육상의 징계 문제가 발생하는가를 이해하는 데 도움을 주었다. "교사와 학생은 학교에서 근본적으로 갈등의 소지가 있는 욕구를 가지고 서로 대립한다. 그러한 갈등은 아무리 많이 줄었다고 할지라도 또는 아무리 감추어진다고 할지라도, 여전히 존재하고 있다."(Waller, 1932: 197)

또한 나는 지금 당장은 사용하지 않지만 언젠가는 꼭 사용하게 될 것 같은 생각이 드는 기본 단위들을 수집해 놓는다. 다음은 언제건 나의 사고나 글에서 유용하게 사용될 것 같아 최근에 수집해 놓은 자료들이다. 예를 들면, 레이몽 물랭(Moulin, 1967)의 아이디어는 예술작품에서 경제적 가치와 심미적 가치는 같은 것으로 간주할 정도로 매우 밀접한 관계가 있다는 것이다. 브루노 라투르(Latour, 1983, 1984)의 아이디어는 미생물학에서 파스퇴르의 연구가 미생물을 사회적 행위자로 소개함으로써 새로운 사회 변동을 야기한 것처럼 과학적 발견들이 새로운 정치적 힘을 창출한다는 것이다. 나는 이러한 아이디어를 원래 형태 그대로 사용하지는 않을 것이다. 원저자가 인식하거나 알아보지 못하게 변형시켜 사용할 것이고, 원저자의 제자들은 내가 그들 스승의 생각을 해석하는 방식이 틀렸다고 생각할 것이다. 아마도 나는 원저자들의 생각들이 처음 제시되었을 때와는 매우 다른 맥락에서 그것들을 사용할 것이고, 원저자가 의도한 핵심 의미를 발견하려고 애쓰는 이론 해석학자들을 실망시키고 말 것이다. 그러나 나는 이런 기본 단위들을 기억하고 있다가, 관찰하거나 글을 쓸 때 적용할 준비가 되어 있다. 물론 내가 줄곧 그런 생각들을 기억하고 있다면, 그 생각들을 사용하기가 좀 더 쉬울 것이다. 하지만 나는 또한 내가 그러한 생각들을 명료하지 않은 상태로 보유하고 있었으며, 라투르, 물랭 또는 윌러가 그런 나를 위해 그 생각들을 명료하게 하는 힘든 작업을 수행했다는 사실을 알 수 있다. 나는 그런 작업을 학문에서의 협동 작업의 일부로서 인식하고 그에 대해 감사함을 느끼며, 적절한 곳에 그런 생각들을 인용하고 예로 든다. 나의 연구 논문은 헝겊을 조각조각 이어서 만든 퀼트 이불처럼 보일 수 있다. 그럴 때마다 나는 독일계 유대인 문인인 발터 벤야민(Walter Benjamin)의 예에 비추어 나 자신을 위로하곤 하는데, 한나 아렌트(Hannah Arendt)는 벤야민의 방법을 다음과 같이 서술했다.

> 괴테(Goethe)의 에세이에서 인용한 문구들은 벤야민의 모든 작품의 핵심을 이룬다. 바로 이 점이 그의 작품과 다른 모든 학문적 저술과 구분해 주는 특징이다. 다른 모든 학문적 저술에서의 인용은 논자의 견해를 정당화하고 기록하는 기능을 하는 까닭에, 쉽게 주(註)로 분류될 수 있다. …벤야민의 주된 작업은 여러 맥락에서 단편적인 부분들을 뽑아 내어, 각 부분이 서로를 설명하고 자유롭게 표류하는 상태에서 서로의 **존재 이유**를 입증해 줄 수 있는 방식으로 새롭게 배열하는 것이다. 이것은 분명히 일종의 초현실주의적 몽타주다(Arendt, 1969: 47).

지금까지는 문헌의 긍정적인 측면에 관한 것이었다. 부정적인 측면은 문헌에 지나치게 빠지면 자신이 말하고자 하는 논지를 훼손시킬 수 있다는 것이다. 어떤 연구 주제에 관한 **진짜** 문헌—다시 말해, 수년에 걸쳐 형성된 정상 과학의 결과물 혹은 확대 해석하여 정상 학문이라고 일컬을 만한 것—이 존재한다고 상상해 보자. 같은 주제를 놓고 연구하는 모든 사람은 어떤 종류의 질문을 제기할 것인지 그리고 어떤 종류의 해답을 수용할 것인지에 의견이 일치한다. 만약 그 주제에 대한 글을 쓰거나 새로운 주제를 위한 자료로서 그 주제의 주된 논의들을 사용하고자 한다면, 과거의 방식이 자신의 관심사에는 관계가 없다고 여겨지더라도 반드시 다루어야만 한다. 과거의 방식을 너무 진지하게 받아들이다 보면 자신이 말하고자 하는 논지를 흩뜨리고, 지배 접근 방식에 끼워 맞추기 위해 자신의 논지를 원래의 형태에서 완전히 벗어난 형태로 변형시킬 수 있다.

논지를 원래의 형태에서 완전히 벗어난 형태로 변형시킨다는 말의 의미는 다음과 같다. 어떤 이가 말하고자 하는 것에는 작업 과정에서 행해진 일련의 선택으로부터 도출되는 특정한 논리가 깃들어 있다. 만약 어떤 이가 말하고자 하는 논지에 깃든 논리가 그 주제에 관한 지배 접근 방식의 논리와 같다면, 아무것도 문제될 것이 없다. 그러나 그 반대의 경우를 가정해 보자. 그가 말하고자 하는 바는 다른 전제로부터 시작하고, 다른 질문을 제시하며, 다른 해답을 적합한 것으로 인식한다. 이렇게 지배 접근 방식과 맞서게 되면, 그는 자신의 논지를 지배 접근 방식의 용어로 변형시키기 시작한다. 그의 논의는 지배 접근 방식의 고유한 용어가 지니는 의미를 만들어 내지 못할 것이다. 그의 논의는 아마도 논리가 빈약하고 혼란스럽고 임시방편적인 것처럼 보일 것이다. 상대방의 논리에 놀아남으로써 자신이 연구하는 작품의 최고 장점을 보여 줄 수 없게 된다. 그런 식의 진술은 논점을 모호하게 만든다. 결국 논의되어야 할 것은 어떤 접근 방식이 옳은가가 아니라 세계를 이해하는 올바른 방식에 대한 탐구이기 때문이다. 만약 다른 해석에 의해 형성된 용어들에 자신의 해석을 끼워 맞춘다면, 자신이 전달하고자 하는 해석은 일관성을 상실하고 말 것이다.

한편, 지배적인 논의를 자신의 용어로 바꿔 설명한다면, 그 또한 거의 비슷한 이유에서 좋은 평가를 받지 못할 것이다. 어떤 문제를 분석하는 방식을 다른 방식으로 바꾸는 경우, 쿤(1962)이 시사한 것처럼 접근 방식들의 공약불가능성(incommensurable)을 깨닫게 되는 좋은기회를 얻는다. 접근 방식(즉, 세계관이나 패러다임)들이 서로 다른 질문을 제기하는 한, 접근 방식들은 서로 간에 거의 아무런 관련성이 없다. 전환될 수 있는 것이 없다. 접근 방식들은 단순히 같은 것에 관해 이야기하는 것이 아니다.

문헌은 때때로 이른바 이데올로기적 헤게모니[6]라고 불리는 것을 우리에게 행사한다. 만약 문헌의 저자가 자기만의 연구 영역을 가지고 있다면, 그의 접근 방식은 당연하고도 합리적으로 보이지만, 우리가 시도하는 색다른 접근 방식은 오히려 이상하고 비합리적인 것처럼 보인다. 문헌 저자의 이데올로기는 그 주제에 대한 독자적 사고방식을 통제한다. 결과적으로, 우리는 왜 문헌의 저자와 같은 질문을 제기하지 않았고 왜 그와 같은 해답을 얻지 않았는지에 대해 설명해야만 한다. 지배적인 논의를 지지하는 연구자는 새로운 접근 방식으로 사물을 조사하지 않은 이유를 설명하지 않아도 된다. [라투르와 바스티드(Latour & Bastide, 1983)는 과학사회학에서의 이런 문제를 논의했다.]

나는 일탈에 관해 연구하면서 그러한 교훈을 매우 어렵게 깨달았다. 1951년 내가 마리화나 사용에 대한 연구를 시작했을 때, 이데올로기적으로 지배적인 질문, 즉 조사할 가치가 있는 유일한 질문은 "사람들은 왜 그와 같은 이상한 일을 하는가?"였고, 이 질문에 대답하기 위해 이데올로기적으로 선호된 방식은

---

6) (역주) 서구 사회와 상이한 한국의 사회현상 혹은 사회문제를 해석하고 논의할 때, 한국의 사회과학자들은 흔히 서구의 담론에 근거하여 어떤 질문을 해야 할지 그리고 그 질문에 대한 해답을 제시하는 경향이 있다. 이런 경향은 베커가 언급한 바와 같이, 한국의 바나나 사회과학자들이 자신의 연구에서 반드시 다루어야 할 진짜 문헌들을 서구의 사회과학이론들(그리고 세계관)이라 생각하기 때문일 것이다. 그 결과 우리나라 사회문제에 대한 해결책은 서구의 사회과학이론(그리고 세계관)에 있게 마련이고 그리고 이러한 학문의 식민성은 우리 일상생활의 식민성으로 연계되기 마련이다. 식민성의 탈피는 우리 스스로의 방식으로 우리나라의 사회현상과 사회문제에 대한 질문과 해답을 제시할 수 있는 역량을 요구한다. 그 역량은 베커가 주장한 바와 같이, 서구사회이론에 내재된 헤게모니 이데올로기(즉, 세계관 혹은 패러다임)를 탈피함으로 획득할 수 있다. 베커의 이론—주변인 혹은 낙인 이론—은 기존의 헤게모니 이론들에 내재되었던 패러다임(세계관)을 '법을 집행하는 자들의 이데올로기'에서 '법을 집행당하는 자(혹은 일탈자로 낙인찍힌)의 이데올로기'로 전환함으로써 형성되었다. 역자는 이러한 방식의 문헌 사용에서 영감을 얻어 '한국사회이론'을 형성하는 방법론을 제시하였다(이성용, 2015).

마리화나를 사용해 본 사람과 사용해 보지 않은 사람을 구분하는 심리적 특성이나 사회적 속성을 발견해 내는 것이었다. 여기에 내재되어 있는 기본 전제는 '정상적'인 사람은 우리가 발견하려는 차별적인 인과적 징후를 소유하고 있지 않으며, 기괴한 짓을 하지 않는다는 것이었다. 그러나 나의 연구는 이와는 다른 기본 전제에서 시작했다. 즉, '정상적'인 사람도 적절한 환경이 조성되면 대개 그런 일을 할 수 있다는 것이다. 이것은 내가 어떤 상황과 과정들이 사람으로 하여금 자신의 행위에 대한 생각을 바꾸게 하고 전에는 하지 않았던 행동을 하게 유도하는지를 논의해야 한다는 것을 의미했다.

마리화나의 흡연을 조사하는 두 가지 방식은 완전히 다른 것은 아니다. 두 가지 방식은 서로 부합될 수 있고, 이것이 바로 1953년 출판된 마리화나 흡연에 관한 나의 첫 번째 논문의 내용이었다. 나는 마약 사용자들이 약물 사용 경험을 재정의하는 과정을 거치게 된다는 사실을 보여 주었다. 이러한 재정의 과정으로 인해 마약 사용자는 약물 사용 경험을 다르게 받아들이게 된다. 마약 사용에 관심이 있는 사회학자나 심리학자 등 많은 사람이 이것이 흥미로운 해답이라는 사실을 발견했다. 이 연구는 사람들이 어떻게 하여 이런저런 종류의 일탈자가 되는가에 대한 다수의 연구 작업을 착수하게 하는 데 도움을 주었다. 그러한 연구들은 대부분 일탈자가 단지 약간 다른 경험을 한 정상적인 사람이라는 기본 전제를 바탕으로 한다. 독자는 아마도 이런 전략에서 문제 되는 것이 도대체 무엇이냐고 질문할 것이다.

나의 전략에서 잘못된 점이라면 (정신병리학과 범죄학의 지배적인 영향하에 있는) 문헌들이 잘못되었다는 것을 보여 주어야겠다는 열망에 사로잡혀 나의 연구가 진정 무엇에 관한 것인가를 설명하는 데 소홀했다는 사실이다. 나는 이것을 몇 년이 지난 후에야 깨닫게 되었다. 나는 훨씬 포괄적이면서 흥미 있는 질문을 무시하고 작업한 엄청난 실수를 저지른 것이다. 사람들은 자신의 내적인 경험을 정의하는 방법을 어떻게 배우는가? 이 질문은 사람들이 모든 종류의 내적인 상태를 어떻게 정의하는가에 대한 탐구를 이끌어 내며, 단지 마약 사용 경험에만 국한되지 않는다. 사람들은 자신이 배고플 때를 어떻게 아는가? 이 질문은 비만을 연구하는 학자에게 매우 흥미로운 질문이 된다. 의사가 진료할 때 물어보는 것, 즉 숨이 찬다거나 정상적으로 배변을 본다거나 하는 것 등을 사람들은 어떻게 알 수 있는가? 이러한 질문은 의료사회학자의 관심사다. 사람들은 자신이 '미칠 지경'이라는 것을 어떻게 알 수 있는가? 돌이켜 보건대 만약 내가 이런 질문에 관심을 가졌더라면, 나의 연구는 훨씬 뜻깊은 공헌을 했을지도 모른다는 생각이 든다. 그러나 마약 중독을 연구하는 기존 방식의 이데올로기적 주도권으로 인해, 나는 그러한 연구를 하지 못했다.

나는 문헌이 글의 논지를 훼손시키는 경우를 어떻게 알아낼 수 있는지에 대해서는 할 말이 없다. 그것은 여러분의 시간과 공간이라는 범주 내에서 형성된 고전적인 딜레마다. 우리가 할 수 있는 것은 지배 이데올로기(마약 사용과 관련하여 내가 했던 것처럼)를 인식하고, 그 이데올로기의 이데올로기적 구성 성분을 찾아내며, 그 문제에 대한 좀 더 중립적이고 과학적인 입장을 찾아내려고 노력하는 일이다. 우리는 다른 사람들이 우리가 잘못된 길에 들어섰다고 말할 때, 자신이 올바른 길에 있다는 사실을 안다.

물론 방금 한 말은 좀 지나칠 수 있다. 지배 접근 방식에 동의하지 않는 것이 모두 옳다고 말할 수 있는가? 아니다. 그러나 진지한 학자라면 같은 주제를 경쟁으로 논의하는 방식들을 일상적으로 점검해야만 한다. 지금 사용하는 언어로는 자신의 의도를 전달할 수 없다는 느낌이 든다면, 그것은 문헌이 우리의 머리를 꽉 채우고 있다는 사실을 경고하는 것이다. 이러한 사실을 알게 된다 할지라도, 그러한 일이 자신에게도 발생했다는 사실을 깨닫는 데는 아마도 오랜 시간이 걸릴 것이다. 나는 마리화나에 관한 연구의 오류를 발견하는 데 15년이나 걸렸다[이에 관한 논의는 베커(1976, 1974)를 보라.]. 문헌을 이용하라, 그러나 문헌이 당신을 이용하게 하지는 말라.

Writing for Social Scientists
How to Start and finish Your Thesis, Book or Article(2nd ed.)

제 9 장
컴퓨터로 글쓰기

탈진과 워드프로세서 (1986)

나는 사람들이 왜 그렇게 퇴고하기를 싫어하는지 궁금하다. 자명한 사실은, 처음부터 완벽한 글을 쓸 수 없을지라도 나중에 고치는 것은 그리 어렵지 않다는 것이다. 나는 앞에서 이미 사람들이 퇴고하기를 싫어하는 이유 몇 가지를 논의했다. 그러나 내가 컴퓨터로 글쓰기를 경험한 바로는 (나뿐만 아니라 다른 사람들이 경험한 바로도) 순전히 육체적인 탈진만으로도 퇴고를 싫어하게 하는 또 하나의 강력한 이유가 된다는 것이다. 이를 통해 나는 앞의 여러 장에서 논의한 것들처럼 사회조직의 현실과 관련된 것은 아니지만 육체노동으로서의 글쓰기가 함축하는 바에 대한 몇 가지를 생각하게 되었다.

이 책은 첫 장부터 소형 컴퓨터로 쓴 것이다. 컴퓨터를 처음 접했을 때는 아무래도 좀 겁이 났지만, 곧 익숙해져서 컴퓨터를 사용하기 전에는 글을 어떻게 썼을까 의아할 정도로 글쓰기 작업이 훨씬 수월해졌다. 나만 그런 게 아니다. 워드프로세서를 접하기 전에는 글쓰기에 어려움이 많았던 이들은 워드프로세서를 통해 글쓰기가 한층 수월해졌다. 이것 없이도 쉽게 글을 쓸 수 있었던 사람들의 경우에서도 마찬가지다. 이처럼 워드프로세서는 거의 모든 사람에게 글을 더 수월하게 쓸 수 있게 해 준다[체계적인 관찰에 기반을 두어 이를 설명한 라이만(Lyman, 1984)을 보라.]. 남들이 비웃을까 봐 초고를 감추는 사람들에게 컴퓨터의 탁월한 지우기 기능은 확실히 도움이 된다. 그러나 비웃음거리가 되는 것을 두려워하지 않는 사람은 도대체 무엇 때문에 컴퓨터로 글을 쓰는 것이 훨씬 쉽다고 생각하게 되는가? 나의 경우, 육체적 탈진 때문이다.

우리는 글쓰기가 정신적 활동, 사고와 감정을 다루는 관념적인 활동이라고 생각한다. 이러한 생각은 정신노동과 육체노동, 머리와 손을 가르는 전통적 구분을 수용하는 것이다. 머리로 일하는 사람은 돈을 더 벌고, 더 깨끗한 옷을 입으며, 더 좋은 동네에 산다. 다시 말해, 머리로 일하는 사람은 몸과 손으로 일하는 사람보다 계급이 높다는 것이다. 우리 스스로는 믿지 않을지 모르지만, 문화의 다른 항목들처럼 이러한 사실은 '모두가 아는' 것이고, 결과적으로 사회는 그것에 기반을 두어 작동한다. 우리는 모든 사람이 그렇게 생각한다는 것을 알아야 한다. 어빙 루이스 호로위츠(Irving Louis Horowitz)는 양식화된 머리—손이라는 테마를 다음과 같이 요약했다.

사람은 타고난 천성이 다른 것과 마찬가지로 각기 다른 유형으로 분류된다.

어떤 이들은 지배하기 위해 태어나고 어떤 이들은 지배받기 위해 태어난다. 이론상으로는 지배받는 자로부터 지배하는 자로 상승 이동을 할 수 있지만, 실제로는 불가능하다. 정신노동을 하는 사람은 육체노동하는 사람보다 더 중요하다. 사람의 중요도를 평가하는 데 있어, 개념화 능력이 있는 사람과 없는 사람—전문적인 용어를 쓸 수 있는 사람과 없는 사람—을 구별해야 한다. 플라톤 철학의 바탕은 단순히 민주주의를 반대하는 것이 아니라, '지혜의 상속'이라는 개념에 기반을 두어 새로운 지배 계급을 창출하는 것이며, 이러한 개념은 2000년 전이나 지금이나 마찬가지로 널리 통용되는 것이다(Horowitz, 1975: 398-399).

호로위츠는 나아가 "머리와 손의 투쟁은 본질적으로 계급투쟁을 나타내는 상징적 형태다. 이것은 본질적으로 희소자원을 놓고 경쟁하는 주요 세력들을 분리하는 것이다."(Horowitz, 1975: 404)라고 말한다.

머리-손의 차이를 수용함에 따라, 우리는 글쓰기의 육체적인 면을 무시하게 된다. 그러나 글쓰기가 정신적 활동이라 함은 글쓰기는 정신적 활동에만 국한된다는 것을 의미하지는 않는다. 다른 모든 활동과 마찬가지로 글쓰기도 육체적 측면을 갖고 있으며, 그것은 우리가 일반적으로 수긍하는 것보다 더 많이 사고의 영역에 영향을 미친다. 예를 들면, 어떤 이들은 단숨에 글을 써 내려간다. 나는 가끔은 식사, 커피, 전화 그리고 화장실 가는 것을 제외하고는 8시간 내지 10시간 동안 키보드 앞에 앉아 수천 개의 단어를 쉬지 않고 생산해 낼 때가 있다. 한번 그렇게 해 보라. 글쓰기가 얼마나 육체적인 일인가를 금세 알 수 있을 것이다. 다음날이면 어김없이 등과 팔이 쑤시고 목이 다 뻐근하다.

사람들은 일반적으로 글쓰기란 글을 쓰는 사람의 격을 높여 주는 사고의 영역과 그렇지 못한 육체적 영역이 분리된다고 생각한다. 일상적 언어에서도 우리는 격이 있는 정신적 부분을 의미할 때는 '글쓰기'라고 말하고, 육체적 행위를 뜻할 때는 '타이핑'이라고 말함으로써 이를 구분한다. 글을 쓰는 사람은 흔히 머릿속으로 글을 쓴다. 그러나 머릿속으로 타이핑할 수는 없는 일이다. 반대로 타이피스트는 자기가 무슨 내용을 치고 있는지 알지 못하는 채로 타이핑할 수 있다. 조이 찰튼(Charlton, 1983)은 자판을 두드리면서 동시에 타이핑하는 내용과는 완전히 동떨어진 화제를 분명하게 이야기할 수 있는 타이피스트를 묘사하고 있다. 즉, 바꾸어 말하자면 타자기로 글을 쓰는 작업에서 생각하기를 떼어버리고 나면 남는 것은 타이핑밖에 없다. 하지만 글쓰기를 직업으로 하는 사람은 보통 글쓰기와 타이핑을 동시에 하면서도 자기가 하는 일을 글쓰기라고 일컬음으로써 자기 일의 격조 있는 부분을 강조한다. 나는 나의 글쓰기 작업을 '타이핑'이라고 표현함으로써 동료 학자들을 화나게 하곤 했다("요즘 글쓰고 있나?" "응. 오늘 여섯 쪽 타이핑했어."). 나는 의도적으로 저급한 표현을 격조 있는 어떤 것을 기술하는 데 사용했다. 트루먼 카포트(Truman Capote)도 마찬가지로, 그의 동료 저자들을 '타이피스트'라고 격하함으로써 그들을 모욕했다.

글쓰기가 육체적 속성이라는 증거는 앞에서 이야기하였던 특정 필기구에의 중독을 떠올리면 보다 확실해질 것이다. 어떤 이들은 특정 연필, 특정 깃털 펜, 특정 타자기의 촉감에 중독되어 있다. 그들은 다른 촉감을 가진 도구를 사용해야 할 경우 아무것도 할 수 없게 된다.

나아가 글쓰기 습관에서 타이핑의 역할이 무엇인지 생각해 보자. 초안이 어떤 형태로 작성되었든지 간에, 결국은 저자 또는 다른 누군가에 의해서 타이핑되어야 한다. 게다가 한 번의 타이핑으로 글이 완성되는 법은 거의 없다. 진지한 논평자를 위한 최종판은 깨끗하게 정리·인쇄된 것이어야 하고, 퇴고을 많이 하는 사람들은 중간마다 재타이핑한 원고들을 첨부한다. 자신의 원고를 다시 타이핑하는 일은 피곤하며 정말로 하기 싫다. (대부분의 사람이 재교, 삼교의 덕을 보고 있고, 그런 작업들이 꼭 필요하다는 사실을 알고 있더라도 하기 싫어한다.) 어떤 이가 이러한 육체적인 작업을 다른 이에게 맡긴다면, 그는 일이 끝나기를 기다렸다가 타이핑된 원고의 오류를 교정하면 된다. 그러나 그 역시 또 다른 육체적 이유로 다시 타이핑 작업을 할 필요가 있다.

다시 만들어야 하는 경우가 대부분이지만, 많은 필자는 원고를 깔끔하게 작업하려고 노력한다. 우리는 자신이 하는 것을 말끔하고 깨끗하게 타이핑된 원고로 볼 수 있다. 또한 문장의 논리가 일관되게 읽히고 독자가 그 의미를 이해하는 모습을 쉽게 상상할 수 있다. 모양새가 정연한 원고를 들여다보고 있으면, 그 속에 담긴 자기 생각 역시 논리 정연하게 정리되어 있으며 깔끔한 모양새가 그런 결과를 낳은 것이라는 느낌에 사로잡히게 된다. 글을 써 나가면서 깔끔하게 정렬된 종이들이 쌓일수록, 원고는 더욱더 한 권의 완성된 책이나 논문처럼 보이게 된다.

개작은 원고의 깔끔함을 완전히 망가뜨린다. 우리는 쓸모없는 부분에 X 표시를 하거나 가차 없이 사선을 긋는다. 어떤 부분은 지금 있는 자리보다 다른 자리에 더 어울리는 것 같다. 그래서 우리는 그 부분을 칼이나 가위로 잘라 내고, 원고는 큰 구멍이 나거나 보기 흉한 종잇조각이 되어 버린다. 그런 구멍이나 종잇조각은 잘 메꾸어지지 않는다. 그래서 우리는 잘라낸 부분을 다른 종이로 붙이고 조각난 종이를 수선하여, 원고 뭉치를 그런대로 깔끔해 보이게 만든다. 그러나 원고는 이내 여기저기 X 표시와 구멍, 겹겹이 이어 붙인 종잇조각으로 가득 차게 된다. 우리는 결국 그러한 너저분함에 질려 수정해야 할 쪽을 다시 타이프치거나 그 빌어먹을 원고를 전부 다시 새로 타이핑하기도 한다. 처음엔 그렇게 깔끔했던 것이, 필자 자신조차 알아볼 수 없는 화살표와 휘갈겨 쓴 글씨들로 꽉 찬 난장판이 되어 버린다. 그런 혼란스러움은 결과적으로 불안정한 논리적 의미와 심미적 질서를 파괴한다[진저(Zinsser, 1983: 98)가 이와 비슷한 기술을 보라.].

대부분의 글 쓰는 사람에게 재타이핑은 글쓰기 과정에서 지속되는 의례적인 절차다. 나처럼 퇴고을 많이 하는 사람이라면, 새로 타이핑한 원고에는 더 많은 수정을 가하게 된다. 깨끗한 원고에서는 자신이 무엇을 말하고 있으며 그것을 어떻게 고치면 되겠는가를 쉽게 찾아낼 수 있다. 색다른 생각의 흔적들과 색다른 표현 방식들로 빽빽하게 끄적거려진 원고는 우리를 혼란스럽게 만든다. 그래서 재타이핑한 깨끗한 원고에서는 위쪽 여백에 별도로 수정 작업을 진행한다. 그것은 결국 또 한 번의 재타이핑을 요구하는 것이다. 많은 저자가 오랫동안 그런 과정을 되풀이한다.

재타이핑이 육체적으로 힘든 작업이라는 사실은 눈 치우기나 빨래 널기와 같은 종류의 육체적 힘겨움을 말하는 것이 아니다. 그러나 재타이핑은 탈진 또는 무력감에 빠져들게 할 만큼 힘든 일이다. 모든 저자는 퇴고가 필요한 문장을 발견했다가 원고에 더는 고쳐 적을 공간이 없다 싶으면 그냥 넘어가 버린다. 오려 내고 붙이는 일은 더 귀찮다. 퇴고로 인해 육체적·정신적으로 기진맥진해질 것을 떠올리다 보면 가끔은 퇴고를 하지 않고 그냥 넘어가는 부분도 있게 된다.

컴퓨터로 글을 쓰면 이러한 무력감은 제거된다. 어떻게 그럴 수 있는가를 이해하려면, 보통 사람의 수준에 맞는 이 기계에 대한 설명이 필요하다. 알아듣기 힘든 전문 용어를 잔뜩 지껄이면 독자는 도리어 겁을 집어먹고 도망갈 것이다. 소형 컴퓨터나 워드프로세서는 타자기와는 다르다(누가 타자기를 2천 달러나 주고 사겠는가?). 키보드의 자판은 타자기와 같아서 우리는 타자기를 치는 것처럼 키보드를 두드리면 되지만, 여러 가지 중요한 점에서 소형 컴퓨터는 타자기와 다르다. 소형 컴퓨터는 타이핑한 내용을 영구적으로 저장하지 않는다. 대신에 컴퓨터의 '메모리'에 일시적으로 저장하고, 명령어를 치면 모니터 화면을 통해 메모리에 저장된 내용 일부를 보여 준다.[1]

---

[1] (역주) 컴퓨터와 워드프로세서에 익숙한 오늘날 젊은 학생들은 오히려 베커가 말한 원고 종이를 오려 내고 다시 이어 붙이는 형태의 작업을 낯설어할 것이다. 역자가 석사학위 논문을 작성하던 1980년대 초만 해도 원고지에 손으로 글을 써서 논문을 작성하였다. 원고지로 작성한 원고를 근처 인쇄업체에 맡기면 그곳에서 맡긴 원고를 타이핑하여 석사·박사 논문을 만들곤 했다. 그 당시 학위논문 작성용 원고지의 값은 싸지 않아서, 많은 사람이 대학의 시험답안지를 이용하여 일차적으로 학위논문을 작성하곤 했다. 그렇게 일차적으로 작성된 논문에는 많은 논리적 문제점이 발견되어 삭제하고 첨가하고 또는 다른 곳으로 이동시켜야 하는 부분이 생기고, 또한 지도교수가 지적한 내용이나 동료들이 알려준 귀중한 정보들을 작성하여 일차적으로 완성된 원고를 개작해야만 했다. 이러한 개작의 상황에서, 대부분의 학생은 일차 원고를 다시

컴퓨터가 우리가 쓴 것을 영구적으로 저장하지 않기 때문에 컴퓨터로 타이핑하는 것이 미덥지 못한 점도 있다. 우리는 한두 개의 키를 누르는 것만으로도 잘못 표현된 생각을 화면에서 그리고 메모리에서, 싹 지워 버릴 수 있다. 마치 그런 건 쓴 적이 없다는 듯이 말이다. 그 누구도 우리가 조금 전에 바보 같은 문장을 썼다는 사실을, 그것이 얼마나 엉성한 표현이었는지를 알지 못한다. 방구석의 쓰레기통에도 구겨진 종이들이 전혀 없다. 남의 쓰레기통에서 구겨진 종이를 끄집어내어 몰래 들여다보는 친구를 두려워하는 사람들에게 컴퓨터는 지대한 공헌을 한 셈이다. 하지만 모든 사람이 그런 건 아니므로—나는 아니지만, 내 친구 중 몇몇은 그런 두려움을 갖고 있다—이런 문제를 해결해 준 것이 컴퓨터의 최대 장점이라고는 할 수 없다.

컴퓨터는 글쓰기의 육체적 탈진을 극복하는 데 있어 정말 탁월하다. 이제 개작은 원고에 사선을 긋고 새 종이에 다시 쓰는 작업을 의미하지 않는다. 그 대신 우리는 마음에 들지 않는 구절을 '지우기'로 없애고 고쳐 쓸 내용을 '삽입'하면 된다. 단락을 옮기고 싶을 때도 오려서 다른 종이에 붙일 필요가 없다. 대신 블록을 설정하고 '오려두기'를 한 다음 끼워 넣어야 할 자리에 '붙이기'를 하면 된다. 새로 옮긴 자리가 마음에 들지 않으면 다시 원래 자리에 갖다놓을 수도 있다. 어떤 단어나 구절을 전체적으로 바꾸기로 했다면 '찾아 바꾸기'를 이용하면 된다. 워드프로세서 프로그램은 순식간에, 하나도 빠뜨리지 않고 바꾸어 준

글로 재작성하는 대신, 첨가할 부분을 작성하여 일차 원고에 첨부하거나 혹은 제거해야 할 부분을 일차 원고에서 오려 내는 전략을 택했다. 개작 과정이 반복되면 일차 원고는 마치 종잇조각들을 이어 붙인 걸레나 다름없는 형태로 나타난다. 일부 근면한 학생들은 그렇게 너덜너덜해진 일차 원고를 다시 손으로 써서 이차 원고를 만들기도 하였지만 그렇게 하는 학생은 드물었다. 대부분의 경우, 반복된 개작을 통해 일차 원고가 너덜너덜해지면, 그것의 내용은 원고지에 옮겨 적어도 논문 심사를 통과할 수 있는 수준의 원고가 되었다. 학위논문용 원고지에 손으로 적어낸 학위논문은 논문 심사에서 지적된 내용을 보완할 경우에도, 다시 작성하기보다는 대개 다시 작성한 내용을 첨부하거나 오려 붙여 만든 원고지의 형태로 인쇄업체에 넘겨졌다. 100쪽 가까이 되는 800자 원고지를 손으로 다시 쓴다는 것은, 아무리 산뜻한 원고를 선호하는 사람일지라도, 너무나 지겹고 힘든 작업이다.

다. [내 친구 하나는 내가 '찾아 바꾸기'를 언급하기 전까지만 해도 내가 컴퓨터에 열광하는 것에 꽤 회의적이었다. 그는 자기 소설 속의 어떤 등장인물을 존(John)이라고 했다가 나중에 짐(Jim)으로 바꾸었는데, 그가 찾아내지 못해 바꾸지 못한 곳이 더러 있어서 책이 출판되어 나왔을 때는 여기저기에서 난데없이 존이 등장하는 부분들이 발견되었다.]

내가 정말 고마워하는 워드프로세서 프로그램의 한 가지 독특한 기능은 '문서 분량'이다. 명령어를 치기만 하면 얼마나 많은 양의 글자가 쓰였는지를 알 수 있다. 이제까지 얼마만큼 썼는지 견적을 뽑아 보면서 (실제로 하나하나 세면서) 뿌듯해하는 사람은 나뿐만이 아닐 것이다(궁금해하는 독자를 위해서 밝히는데, 이 장에서 여기까지 쓰인 낱말들의 수는 1,537개다.). 어떤 저술가는 스스로 매일매일의 할당량을 설정한다. 컴퓨터의 이와 같은 기능은, 쪽 또는 줄의 수를 세어 평균 단어들의 수에 곱하는 지루한 작업을 하지 않고도 글의 분량을 계산할 수 있게 해 준다.

이 모든 것은 나처럼 컴퓨터의 매력에 푹 빠진 사람들이 하나같이 말하는 것이고, 새로 컴퓨터를 장만한 사람들도 이내 빠져들어 주위 사람들에게 컴퓨터의 이런 장점을 전도하기에 바쁘다. 내가 이 장을 쓰는 이유가 그것 말고 뭐가 있겠는가?

나 같은 컴퓨터 전도사들은 워드프로세서 작업이 편리하다는 소리만 하는가? 그렇지 않다. 컴퓨터도 나름대로 탈진을 일으킨다. 최악 상황은 (비사용자들이 처음으로 두려워하게 되는 것인데) 컴퓨터에 쓴 것을 '날리는' 것이다. 이런 일은 큰 대학의 '중앙 통제' 컴퓨터가 '다운'될 때마다 발생하며, 작업 중인 모든 메모리를 날려 버린다.[2] 또는 순전히 사용자의 잘못으로 방금 작업한 것을 날리는 경우도 있는데, 그것은 사용자가 프로그램의 용어를 잘못 이해하여 작업 중인 '파일'을

---

2) (역주) 여기서 중앙 컴퓨터란 과거 대학이나 기업에서 사용했던 메인 컴퓨터다. 역자도 메인 컴퓨터로 작업을 하면서 데이터를 날린 적이 여러 번 있다. 통계 프로그램을 돌리기 위해서는 먼저 데이터를 메인 컴퓨터에 입력을 해야 한다. 그런데 갑자기 전기가 나가거나 메인 컴퓨터 용량이 넘치면, 그때까지 입력했던 자료들이 날아가서 다시 입력하곤 했다.

지우라는 명령을 할 수도 있기 때문이다. 저술가는 문장 표현의 미세한 부분에 상당히 집착한다. 저술가는 그와 같은 표현을 완벽하게 재현할 수 없다고 확신하기 때문에 작업 중인 파일을 날리는 일을 엄청난 비극으로 여긴다. 그들은 금방 사라져 버리는 생각을 지속하는 것이 얼마나 힘든지를 알고 있으므로 이처럼 느끼는 것이다. 그러나 결코 다시는 쓸 수 없는 꼭 맞는 표현을 영원히 날리는 일은 실제로 일어나는 일이며, 그런 일의 발생을 걱정하는 것은 워드프로세서로 편리하게 작업하는 대신 치러야 할 대가다.[3]

워드프로세서 프로그램을 만드는 사람들―컴퓨터가 이 모든 환상적인 작업을 수행하게 만든 사람들―은 사실 컴퓨터에 관련된 설명서 이외에는 거의 글을 쓰지 않는다. 만약 그들이 다른 글을 쓴다면 그들은 컴퓨터 프로그래머가 아니라 저술가가 되었을 것이다. 그래서 프로그램 매뉴얼은 글쓰기 용어라기보다는 프로그램 용어로 작성되어 있어 비사용자가 제대로 이해하기에는 아무래도 어렵다. 컴퓨터는 우리에게 "명령어가 잘못되었습니다." 또는 "드라이브 설정이 잘못되었거나 지정한 범위에서 파일을 찾을 수 없습니다." 따위의 말을 해댄다. 그런 방식의 말에 길들여 질 때까지는 컴퓨터를 별로 좋아하지 않을 것이다.

더 나쁜 것도 있다. 우리의 주제에 더 들어맞는 것이기도 한데, 어떤 경우에는 워드프로세서로 작업하는 것이 가위와 풀로 작업하는 것보다 수월하지 않을 수도 있고, 오히려 더 힘들 수도 있다는 것이다. 컴퓨터는 우리가 타이핑한 것을 '디스크'에 '파일'로 저장하는데, 우리는 디스크의 파일을 다른 곳에 복사함으로써(예, 컴퓨터의 하드 디스크의 파일을 디스켓에 또는 그 반대로) 우리가 문서화한

---

[3] (역주) 역자도 박사학위 논문을 작성하던 중 그 논문의 파일을 날린 적이 있다. 다행히도 그 논문을 프린트해 놓은 것이 있어서 그것을 스캔하여 파일을 어느 정도 복구하기는 했지만 말이다. 어쨌든 그 이후로 역자에게는 작업 후 파일을 복사해 놓는 습관이 생겼다. 또한 복구하는 과정에서 알게 된 것은, 어느 정도의 자료와 정보가 있으면 기존의 것 못지않은 것을 새로이 생성할 수 있다는 사실이다. 하지만 나의 이런 경험은 영어권에 국한될 수 있다. 한 사학자는 한자를 많이 사용해야만 하는 역사 분야의 글은 스캔하여 글을 복구하기가 매우 어렵다고 말한다.

자료를 옮겨야 하고, 또 컴퓨터 하드 디스크가 꽉 찼을 때는 다른 곳(예, 디스켓)에 저장해야 한다. 이는 다소 복잡하고 힘든 일이다.

우리는 컴퓨터를 이용해 글을 쓰면서 같은 문서를 여러 버전으로 쉽게 만들어 낼 수 있다. 만약 그것들이 종이로 만들어져 있다면, 아마 서류철에 넣어두고는 잊어버리고 말 것이다. 어느 날 무언가가 갑자기 필요하게 되었을 때, 그 버전 중 어느 하나가 딱 들어맞을 것이라는 생각이 떠오르면 그것을 찾아 대충 훑어보는 것만으로도 우리가 원하는 것이 바로 그 문서인지를 판단할 수 있다. 그러나 컴퓨터에 저장된 같은 문서의 여러 버전은 그렇게 쉽게 검토할 수 없다. 우리가 볼 수 있는 것이라곤 파일 이름들의 목록일 뿐이다. 이러한 파일 이름들을 쭉 훑어보는 것만으로는 뭐가 뭔지 알 수 없다. 내가 지금 이 책을 쓰면서 사용하고 있는 애플 컴퓨터는 관대하게도 파일 이름의 글자 수를 30자까지 허용하여 제목을 조금은 기술할 수 있도록 허용해 준다. 대부분의 다른 컴퓨터는 파일 이름을 8자 이내로 적도록 제한하고 있어서 문서의 내용이 무엇인지를 분별하기가 어렵다. 그래서 같은 문서에 대한 여러 버전이 그게 그거인 파일 이름들로 구분할 수 없도록 만들어져 그 혼동 속에서 헤매야 하는 것은 우리가 컴퓨터로 글을 쓰는 것을 위해 지급해야 할 대가다.

그리고 앞에서 언급한 컴퓨터 용어들과 내가 대충 몇 개만 언급한 명령어들을 모두 배워야만 한다. 이제 막 컴퓨터를 사용하려는 많은 사람은 컴퓨터가 자기를 위해 모든 것을 해 주기를 바란다. "나는 단추를 누르기만 하면 되고, 그러면 컴퓨터가 알아서…." 꿈 깨라. 절대 아니다. 우리는 꽤 많은 시간을 들여 낯선 컴퓨터 용어들과 그 용어들의 개념과 또 그 이면에 깔린 세계를 어떻게 바라볼 것인가를 공부하고 숙달해야 한다. 그런 공을 들이지 않는다고 해서 당신을 비난할 사람은 아무도 없다. 하지만 나 역시 그렇게 하지 않고도 잘해낼 수 있었다면 그런 일에 시간을 투자하지 않았을 것이다. 나는 그때 두꺼운 책 한 권을 막 끝낸 참이라 시간이 약간 있었는데, 그 빌어먹을 기계가 그와 같은 과제를 던져 주었다.

컴퓨터 전도사 중에서 그 누구도 나에게 컴퓨터로 글을 쓰는 것의 가장 중요한 이점, 즉 글을 쓰면서 생각하기가 얼마나 쉬워지는가에 대해 (앞의 여러 장에서 인용한 글쓰기에 관심이 있는 인지심리학자들이 기술했던 방식으로) 이야기해 주지 않았다. 이미 말했듯이, 나는 습관적으로 머릿속에 떠오르는 생각은 무엇이든지 간에 일부러 체계를 잡지 않고 거의 마구잡이로 초고를 쓴다. 그러한 검열을 받지 않은 생각의 흐름에서 드러나는 것을 보면서 내가 논의하고자 하는 주된 테마 (themes)들을 발견할 수 있기를 기대한다. 두 번째 초고에서는 어느 정도 논리적인 틀 아래서 그러한 테마들을 묶어 나가는 작업을 한다. 그런 다음에 세 번째 초고에 이르러서야 단어를 삭제하고, 문장을 합치고, 그 과정에서 내가 논의하고자 하는 것을 좀 더 명료하게 진술할 수 있는 생각을 얻는다. 이런 방식으로 일하기 때문에 내 원고는 그토록 엉망진창이 되고, 수없이 오려내고 붙이는 작업을 해야 하는 것이다. 이렇게 해서 마지막 초고에 이르기까지는 수개월이 걸린다.

컴퓨터를 사용하는 지금은 시간이 훨씬 적게 걸린다. 글을 쓰면서 나는 글의 구조를 살피기 시작한다. "맞아, 내가 말하려는 게 바로 이거야!" 나는 나중에 사용할 수 있는 생각을 보관하는 대신에, 그 즉시 적절한 곳을 찾아 삽입한다. 자를 것도 없고 붙일 것도 없다. 너무 쉬워서 그 정도의 수고는 마다할 것도 없다. 이렇게 일하기 때문에, 내 생각은 육체적인 잡일로 끊길 염려도 없어진다. 컴퓨터를 사용하기 이전에는 세 번째나 네 번째 초고였을 수준의 결과물을 지금은 첫 원고를 '출력'할 즈음이면 얻을 수 있다.

이와 같은 나의 습관 변화는 컴퓨터에 대한 글을 쓰는 사람들이 체계적으로 거짓말하고 있는 부분을 밝혀 준다. '거짓말'이라는 건 좀 지나친 말이고, '미혹'이라는 말을 쓰자니 그 역시 와전되어 더 의도적인 거짓말이라는 의미가 될 수도 있겠다. 무엇이 되었건, 잘못된 설명으로 인해 우리는 컴퓨터 작업이 실제로 어떠한가를 알기가 어렵게 된다. 그들의 설명은 아주 본질적인 것을 감추고 있다. 즉, 컴퓨터 사용의 이점을 얻기 위해서 우리는 사고방식을 매우 실질적으로 바꾸어야만 하고, 우리가 예상했던 것보다 또는 우리가 원했던 것보다 훨씬 높은 수준의 컴퓨터 마니아가 되어야 한다는 것이다.

'컴퓨터를 구매하는 방법'에 관한 모든 잡지 기사는 똑같은 조언을 한다. 먼저 컴퓨터로 무엇을 할 것인지를 확실히 하라. 편지나 책을 쓸 것인지, 회계 장부로 쓸 것인지, 경비 예산을 짤 것인지, 게임을 할 것인지 등등을 결정하라. 그러고 나서 소프트웨어를 사라. 어떤 프로그램이 당신이 원하는 작업을 정확히 수행할 수 있겠는지를 살펴보라. 그다음에 그 프로그램이 작동될 수 있는 컴퓨터를 사라.

이와 같은 충고는 꽤 사리에 맞는 말처럼 들린다. 그러나 사람들은 컴퓨터 그 자체와 컴퓨터를 사용하고자 하는 동기에 내재한 근본적인 원인 때문에 그와 같은 충고를 따를 수가 없다. 그러한 충고에 선행된 가정은 사람들이 스스로 원하는 바를 정확히 알고 있다는 것이다. 어떤 사람이 논문을 쓸 계획이라고 해보자. 또는 가계부를 쓰고 싶어 한다고 해도 좋다. 그러나 컴퓨터를 사용하기도 전에도 이미 그런 일들을 효과적인 방법으로 만족스럽게 수행했다는 사실을 상기하라. 잡지의 충고는 당신이 이미 하는 방식대로 정확하게 수행할 수 있는 프로그램을 찾을 수 있다고 말한다.

그것은 거짓말이다. 우리는 전과 같은 방식으로 작업할 수 없다. 어떤 이가 녹색 깃털 펜으로 노란 연습장 위에 연구 논문을 쓰는 데 익숙해져 있다면, 그것은 너무 슬픈 일이다. 컴퓨터에서는 그렇게 할 수 없다. 또 어떤 이가 작은 메모지에 글을 쓴 다음 테이프로 조각조각 이어 붙여서 보고서를 쓰는 취향이 있다면, 그 역시 컴퓨터로는 할 수 없는 일이다. 컴퓨터로 글을 쓰려면 여태까지 해 왔던 방식과는 다른 새로운 방식으로 작업해야 한다는 것을 알아야 한다.

컴퓨터가 제공하는 방식이 우리에게 익숙하지는 않다. 물론 우리는 새롭고 더욱 편리한 방식으로 글을 쓰기 위해 (또는 가계부를 쓰기 위해) 컴퓨터를 산다. 그러나 그것은 옛날 방식을 버리는 것을 의미한다. 어떤 사람들은 이것을 거부한다. 그들은 의심스러운 눈초리로, 퇴고를 하긴 하되 나중에 먼젓번 것이 더 마음에

들 경우를 대비하여 처음 쓴 글을 그대로 보존할 수 있는지, 이런저런 문구를 적은 작은 종잇조각들로 가득 찬 원고의 형태라든가 그 밖에도 이미 몸에 배어 버린 모든 의례를 그대로 유지할 수 있는지를 물어본다. 하지만 늘 하던 일을 계속할 거라면, 굳이 그 많은 명령어와 새로운 용어 그리고 작업한 문서를 날릴 위험을 감수할 필요가 있겠는가? 그런 식으로는 컴퓨터의 이점을 누릴 수 없다.

그러니까 우리는 무언가 새로운 것을 하고 싶어 하는데, 잡지의 칼럼은 우리에게 그 새로운 작업을 수행할 프로그램을 찾기만 하면 된다며 두 번째 거짓말을 해댄다. 그러나 당신은 그 충고를 따를 수 없다. 그것은 새로운 작업 방식을 익히고 컴퓨터처럼 생각하게 되기 전까지는 자신이 하고자 하는 바가 무엇인지를 알 수 없기 때문이다. 그 수준이 되면, 우리는 더는 예전의 방식으로 글을 쓰고자 하지 않는다. 그때는 예전에 할 수 없었던 것을 하고자 한다. 우리는 낯선 방식으로 작업하고 생각하며 재미도 느낀다. 나중에는 컴퓨터로 작업하는 방식이 제2의 천성이 될 것이다. 컴퓨터의 'Delete' 키를 사용하는 법을 익히면서 윌리엄 진저(William Zinsser)가 느낀 환희—처음에는 철자를 지우고, 다음에는 단어를 지우고, 그다음에는 문서의 첫 페이지로 가서 '찾기' 기능을 이용하여 문서 전체에서 명령한 단어를 지우는 방법을 차츰 익혀 나갈 때의 느낌—는 새로운 작업 방식이 제2의 천성으로 되어 가는 현상을 정확하게 묘사하고 있다(Zinsser, 1983: 71-75).

사람들은 컴퓨터의 가능성을 각기 다른 지점에서 포착하고 이로움을 얻는다. 나로 말하면, 모듈식[4] 사고를 배웠다. 다시 말해, 다양한 방식으로 작은 단위들의 재료를 결합하고 분리하여 어떠한 결과물이 나오는지를 봄으로써 과거의 어느 때보다 그것들을 잘 다루게 되었다. 마찬가지로 사람들은 매 버전의 원고를 프린트해서 교정하지만 나는 전적으로 화면에서 수정 작업을 진행한

---

4) (역주) 이는 글쓰기 문제를 글 전체를 놓고 해결하기보다, 글쪼가리들로 나누어 그것을 하나씩 해결해 가는 방식을 말한다.

다. 그로 인해 어떤 표현을 결정하기에 앞서 같은 내용을 상이한 방식으로 진술한 다섯 개의 표현들을 검토할 수 있게 되었다. 나는 한 가지 표현을 윗줄에, 그 아랫줄에는 다른 표현을 써 놓고 그 둘을 비교하기까지도 한다.

이러한 모든 것을 할 수 있는 능력도 별로 도움이 되지 않을 수 있다. 세 번째 거짓말은 컴퓨터가 시간을 절약해 줄 수 있다는 것이다. 우리는 컴퓨터가 생각하는 방식으로 생각하는 법을 배워야 하므로, 시간이 절약된다고는 말할 수 없다. 컴퓨터를 살 때 생각하고 있던 바로 그 한 가지 일만을 한다면 시간을 절약할 수도 있을 것이다. 어떤 이가 컴퓨터로 하는 일이라곤 편지를 타이핑하는 것이 전부라면, 확실히 더 빨리 치고 오타를 적게 낼 수는 있다. 하지만 그는 컴퓨터의 무수한 이점을 놓치게 된다. 단지 오타 없이 약간 더 빠르게 타이핑하기 위해서라면, 그렇게 많은 시간과 돈을 들일 가치가 없다. 바로 이렇게 해서 우리는 생각하기 시작한다. 컴퓨터로 더 많은 일을 할 수 있기를 바라게 되고, 당장에 어떤 일들을 시도한다. 한 가지 다른 일을 시도하면 그만큼 예전 방식으로 일하면서 절약했던 시간을 잡아먹게 되고, 또 다른 일을 벌이면 또 시간을 빼앗긴다.

내가 처음 컴퓨터에 흥미를 갖기 시작했을 때, 학교에서 이미 컴퓨터를 배운 딸이 나더러 아마 컴퓨터에 미치게 될 것이라고 경고했다. 왜냐고? 나는 퍼즐 풀기를 좋아하는데, 컴퓨터는 퍼즐의 무한한 보고이기 때문이다. 우리는 언제나 지금 당장 할 수 없는 게 확실하지만 컴퓨터로는 할 수 있을 것으로 보이는 어떤 일을 벌이는 장면을 상상할 수는 있다. 쉬아치(Schiacchi)는 고지식한 물리학자들이 실험실에 틀어박혀서 중앙통제 컴퓨터로 보고서 서식을 더 멋지게 꾸미기 위해 몇 달씩이나 워드프로세서 프로그램의 업그레이드 작업에 몰두하는 장면을 묘사하고 있다(Schiacchi, 1981). 그 일은 보고서의 내용과는 전혀 관계가 없고, 단지 얼마나 더 멋지게 조판할 수 있는가에 관한 것이었다. 그들이 컴퓨터와 몇 달간 씨름하며 해낸 일이란, 유능한 타이피스트라면 졸면서도 할 수 있었을 정도의 일이었다. 그들은 전문가가 아닌지라 문제를 해결하는 데 그만큼 오래 걸렸고, '전문가적 서식'을 갖춘 보고서가 필요했기 때문에 그와 같은 작업을 하지 않았을 수 없었다는 것이다.

나는 이보다 더 멍청한 짓을 한 적이 있다. 애플 컴퓨터를 사용하는 내게 일이 터진 것은 애플 컴퓨터용 하드웨어와 소프트웨어가 급증하면서부터였다. 상당히 많은 제조업체가 애플 컴퓨터용 프린트와 적합한 프린터 공유 카드 그리고 애플 컴퓨터에서 작동할 수 있는 워드프로세서 프로그램을 생산하는데, 그 장비를 다 연결하면 뭘 할 수 있는지, 뭘 하면 되는지를 설명해 주는 매뉴얼은 하나도 없었다. (진저는 IBM을 고집함으로써 이런 장비들을 사는 유혹에서 벗어났다.) 게다가 애플 컴퓨터는 그래픽 영상들을 창조하는 능력이 상당히 뛰어난 것으로 잘 알려져 있다. 그 말은 애플 컴퓨터가 모든 프린터에 탑재된 보통의 글꼴을 넘어서는 다양한 글꼴을 창출할 수 있다는 뜻이고, 다시 말해서 일을 더 복잡하게 만들 수도 있다는 뜻이었다. 나도 화면에 그리한 글꼴을 만들어 내는 프로그램이 몇 개 있었다. 나는 워드프로세서 프로그램에서 그러한 글꼴로 작성한 문서를 프린트하고 싶었다. 만약 내가 고전이나 성경을 연구했다면, 그리스어나 히브리어로 쓴 문서를 프린트하고 싶은 강렬한 욕망에 사로잡혔을 것이다. 하지만 나는 그리스어는 전혀 몰랐고, 히브리어 실력은 유대교 율법(barmitzva)을 개략적으로 연구하는 데 필요한 정도밖에 되지 않았기 때문에, 이 두 언어를 프린트할 수 있을지의 문제는 순전히 퍼즐 풀기나 다름없었다. 나에게 워드프로세서를 판 사람을 공연히 못살게 굴고 나서야 마침내 원하는 어떤 글꼴로도 프린트할 수 있다는 프로그램 광고를 발견했다. 약간의 실험을 거치고 전에는 필요 없었던 몇 가지 컴퓨터 기능에 관한 사용법을 익힌 다음, 마침내 프린트에 성공했고 아주 기뻐했다. 그리고 나서 친구들에게 열 가지의 다른 글꼴로 된 편지를 썼다. 내 추측으로는 그 문제를 해결하는 데 적어도 15시간 내지 20시간이 걸렸던 것 같다. 그러나 일단 어떻게 하면 되는지를 알고 난 다음에는, 전처럼 흥미롭진 않았다. 그리고 그다음에는 내 글 한가운데에 그래픽 프로그램으로 만들 수 있는 조그만 그림을 넣어 프린트하기로 마음먹었다. [새로 장만한 매킨토시(Macintosh)로는 이 작업을 아주 쉽게 할 수 있다. 이제는 이유가 있어야만 이 작업을 한다.] 나는 컴퓨터를 사용함으로써 글을 쓰는 시간이 절약되긴 했지만, 그렇게 절약한 시간을 새로운 욕망을 충족하는 데 다 써 버렸다.

여전히 새롭게 배워야 할 것이 있음을 알기는 하지만, 일단 컴퓨터처럼 사고하게 되면서부터는 전처럼 쓸데없는 짓을 하지 않게 되었다. 사회학자들은 읽은 것을 간단히 메모하거나, 수첩에 무언가를 적어 놓거나, 결과물을 요약한다. 또한 재료들을 어떻게 체계화할 것인가에 대해 생각해 놓거나, 참고문헌 목록을 작성하며, 이것저것 메모하여 다양한 형태로 데이터를 보유한다. 학자라면 누구나 이런 종이쪽지들을 체계적으로 정리할 시스템이 필요한데, '파일 매니저' 또는 '데이터베이스'라는 이름의 컴퓨터 프로그램이 그와 유사한 일을 한다. 불행히도 이런 프로그램을 가장 많이 사용하는 사람들은 비즈니스를 하는 사람들이다. 그들은 고객, 재고량, 주문, 비용에 대한 기록을 남기기 위해 이 프로그램들을 사용한다. 그 대신 학자는 더 유연한 어떤 것, 산더미 같은 분량의 매우 유사한 재료들을 다루기 위해 고안되지는 않았던 어떤 것, 재정적인 관심에 맞추어 재단되지 않은 어떤 것, 우편번호별로 주소록을 분류하기보다는 잠정적인 생각들을 배열하는 데 유용한 어떤 것을 필요로 한다. 그런 프로그램은 분명 존재한다. 그러나 산더미 같은 프로그램 가운데서 그 프로그램을 찾아내고, 우리가 바라는 바를 행하기 위한 그 프로그램의 사용법을 알아야 한다. 나는 나 자신을 위해 그렇게 했고 그 결과에 만족한다. 그와 같은 시스템을 구축하는 것은 학자들이 자신들을 위해 행하고 싶어 하는 일이기는 하지만, 예전의 버릇을 대체해 나가는 과정에서 상당한 시간과 의식적인 노력이 필요하다. [베커, 고든과 르베일리(Becker, Gordon, & LeBailly, 1984)는 현장 기록들과 유사한 자료들을 처리하는 컴퓨터 시스템의 표준 방식에 대해 논의하였다.

그러므로 우리는 소형 컴퓨터로 작업함으로써 글쓰기를 좀 더 수월하게 느끼게 될 수도 있지만, 더는 예전처럼 작업할 수 없으며 시간이 절약되는 것도 아니다. 그리고 나는 컴퓨터 게임은 언급조차 하지 않았다!

컴퓨터로 할 수 있는 것은 (2007)

20년 후 새로운 기계, 새로운 프로그램, 새로운 가능성 등 모든 것이 변했다. 컴퓨터 사용자들은 타자기에서 컴퓨터로의 전환을 더는 주저하지도 두려워하지도 않는다. 그들은 컴퓨터를 단어와 숫자들에 관련되는 어떤 것을 행하는 표준 도구라고 생각하면서 성장했다. 오늘날 사용자들은 오려 내고 붙이기, 검색 엔진(search engine)[5]과 인터넷을 사용하여 참고문헌과 인용 구문을 찾아내는 것, 낱말 검사기로 오타와 오식들을 근절하는 것은 물론 이메일을 통해 모든 곳에 초고와 최종본을 보내는 것 등을 쉽게 할 수 있다.

그리고 마찬가지로 당연히 아무것도 안 변했다. 컴퓨터는 현명하고 진지한 테크니컬 저술가들이 간단하면서 논리적으로 보이게끔 만들고자 모든 노력을 했음에도 여전히 겁나고 얼마간은 이해할 수 없는 기계다. 논리는 여전히 임의적인데, 당신의 방식으로 합리화시킬 수 있는 어떤 것이 아니다. 명령어[공포의 에러(error) 메시지는 말할 것도 없고는 여전히 비밀스럽고 이해할 수 없는 것이다. 일반 사용자는 제조업자가 자랑하는 대부분의 환상적인 특징들을 무시하며, 그 특징들이 부주의로 치명적인 충돌을 야기하여 그토록 보관하고자 했던 작업을 상실하게 할 수 있다는 사실을 두려워한다(많은 경우 이는 정확하다.). 그래서 앞부분에서 언급한 것들은 오늘날에는 거의 미친 소리처럼 들리지만, 만일 그 명칭들의 일부를 바꾼다면, 오늘날에도 여전히 적용될 것이 대부분이다.

---

5) (역주) 핵심 단어(keyword)를 이용하여 인터넷에서 정보 자료들을 찾아주는 검색 도구나 서비스. 네이버(NAVER)와 구글(Google)이 대표적인 검색 엔진이다.

그러나 새로운 것의 일부는 내가 추천했던 방식에서의 글쓰기를 보다 간편하게 만들며, 어떤 새로운 위험들을 드러내 준다. 여기에 그것들이 있다. (2007년 이후에도 매년 내가 여기서 고려하지 않았던, 아마 인식하지 못했던 새로운 발견들을 볼 수 있을 것이다.)

종이의 물리적 한계를 뛰어 넘어

컴퓨터는 종이와 타자기에서 일을 쉽게 하는 작업 방식을 무용지물로 만들었다. 종이는 물리적 제한을 생성하는 까닭에 글로 쓴 부분을 이리저리 움직이는 것을 어렵게 만들고, 저술가를 감당할 수 없는 큰 파일의 노트, 인용, 재인쇄 그리고 사진들을 다루는 관리인으로 만든다. 타자기의 자판은 알파벳으로 만들어진 문자, 숫자 그리고 상징들(symbol)로 제한되어 있다. 컴퓨터는 이러한 제한들에서 벗어나 있어, 우리는 더욱 자유로운 방식에서 우리가 말하고자 하는 것—쉽게 접근 가능한 형태에서 편성되어 있는—을 얻는다.

- **저장과 검색**(retrieval)[6]

컴퓨터는 우리가 항상 해 왔던 것을 간편하면서 효율적으로 행할 수 있는 방식을 제공한다. 닥치는 대로 써 조직화되지 않은 노트들을 만들고, 그것들을 사용할 수 있는 방법이 생각날 때까지 저장해 둔다. 이따금 그 노트들은 발전될 아이디어들이 되고, 때로는 상당한 양의 재료들(수 세대의 역사가들이 그들이 연구했던 기록물에서 발견했던 것들을 적어 왔던 3×5 카드들)이 된다. 그 노트들은 그다지

---

6) (역주) 파일 속의 레코드에 있는 레이블(label)이나 키(key)를 이용하여 파일 속의 데이터를 추출하는 것을 말한다.

구조가 필요하지 않는데, 왜냐하면 저술가가 구조를 생성해야 하는 원재료이기 때문이다.[7] 이는 장점이면서 동시에 상호보완적인 결점을 내포한다. 그 종이 더미의 어딘가에 있는 당신이 아는 것을 항상 발견할 수 있는 것은 아니다.

초기의 유사 컴퓨터(quasi-computerlike) 방식은 이 문제에 도움을 줄 수 있다. '핵심 단어들(keywords)'을 선택하고, 그 핵심 단어가 담겨져 있는 모든 카드를 찾을 수 있는 방식으로 카드에 부호를 남긴다. 에지 천공 카드(edge-punched cards)[8]는 바로 그것을 했다.

> 나의 박사학위 논문을 쓸 때를 회고하면, 큰 상자에 수많은 색인카드(index card)들이 가득 차 있었다. …각 색인카드에는 내가 읽었던 책이나 논문에 대한 노트들이 있었다. 그것은 평범한 색인카드들이 아니었다. 하이테크였다. 색인카드들의 상호 연관성이 갖는 미로를 항해하는 데 도움이 되도록, 그 카드들의 모서리에 작은 구멍을 곳곳에 만들었다. 나는 특별한 수동 천공을 사용하여 각 카드의 모서리부터 그 책이나 논문에서 다루고 있는 '핵심 단어'나 아이디어에 상응하는 구멍에 홈(notch)을 오려냈다. 상자에서 어떤 핵심 단어에 연관된 카드들을 '찾기(search)' 위해, 나는 바늘을 그 구멍에 미끄러뜨려 관련 카드들을 끄집어 올린다. 바늘이 책상(혹은 바닥)에 떨어뜨린 카드들 모두는 그 핵심 단어를 가진다. AND 찾기 혹은 OR 찾기를 하기 위해, 나는 떨어져 있는 카드들이나 바늘에 있는 카드들을 대상으로 하여 명령어가 말하는 행동을 단지 반복한다(Neuberg, 2006).

---

7) (역주) 베커는 수집한 재료들을 분석 연구함으로써 저자가 말하고자 하는 바를 찾는 귀납적 글쓰기를 선호한다. 한편 대부분의 글쓰기 교육에서는 일반적으로 저자가 말하는 바를 명확히 한 후 그것에 근거하여 자료들을 해석하는 연역적 글쓰기를 이야기한다.

8) (역주) 컴퓨터 시스템에서의 정보 입력용 매체의 하나로, 교대로 접어서 연결된 카드다. 이 카드 한쪽 끝에 종이테이프 천공기에 의해서 데이터의 천공이 이루어진다. 종이테이프 판독 장치로 판독할 수 있다(**전자용어사전**, 1995, 성안당).

오늘날에는 매우 다양한 컴퓨터 애플리케이션(특히 '콘텐츠 메니저'의 이름이 붙은)이 3×5 카드를 제한된 형태에서 벗어나 자유롭게 사용하게끔 해 준다. 당신은 아마 카드에 적었을 어떤 내용을 앱의 빈 공간에 입력한다. 당신이 입력해 모은 것은 옛날 방식-입력한 것(entries)을 대충 넘겨보는 것-으로 여기저기 검색할 수 있다. 그러나 만일 당신이 찾고자 하는 카드에 관한 어떤 것-단어, 이름 날짜 등-을 기억할 수 있다면, 컴퓨터가 당신 대신에 샅샅이 뒤지는 일을 할 것이다. 소프트웨어는 당신이 적었던 모든 단어를 보이지 않게 색인하고 당신이 이전에 기재하였던 카드 중 어느 것이 그 단어들을 포함하고 있는지를 인식하고 있으므로, 당신이 조사할 카드들을 발견하여 쌓아 놓으라는 단순 명령어에 따라 움직인다. 당신은 필요하지 않은 것을 아무런 걱정도 하지 않고 제거해 버릴 수 있다. 당신이 발견한 파일에 있는 것들을 다른 기준으로 분류할 수 있다. 그래프, 표, 사진, 영화필름, 소리 그리고 음악(냄새는 아니다) 등의 비언어적 소재들도 능수능란하게 포함시킬 수 있다. 찾기(search) 기능(아직은 비언어적 요소들을 인지하지 못한다)은 당신이 찾고자 하는 것을 발견하여 삽입할 수 있도록 잘 설명되어 있다. 또한 당신은 컴퓨터나 인터넷 어딘가에 있는 항목들에 대한 연계를 포함시킬 수 있다.

애호가들은 이러한 프로그램들이 소위 단순한 플랫 파일 데이터베이스[9]의

---

[9] (역주) 위키 백과는 플랫 파일 베이스에 대해 다음과 같이 설명한다. "일반적으로 플랫 파일은 내부 한 줄마다 레코드 하나씩을 기록한다. 각 필드(Field)에 대해 공간 채워넣기(padding)를 통해 고정 너비를 갖게 하는 경우도 있으며 공백, 탭, 쉼표 같은 공백 문자나 기타 지정한 문자로 각 필드를 구분하는 경우도 있다. 이 경우에는 추가로 형식을 지정(포맷팅)하여 구분자가 실제 데이터 안에 쓰이는 '구분자 충돌'을 방지할 수 있다. 플랫 파일 내에는 구조적 관계는 존재하지 않는다. 플랫 파일은 관계형 데이터베이스와 같이 복잡한 모델이 아니라 종이 한 장 같은 '정형화' 된 데이터를 가질 뿐이다. 이름, 주소, 전화번호 등 적은 수의 필드로 구성된 주소록 같은 것이 플랫 파일 데이터베이스의 대표적인 예다. 열과 행으로 이루어진 HTML 테이블도 플랫 파일 데이터베이스의 좋은 예다. 이처럼 명시적으로 '데이터베이스'로 분류되지는 않지만 플랫 파일 데이터베이스는 일상생활에서 자주 볼 수 있다. 사람이 손으로 작성할 수 있다. 종이 같은 데에 성명, 주소, 전화번호를 써 내려가면 된다. 이것도 플랫 파일 데이터베이스의 일종이다. 타자기나 워드 프로세서로도 만들 수 있다. 수많은 소프트웨어가 플랫 파일 데이터베이스를 구현하게 되어 있기도 하다." (https://ko.wikipedia.org. 인출).

모든 버전이고 실제로 이 데이터베이스 프로그램은 동일한 목적으로 사용되기 때문에 그다지 환영하지 않는다(Becker, Gordon, & LeBailly, 1984). 여기 타협안이 있다. 일부 프로그램들은 일련의 잘 정의된 구체적인 요구 사항들을 만족하게 하도록 설계되어 있다. 좀 더 개방적인 다른 프로그램들은 폭넓은 범위 내에서 다른 많은 것—어떤 사람들이 하고자 원할 수 있는 것—을 할 수 있다. 전통적인 만능(full-of-possibilities)의 프로그램은 숫자 혹은 공식들을 포함하고 있는 셀들의 행렬인 스프레드시트(spreadsheet)다. 스프레드시트는 공식을 통해 생각해 낼 수 있는 것은 무엇이든 할 수 있다. 초기 버전의 스프레드시트는 재정적 계산을 위해 주문 제작되었지만, 그것의 기본적인 논리는 많은 것, 그중 일부는 기대하지 않았던 것들의 사용을 위해 재단되고 있다.

만일 언어, 숫자, 그래픽, 오디오 등의 수집물을 당신이 원하는 방식으로 관리하는 프로그램을 발견할 수 있다면, 당신은 성공한 것이 틀림없다. 발견할 수 없을지라도, 당신은 여전히 당신이 원하는 것을 하기 위해 더욱 일반화된 프로그램 중 하나를 재단할 수 있다. 그러자면 당신은 되고자 하는 수준보다 높은 수준의 프로그래머가 되어야 한다.

• 그림 그리기

종이는 생각하는 것만큼 많이 우리를 제한하지 않는다. 대부분 사람은 정렬된 순서—페이지의 위에서 시작하여 아래로 내려오면서 작업하는—로 노트를 만들고 아이디어를 열거하는 것이 필요하다는 사실을 발견하지만, 다른 방식들도 가능하다. 한번은 내 곁에 앉았던 만화가 대학원생이 청강하고 있는 내용의 노트하는 방식을 보고 깜짝 놀랐던 적이 있다. 그는 제목을 커다란 스케치북 종이의 중심에 쓴 다음, 차후의 아이디어들을 그 종이의 다른 여러 부분에 위치시켰고, 연결을 지칭하는 선을 여기저기에 보냈으며, 그 연결은 선이 아닌 다른 것—그에게 의미가 있는—으로도 했다.

그것은 나에게 커다란 자유로움을 보였고, 지금도 그렇다. 컴퓨터 애플리케이션은 예술적 능력이나 디자인 역량이 없이도 그러한 것을 쉽게 할 수 있도록 만들어 준다. 당신은 화면에서 선호하는 어느 곳에도 다양한 형태(사각형, 원, 타원, 때로는 당신이 새로이 만든 형태)의 도형(graphics)과 색깔들을 집어넣고, 그것들이 나타나는 과정에서 사람이나 위치 혹은 단계들을 짧은 제목으로 명시하면 된다. 선들을 이용하여 도형들을 연결하는데, 이때 다양한 유형의 선들은 도형들이 연계되는 방식을 가리킨다. 실선은 일시적인 연결을 가리킬 수 있다—X는 Y 이전에 오고, Z를 인도한다. 파선은 인과성을 가리킬 것이다. X는 Y를 야기하고, Z에 의해 야기된다. 선들은 친족 연계들이나 조직의 기능들을 가리킬 수 있다—당신이 필요로 하거나 원하는 것은 무엇이든지. 이 모든 것은 시각적이면서 빨리 파악되는 언어로 전달함으로써, 복잡한 기술(description)들을 쉽게 만든다. (제3장의 [그림 3-1] 일탈 과정의 흐름은 좋은 예다.) 모양(shape)을 클릭할 때, 어떤 설명 텍스트가 나타날 것이다. 물질적 설계도(layout)는 당신이 그것을 이해할 수 있는 유일한 사람일지라도, 그것으로 할 수 있는 것이 무엇인지를 알려 준다. 그것은 당신의 작업도구이고, 많은 사람이 그것을 쾌적하게 생각하게끔 만드는 방식임을 발견한다. 또 그것을 사용하여 당신의 아이디어를 타인들에게 말할 수 있다. 이것은 바로 오래된 버전의 칠판 방식이다.

• **아우트라이어**

나는 글을 시작하기 전에 내가 말하려 했던 것에 대해 개요도를 그린 적이 결코 없다. 이는 글쓰기를 통해 생각하고 있는 것을 찾으라는 나의 주장에서 보면 이해할 수 있는 일이다. 글쓰기가 물리적으로 명료하게 설정되지 않은 시점에서, 글의 구조가 어떻게 될지에 대한 개요도를 만들 수 없다. 글의 구조는 글을 시작하기 전에 결코 알지 못한다. 자유로운 글쓰기가 내가 생각하고 있는 것을 말해 준다.

아우트라이어[10]는 당신이 글을 쓰고 있는 것을 일시적인 위계 형태에서 조직화하는 것을 돕는 일종의 컴퓨터 애플리케이션이다. 이것은 논점들의 생성, 본문 쓰기, 논점들의 배열과 재배열, 논점들의 중요성 및 연계를 변동하기 그리고 조각그림 맞추기의 조각그림들처럼 이 잡다한 것들을 다 짜 맞추는 방식을 찾을 때까지 여기저기로 끊임없이 움직이는 데 도움을 준다. 이러한 혜택을 통해 만들어진 개요도가 종이 위의 개요도보다 약간이라도 더 영구적인 것은 아니다. 단지 그렇게 보일 뿐이다.

　우리 세대에서, '오려 내기와 붙이기'는 은유가 아니라 실제의 일이었다. 단지 약간의 차이점은 내가 했던 것이 접착 테이프에 의해 생성되었다는 점이다. 나는 문법학교[11]에서 통달했던 유형의 붙이기를 사용하지 않고, 그 대신 타이프를 쳐 만든 이전 버전의 원고에서 본문 조각들을 오려 내고 테이프로 이어 붙여 거대한 종이 조각품을 생성했다. 이 조각품은 내가 다시 타이프를 쳐 만들어야만 했던 것 혹은 다시 타이프를 쳐 전체 원고를 만들고 또다시 그 과정을 새로이 시작해야만 했던 것이다. (내가 연구자가 되고 교수가 된 다음에는 사람들이 나를 위해 이것을 해 주었다.) 수많은 반복 후, 최종적으로 발견했던 내가 말하고자 했던 바를 위해 작업했던 구조를 찾았고, 나는 그 단계의 작업을 무사히 마쳤으며, 제4장에서 기술한 줄별(line-by-line) 교정의 준비가 되었다.

　컴퓨터 아우트라이어는 이렇게 지루하면서 시간 낭비적인 방법을 구식으로 만들었다. 내가 사용했던 첫 번째 아우트라이어는 직접적이면서 시각적으로 호소하는 은유의 구현이었다. 여러분은 '화제들(topic)', 그 화제들에 관해 생산하기를 희망하는 본문을 알리는 문장이나 어구를 생성했다. 방금 생성한 화제

---

10) (역주) 개요도를 만들어 서류 작성을 도와주는 프로그램을 말한다.
11) (역주) 문법학교는 영국과 영어 사용권 국가에서 대학입시 준비교육을 주로 행하는 7년제 인문계 중등학교를 말한다.

가 제안했던 것을 설명하고 또 살을 붙인 본문을 만들었다. 그리고 가장 중요하게는 마우스로 그 화제들을 여기저기로 옮겼다. 처음에 기초적인 텍스트를 쉽게 쓸 수 있고, 그러고 나면 그와 똑같이 쉽게 텍스트를 쓰면서 화제를 생성할 수 있다. 당신은 그 새로운 화제를 이전의 화제에 하위, 상위 혹은 같은 수준으로 만든다. 그 작업은 스크린에서 새로운 화제를 그에 합당한 장소로 이동시키는 것이다. 이런 작업을 끊임없이 행함으로써, 아우트라인이 함축하는 논리 구조를 조정하고 또 재조정한다. 그러면 첨부 텍스트와 일치하는 구조 혹은 그 논리에 일치하는 텍스트를 만들 수 있다. 어떤 것을 자르기와 붙여넣기를 할 필요도 없고, 심지어 구체제에서 컴퓨터화한 은유조차 할 필요가 없다.

 이렇게 기술했지만, 그다지 중요하게는 보이지 않는다. 나는 '큰 거래(big deal)!'를 의미한다. 그러나 이것은 제3장에서 추천했던 작업 방식과 관계되며, 추천을 계속한다. 오늘날 나는 일상적으로 아우트라이어 프로그램으로 글쓰기를 시작하는데, 그것은 나의 머릿속에서 갑자기 생각나는 것은 무엇이든 하나로 꿰어주기 위해서다. 나는 일부 재즈 연주자들이 '많은 곡을 아는 것'에 주목했다는 사실을 쓸 수 있다[이 예는 재즈 레퍼토리에 관한 베커와 포크너(Becker & Faulkner, 2006a, 2006b)의 논의에서 나온 것이다.]. '많은 곡을 아는 것'이 나의 첫 번째 화제다. 첫 번째 화제와 같은 차원에서 두 번째 화제로, 숙련된 재즈 피아니스트인 딕 헤이만(Dick Hyman)의 논문 제목 「모든 사람이 반드시 알아야 할 150곡(150 Standard Tunes Everyone Ought To Know)」을 집어넣었다. 상위 화제─많은 노래를 알아야 한다는 재즈 플레이어들의 도덕적 가치─로 만들 수 있는 아이디어로 수렴될 때까지, 나는 계속해서 화제를 첨가했다. 이 작업은 그 화제 모두를 포함할 수 있는 포괄적인 표제(heading)를 제시했는데, 그것을 우선은 '레퍼토리의 도덕성'이라고 칭했다. 나는 그 명칭을 가진 표제를 만들고, 개요도에서 두 개의 작은 논점들을 그 표제 아래로 이동시켰.

 유사하게 가수들이 장소에 따라 부를 노래를 달리 선정한다는 나의 관찰에 관한 수많은 구체적인 논점은, 어떻게 재즈 연주 현장에서의 요구 사항이 연주 곡목을 형성하는지에 관한 표제 아래의 하위 표제들이 되었다. 이 작업은 우리가 이야기하고자 하는 다른 예들도 열거할 수 있도록 인도한다. 화제들을 계속 생성하고 이리저리로 옮김으로써, 음악가들이 이전에 절대 연주하지 않았던 노래들을 연주하는 방식이 실제로는 우리가 연구하고 있는 부문에서 실력 있는 연주가로 인정을 받으려면 요구되는 기술들이란 큰 화제의 부분이라고 나는 판단했다. 그리고 그 큰 화제 아래에 그보다 작은 많은 화제를 이동시켰다.

  화제의 조작을 통해, 나는 의미하는 바를 설명하는 한두 단락을 나중에 다듬으면 되는 형태로 대략 작성함으로써 하나의 화제를 발전시키고 멈출 수 있었다. 그리고 이런 작업은 또 다른 아이디어를 번쩍이게 만들며, 더 많은 화제를 낳는다. 화제를 보태고 이동시키고 발전시키는 작업을 계속함으로써, 어떤 잠정적인 의미를 띠는 개요도를 생성한다(그렇지 않으면, 그렇게 될 때까지 화제와 텍스트들을 계속 이동해야 할 것이다.). 하나가 됨을 느끼는 논리적 연계들은 세상으로 나갈 최종 결과물을 궁극적으로 생성해야 할 분석 과정의 부분이 된다. 명심해야 할 것은 이러한 대략적인 결과물을 가지고 있을 때 나는 또한 그 개요도의 논점들 아래에 있어야 하는 수많은 텍스트를 가진다는 사실, 그리고 개요도가 불러낸 짧은 텍스트들에서 내가 말했던 것은 차후에 다시 그 개요도에 많은 논점을 불러낸다는 사실이다. 화제와 텍스트를 앞뒤로 이동하는 것은 개요도의 작성을 훨씬 유동적으로 만들고 개요도가 당신에게 말하는 바를 글쓰기 하는 데도 훨씬 유연성을 발휘하게 한다. 또한 당신이 생각하는 것보다 시간을 절약하게 하는데, 왜냐하면 화제를 거기가 아니라 여기로 보내야 하는지 아닌지에 대한 걱정에 시간을 소비하지 않아도 되기 때문이다. 그리고 가장 중요하게는 내 생각들이 부조리하게 담겨 있는 이전 버전을 가위로 오려서 테이프로 이어 붙이는 작업을 할 필요가 없다. 재타이핑을 하지 않아 어떤 신체적 피로도 느끼지 않기 때문에, 일을 다른 날로 연기할 필요가 없다.

구 작업은 쉽게, 신 작업은 가능하게 만들라

• **음악과 그림 쉽게 만들기**

컴퓨터는 특이한 모양의 글씨체나 그림 소재를 텍스트에 삽입시켜 무언가 색다른 형태의 글을 작성하고자 하는 사람들에게 편리한 삶을 제공해 주었다. 소프트웨어에는 사진, 그림, 표, 통계그래프 등 모든 작업을 할 수 있도록 만반의 준비가 되어 있어, 당신은 텍스트에서 원하는 곳을 찾아 그것을 끼워 넣기만 하면 된다. 저술가는 생각 없는 디자이너가 의도했던 의미를 혼란스럽게 만드는 방식으로 디자인했을지 모른다는 쓸데없는 두려움을 가질 수 있는데, 이런 두려움은 간혹 정당화될 수도 있지만 하지 않는 편이 좋다. 디자이너는 당연히 대개 저술가보다 의미를 시각적으로 표현하는 방식을 잘 알고 있겠지만, 저술가는 적어도 디자이너가 의도했던 바를 명료하게 만들 수 있다.

만일 음악에 관한 글을 쓴다면, 악보와 녹음의 형태로 된 음악적 예들은 당신이 말하고자 하는 바를 독자에게 이해시키는데 있어 언제나 도움이 될 것이다. 오늘날 당신은 악보의 형태를 준비할 수 있고, 심지어 그 악보의 녹음마저 비교적 쉽게 할 수 있다(그렇게 쉽지는 않지만, 악보의 형태가 준비되지 않았을 때보다는 훨씬 쉽다.).

불행하게도, 이렇게 소재들을 손쉽게 포함시키는 방법은 저술가에게 새로운 난제를 준다. 사진, 예술작품, 음악에 대한 저작권은 저작료를 지급해야 하는 것들의 수집을 어렵게 만들며, 만들고자 하는 작품에서 점점 작은 부분들에게까지 적용되어 그 수가 더욱 많아지고 있다. 법정 소송을 우려하는 출판사는 저술가가 사용하는 것은 무엇이든 제목을 명료하게 설정하라고 강요한다. 이런 사실은 저작권허가를 받은 일을 지옥처럼 인식시켜 많은 사람들이 그것을 회피하게 만들 것이다. [비엘스타인(Bielstein, 2006)은 저술가의 입장에서 이러한 혼란에 대한 포괄적인 지침을 제공하였다.] 만일 당신의 주장이 특정 작품의 재생산을 요구하는 것이 아니라면, 당신의 논점을 도해하는 사진이나 음악을 스스로 생성하는 편이 나을 것이다. 그러나 예술에 관해 이야기하고자 하는 모든 사람이 그러한 것을 생성할 수 있는 것은 아니다. 그리고 작품의 진정한 가치가 역사적·심미적 이해에 놓여 있는 작품들은 생성할 수 없는데, 왜냐하면 그 작품들은 당신이 아니라 당신이 그것을 실제로 만들었다고 말하는 사람이 만들었기 때문이다.

• 참고문헌

오늘날에는 당신이 쓰고자 하는 화제가 무엇이든—작은 구글(Google), 소도서관의 협력, 이러한 자료들을 영구적인 데이터베이스 기록으로 수집하고 난 뒤 그것을 학술지나 편집인이 요구하는 형태로 결과물을 만들어 내는 프로그램—수많은 참고문헌을 믿을 수 없을 정도로 쉽게 한꺼번에 수집할 수 있게 되었다. 이 작업은 점점 더 요구되는 문헌 리뷰를 생산하는 데 필요한 전부가 되며, 모든 사람 특히 대학 도서관에 컴퓨터로 접속할 수 있는 사람들이 쉽게 이용할 수 있다.

당신은 핵심 단어들을 사용하여 책이나 논문을 기술하고 있는 기록들의 커다란 수집물—도서관 장서목록과 같은—을 검색한다. 당신은 책 제목, 전형적으로 인쇄된 논문의 맨 앞에 있는 논문초록 혹은 학술지가 저술가에게 제공할 것을 요구하는 핵심 단어들의 목록에 포함된 단어들을 검색할 것이다. 당신은 검색하여 나온 것들을 한꺼번에 모아 커다란 하나의 목록으로 만들고—아마 실제로는 이것들 모두를 읽지 않고도—당신의 문헌 검토를 뒷받침하기 위해 그것을 당신의 원고에 덧붙인다. 이는 '당신이 반드시 포함되어야만 한다고 생각하는 것을 빠뜨리지 않았음을 확신하는' 의례적인 행사로 점점 되어 가고 있다.

컴퓨터의 참고문헌 축복에는 불순물이 끼어든다. 컴퓨터는 초조한 저술가들에게는 일을 쉽게 만들어 주지만, 초조한 독자에게는 일을 어렵게 만든다. 컴퓨터 검색은 긴 목록의 참고문헌들을 쉽게 수집해 주기 때문에, 저술가는 자기가 말하려는 것에 실제로 관련된 것보다 훨씬 더 많은 문헌을 인용한다. 나는 간단한 점검을 통해 텍스트에서 관련이 없는 참고문헌들을 파악하고 그것을 안전하게 내버릴 수 있다. 만일 텍스트에서 특정 쪽들—예를 들어, Becker 1986, pp. 136-139—을 인용하고 있다면, 언급된 텍스트는 진정으로 저술가의 논점에 관련된 어떤 것을 말한다고 판단한다. 그러나 만일 'Becker, 1986'과 같이 책 한 권을 말한다면, 나는 꽤 자신 있게 그것은 관련이 없음을 확신할 수 있고 심지어 저술가가 'Becker, 1986'을 결코 읽은 바가 없다고 생각하게 된다. 단지 문헌 검색에서 그것을 발견했고 참고문헌에 포함하는 것이 현명할 것으로 생각했을 것이다. 결국 아무런 비용도 지급하지 않았다.

한때 관심이 있는 아이디어들이 어디에 있는지를 그리고 인용과 다른 인용 자료들의 정확성을 점검하는 방식을 제공하는 곳이 어딘지를 알고자 했던 학문적인 독자에게 보조물로 의도되었던 것이, 저술가가 컴퓨터 작업을 통해 어떤 혜택을 얻어 내는 의례적인 행사로 변질하였다. 독자는 사용하지 않는 인용들로 넘쳐 흐르는 텍스트에서 고통받고, 그것은 텍스트에 있는 아이디어들의 흐름을 방해한다.

이처럼 컴퓨터는 큰 도움이 되지만 함정도 있다. 말려들지 않도록 신중히 행동해야 한다.

제 10 장
마치는 글

1986년 판에서

이 책을 읽었다고 해서 글을 쓰면서 부딪치는 모든 문제가 저절로 해결되는 것은 아니다. 이 책은 그 어떤 문제도 거의 해결해 주지 못한다. 그 어떤 책이나 저술가, 전문가, 그리고 그 밖의 누구도 당신의 문제를 해결해 줄 수 없다. 그 문제는 당신 자신의 것이다. 당신 스스로 그 문제를 해결해야만 한다.

그러나 당신은 내가 말한 것으로부터 그 문제의 해결 방식에 대한 아이디어를 얻거나, 적어도 그 문제에 대한 작업을 시작할 수는 있을 것이다. 예를 들어, 일단은 최초의 초고에 머릿속에 떠오르는 것은 무엇이든 적어 봄으로써, 단 한 번에 올바른 글을 써야 한다는 악몽에서 깨어나고 다시는 그런 짓을 하지 않게 될 것이다. 나의 논의를 이해했다면 당신은 최초의 초고를 나중에 깨끗이 정리할 수 있으므로, 그것의 결함에는 걱정할 필요가 없다는 사실을 깨닫는다.

반복하여 자신의 글을 면밀히 검토하고 필요 없는 단어들을 골라냄으로써, '고상한' 글쓰기의 모호함과 허세를 피해갈 수 있다. 당신은 글쓰기에서 어떤 유형의 인물이 되고 싶은지 그리고 채택한 페르소나가 당신의 논의에 얼마만큼 신뢰성을 줄 수 있을지 생각해 볼 수 있다. 당신은 은유를 진지하게 택하고, 그 은유가 의미가 있는지를 볼 것이다. 단지 주의를 기울임으로써, 당신은 자신이 행한 많은 것을 통제할 수 있다.

나는 이런 식으로 앞에서 이미 말한 것을 계속 요약할 수 있다. 그러나 당신은 나만큼이나 쉽게 그런 비밀 정보들을 골라낼 수 있다. 이미 말했듯이, 그런 비밀 정보들을 안다고 해서 문제가 해결되는 것은 아니다. 일상적인 관행이 되지 않으면, 이 책의 조언들은 그 어느 것도 효과를 발휘하지 못한다. 어떤 비밀 정보든 간에 그 정보를 통해 이득을 얻으려면 그것을 사용하고, 다양한 잡스러운 글쓰기 상황에서 그것을 시험해 보아야 한다. 그리고 그 정보들을 자신의 선호, 스타일, 주제, 독자층에 맞게끔 각색해야 한다. 당신은 그 비밀 정보를 읽었지만, 그것은 아직도 나의 것이다. 그 정보를 사용하여 당신의 것으로 만들 때까지는, 그것은 단지 당신의 방식을 변화시켜 힘든 일을 피하게끔 하는 방식에 불과하다.

앞에서 말한 것은 의지력과 열심히 일하는 것만이 문제를 해결할 수 있음을 알려 준다. 나의 논의 구석구석에는 벤저민 프랭클린의 교훈이 숨어 있다. 벤저민 프랭클린의 교훈—일하지 않고는 아무것도 얻을 수 없다—은 부분적으로 옳다. 그 교훈이 당신에게 열심히 일하기만 하면 된다는 생각을 주었다면, 그것은 잘못 이해한 것이다. 많은 사회학자는 아주 열심히 일하지만, 성과물은 형편없다. 열심히 일하는 것 이외에도 당신은 또한 다른 사람들에게 자신의 글을 보여 주고, 비판을 당당히 받아들일 기회를 가져야 한다. 잠깐이지만 그것은 두렵고 고통스럽기까지 한 일이다. 그러나 오랫동안 자신의 작품을 써 내지 못하는 것이 훨씬 더 고통스러운 일이다.

처음부터 책을 쓸 필요는 없다. 편지, 독자 투고문, 비망록 등 어떤 것이든 글을 쓰다 보면 글쓰기의 신비와 위험이 어느 정도 제거될 것이다. 나는 편지를 많이 쓴다. 또한 나는 나 자신에게는 물론이거니와 함께 일하거나 관심사를 공유하고 있는 사람들에게 쪽지를 쓴다. 이렇게 마구잡이로 써서 거의 정리되지 않은 기록들을 검토하면서, 완벽하지는 않지만 흥미로운 아이디어와 아직 시작에 불과하지만 좀 더 진지한 논의로 발전시킬 수 있을 만한 것들을 찾아 나간다.

이 책의 전반에 걸쳐 은연중에 그리고 대부분의 장에서 명시한 두 번째의 가르침은, 글쓰기가 조직의 행위라는 점이다. 즉, 글쓰기는 우리가 속한 조직이 우리에게 제공하는 모든 제한, 기회, 동기에 상응하여 이루어진다는 것이다. 그래서 내가 제공한 비밀 정보가 당신의 글쓰기에 도움이 되지 않을 수 있는 또 다른 이유는, 당신이 몸담은 사회조직이 나쁜 글을 강요한다는 사실이다. 사회학자 및 그 밖의 학자들은 나에게, 내가 주장하는 방식의 쉬운 스타일로 작성된 글은 교수나 편집자, 출판인에게 좀처럼 받아들여지지 않는다고 역설한다. [이 책의 제1장에 관해 편집자에게 보낸 홈멜과 포스터(Hummel & Foster)의 편지를 보라.] 이러한 현상이 일반적으로 벌어지고 있다고는 믿지 않지만, 어떤 조직에서는 분명 그런 일이 일어날 것이다. 오웰(Orwell)은 정치적 현실을 은폐하고자 하는 압력은 관료 및 그 추종자들에게 의사소통이 아니라 위장하는 방식으로 글을 쓰게 한다고 했다. 어떤 사람은 학자가 정치적인 압력은 아닐지라도 그와 유사한 압박—즉, 학문 분야에서 인정받는 가정들에 끼워 맞춰 일하라는 압박—을 받으며 일한다고 생각한다. 언젠가 심리학자인 내 친구가 해 준 이야기다. 어느 유명한 학술지의 편집자가 그 친구의 다소 관례에서 벗어난 논문을 칭찬하더니 곧이어 다음과 같은 말을 덧붙였다고 한다. "제발, 나에게는 보내지 마십시오. 그 논문은 우리 학술지가 원하는 형태의 것이 아니므로, 그것을 출판할 배짱이 없습니다."

사회조직이 문제를 일으킨다면, 그 해결책은 사회조직에 있다. 예를 들면, 학자들은 어떤 검증도 하지 않은 상태에서 질 떨어지는 방식으로 작업을 수행해야만 한다고 가정하지 않는다. 학문 분야는 우리가 다른 방식으로 일하게끔 하는 데 필요한 조직의 자원이 들어 있다. 우리는 학문 분야에서 시도되지 않는 새로운 방식을 행하고 그 결과를 지켜봄으로써, 우리가 정말로 나쁜 글을 써야만 하는가를 판단할 수 있다.[1]

여전히 사회조직은 또 다른 방식으로 우리에게 이런 (전형적으로) 간단하고 안전한 실험을 하지 못하도록 방해한다. 정형화된 형태의 학문적 삶은 종종 우리에게 새로운 방식을 시험해 볼 기회를 허용하는 사회적 지지자들을 은폐시킨다. 실제로 파멜라 리차즈가 글쓰기의 위험을 기술하면서 밝혔던 것처럼, 학자들은 흔히 적극적으로 서로를 음해한다. 만약 당신에게 동료, 후배, 선배들이 두려워할 합당한 이유가 있다면, 나의 제안을 취할 가능성은 거의 없다. 상호 공조의 연결망을 적극적으로 형성함으로써 그러한 두려움을 벗어날 수 있다. 리차즈도 말했듯이, 시도해 보면 당신을 도와줄 사람을 얼마든지 찾을 수 있고, 위험을 감수하고 두려움을 점검할 수 있으며, 극복할 수 있는 위험과 두려움은 퇴치할 수 있다.

어떤 사람들은 나의 끝이 없어 보이는 퇴고에 대한 제안을 비현실적이거나

---

[1] (역주) 학계의 글쓰기 자정운동은 학자들이 먼저 자율적으로 행동에 옮겨야 한다는 사실을 베커는 강조하고 있다. 그것은 학계의 글이 나쁜 글인지 아닌지는 학자들이 가장 확실하게 알기 때문이다. 학계의 나쁜 글을 실용지식의 글로 전환하기 위해, 학자들은 독자와의 의사소통이 가능한 평이한 글쓰기를 추구해야만 한다.

쓸데없는 모험이라고 생각한다. 그렇게 많은 시간이 남아도는 사람은 없다는 것이다. 어떻게 그렇게 힘든 일을 견디어 낼 수 있는가? 이것은 엄청난 오해다. 아직은 내 생각을 증명할 수 있는 명백한 연구는 없지만, 내가 제안한 방식으로 글을 쓰는 학자는 다른 학자가 한 개의 초안을 쓸 시간에 7~8개의 초안을 쓸 수 있다고 확신한다.[2] 그들은 어떤 특별한 재능을 갖고 있지는 않다. 그것은 단 한 번에 머릿속에서 올바른 글을 얻으려고 하는 시도와 종이나 컴퓨터 화면에 글을 쓰면서 조금씩 고쳐서 마무리 짓는 것 사이의 단순한 차이에 불과한 것이다. 또한 그런 저술가들이 불안감을 잘 견디어 내는 유별난 능력을 가진 것도 아니다. 그들은 불안감을 견디는 대신, 행하기 쉬운 작업들을 맨 처음 한 다음에 조금씩 어려운 단계로 이동해 나감으로써 불안감을 퇴치한다. 쉬운 일부터 처리해 나가는 단계적인 과정은 결정적인 불안감이 주는 충격을 완화해 준다.

마지막으로, 사회학의 위대한 자유의 메시지를 우리 자신의 학문적 상황에 적용하라. 당신에게 있는 문제는 전적으로 혼자서 초래한 것이거나 한심한 개인적 결함의 결과가 아니라, 학문적 삶의 조직체에서 형성된 것이라는 사실을 주지하라. 그리고 나면 당신은 자신이 하지 않은 일로 자신을 비난하면서 고통을 증가시키지 않아도 될 것이다.

그러므로 우리가 지켜야 할 도덕은 낙천주의자들의 말 그대로, '시도해 보라!'다. 친구 하나가 언젠가 내게 말했던 것처럼, 발생 가능한 최악의 사태는 사람들이 당신을 얼간이로 생각하는 것이다. 이는 최악의 사태가 아니다.

---

2) (역주) 역자의 경험에 따르면, 장기간의 퇴고는 베커가 언급한 작업의 효율성보다 오히려 시간적 여유를 가짐으로써 글이 막혔을 때 사고의 돌파구를 제공하는 데 장점이 있다. 대부분의 저술가는 거의 유사한 화제들을 가지고 여러 편의 글을 작성한다. 하나의 글을 쓰다 보면, 중간에 글이 막히는 경우가 종종 발생한다. 그때 그 글을 잠시 접어두고 다른 글을 작성하다 보면 이전의 막힌 글에서 발생했던 문제점에 대한 해결책이 종종 떠오르는 경우가 많다. 그러므로 시간적 여유를 가지고 여러 편의 글을 동시에 작업하는 퇴고 방식이, 주어진 시간에 하나의 글을 집중하여 작업하는 글쓰기 방식에 비해, 사고의 논리적 전개가 매끄러운 글을 배출할 가능성이 있다. 게다가 하나의 글이 끝날 때마다 새로운 글에 대한 아이디어를 끄집어내야 하는 고통과 압박에서 해방될 수 있다.

마치는 글에 몇 자 더하면 (2007)

사람들이 말한 것처럼, 그것은 그때이고 이것은 지금이다(이것도 오래가지는 않겠지만). 나는 우리의 글쓰기 문제는 우리가 일하고 있는 조직 환경에서 생겨나는 문제이고, 사회조직은 정지 상태로 머물지 않는다는 사실을 반복적으로 말해 왔다. 당신이 방금 읽은 짧은 결론을 썼을 당시에도 사회조직은 변하고 있었고, 지금도 여전히 변하고 있다. 나의 견해 그리고 더 낙관적인 사람의 견해에서도 의심의 여지없이, 그 변화들은 우리 학자들에게 좋은 것만은 아니었다. 나는 내 생각에 무엇이 변하여 왔는지 그리고 왜 우리가 최근 궁지에 빠진 것에 허를 찌르는 작업을 열심히 해야 할 필요가 있는지에 대해 몇 마디 할 것이다.

이는 약간 무거운 소리다. 그래서 나는 대부분의 시간을 여전히 웃으면서 일하고 있다는 사실을 재빨리 인정할 것이다. 그러나 나는 과거의 방식을 좋아하지 않는다. 나는 처음 사회학자가 되었을 때의 나에 대해 말하곤 했다. 만일 강의와 연구에 너무 많은 문제가 생긴다면, 나는 언제든지 바로 되돌아가 생계를 위해 피아노를 연주할 수 있었다. 하지만 얼마 후 그것은 자만에 불과하게 되었다. 그 생활로 되돌아갈 수 없게 되었는데, 일할 곳이 사라졌기 때문이다. 내가 연주할 수 있을 것이라 상상했던 장소들에서 작은 밴드를 대형 TV로 대치하면서, 내가 믿었던 일자리는 사라져 버렸다. 그에 따라 사회학이 훨씬 나은 일자리로 판명되었고, 나는 직업을 바꾼 것에 절대 후회하지 않았다.

오히려 나는 나의 전문직 경력을 즐겁게 받아들인다. 나의 경력은 첫 강의를 맡았던 1965년에 조심스럽게 출발하였다. 그 당시 입학하는 대학생들의 수는 행정가의 예측을 초월하는 수준으로 증가했다. (왜 이런 일이 일어날지를 알지 못했을까? 인구학자들은 그 세대[3]는 진행 중이라고 말했다.) 종합대학과 대학들은 갑

---

[3] (역주) 제2차 세계대전 이후에 태어난 베이비붐 세대다. 빌 클린턴, 조지 부시 대통령이 이 세대에 속한다.

자기 선생들이 필요했고 급하게 그들을 충원해야 했다. 나는 강의보다 연구를 하고 그것을 출판하는 대가로 돈을 받는 '연구 마니아(research bum)'의 삶에 만족하면서 살고 있었다. 나의 모든 친구는 나를 측은해했는데, 왜냐하면 내가 학계에서 직업을 갖지 못했기 때문이다. 그러나 그 벼락경기가 닥쳤을 때, 나는 이미 두 권의 책과 몇 개의 논문들을 출판했고, 그래서 교수로 급작스럽게 충원되었다.

대학 등록자들의 수는 급격히 치솟았다. 그래서 사회학 수업을 수강하는 학생들의 수 그리고 학생들에게 구매하도록 했던 책들의 수도 더불어 급증했다. 이들 학생을 가르치기 위해 준비하는 대학원생들의 수도 증가했고, 그리하여 그들이 대학원 훈련 과정에서 읽고 나중에 자신의 학생들 강의에서 사용해야 할 연구 단행본들의 시장도 커졌다. 이러한 벼락경기의 학계에는 항상 수많은 일자리들이 있기 마련이다.

사회학자들의 수가 증가함에 따라, 사회학 조직의 수 그리고 각기 다른 특수성과 이론적 입장들을 나타내는 학술지의 수도 증가했다[베커와 라우(Becker & Rau, 1992)의 논문을 보라.]. 출판은 결코 문제가 되지 않았다. 새로운 학술지들이 논문들을 찾았지만 각 성향의 사회학자들─저명하건 저명하지 않건 간에─은 각자의 작품을 위한 판로를 찾았다. 새로운 출판사들이 사회학뿐만 아니라 모든 사회과학 분야에서 원고를 놓고 경쟁했기 때문에, 저서 출판은 걱정하지 않아도 되었다.

21세기 들어 젊은 대학원생은 더는 그와 같지 않다고 결론을 내린다. 일자리 구하기가 어렵다. 출판은 그 주된 기능이 특정 분야에서 가장 최신의 연구와 사고를 알리는 것으로 되었고, 대학에서 교수의 채용과 종신직 제공을 결정하게 하는 혐오스러운 역할을 새로이 떠맡게 되었다. 당신은 특히 '최고의' 학술지로 간주하는 것에 출판함으로써 일자리─특히 '좋은' 일자리─를 얻었고 승진도 했다.

도날드 캠벨(Donald Campbell, 1976: 3)은 소위 '지표들의 부패'라 칭했던 현상이 일어나는 것을 정확하게 기술하고 있다. "양적 사회지표가 사회의 의사결정에서 더 많이 사용될수록 그 지표는 부패 압력에 종속될 가능성이 더 높아지고, 또한 그것이 조정하고자 의도했던 사회적 과정들은 왜곡되고 부패할 경향이 더 커진다." 출판물의 수가 점점 더 중요한 경력으로 가정됨에 따라, 젊은 학자들은 많은 논문의 출판에 더욱 돌진했다. 게다가 '인용지수'(당신의 논문이 다른 논문들에서 얼마나 많이 인용되었는지를 나타내는 숫자)가 교수의 인사고과 결정에서 점점 더 중요한 역할을 함에 따라 그들은 그 지표에 나쁜 영향을 미치고 그 지표를 부패시키는 전략들을 유발한다. 이런 현상이 일어나고 있다는 사실을 증명할 자료는 없지만, (비록 사소할지라도) 공모 하나는 발견했다. 2002년 『미국사회학평론(American Sociological Review)』에 투고하는 논문 제목의 길이는 평균 12개의 단어들로 구성되어 있고, 그리고 그 제목들은 변수들의 목록, 연구 장소의 구체화 및 이전에는 저자들이 고민하지 않았던 세목들을 포함하고 있다(Becker, 2003b). 제임스 무디(Moody, 2006)의 연구는 내가 제시한 공모의 사실이 과거에는 그렇지는 않았다는 것을 보여 주었다. 주요 사회학 학술지들에 출판되었던 논문들의 평균 제목 길이는 1963년에서 1999년 사이 8단어에서 12단어로 증가했다. 확증은 없지만 내가 가정하기에, 이러한 증가는 논문의 변화된 기능에 기인한다. 변화된 기능이란 오늘날 논문이 인용된 것보다는 덜 읽히지만, 일자리의 신청이나 승진에 도움이 되는 인용지수에는 그것이 집계되도록 만드는 일이다. 추측하건대, 증가한 길이는 저자의 연구에 관한 세목들─자료 출처, 연구 장소, 사용된 방법론을 구체화한 것─을 더 많이 포함함으로써 그 논문이 자동 문헌 탐색기에 더 많이 추출되게끔 만드는 걸작품이다.

특히 승진과 종신직 위원회의 위원과 위원장들이 더 높은 점수를 부여하는 '주요(major)' 학술지에서는 부족한 공간을 놓고 꼴사나운 경쟁을 벌이고 있다. 학술지들은 기여도를 기계적으로 판단하는 관료적 절차들로 내몰리면서[애봇(Abbott, 1999: 138-192)이 말하는 슬픈 이야기], 엄격하게 공식화된 프레젠테이션—내가 앞(특히, 제9장)에서 불평을 토로한 장황한 참고문헌들과 압도적인 문헌 검토들로 완벽하게 무장한—을 점점 더 강요하고 있다. 경력이 미약한 신진 학자들 대부분은 안전 방식을 택하고, 그들 주위에서 보이는 주된 특징들(내가 앞에서 불만을 토로했고 피하는 방식을 제공했던)로 무장한 방식의 논문들을 쓴다. 그들에게 그런 방식은 극히 합리적인 것이다.

이러한 특징들이 법령으로 공식화된 곳은 그 어디에도 없다. 그 특징들은 다수의 논문 심사자가 추천한 것과 저자들이 학술지들을 조사하여 적절한 논문처럼 보이는 것에서 배우고 그것을 모방하는 순환 과정을 통해, '모든 사람이 하는 것'으로 자연스럽게 자리를 잡았다. 그래서 편집장의 책상에 도착한 논문들에는 이미 적소에 이러한 특성들로 차 있다. (이런 일의 슬픈 곡해는, 논문 심사자들이 때로는 자신을 최근까지 신뢰받는 학자로 인식하게끔 자신의 명성을 드높이고자 하는 노력으로 복잡한 비평을 한다는 것이다.)[4]

나는 작은 실험 하나를 하기로 했다. 오늘날 우리가 일하는 사회조직들이 데이터 제시와 글쓰기 방식을 그것의 다양성에 비해 훨씬 적게 개방할 뿐 아니라

---

[4] (역주) 우리나라에서 학계의 잘못된 관행에 의해 생기는 슬픈 곡해의 글쓰기 작업은 이와는 상이한 이야기를 산출한다. 박사학위 논문 심사에서 논문의 내용보다는 자신의 글이 어떤 순위로(지도교수의 글은 가장 먼저 인용되어야 한다) 그리고 얼마나 많이 인용했는지를 심사 기준으로 삼는 교수를 종종 볼 수 있고, 또 그런 교수의 이야기는 학생들 사이에서 회자도 된다. 나의 경험에 따르면, 심사를 했던 박사학위 논문이나 학점을 부여하는 대학원생의 보고서에서 글의 내용과 거의 관계가 없는 나의 글들이 인용되는 것을 종종 볼 수 있었다. 한 학술지의 편집위원장으로 일했을 때, 투고된 논문들의 상당수가 나의 글을 인용하였다. 하지만 편집위원장을 그만두자, 나의 글 인용지수는 급격히 감소했다. 논문 투고 후, 특정 논문을 읽지 않았다거나 인용하지 않은 관계로 논문 심사에서 나쁜 평가를 받는 경험들도 종종 있다. 책의 편집에서는 편집인들이 색인에 인용된 자신의 이름 혹은 글들의 수를 놓고 서로 신경전을 벌이기도 한다(이때 일부 편집인은 그 책에 수록된 글들에 자신의 논문이 마치 인용되었던 것처럼 고침으로써 인용된 자신의 이름과 글의 수를 늘리는 전략을 취하곤 한다.). 정답형 암기식 교육으로 이루어지는 우리나라의 대학교에서 박사학위 논문 심사자는 과연 자신의 지도교수와 다른 의견을 제시한 학자의 글을 인용할까? 그리고 논문 투고자는 과연 자신과 일치하는 사고를 가졌지만 별 볼 일 없는 학계의 위치에 있는 저자의 글과 자신과 상이한 사고를 가졌지만 학계에서 힘 있는 교수의 글 중 어느 것을 인용할까? 어느 것이 합리적 선택일까? 이러한 점에서 볼 때, 인용지수는 글의 질을 평가하고자 도입했던 의도 대신, 저자의 사회적 위치를 통해 자신의 힘을 보여 주는 과시용으로 변질될 위험성도 있다. 이는 표준화된 숫자의 함정이기도 하다[베커의 **사회에 대해 말하기**(Telling about society) 참조].

표준 형식과 공식을 고집한다는 생각을 검증하고자 했다. 나는 앤서니 트롤로프(Anthony Trollope)가 했던 탐구를 변형한 작은 연구를 행했다. 트롤로프는 19세기 영국 소설가인데, 명성이 편집인 판단에 미치는 영향에 관한 실험을 하기 위해, 한 소설(가명을 사용한)을 이전에 자신의 글을 기꺼이 출판해 주었던 영국 리뷰(British Review)에 제출했었다. 그 가명은 자신의 명성만큼 작동하지 않았다. 편집인은 그에게 열심히 노력하라는 격려가 담긴 쪽지와 함께 그의 소설을 반송했다(Trollope, 1947: 169-172). 그는 명성이 편집인 심사에 영향을 미친다고 결론을 내렸다.

내가 변형된 트롤로프 실험에서 의도했던 바는, 심사 편집인들이 내가 두려워할 만큼 경직되어 있는지, 데이터와 아이디어를 제시하는 문제들—많은 사람이 점점 더 불평하는 읽기 어려운 콘텐츠에서 기인하는—에 대해 표준화된 공식적인 해결책들을 실제로 강요하고 있는지를 보고자 하는 것이다. 주요 학술지의 편집위원장이었던 한 친구는 내가 주장하는 것처럼 그렇게 나쁘지 않다고 말했다. (그리고 이 책의 제1장에서 주장했던 비평처럼, 내가 말을 믿지 못할 때를 주지하라.) 그의 제안에 따라 나는 그의 학술지에 논문을 투고했다.

나는 프랑스에서 프랑스어로 그 논문을 출판했었다(Becker, 2001). 고프먼의 1961년 작품 『정신병원(Asylums)』에서 구체화되었던 것처럼, 그 논문은 평범한 일상생활 언어의 사용이 우리의 작품에 영향을 미치는 편견들에 대한 어빙 고프먼의 문체 해결책에 관한 글이었다.[5] 그 글을 출판했던 책의 편집자의 말처럼 나는 그 글이 세상을 흔드는 대작은 아닐지라도 유용한 멋진 논문이라 생각

---

5) (역주) 이와 관련된 상세한 논의는 역자가 공역한 베커의 또 다른 책 **사회에 대해 말하기**(Telling about Society)의 제13장 '고프먼, 언어, 비교전략'에서 볼 수 있다. 이 장에서 베커는 고프먼이 정신병원 같은 '전방위 압박기관(total institution)'의 특징에 관해 기술하면서 철저하게 중립적 단어를 사용함으로써 과학적 연구가 가능하게 만듦과 동시에 이를 바탕으로 독자가 기술된 내용에 대해 자기 스스로 도덕적 평가를 하는 것 또한 가능하게 만든다고 논의한다.

했다. 편집위원장인 나의 친구도 그럴 것이라 생각했고, 그 글을 세 명의 논문 심사자에게 보냈다. 트롤로프 실험이 반복되지는 않았다. 심사자들은 저자가 누구인지를 금방 알아차렸다. 참고문헌에 실린 나의 많은 문헌이 그것을 분명하게 했다. 그래서 나는 다른 아이디어를 실험했다. 그 아이디어는 저자의 이름과 명성이 차별성을 만들지 않는다는 것이 아니라, 오히려 그 차별성과 내가 약간 조심성 없게 기대했던 전반적인 우호적 판단에도 불구하고 오늘날 지배적인 관행이 약간 인습적이지 않은 형태—그 당시 존재하고 있었던—를 띤 논문의 출판을 허용하지 않는다는 것이다.

  논문 심사자는 나를 놀라게 하지 않았다. 나는 논문 심사자들이 글에 대한 아이디어와 신뢰성에 근거하여 글을 승인 혹은 거부하기를 희망했다.[6] 그들은 나의 글이 읽을 가치 있는 아이디어들을 포함하고 있는 저명한 저자의 흥미로운 논문이라고 생각했다. 그러나 그 작품은 학술지의 포맷, 스타일, 사명에 '적합하지(fit)' 않았다. 하나는 그 글이 '고프먼 문헌(Goffman literature)'을 언급하지 않았다는 것이다. 다른 하나는, 문체가 너무 비형식적이라 학자와 학문의 글로는 불충

---

6) (역주) 논문심사에서 '글에 대한 아이디어와 신뢰성'은 누구나 인정하는 논문심사의 핵심사항, 보편적 기준이다. 217쪽, 8장 주 2에서 밝혔듯이, 글의 독창적 아이디어는 저자의 견해와 상반된 주장을 펼치는 연구들이 지니는 이론적·방법론적 한계들을 논박하는 과정에서 나온다. 따라서 저자의 견해와 상이한 연구들이 내포하는 이론적·방법론적 문제점을 논박하는 논문 내용은 글의 독창적 아이디어 관점에서 논문의 개재 혹은 불가를 결정하는 일차적 요인이 된다. 그런데 놀랍게도, 우리 학술지의 상당수 논문들은 자신의 견해와 일치하는 연구들만 인용하는 경향이 있다. 만일 우리의 학술지가 글의 독창적인 아이디어를 논문심사에서 (겉치레 기준이 아닌) 핵심기준으로 삼았더라면, 그러한 논문들은 게재가 불가했을 것이다. 두 번째 기준인 글의 신뢰성은 135쪽, 주 4와 213쪽, 주 9에서 언급한 이론과 방법론 간의 연계, 얼마나 저자가 제시한 '경험적 증거'가 자신의 주장과 논리적으로 일치하는가에 의해 판단된다. 이는 나의 박사학위 지도교수 중 한 분이었던 고(故) 마우엘(Marwell) 교수가 '미국사회학평론(American Sociological Review, ASR)'의 편집위원장으로 일했을 때 가장 중시했던 논문심사 원칙이기도 하다. 과학적 진술은 그것의 경험적 증거에 의해 타당성이 입증된다. 제시된 경험적 증거에 논리적 모순이 존재한다면, 그 진술의 객관성과 과학성은 자연히 소멸된다. 우리 학술지의 논문들이 독창적인 아이디어와 과학성으로 무장하려면, 학자들은 이 두 가지 기본 원칙을 준수하여 글을 작성해야 하고 또 논문심사도 그렇게 해야 할 것이다.

분하다는 것이다. 이러한 대응 방식은 감독위원회에서 그리고 편집위원장과 편집위원회의 일에 판단을 내리는 후원 조직들의 대표부에서 잘 알려진 경향들이다. 이들 감독관은 편집위원회의 모든 결정을 비판하지는 않지만, 그들 지지층의 불평들을 (예상하고) 대응한다.[7] 논문이 일상적으로 하는 것―논문의 주제에 관련된다고 인습적으로 생각해 왔던 문헌에서 많은 논문을 인용하는 것과 같은―을 하지 않을 때, 어떤 이는 불평을 할 것이고, 그리고 편집자는 그런 불평들을 피하는 방식을 배운다. 이러한 자기-강화 경향은 많은 나쁜 편집 관행을 영속시키는 막대한 보수적인 힘이 된다.

나의 작은 실험이 나에게 해명해 준 바는, 저명한 학자일지라도 참고문헌과 문체 문제에 대한 규칙을 따르지 않는다면 최고의 학술지에 출판하기가 어렵다는 사실이다.[8] 출판 기회가 조직되는 방식은 변하였다. 과거 승인을 받도록 사용되었던 방식은 더는 효력을 가지지 않는다.

이는 비관적인 결론이고 나는 그것을 실질적으로 수정해야만 했다. 나는 같은 논문을 다른 학술지―그것을 승인하고 출판했던 상징적 상호작용(Symbolic

---

7) (역주) 지지층의 불평에 대해서는 제 5장, 166쪽 주 5와 167쪽 주 6을 참조.

8) (역주) 역자의 경험에 의하면, 한국에서도 만일 글이 학술지가 암암리 요구하는 표준화된 방식으로 작성되지 않는다면, 그 글이 학술지에 실릴 가능성은 매우 낮다. 하지만 우리나라에서 표준화 방식이 문제가 되는 것은 비단 참고문헌과 문체 문제에 대한 규칙만이 아니다. 훨씬 중요한 문제가 있다. 그것은 우리 사회에 진정으로 필요한 창의적인 글이 학술지에 실릴 가능성을 더욱 어렵게 만든다는 데 있다. 근대성을 표방하는 우리나라 사회과학자(즉, 논문심사자)들 대부분은 '서구의 이성' 혹은 '근대'라는 단 하나의 진리만을 추구하는 경향이 있다. 그들의 그런 경향은 자신의 주장이나 사고(혹은 그 사고를 배출한 서구사회의 이론)와 상이한 견해를 전개하는 심사논문을 그 자체가 틀렸다(혹은 기본도 모른다)는 식의 평가를 내릴 가능성을 매우 높게 만든다. 논문심사를 논리적 모순과 경험적 모순이 두 개의 보편적 기준이 아니라 심사자의 정답형 견해로 한다. 이를테면, 서구 이론에 근거한 우리나라 저출산 고령화 정책이 실패했음에도 그 서구 이론이 지니는 근본적인 문제점을 지적하는 글들을 학술지에서 보기란 어렵다. 달리 말해, 서구의 표준화된 아이디어(즉, 서구의 이성)에 반하지만 우리의 현실을 이해하는 데 진정으로 도움을 제공하는 창의적 글들이 학술지의 논문심사에서 '게재불가'라는 판정을 받을 가능성은 매우 높다. 우리나라에서 '서구의 이성이나 근대를 표방하는 서구 사회이론' 표준화는 우리 학술지(학계)에 학문의 식민성을 인도한다 [이성용(2015) 글 참조].

Interaction) (숨김없이 털어놓자면, 나는 한때 그 학술지의 편집장이었다.)—에 보냄으로써 실험을 마무리했다. 더욱 정확하면서 덜 비관적인 결론이 인식한 바는, 수많은 출판사가 생겨난 탓에 당신이 분야의 '최고 학술지'가 아닌 다른 학술지에 출판하고자 한다면 어떤 논문이든 거의 출판할 수 있다는 사실이다. (사실상, 어쨌든 최고의 학술지들에 출판하는 것은 매우 어렵다. 그 학술지들은 수많은 사람에게 명예를 줄 수 있을 정도로 매년 많은 논문을 실어 주지도 않는다.) 이러한 사회조직의 상보적 사실은 당신이 이런 방식 혹은 저런 방식으로 해야만 한다는 불평이 단지 부분적으로만 참이란 것을 의미한다.

도서 형태의 출판은 문체의 변이에 훨씬 더 개방적이다. 출판사, 그리고 잠재성이 있는 도서들의 발굴을 가장 많이 하는 편집인들은, 목표로 하는 독자층과 시장이 다르고 또 그들의 도서 목록이 반영하는 야심과 취향도 다르다. 그들은 많은 사람—특히 이전 출판물들이 끌어모았던 독자층—이 흥미를 느낄 수 있는 책들을 찾고, 그러기를 희망한다. 그들은 또한 유익한 책들, 탁월하면서도 쉽게 읽히는 학문적 작품을 찾는다. 그들은 학술지 편집인들과 똑같이, 그 작품이 훌륭한 연구와 학문의 기준에 부합하는지를 그 학문 분야의 사람들이 말해 줄 것을 의존한다. 그들은 자기 회사에 부와 명예를 가져다주거나 최소한 회사를 파산시키지 않을 출판물들을 원한다. 그리고 학문적 출판물을 감독하는 위원회들은 특정 분야에서 구체화된 이해와 일시적인 유행들을 주장하지 않는다. 그 결과 도서출판은 학술지가 허용할 수 있는 것보다 훨씬 더 다양하고, 많은 다양성에 개방적이다.

'두 개의 최고 학술지들'로 구성된 목록에 의존하여 자신의 교직원들 인사고과를 결정했던 학장들은 그와 유사한 도서 출판물 목록으로 작업하지 못한다. 모든 학문 분야의 사람은 도서출판사의 상대적 서열을 알고 또 '가장 최고'의 곳에서 출판되기를 선호하지만, 책들은(어디서 출판되든 간에) 채용과 승진 결정에 높은 점수를 받으며 그래서 모험적인 출판사(이런 출판사들은 많다)를

찾는 저자들은 다양한 문체를 사용할 가능성이 많다.9)

전형적으로 출판사들은 엄격한 학문적 격식에 신경을 덜 쓰며 독자에 즐거움을 주는 데 신경을 더 많이 쓴다. 출판사들은 오늘날 학술지에서 글쓰기를 망가뜨리는 유형의 규칙들을 강요하지 않는다. 결과적으로, 책들은 고프먼에 관한 나의 논문이 했던 것보다 학술지 표준 포맷의 요구 사항들에 훨씬 더 적합하지 않은 자료들을 위한 방출구를 제공한다. (나의 고프먼 논문은 실제로 2007년 나의 책 제13장에 실려 있다.)

마지막으로, 전자출판물의 가능성들은 아직 진지하게 탐구하지 않았다. [엡스타인(Epstein, 2006)에 있는 '출판물 수요(print on demand)'의 논의를 보라.] 그러나 당신은 이미 논문이나 책을 만들어 웹 사이트에 올려 전 세계에서 접근할 수 있게 만들 수 있다. 혹은 온라인 출판기업을 통해 당신의 책을 생산하고 배포할 수 있다. 자기-출판은 동료-검토 학술지나 권위 있는 출판사의 출판물처럼 질의 정당성을 제공하지 않는다. 그러나 많은 독자가 이미 결론을 내린 바는, 동료-검토 학술지들이 동료 검토의 보증을 통해 약속하는 질이나 흥미를

---

9) (역주) 불행히도, 우리 사회는 독창적이고 모험적인 저서의 출판마저 방해하는 구조를 가진다. 일부 대학의 교수업적 평가에서, 한 권의 저서는 국내 학술지 한 편의 논문과 동일한 점수를 받는다. 높은 경우에도, 저서의 점수는 해외학술지 논문 한 편의 점수에 불과하다. 게다가 일부 대학은 1년에 평가받을 수 있는 저서들의 편수까지 제한한다. 이러한 평가는 많은 교수에게 교재보다 논문의 저술에 신경을 쓰게 함으로써, 양질의 교재 출판을 저해한다.
낮은 점수의 교재 평가에는 대학과 교육부의 정책이 큰 영향을 미쳤겠지만, 교수들의 과실도 이에 못지않게 기여했다. 많은 교수가 타인의 글들을 표절하고, 이를 짜깁기하여 교재를 만들었고, 표지갈이까지 하였다. 이렇게 만들어진 교재는 당연히 그 내용이 부실할 수밖에 없다. 내용이 부실한 교재의 선정은 부실한 내용의 강의로 직결된다. 학생들이 교재 구입을 하지 않는 행위는 현명한 판단에서 나온 것일 수도 있다.
참으로, 대학에서 많은 교수가 자신의 강의에 적합한 교재를 찾는 데 어려움을 겪고 있다. 대부분의 교재가 오늘날 현실에 맞지 않는다(실용지식이 아니다). 그래서 교재 없이 강의를 하곤 한다. 적합한 교재가 없이 하는 강의는 학생들의 이해도와 관심도를 떨어뜨린다. 어쩌면, 현실에 적합한 실용지식을 제공하는 교재들의 부재(그리하여 내실 있는 실용지식 강좌의 개설이 어려움)는 오늘날 우리 대학의 위기를 초래하는 데 한몫했을 가능성이 높다. 21세기 지식사회는 박학다식의 지식이 아니라 깊이 있는 실용지식을 요구한다. 그러므로 실용지식 글쓰기로의 전환은 많은 학자에게 학문정신과 도덕성을 부활하게 함으로써, 오늘날 우리 대학의 위기 극복에 커다란 기여를 할 수 있을 것이다.

배달하지 않는다는 것이다. 나는 아마 매우 희망적으로, 우리가 알고 있다고 생각하는 것을 배포하는 매우 색다른 방식들이 이미 존재하고 있지만, 아직은 그것들의 유용성을 완벽하게 인식하지 못하고 있다는 느낌이 든다.

어느 작은 종교 대학에서 다가올 학기를 준비하기 위해 소집된 교직원들의 피정(일정 기간 조용한 곳에서 하는 종교적 수행)에서 연설했던 당시의 나를 떠올려 봄으로써, 우리가 하고자 원하는 글쓰기를 방해하는 조직의 현실을 피할 가능성들을 말하고자 한다. 나를 전혀 몰랐던 총장(나는 몇 분 전 취소되었던 유명인사의 대용품이었다)은 "베커 박사가 유용하면서 영감을 주는 메시지를 인도할 것"을 확신한다고 말하면서 나에 대한 소개를 끝냈다. 나는 내가 그런 기대에 부응할 수 없음을 알았고, 그래서 나는 영감적인 메시지를 다룰 수 있다고는 생각하지 않지만 궁극적으로는 그것에 약간 도움이 될 수 있는 것을 주도록 노력하겠다는 말로써 시작했다.

그리고 그것이 내가 하고자 노력한 것이다. 그럼, 행운을 빈다.

참고문헌

Abbott, Andrew. 1999. *Department and Discipline: Chicago Sociology at One Hundred*. Chicago: University of Chicago Press.

Antin, David. 1976. *talking at the boundaries*. New York: New Directions.

Arendt, Hannah. 1969. Introduction. Walter Benjamin: 1892-1940. pp. 1-59 in Walter Benjamin, *Illuminations*. New York: Schocken Books.

Bazerman, Charles. 1981. What Written Knowledge Does: Three Examples of Academic Discourse. *Philosophy of the Social Sciences* 11, (no 3): 361-387.

Becker, Howard S. 1963. *Outsiders: Studies in the Sociology of Deviance*. Glencoe: Free Press.

──. 1967. History, Culture and Subjective Experience: An Exploration of the Social Bases of Drug-Induced Experiences. *Journal of Health and Social Behavior* 8 (September): 163-76.

──. 1974. Consciousness, Power and Drug Effects. *Journal of Psychedelic Drugs* 6 (January- March): 67-76.

──. 1980. [1951]. *Role and Career Problems of the Chicago School Teacher*. New York: Arno Press.

──. 1982a. *Art Worlds*. Berkeley: University of California Press.

──. 1982b. Inside State Street: Photographs of Building Interiors by Kathleen Collins. *Chicago History* 11 (Summer): 89-103.

Becker, Howard S. 2001. "La politique de la présentation Goffman et les institutions totales." In *Erving Goffman et les institutions totales*, edited by Charles Amourous and Alain Blanc. Paris: L'Harmattan.

———. 2003a. "The Politics of Presentation: Goffman and Total Institutions." *Symbolic Interaction* 26 (4): 659-69.

———. 2003b. "Long-Term Changes in the Character of the Sociological Discipline: A Short Note on the Length of Titles of Articles Submitted to the American Sociological Review during the Year 2000." *American Sociological Review* 68: iii-v.

———. 2007. *Telling About Society.* Chicago: University of Chicago Press.

——— and James Carper. 1956a. The Elements of Identification with an Occupation. *American Sociological Review* 21 (June): 341-48.

———. 1956b. The Development of Identification with an Occupation. *American Journal of Sociology* 61 (January): 289-98.

———, Blanche Geer, and Everett C. Hughes. 1968. *Making the Grade: The Academic Side of College Life.* New York: John Wiley and Sons, Inc.

———, Blanche Geer, Everett C. Hughes, and Anselm L. Strauss. 1961. *Boys in White: Student Culture in Medical School.* Chicago: University of Chicago Press.

———, Andrew C. Gordon, and Robert K. LeBailly. 1984. *Fieldwork with the Computer: Criteria for Assessing Systems. Qualtitative Sociology* 7 (Spring and Summer): 16-33.

——— and Robert R. Faulkner. 2006a. "Le répertoire de jazz." In *Énonciation Artistique et Socialité*, edited by Jean-Philippe Uzel, pp. 243-48. Paris: L'Harmattan.

―――. 2006b. "'Do You Know…?' The Jazz Repertoire: An Overview." *Sociologie de l'art*.

―――and William C. Rau. 1992. "Sociology in the Nineties." *Society* 30: 70-74.

Bielstein, Susan M. 2006. Permissions, *A Survival Guide: Blunt Talk about Art as Intellectual Property*. Chicago: University of Chicago Press.

Berger, Bennett. 1981. *The Survival of a Counterculture: Ideological Work and Everyday Life among Rural Communards*. Berkeley: University of California Press.

Bernstein, Theodore. 1965. *The Careful Writer: A Modern Guide to English Usage*. New York: Atheneum.

Booth, Wayne. 1979. *Critical Understanding: The Powers and Limits of Pluralism*. Chicago: University of Chicago Press.

Britton, James, et al. 1975. *The Development of Writing Ability*. London: Mac Millan.

Buckley, Walter. 1966. "Appendix: A Methodological Note," In Thomas Scheff, *Being Mentally Ill*, pp. 201-5. Chicago: Aldine Publishing Co.

Bulmer, Martin. 1984. *The Chicago School of Sociology: Institutionalization, Diversity, and the Rise of Sociological Research*. Chicago: University of Chicago Press.

Campbell, D. T. 1976. "Assessing the impact of planned social change." In *Social research and public policies: The Dartmouth/OECD Conference*, edited by G. Lyons, pp. 3-45, 49. Dartmouth College Public Affairs Center. Available on the Internet at: http://www.wmich.edu/evalctr/pubs/ops/ops08.pdf.

Campbell, Paul Newell, 1975. The *Personae of Scientific Discourse*. Quarterly Journal of Speech 61 (December): 391-405.

Carey, James T. 1975. *Sociology and Public Affairs: The Chicago School*. Beverly Hills: Sage Publications.

Charlton, Joy. 1983. "Secretaries and Bosses: The Social Organization of Office Work." Ph. D dissertation, Northwestern University.

Clifford, James. 1983. On Anthropological Authority. *Representations* 1 (Spring): 118–46.

Cowley, Malcom. 1956. Sociological Habit Patterns in Transmogrification. *The Reporter* 20 (September 20): 41 ff.

Davis, Murray S. 1971. That's Interesting! Towards a Phenomenology of Sociology and a Sociology of Phenomenology. *Philosophy of the Social Sciences* 1: 309–44.

Elbow, Peter. 1981. *Writing with Power: Techniques for Mastering the Writing Process*. New York: Oxford University Press.

Epstein, Jason. 2006. "Books@Google." *The New York Review of Books* 53(16).

Faris, Robert E. L. 1967. *Chicago Sociology: 1920–1932*. San Francisco: Chandler.

Fischer, David Hackett. 1970. *Historians' Fallacies*. New York: Harper and Row.

Flower, Linda. 1979. Writer-Based Prose: A Cognitive Basis for Problems in Writing. *College English* 41 (September): 19–37.

―――― and John Hayes. 1981. A Cognitive Process Theory of Writing. *College Composition and Communication* 32 (December): 365–87.

Follet, Wilson. 1966. *Modern American Usage: A Guide*. Edited by Jacques Barzun. New York: Hill and Wang.

Fowler, H. W. 1965. *A Dictionary of Modern English*, 2nd ed. Edited by Ernest Gowers. New York: Oxford University Press.

참고문헌 *283*

Garfinkel, Harold. 1967. *Studies in Ethnomethodology*. Englewood Cliffs, N.J.: Prentice-Hall.

Geertz, Clifford. 1983. Slide Show: Evans-Pritchard's African Transparenceis. *Raritan* 3 (Fall): 62-80.

Gerth, H. H. and C. Wright Mills, editors. 1946. *From Max Weber: Essays in Sociology*. New York: Oxford University Press.

Goffman, Erving. 1952. On Cooling the Mark Out: Some Aspects of Adaptation to Failure. *Psychiatry* 15 (November): 451-63.

Gowers, Sir Ernest. 1954. *The Complete Plain Words*. Baltimore: Penguin Books.

Gusfield, Joseph. 1981. *The Culture of Public Problems: Drinking-Driving and the Symbolic Order*. Chicago: University of Chicago Press.

Hammond, Philip, editor. 1964. *Sociologists at Work*. New York: Basic Books.

Horowitz, Irving Louis. 1969. *Sociological Self-Images: A Collective Portrait*. Beverly Hills: Sage Publications.

──. 1975. Head and Hand in Education: Vocalism versus Professionalism. *School Review* 83 (May): 397-414.

Hughes, Everett C. 1971. Dilemmas and Contradications of Status. In *The Sociological Eye: Selected Papers,* pp. 141-50. Chicago: Aldine Publishing Co.

Hummel, Richard C., and Gary S. Foster. 1984. Reflections on Freshman English and Becker's Memoirs. *Sociological Quarterly* 25 (Summer): 429-31.

Kidder, Tracy. 1981. *The Soul of a New Machine*. Boston: Little, Brown and Comapny.

Kuhn, Thomas. 1962 (2nd ed., 1970). *The Structure of Scientific Revolutions*. Chicago: University of Chicago Press.

Lakoff, George, and Mark Johnson. 1980. *Metaphors We Live By.* Chicago: University of Chicago Press.

Latour, Bruno. 1983. Give Me a Laboratory and I Will Raise the World. In Karin D. Knorr-Cetina and Michael Mulkay, *Science Observed: Perspectives on the Social Study of Science,* 141-70. Beverly Hills: Sage Publications.

———. 1984. *Les microbes: guerre et paix.* Paris: A. M. Métailié.

——— and Françoise Bastide. 1983. Essai de science-fabrication: mise en evidence experimentale du processus de construction de la réalité par l'application de methodes socio-semiotiques aux textes scientifiques. *Etudes Francaises* 19 (Fall): 111-33.

——— and Steve Woolgar. 1979. *Laboratory Life: The Social Construction of Scientific Facts.* Beverly Hills: Sage Publications.

Lyman, Peter. 1984. Reading, Writing, and Word Processing: Toward a Phenomenology of the Computer Age. *Qualitative Sociology* 7 (Spring and Summer): 75-89.

McClosky, Donald N. 1983. The Rhetoric of Economics. *Journal of Economic Literature* 21 (June): 481-517.

———. N. d. The Problem of Audience in Historical Economics: Rhetorical Thoughts on a Text by Robert Fogel. Unpublished paper.

Malinowski, Bronislaw. 1948. *Magic, Science and Religion and Other Essays.* Garden City, N.Y.: Doubleday & Company.

Merton, Robert K. 1969. Foreword to a Preface for an Introduction to a Prolegomenon to a Discourse on a Certain Subject. *The American Sociologist* 4 (May): 99.

———. 1972. Sociology, Jargon, and Slangish. In R. Serge Denisoff, ed.

Sociology: Theories in Conflict, pp. 52-8. Belmont, Ca.: Wadsworth Publishing Co.

Mills, C. Wright. 1940. Situated Actions and Vocabularies of Motive. *American Sociological Review* 5: 904-13.

──. 1959. *The Sociological Imagination.* New York: Oxford University Press.

Moody, James. 2006. "Trends in Sociology Titles." *The American Sociologist* 37: 77-80.

Moulin, Raymonde. 1967. *Le marché dé la peinture en france.* Paris: Les Editions de Minuit.

Neuberg, Matt. 2006. "SlipBox: Scents and Sensibility." In *Tidbits* 852 (October 23).

Nystrand, Martin. 1982. *What Writers Know: The Language, Process, and Structure of Written Discourse.* New York: Academic Press.

Orwell, George. 1954. Politics and the English Language. In his *A Collection of Essays,* 162-77. Garden City, N.Y.: Doubleday & Company.

Overington, Michael A. 1977. The Scientific Community as Audience: Towards a Rhetorical Analysis of Science. *Philosophy and Rhetoric* 10 (Summer): 143-164.

Perl, Sondra. 1980. Understanding Composing. *College Composition and Communication* 31 (December): 363-69.

Perlis, Vivian. 1974. *Charles Ives Remembered: An Oral History.* New Haven: Yale University Press.

Polya, George. 1954. Mathematics and Plausible Reasoning, vol. 2, *Patterns of Plausible Inference.* Princeton: Princeton University Press.

Rains, Prudence Mors. 1971. *Becoming an Unwed Mother.* Chicago: Aldine Publishing Company.

Rose, Mike. 1983. Rigid Rules, Inflexible Plans, and the Stifling of Language: A Cognitivist Analysis of Writer's Block. *College Compostition and Communication* 34 (December): 389-401.

Rosenthal, Robert. 1966. *Experimenter Effects in Behavioral Research.* New York: Appleton-Century-Crofts.

Schiacchi, Walter. 1981. The Process of Innovation: A Study in the Social Dynamics of Computing. Ph. D. dissertation, University of California-Irvine.

Schultz, John. 1982. *Writing from Start to Finish.* Upper Montclair, NJ: Boynton /Cook Publishers.

Selvin, Hanan C., and Everett K. Wilson. 1984. On Sharpening Sociologists' Prose. *The Sociological Quarterly* 25 (Spring): 205-22.

Shaughnessy, Mina P. 1977. *Errors and Expectations: A Guide for the Teacher of Basic Writing.* New York: Oxford University Press.

Shaw, Harry. 1975. *Dictionary of Problem Words and Expressions.* New York: McGraw-Hill.

Simmel, Georg. 1950. *The Sociology of Georg Simmel.* Translated by Kurt Wolff. Glencoe: The Free Press.

Sternberg, David. 1981. *How to Complete and Survive a Doctoral Dissertation.* New York: St. Martin's Press.

Stinchcombe, Arthur L. 1978. *Theoretical Methods in Social History.* New York: Academic Press.

─────. 1982. Should Sociologists Forget Their Fathers and Mothers? *The American Sociologist* 17 (February): 2-11.

Strunk, William Jr. and E. B. White. 1959. *The Elements of Style.* New York:

Macmillan.

Stubbs, Michael. 1980. *Language and Literacy: The Sociolinguistics of Reading and Writing.* London: Routledge and Kegan Paul.

Sutherland, J. A. 1976. *Victorian Novelists and Publishers.* Chicago: University of Chicago Press.

Trollope, Anthony. 1947. *An Autobiography.* Berkeley and Los Angeles: University of California Press.

Waller, Willard. 1932. *Sociology of Teaching.* New York: John Wiley and Sons.

Weber, Max. 1946. *From Max Weber: Essays in Sociology.* Translated and edited by H. H. Gerth and C. Wright Mills. New York: Oxford University Press.

Whyte, William Foote. 1943. *Street Corner Society,* Chicago: University of Chicago Press.

Williams, Joseph M. 1981. *Style: Ten Lessons in Clarity and Grace.* Glenview: Scott, Foresman.

Zinsser, William. 1980. *On Writing Well: An Informal Guide to Writing* Nonfiction. New York: Harper and Row.

―――. 1983. *Writing with a Word Processor.* New York: Harper and Row.

찾아보기

인명

Anthony, T. 176, 272

Benjamin, W. 229
Berger, B. 126

Carper, J. 160
Charlton, J. 238
Clifford, J. 86

David, A. 172
David, H. 53
David, R. 86
Donald, C. 269
Durkheim, E. 65

Foster, G. S. 265
Fowler, H. J. 115

Garfinkel, H. 90
Geer, B. 99, 102, 117, 161
Gilberto, V. 54
Goffman, E. 150, 216, 272

Hayes, J. R. 115
Hellman, L. 183
Horowitz, I. L. 236
Hughes, E. C. 99, 102, 107, 160, 174, 225
Hummel, R. C. 265

Kuhn, T. 101, 221, 222, 223, 230

Latour, B. 89, 228
Lee, W, 162
Linda, F. 59, 60
Malinowski, B. 46, 86
Mark, B. 159
Marx, K. 65
Michael, S. 223
Mike, R. 131
Mills, C. W. 64, 82
Molotch, H. 104
Moody, J. 270

Orwell, G. 61, 265

Rains, P. M. 109
Richards, P. 179, 266
Robert, E. P. 162
Rosanna, H. 75, 76, 77

Schiacchi, W. 248
Shaughnessy, M. P. 56

Stinchcombe, A. 167, 218, 226
Strunk, W. Jr. 34, 83, 92

Walton, J. 92
Weber, M. 227
White, E. B. 83
Will, R. 89
William, F. W. 87
William, Z. 247
Williams, J. M. 83, 100
Wirth, L. 216
Woody, A. 66

내용

Delete 키 247

간결한 단어 144
개요 107
개작 131, 161, 240, 241
검색 엔진 251
계간 사회학 95

고상한 글쓰기 179, 264
고전의 중요한 사용법 219
공간적 은유 148
공동 작업 73
공동 저작 71
과학 혁명 222
관계 147
교사 문화 106
교재 101
교정 49, 58, 64, 75
교정 원칙 136
구문론 147
구체적 147
군더더기 51, 169
군더더기 말 76
그것의 파생 효과 151
그림 그리기 255
글쓰기 과정 101
글쓰기 규칙 132
글쓰기 기술 158
글쓰기 문제 174
글쓰기 지침서 149
글쓰기가 조직의 행위 265
글쓰기를 일종의 시험 99
글쓰기의 위험 47, 266
글의 구성 121
글의 구조 256
글의 논지를 훼손 233

글의 시작 105
글의 체계적인 조직화 158
글의 최소 단위 118
글쪼가리들 118
기본 단위 227, 228
기술 부문 121

낙인 이론 52
난해한 단어 85
난해한 용어 80
노란색 연습장 48
녹색 깃털 펜 45
논리적인 구조 146
논문 심사자 71, 273
능동 143

단 하나의 올바른 방법 97, 102, 105, 118, 126
단 한 번에 쓰는 방식 57
대체 표기 51, 111, 147
대학원 67, 162, 182, 189
대학원생 103
대화에 의존하여 글을 시작하는 방식 172
더 고상하다 77
도덕성 178
도서 형태의 출판 275

동료 185, 190, 191
동료에 대한 믿음 185
동아리의 동료 69

리갈 규격의 노란 종이 172

마감 시간 67
말 169
멋 부리는 말 169
메모리 242
몽땅 털린 봉의 냉정을 찾아주기 150
문법학교 257
문서 분량 242
문체 문제 274
문헌 218, 223
문헌 사용법 218
문헌의 긍정적인 측면 229
물질적 설계도 256
미국사회학 학술지 79
미국사회학평론 166, 273
미국사회학회지 160, 166
미혼모 109
민속지학 65

바그너 법령 87

반문화의 생존 124
반복 146
발견법 132, 134
방위적 은유들 153
보고서 57, 58, 67
본보기 219
부수적인 지위 특성들 225
부정적인 측면 229
불필요한 단어 145
붙이기 241

사진 175
사진 자화상 137
사진사 175
사회문제 164
사회적 구성 91
사회조직 57, 66, 268
사회학 단체 164
서론 107
선배학자 188
소프트웨어 254
수동 143
수동태 구문 54
수사법 61
숨은 정보 85
스프레드시트 255
승진 270

시카고 지역의 교사들에 관한 나의 연구 106
시카고학파 162
신뢰 189
실용적인 글쓰기 수업 158

ㅇ

아우트라이어 256, 257
어설픈 초고 59, 60
엉성한 초고 173
에지 천공 카드 253
연구 설계 방법 65
예술 세계 223
예술과 공예 177
예술사회학 수업 176
예술세계 62, 142, 176, 177, 178
워드프로세서 235
워드프로세서 프로그램 243
위계 103
위험 182
육체적 탈진 243
육체적으로 너무 힘든 일 98
육체적인 탈진 236, 241
은유 149, 150
음악과 그림 쉽게 만들기 260
의미 없는 수식어 76
의식 47, 48, 113
이데올로기적 헤게모니 231
인간오성론 53
인과 진술 52, 107
인습적인 견해 63
인용지수 272
일탈이론 224

ㅈ

자유로운 글쓰기 112, 114
작업 습관 48
잘난 체하는 문구 51
장황한 참고문헌 271
재타이핑 239, 240
저장과 검색 252
전문가 158
전문가 위험 190
전자출판물 276
젊은 사회학자 67
젊은 학자 70
정답 102, 103
정상 과학 218, 220,
제목의 중요성 168
제시간 67
조건문 145
조직 102
조직화의 문제 123
종신직 위원회 270
좋은 은유 151
주변인 170, 224

줄별 257
지배 이데올로기 233
지표들의 부패 269
집단 프로젝트 69

참고문헌 261, 274
찾아 바꾸기 241
책 편집인 169
초고 187
초고 특유의 실수 71
초기 단계 64
초기 단계 원고 60, 137, 145
초기 선택 63, 64
초기 작업 111
초기 초고 65, 110
초심자를 위한 발달 학습 220
최소 기술 단위 116
최종판 58, 69
최초의 초고 58, 264
추상적 147
축소 모형적 서문 109
출판사 101, 168, 276
충성 맹세 93

컴퓨터 243
컴퓨터 작업 245

타이핑 238
탈진 235
토하기식 초고 113
퇴고 49, 64, 66, 71, 98, 161
트로브리안드 군도 47

ㅍ

패러다임 219
페르소나 82, 84, 86, 88, 90
편집 168
편집위원 101
편집위원장 164, 166, 167
편집자 266
표절 227
플라톤의 이데아 104
플랫 파일 데이터베이스 254

학구적인 글 80
학구적인 냄새 51
학문적인 글쓰기 84
학술지 164, 166, 266, 271
학위논문 112, 115, 170
학점 99
핵심 단어 253, 261
행위 주체 52, 54
허튼소리나 다름없는 수식어 55

헛기침 구 145
현장 노트 180
현장 연구 123, 180
현학적인 글 76
현학적인 문장 배열 80
현학적인 미사여구 76
화려한 수사 174
효율적인 방법 223
후광효과 219, 225
후기 단계의 원고 60

저자 소개

Howard S. Becker

미국 노스웨스턴(Northwestern)대학교의 예술과학부(사회학) 교수로 재직하였고, 현재는 은퇴하여 샌프란시스코에서 살고 있다. 『사회과학자의 글쓰기(Writing for Social Scientists)』, 『주변인(Outsiders)』, 『학계의 술책(Tricks of the Trade? How to Think about Your Research While You're Doing It)』, 『사회에 대해 말하기(Telling about Society)』 등을 포함하여 20여 권의 저서를 출판하였다.

역자 소개

이성용(Lee, Sung Yong)

미국 위스콘신 주립대학교(University of Wisconsin at Madison)에서 사회학 박사학위를 받았고, 강남대학교 교양학부(사회학 전공) 교수로 재직하고 있다. 베커의 저서 『사회과학자의 글쓰기』, 『학계의 술책』, 『사회에 대해 말하기』 외에 『잉글랜드에서의 사랑과 결혼』, 『소비의 사회학』, 『사회조사방법론』 등을 번역하였고, 저서로는 『여론조사에서 사회조사로』와 『사회문제』 등이 있다. 최근 대표적인 논문은 2015년 『사회와 이론』 26권에 수록된 「이론과 현실의 주객전도 바로잡기: 한국(비서구) 사회과학의 탈식민지화와 새로운 패러다임 형성을 위한 이론화 방법론」이다.

학자의 글쓰기
사회과학자의 책과 논문 쓰기에 대하여
Writing for Social Scientists
How to Start and Finish Your Thesis, Book, or Article (2nd ed.)

2018년 2월 20일 1판 1쇄 발행
2025년 12월 15일 1판 3쇄 발행

지은이 • Howard S. Becker
옮긴이 • 이 성 용
펴낸이 • 김 진 환
펴낸곳 • (주)**학지사**

04031 서울특별시 마포구 양화로 15길 20 마인드월드빌딩 5층
대표전화 • 02) 330-5114 팩스 • 02) 324-2345
등록번호 • 제313-2006-000265호

홈페이지 • http://www.hakjisa.co.kr
인스타그램 • https://www.instagram.com/hakjisabook

ISBN 978-89-997-1503-7 03370

정가 **16,000원**

역자와의 협약으로 인지는 생략합니다.
파본은 구입처에서 교환하여 드립니다.

이 책을 무단으로 전재하거나 복제할 경우 저작권법에 따라 처벌을 받게 됩니다.

출판미디어기업 **학지사**

간호보건의학출판 **학지사메디컬** www.hakjisamd.co.kr
심리검사연구소 **인싸이트** www.inpsyt.co.kr
학술논문서비스 **뉴논문** www.newnonmun.com
원격교육연수원 **카운피아** www.counpia.com
대학교재전자책플랫폼 **캠퍼스북** www.campusbook.co.kr